Understanding of Economics

경제학의 이해

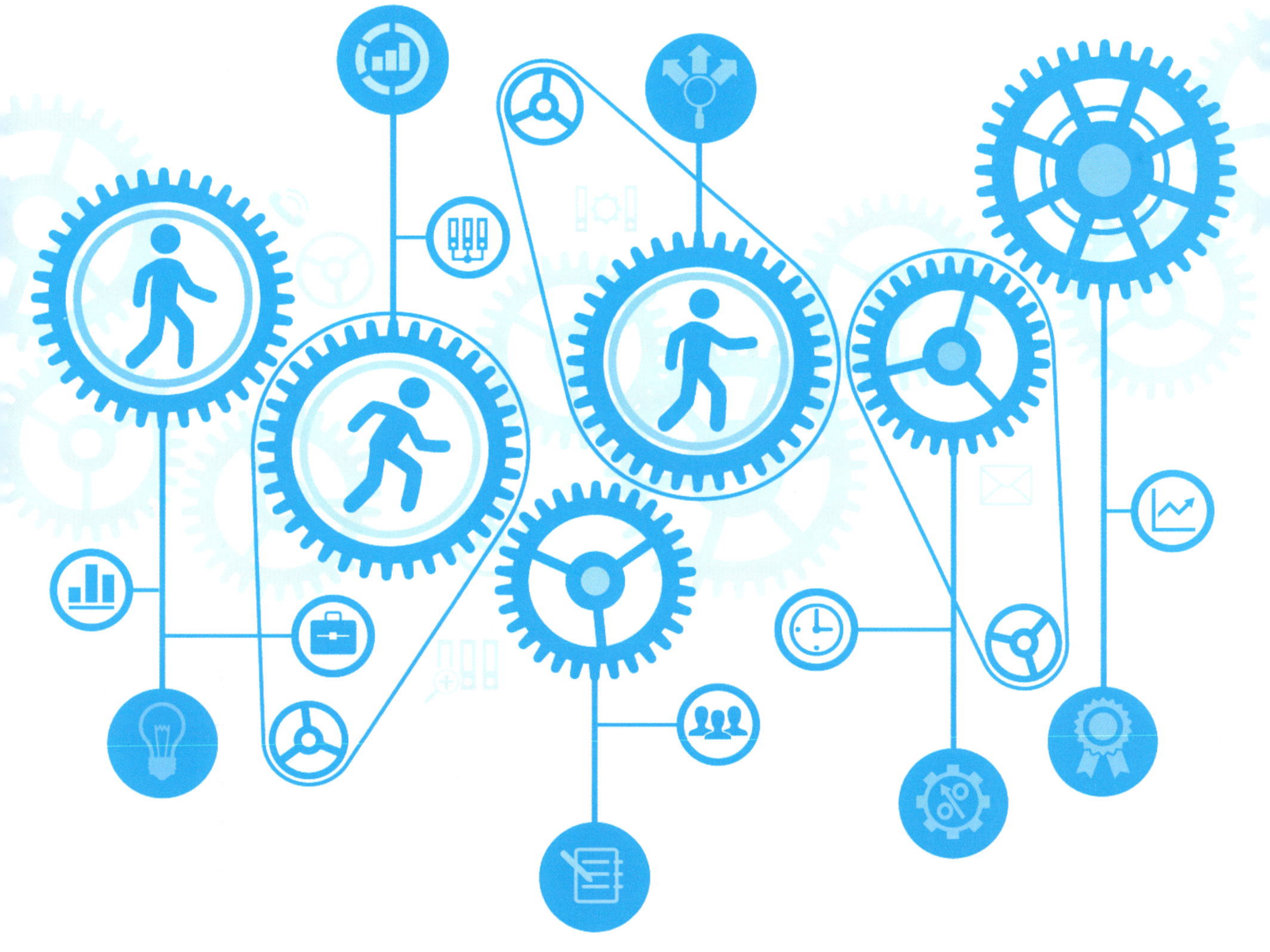

이강복 한금석

JINSAEM 진샘미디어

머리말

경제학을 공부하는 목적은 어디에 있는가? 다시 말해 경제학은 무엇을 연구하는 학문인가? 경제학은 현실의 경제문제를 이해하고, 그 문제를 해결함으로써 우리가 사는 세상을 더욱 풍요롭고 안락하게 만들기 위한 학문이라고 할 수 있다. 그러나 우리가 사는 현실 자본주의 경제는 이해관계의 복잡함에 의해 체계적인 연구나 분석 없이는 경제문제를 이해하기 어렵다.

본서는 현실의 경제문제를 보다 쉽게 이해하고 그 문제 해결 능력을 높이고자하는 의도에서 저술되었다. 그렇기 때문에 시중에 좋은 경제학 저술이 있음에도 불구하고 굳이 출판한 이유는 다음의 몇 가지이다.

먼저, 경제학 대부분의 저술이 너무 많은 내용을 포함하고 있다는 점이다. 한 한기 강의로는 분량이 너무 많게 편재되어 있다. 전공이 아닌 교양과정에서 한 학기 정도로 경제학을 쉽게 이해할 수 있는 정도의 분량으로 내용을 대폭 줄였다.

둘째, 경제학이라는 학문은 보통 어렵다고 하는 선입견이 존재한다. 그래서 본서는 될 수 있으면 누구나 쉽게 이해할 수 있는 용어와 어휘를 선택하여 설명하려고 노력하였다. 보통 경제학에 관한 책은 경제학자들이나 이해할 수 있는 어려운 용어나 수식, 그래프가 많아 누구나 쉽게 이해하기 어려운 편이다. 그래서 꼭 필요한 수식이나 그래프가 아니면 될 수 있으면 생략하고 쉽게 이해할 수 있는 서술적인 표현을 많이 사용하였다.

셋째, 현실의 경제생활에서 접할 수 있는 내용을 적극 활용하여 독자로 하여금 경제문제를 쉽게 이해할 수 있도록 하였다. 특히 각 장의 '생활 속 경제'나 '이미지로 본 한국경제' 등은 경제학을 보다 친숙하게 느끼고, 우리 사회의 당면한 경제문제를 이해하고 서로 토론하는데 유익한 주제가 될 것이라고 생각한다.

그리고 향후 과제도 많다. 계속해서 변화된 경제현실과 내용을 보완해 보다 체계적이고 알찬 저술이 될 수 있도록 노력하겠다는 약속을 드리며, 부족한 부분은 모두 저자들의 책임임을 통감하고 독자들의 질정을 기대하는 바이다.

마지막으로 자료 정리에 힘을 보탠 양창흠 선생, 또한 이 책을 출간할 수 있도록 도움을 주신 진샘미디어 최봉조 대표님과 김경태 이사님께 깊은 감사의 마음을 전한다.

2015년 7월 31일

이강복, 한금석

차례

Chapter 01

경제학 들어가기

Chapter 02

수요 · 공급과 시장의 균형

Chapter 04

소비자이론과 수요곡선

Chapter 05

생산의 원리와 비용

ECONOMICS

Chapter 08

소득분배와 시장실패

Chapter 09

국민경제의 순환과 국내총생산

ECONOMICS

ECONOMICS

Chapter 14

국제경제의 이해

Chapter

01

경제학 들어가기

❶ 경제학의 정의

❷ 경제학의 기본전제와 주요원리

❸ 경제학의 방법론

❹ 경제문제와 경제체제

인간은 아름답고 보람 있는 생활을 유지하기 위하여 의식주를 비롯하여 수많은 재화와 서비스, 그리고 환경이 필요하다. 또한 인간은 무한한 욕망을 가지고 있으며(자본주의사회의 전형적인 인간형), 이 욕망을 충족시키기 위하여 부단히 노력하고 있다. 그러나 인간의 노력과는 상관없이 무한한 욕망을 충족시켜 줄 자원은 한정되어 있기 때문에 아름답고 보람된 세상을 창조하려는 인간사회에는 여러 가지 문제, 즉 경제문제가 발생한다. 이로 인해 오늘을 살아가는 우리에게 필수적으로 요청되는 것 중의 하나가 경제문제에 대한 올바른 이해와 실천이다.

경제적 사고와 경제적 논리는 경제학자나 기업인에게만 필요한 것이 아니라 오늘을 살아가는 모든 생활인에게 필요하다. 최근 우리의 경제사회에 주어진 과제는 다양한 계층간의 소득불평등과 빈부격차 확대, 지역간 불균등 발전 등 소통부재와 분열양상이 심각한 상태로 이를 극복하는 것이다. 이러한 과제를 위해서는 무엇보다도 국민들의 합리적인 문제해결 능력과 올바른 경제의식의 확립 및 태도의 함양이 필요하다.

본 장에서는 우리가 일상생활에서 접하는 경제문제가 왜 생기는지 그리고 그러한 경제문제를 바탕으로 형성된 경제학이 어떤 학문인지에 대해 알아본다. 또 경제학적 사고방식이란 어떤 것이며, 경제학을 학습하는 방법에 대하여 살펴보고자 한다.

1 경제학의 정의

1.1 경제위기와 경제학

경제학이 신뢰성 위기에 직면해 있다. 사람과 시장(사회)의 상호작용을 다룬 경제학의 설명력과 존재감이 심각하게 위협받고 있기 때문이다. 원래 경제학은 '사회과학의 여왕'으로 불리며 사람을 분석하는 학문 중 최고반열에 군림했었다. 그러나 지금은 '불량품' 신세로 전락한 느낌이다. 수많은 사회현상 중 경제학으로 설명할 수 있는 경우의 수가 점차 줄고 있기 때문이기도 하다. 그 대표적인 것이 예측 능력의 부재입니다. 사실 경제학은 미래를 예측하는 학문이 아니다. 그렇지만 2008년 금융위기는 경제학을 폄훼하는 계기가 되었다. 수학적 이론으로 어떤 사회현상도 설명할 수 있다던 경제학계가 이를 사전에 경고하기는커녕 예측조차 하지 못했기 때문이다.

이유는 간단하다. 경제학의 최대전제는 '합리적 인간'과 '효율적 시장'이다. 합리적인 개별인간이 효용(욕구) 극대화를 위해 시장에 참가하면 '보이지 않는 손'이 효율적인 생산함수를 실현한다는 것이다. 문제는 합리적 및 효율적이란 수식어에 있다. 아담 스미스가 강조했던 설명전제를 이탈하는 사회현상이 갈수록 많아지고 있기 때문이다. 즉, 수많은 사회현상 중 경제학으로 설명할 수 있는 경우는 소수에 불과하고, 설명할 수 없는 경우가 더 일반적이다. 요컨대 사회현상을 설명하는 학문 중 경제학은 분명 유용하지만 완벽하지는 않다. 이유는 제한된 합리성과 효율성 때문이다. 합리적이지 않은 개인과 효율적이지 않은 시장이 더 많다는 것이다. 탐욕과 광기로 가득하고 변칙적인 시장왜곡이 극에 달했던 금융위기가 그 대표사례이다.

경제학의 설명력 훼손 이유는 크게 두 가지이다. 첫째는 경제학의 출발자체가 갖는 한계이다. 잘 알듯이 경제학의 원류는 아담 스미스의 1776년 '국부론'이다. 당시는 절대군주와 상공업자가 결탁해 시장개입을 정당화했던 중상주의 시기였다. 아담 스미스는 여기에 반발하며 최소정부를 작동원리로 한 시장중심의 고전경제학을 주창하였다. 경제학은 이후 데이비드 리카도, 존 스튜어트 밀, 칼 마르크스 등의 위대한 학자들을 거치며 완성되었다. 특히 존 메이너드 케인스에 이르러서는 큰 정부를 통한 시장개입이 국민복지(후생)를 향상시킨다는 아이디어가 1929년의 대공황 치유책이 되기도 하였다. 이후 1980년대 다시 시장중심의 신자유주의가 경제학 패권을 장악했으며, 금융위기 이후에는 '제3의 길' 혹은 '큰 사회론'이 정부와 시장의 절충적 대안 패러다임으로 부각되고 있다. 거의 250년간 '합리적'과 '효율적'이라는 경제학은 이렇듯 주도권을 주고받았지만 '합리적'과 '효율적'이라는 기본전제의 부작용과 역사인 셈이었다.

둘째는 잘못된 이해와 아전인수적인 해석 때문이다. 이는 1980년대 이후 세계경제를 쥐락펴락한 신자유주의(신고전학파)가 대표적이다. 애초 경제학은 철학에서 비롯되었다. 경제지평을 열어젖힌 대가들의 절대다수는 경제학자라기보다는 철학자에 가까웠다. 이들은 수요공급의 최적함수를 도출하는 수학공식보다는 사람이 살아가는 방식 가치 등에 초점을 맞춘 인문학적 철학기반에 천착을 거듭 하였다. 도구와 목적을 철저히 구분해 후생증대라는 삶의 목적을 그 실현 도구인 수학공식보다 중시했다. 하지만 최근의 주류 경제학은 합리성과 효율성을 넘은 인간 본연의 행동양식에 관심을 갖기보다는 그들의 입맛에 맞게 필요한 부분만 강조하는 오류에 가끔 빠지곤 한다. 수학적 기교와 공식은 신자유주의적인 경제철학의 이론적 토대로 활용되면서 수학을 이용하지 않은 연구는 명함조차 못 내민다. 하지만 정작 우리가 살아가는 현실세계에서는 수학으로 설명되는 현상은 극소수에 불과하다.

사실 경제학이 관심을 갖는 사람행동과 세상사의 폭이 점차 넓어지고 있다. 과거기준과 이론의 잣대로는 설명하기 힘든 현상이 많아졌다. 경제학의 연구범위를 벗어나는 새로운 경제현상이 속속 발견되고 있다. 경제학원론의 공부만으로는 이해하지 못할 일들이 너무 많아진 것이다. 최근 활발해지고 있는 기부활동과 환경보호, 범죄발생, 투자선택 등의 제반문제만 해도 철저한 손익계산에 따라 본인의 이익을 극대화하는 방향으로 행동할 것이란 기본가정은 잘 맞지 않는다. 각양각색의 수많은 변수증가로 불황과 위기를 예측하기 힘들어진 이유도 마찬가지이다. 많은 예측들이 빗나가기 마련이다. 예측력이 떨어졌다면 왜 그런지 이유를 분석하고 배우는 것이 당연한데 경제학은 이것도 좀 부족한 편이다. 명쾌한 원인분석이 불가능하기 때문이다. '합리적 인간'이 합리적으로 행동하지 않고 '효율적 시장'이 비효율적으로 왜곡됐기 때문이다.

결국 경제학이란 고립된 상태에서 특정한 기본가정과 전제조건을 갖췄을 때만 설명력이 부여될 뿐이다. 지금처럼 경계를 벗어난 다양한 변수가 시시때때로 영향을 주고받는 현실문제에는 한계가 많다. 그런데도 경제학은 설명력도 별로인 것이 이곳저곳을 기웃거리며 참견을 한다. 세상 모든 사회현상을 경제학만으로도 풀 수 있다고 하면서 경제학적 접근법이 유행하고 있다. 경제현상과 밀접한 연관을 지닌 사회학이야 그렇다 치고 이젠 정치학은 물론 인문학과 예술분야까지 경제학적 접근이 많아졌다. 좋게 말하면 학제의 경계를 뛰어넘는 통섭차원의 접근이다.

이런 점에서 경제학은 늘 도전적이다. 도전당하기도 하지만 도전하기도 하는 양자공유의 살아 숨쉬는 생생한 학문이다. 이른바 '경제학의 진화'이다. 한편에선 영역사수를 위한 굳건한 방어논리를 개발 무장 한 채 자신만의 스펙트

럼으로 세상살이를 기획 재단 평가 규정해버리고 있지만, 다른 한편에선 복잡한 사회현상 분석을 위한 다양한 시각개입으로 한계극복과 대안제시에 도움이 되는 아이디어와 이론접근을 실천하고 있다. 1990년대부터 각광을 받기 시작한 경제학과 심리학의 결합물인 행동경제학은 경제학으로는 설명할 수 없었던 많은 한계에 행위주체인 인간 및 대중심리를 반영하였다.

결국 경제학만큼 역동적인 학문분야는 없다. 한마디로 우리의 일상생활 전체가 경제학적 간섭을 강요받기 때문인데, 실제 우리의 24시간은 부지불식간에 경제학으로부터 통제를 받는다. 좋게 말하면 일반인의 삶은 경제학으로부터 적잖은 도움을 받고, 우리가 결정해야 할 선택의 기로에서 경제학은 어떤 형태든 대부분 영향을 끼친다. 무엇보다 경제학은 개개인의 작동원리를 지배하는데 이유는 정부정책부터 수많은 기업전략까지 시장의 선택지가 특정한 경제학적 이론적 토대로부터 비롯되기 때문이다. 그 시각이 어디에서 비롯되느냐에 따라 우리의 삶의 방식과 결과물은 확연이 달라지게 마련이다. 가령 신자유주의라면 시장실패에 따른 빈부격차는 피할 길이 없다. 정부가 경제적 약자를 도와줄 것처럼 보이지만 승자독식, 적자생존의 철학기반에선 결코 기대하기 힘든게 사실이다. 때문에 경제학은 이 시대를 살아가는 이들이라면 반드시 알아야 할 미션이다. 굳이 학문까지는 아니라도 관통하는 맥 정도는 잡아두는 개 좋다는 것이다.

1.2 경제학의 정의

우리는 인간생활에 필요한 재화나 용역을 조달하는 행위를 경제행위라 한다. 이러한 경제행위가 계속적으로 이루어져서 일정한 사회적 질서가 형성되는 것이 경제이다. 경제(economy)라는 말의 원천은 그리스어인 'oikonomia'에서 유래하였다. 'oikonomia'는 가계 또는 가정을 뜻하는 'oikos(household)'와 관리 또는 정치를 뜻하는 'nom(law)'이 합쳐진 말로, 과거에는 경제학이 '가정관리'를 뜻하는 것이었다. 동양에서는 나라와 백성을 다스린다는 뜻의 '경세제민經世濟民' 또는 '경국제민經國濟民'이라는 말에서 유래되었고, 경제라는 말은 본래 개인생활보다는 국가사회생활을 다스린다는 것을 의미하였다.

그러나 경제생활과 경제문제의 변화에 따라 경제학도 부단히 변모하였고, 이에 따라 경제학의 정의도 다양하다. 경제학에 대한 단일한 정의가 어려운 것은 경제학의 연구내용이 매우 복잡하며, 연구대상이 점차 확대되고 있기 때문이다. 종래에는 경제학 고유의 문제라고 생각되었던 생산 소비 저축 물가 국제수지 소득분배 등의 영역을 크게 벗어나서 국방 교육 정치 문화 공해 등의 문제 등도 경제학의 주요대상이 되고 있다. 지금까지 경제학이 발전하면서 몇몇 학자들이 제시하고 있는 경제학의 정의를 접근방법에 따라 분류하면 보통 세 가지로 나눌 수 있다.

첫째는 물질주의적 정의이다. 이것은 경제학을 물질적 부와 복지문제의 연구라고 본다. 경제학의 시조라 불리는 스미스(A. Smith)는 '국부의 원인과 성격'을 주로 연구하였다. 마셜(A. Marshall)은 '경제학은 복지의 물질적 요건을 획득하고 사용하는데 가장 밀접하게 관련되는 개인적 사회적 활동에 대한 연구를 하는 학문'으로 정의하였다. 이런 입장을 취하는 경제학자로는 워커(F. A. Walker) 피구(A. C. Pigou) 등이 있다.

둘째는 희소성 정의이다. 이는 근대경제학의 근간이 되고 있다. 로빈스(L. Robbins)는 '경제학은 목적과 선택적 용도를 가지고 있는 희소수단과의 관계에서 이루어지는 인간행위를 연구하는 학문'이라고 정의하였다. 인간의 욕망은 무한한데 이를 충족시켜줄 재화나 용역은 희소하다. 따라서 경제학은 희소한 재화나 용역의 합리적인 선택문제로 귀결된다. 그러나 이는 경제를 운영하는 여러 제도와 활동들이 궁극적으로 생산과 맺어지는 사회경제적 관계에 따라 규제되고 있다는 점이 간과되고 있다.

셋째는 정치경제학적 정의이다. 이 정의는 주로 마르크스주의자들이 주장하는데, 랑케(O. Lange)는 경제학을 '생산과 분배를 지배하는 사회적 법칙을 연구하는 학문'으로 정의한다.

그러나 주류(근대)경제학은 주로 희소성 정의를 채택하고 있다. 본서에서도 이와 같은 문제의식과 정의를 기본으로 한다.

그렇지만 이젠 경제라는 말을 전혀 다른 패러다임으로 접근할 필요가 있다. 그것은 더 이상 돈의 패러다임이 아니라 삶의 패러다임으로 경제를 보는 것이다. 삶의 패러다임에서는 설령 돈이 중요하다 해도 그것은 인간다운 삶을 위한 하나의 수단에 불과하다고 인식한다.

교환가치 중심, 즉 돈 중심의 자본주의 사회에 들어와 살림살이 경제는 갈수록 사라지고 마침내 돈벌이 경제가 이코노미 자리를 대신 차지하게 되었다. 경제사학자 칼 폴라니의 용어로, (돈벌이) 경제가 (살림살이) 사회에서 빠져나온 뒤 마침내 이를 압도하고 지배하게 된 것이다. 여기서 중요한 것은 살림살이라고 하는 말이 단순히 밥하고 빨래하고 아이 낳고 기르는 주부 노동으로 환원되는 것이 아니라, 생명 죽임이 아닌 생명 살림의 과정이라는 점이다. 그런 맥락에서 경제활동이란 남녀 모두 협동으로 인간과 자연을 모두 살리는 활동이지, 지금처럼 차별하고 파괴하는 활동이 결코 아니란 것이다. 요컨대 서양말에서도 경제란 살림의 과정, 건강하게 먹고사는 것을 뜻한다. 따라서 경제의 원래 의미도 돈의 패러다임이 아니라 삶의 패러다임을 복원하는 가운데 그 진정한 의미가 되살아날 것이다.

반면 오늘날 경제라고 하면 거의 모두가 돈벌이(소득, 월급, 수익성, 이윤, 매출액, 수출액, 국내총생산 등)로 이해된다. 경제란 말 자체가 자본주의에 의해 왜곡되었기 때문이다. 그 결과 이제 경제는 살림살이가 아니라 모두 돈벌이를 뜻하게 되었다. 그래서 내용보다는 수량을 질보다는 양을 중시하게 된 것이다. 그 결과 사람과 사람, 사람과 자연의 관계도 피상적이고 형식적으로 변했다. 이제부터라도 경제의 본원적 의미를 찾고 이를 직접 실천해야 한다.

2 경제학의 기본전제와 주요원리

2.1 경제학의 기본전제

경제학적 사고를 위해서는 경제학의 바탕에 깔린 기본적인 전제를 인식해야 한다. '자원은 희소하다' 그러므로 '세상에는 공짜가 없다' 즉 경제활동에는 비용을 지불해야만 한다. 따라서 '사람들은 합리적 선택의 행동을 한다' 즉 합리적 경제인(Homo economicus)이다. 그런데 '합리적 선택은 한계적으로 이루어진다'는 것이다.

경제학적 사고란 경제법칙을 인식하고 경제원칙에 따라 생각하는 것을 말한다. 경제법칙이란 어떤 선택에서 득이 있으면 반드시 실이 있다는 것이다. 그리고 경제원칙이란 어떤 효과를 최소비용으로 이룰 수 있는 것 또는 동일한 비용을 가지고 최대의 효과를 거둘 수 있는 것을 선택하는 것이다. 이러한 경제학적 사고의 틀은 우리가 흔히 경제문제라고 하는 것뿐만 아니라, 겉으로 보기에는 별로 관계가 없어 보이는 문제, 예를 들면 여행을 갈까 말까 하는 문제, 대학진학 문제, 결혼문제, 가족계획 문제 등에도 유용하다.

경제학의 독특한 사고방식은 무엇일까? 그것은 매우 간단하다. 어느 저명한 경제학자를 위한 파티에서 파티의 분위기가 무르익어갈 무렵, 파티 참석자 중 한 사람이 그 경제학자에게 한 마디 하라고 주문을 했다. 그러자 그가 이렇게 말했다. "경제적 진리야 많지만, 보통사람들이 이해하도록 설명하기에는 너무 복잡하고 어렵습니다. 그러나 그것들도 결국 따지고 보면 역사를 통해 거듭 증명되어 온 한 가지 단순한 사실로 귀결됩니다. 즉 세상에는 공짜 점심이란 없다는 것입니다(There is no such thing as a free lunch)."

여기서 알 수 있는 것은 결국 무엇이든지 대가를 치러야 한다는 것이다. 다시 말해 경제활동을 하려면 비용을 지불해야 한다는 것이다. 이처럼 사회가 어떠한 경제재를 새로 생산하거나 기왕의 경제재를 조금 더 생산하는 것을 추구할 때 반드시 그 대가가 지불된다는 것이다. 이는 결국 자본주의적 생산방식과 목적, 즉 이윤수취를 위한 상품생산에 있다는 것을 암시할 뿐이다.

2.2 희소성, 기회비용, 합리적 선택

최근 스포츠 분야에서 대학을 거치지 않고 바로 프로팀에 입단하여 큰 활약을 펼치는 선수들이 늘어나고 있다. 40대 초반의 젊은 나이로 세계 최고의 갑부가 된 컴퓨터의 황제 빌 게이츠가 하버드 대학을 중퇴한 사실은 아주 유명하다. 이들은 왜 대학교육을 포기하는 결정을 했을까? 그리고 그들의 결정은 옳았을까? 이런 문제를 잠시 생각해 보자.

우리의 일상생활은 선택의 연속이다. 하고 싶은 것도 많고 갖고 싶은 것도 많다. 그러나 인간의 욕망을 충족시키는데 이용할 수 있는 시간과 자원은 **희소**하기 때문에 어떤 것이 중요하고 바람직한 것인가를 신중히 판단해 선택해야 한다. 자원의 **희소성**(scarcity)은 개인, 기업, 정부 등 모든 경제 주체가 직면하고 있는 삶의 제약조건이다. **선택**(choice)이란 제한된 여러 가지 용도 중에서 취할 것은 취하고 버릴 것은 버리는 행위를 의미한다. 그러나 선택하는 것은 결코 공짜가 아니다. 즉 무엇을 생산하기를 선택하는 것은 항상 비용을 수반한다는 말이다. 이러한 선택의 비용을 **기회비용**(opportunity cost)라고 한다. 이때 어떠한 선택(결정)의 비용은 포기된 기회(또는 대안)의 가치로 표시된다. 결국 포기된 가치를 기회비용이라고 한다. 일국의 경제뿐만 아니라 각 개인의 선택도 기회비용을 수반한다.

그러나 선택을 위해 치러야 하는 기회비용은 사람마다 다르다. 대학졸업의 기회비용을 생각해 보자. 야구 선수 이승엽이 왜 대학진학을 포기하고 삼성 라이온스에 입단했을까? 프로의 세계에서 대학 졸업장은 특별한 의미를 지니지 못하며, 대학에 진학한 경우 졸업할 때까지 엄청난 기회비용이 발생한다는 사실을 감안하면 이를 이해할 수 있다. 똑같은 이유로 빌 게이츠가 명문대학 졸업생이기를 포기하고 마이크로소프트사를 설립한 것은 소프트웨어 개발이라는 자신의 특출한 재능을 통해 보다 가치 있고 보람된 미래를 설계할 수 있다고 판단했기 때문이다.

생활속경제 »

유명가수의 콘서트 입장을 위해 청소년들이 길게 줄서는 이유?

유명한 가수가 출연하는 콘서트의 입장권은 상당히 일찍 매진된다. 사람들은 뉴스에서 청소년들이 표를 구하기 위해 때론 며칠 밤을 매표소 밖에서 지새우는 모습을 본다. 흥행사가 입장권 가격을 올리면 늘어선 줄이 짧아질 수도 있겠지만 콘서트 표는 여전히 매진될 것이다. 그런데 왜 입장권 가격을 올리지 않을까?

가장 일반적인 생각은 저녁뉴스에 등장하는 길게 늘어선 줄이 일종의 공짜 광고 역할을 하여 대중의 관심을 지속시키고 콘서트의 인기를 높이는 기능을 한다는 것이다. 흥행사는 입장권 가격을 올려서 얻을 수 있는 단기적 이익 때문에 인가라는 장기적 가치를 포기하길 원하지 않는다. 그러나 이 설명이 그럴듯하지 않다고 생각한다. 100달러나 하는 콘서트 티켓이 매진되었다는 사실도 효과적인 광고 수단으로 여겨지기 때문이다. 비싼 가격보다 길게 늘어선 줄이 더 효과적인 이유를 설명할 수 있는가?

콘서트에 가는 청소년은 가수와 관련된 음반, 티셔츠, 그밖에 다양한 소품을 구입하는 경향이 있지만 어른들은 그렇지 않다. 따라서 흥행사는 청소년 관객을 원한다. 청소년 관객이 콘서트에 몰려들게 하는 방법은 가격을 낮게 책정하여 표를 사기 위해 줄 서 있게 만드는 것이다. 어른들은 롤링 스톤즈의 표를 구하려고 밤새 줄서서 기다리지 않는다.

출처 스티븐 랜즈버그 지음/황해선 옮김, 『런치타임 경제학』, 바다출판사, 2005, pp.30~32.

경제학자들은 자원배분에 관한 의사결정자의 목적이 무엇이든 간에 의사결정자의 목적에 가장 잘 부합하는 자원배분 방법을 선택하는 행위를 경제행위라 하고, 그러한 선택을 **합리적 선택**이라고 한다. 합리적이란 단순히 목적과 목적을 위해서 취하는 행동이 일관적(consistent)임을 의미한다. 합리적 의사결정이란 희소한 자원을 효율적으로 활용하기 위해서 최소의 비용으로 최대의 만족을 얻는 것을 말한다. 다시 말해 최소비용 최대만족이라는 경제원칙에 입각해 행동하는 것이다. 그러므로 자원의 효율적 배분이 이루어지기 위해서는 기회비용이 작은 것을 선택해야 한다. 즉 선택함으로써 얻는 이익이 선택에서 제외되는 대안이 주는 이익보다 커야 한다. 다시 말하면 기회비용이 작은 것을 선택하는 것이 합리적인 선택이라 할 수 있다.

2.3 한계원리

사람들은 재화를 더 생산하는 데서 오는 이득과 그 대가, 즉 기회비용을 비교할 것이다. 즉 이해득실을 따지는 것이다. 만약에 일국의 경제가 어떠한 상품 한 단위를 더 생산하는 데서 얻는 이득이 이로 인해 포기되어야 하는 기회비용보다 크다면 일국 경제는 그 상품을 한 단위 더 생산할 것이다. 그렇게 함으로써 얻는 총이득은 증가될 것이기 때문이다. 따라서 경제학의 핵심적 사고방식은 **한계분석**(marginal analysis)이라고 할 수 있다. 즉 상품 한 단위를 생산함에 따라 사회가 얻는 이득을 **한계편익**(marginal benefits)이라고 하고, 상품 한 단위를 더 생산할 때 사회가 지불하는 대가를 **한계비용**(marginal cost)라고 하자. 우리가 논하는 상품의 이름을 X재라고 하면 MB_X는 X재 한 단위를 더 생산할 때 얻는 편익이며, MC_X는 X재 한 단위를 더 생산할 때 지불하는 비용이다. 한 나라 경제의 총편익의 극대화는 $MB_X = MC_X$일 때 성립한다. 이와 같이 경제학의 핵심적 사고방식은 합리적인 의사결정을 내리기 위해서는 누구나 한계의 원리를 따라야 한다는 것이다. 좀 더 자세히 살펴보면, 한계의 원리란 어떤 행동을 할 때 추가적으로 얻는 이익(한계편익)과 추가적으로 들어가는 비용(한계비용)을 비교하여 한계편익이 한계비용보다 크거나 같을 때는 그 행동을 계속하고, 반대의 경우에는 그 행동을 점점 줄이는 것이 바람직하다는 것이다.

이러한 한계분석이 왜 중요한지를 몇 가지 예를 통하여 살펴보자. 삼계탕 집이나 통닭집에서 팔리는 닭들의 수명은 어느 정도가 될까? 양계장 주인은 매일 매일 사료를 먹이는데 들어가는 비용보다 병아리가 자라남으로써 늘어나는 고기의 값이 더 많을 때는 사료를 계속 먹인다. 그러나 그 반대로 되려고 하는 순간 닭을 팔아버린다. 그럼 닭은 태어나서 며칠간 살다가 생을 마치게 되는가? IMF(국제통화기금) 경제위기 이전에는 태어난 지 45일 만에 대체로 죽어나갔다고 한다. 그러나 외환위기로 사료 값이 더 비싸게 되자 닭은 더 일찍 죽어나갔다. 사료 값이 싸질수록 닭의 수명은 길어진다. 경제정책을 잘못 운용하여 외환위기가 발생하고 환율이 급등하자, 그 피해를 일부 닭들도 받았던 것이다.

다른 예로서, 한 끼의 점심을 먹을 것인가? 포기할 것인가도 한계원리를 가지고 설명할 수 있다. 추가로 점심 한 끼를 먹는데 늘어나는 편익과 점심 한 끼 더 먹는데 늘어나는 비용을 비교하여 늘어나는 편익이 더 크거나 같을 때 점심을 먹게 된다는 것이다. 즉 한 끼에 대한 한계편익이 한계비용보다 크거나 같을 때 점심을 먹게 된다는 것이다.

또 다른 예로, 음식점들이 음식을 만들어 파는 경우도 마찬가지이다. 음식 한 그릇을 더 만드는데 드는 비용(한계비용)보다 팔아서 얻는 수입(한계편익)이 더 크면 만들어 파는 것이 좋다. 양자가 같아질 때까지 만들어 파는 것이 이익을 극대화하는 길이고 합리적인 경제행위가 되는 것이다. 개인이나 기업을 막론하고 합리적 경제행위에는 이와 같이 한계분석이 매우 중요하다.

그림 1-1 경제학적 사고방식의 본질

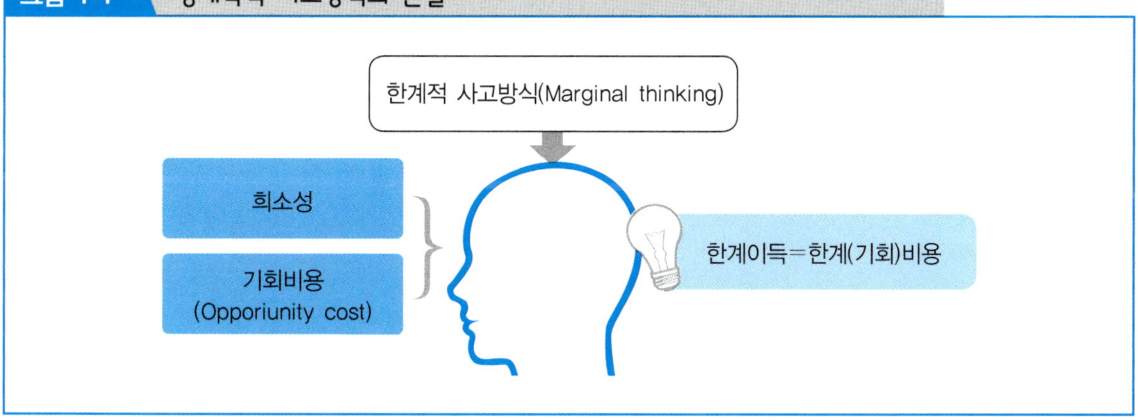

3 경제학의 방법론

3.1 경제학의 분류

3.1.1 미시경제학과 거시경제학

경제학은 연구대상에 따라 미시경제학과 거시경제학으로 분류된다. 미시경제학(microeconomics)은 개별 경제주체들의 경제행위와 그 상호작용을 연구대상으로 한다. 자본주의시장경제를 다루는 미시경제학에서 경제행위의 상호작용은 주로 시장에서 나타나는 상호작용이다. 시장에서의 상호작용은 시장가격을 둘러싸고 이루어진다. 가계의 소비와 기업의 생산이 이어지는 시장에서 가계와 기업의 상호작용이 가격을 결정하고, 거꾸로 가격은 개별 경제주체들의 상호작용에 영향을 미친다. 따라서 미시경제학에서는 시장에서의 가격결정 원리가 중요하다.

거시경제학(macroeconomics)은 개별 경제주체들로 구성된 국민경제의 전체적인 현상을 연구대상으로 한다. 총생산 · 총고용 · 총소비 · 총저축 · 총투자 · 물가 · 통화량 · 정부지출 · 조세 · 이자율 · 환율 · 인플레이션 · 실업률 · 경제성장 · 국제수지 등이 거시경제학에서 다루는 경제지표들이다. 이 거시경제지표들 간에 어떤 관계가 있는가, 경제정책은 각각의 거시경제지표에 어떤 영향을 미치는가, 경제정책을 어떻게 운용하는 것이 바람직한가 등을 연구하는 것이 거시경제학의 주요 분야이다.

3.1.2 실증경제학과 규범경제학

경제학은 가치판단의 유무에 따라 실증경제학과 규범경제학으로 분류할 수 있다. 실증경제학(positive economics)은 경제현상을 '있는 사실(what is)' 그대로 분석하고 경제현상 간에 존재하는 법칙을 발견하여 경제현상의 변화를 예측하는 학문이다. 보통 경제학이라고 말할 때는 이 실증경제학을 지칭한다. 경제사와 이론경제학은 바로 실증경제학이다.

규범경제학(normative economics)은 '바람직한 상태'(what should be)를 설정하고 그 상태에 도달하기 위해서는 어떻게 해야 하는가를 다루는 경제학이다. 경제정책론이 규범경제학에 속한다.

있는 사실 그대로를 묘사하거나, 참인가 거짓인가를 밝힐 수 있는 문장을 실증적인 기술(positive statement)이라 한다. 좋다, 나쁘다 혹은 바람직하다, 바람직하지 않다 하는 가치판단이 개입되는 문장을 규범적인 기술(normative statement)이라 한다. 예컨대 '이자율 상승은 투자를 감소시킨다'라는 것이 실증적인 기술이고, '형평보다 효율이 더 중요하다'는 주장이 규범적인 기술이다. 실증경제학은 실증적인 기술로 구성되어 있고, 규범경제학은 규범적인 기술로 구성되어 있다.

오늘날 경제학은 어떤 경제현상이 있고 왜 그런 현상이 있는가를 다루고 나서 으레 그 현상이 바람직한가, 더 바람직한 상태는 무엇인가를 연구한다. 실증경제학의 바탕 위에 규범경제학을 전개함으로써 양자가 융합되어 있는 것이다.

3.2 경제학의 방법론

경제이론을 전개하는 데에는 몇 가지 유의할 사항이 있다. 흔히 빠지기 쉬운 방법론상의 오류를 피하면서 이론을 전개하는 사람이 가지게 마련인 주관성을 인식하는 것이 중요하다.

3.2.1 인과의 오류

개별적인 사실들로부터 일반적인 사실이나 법칙을 끌어내는 방법을 귀납법(induction)이라 한다. 가정을 세울 때 이 귀납법을 제대로 활용하기 위해서는 많은 요인들을 두루 살펴보아야 한다. 그러나 모형을 세울 때 그 많은 요인들을 다 수용할 수는 없기 때문에 중요하다고 생각되는 요인들만 뽑고, 나머지는 '다른 모든 조건들이 일정할 때(ceteris paribus)'라는 가정으로 처리한다. 그런데 중요하다고 생각되어 뽑은 요인들이 실상 중요하지 않을 수가 있다. 이를 유념하여 귀납법을 올바로 활용하도록 해주는 것이 인과의 오류이다.

여러 현상 간의 인과관계를 구명함에 있어서 A라는 현상이 B라는 현상보다 먼저 관찰되었다는 이유로 A가 B의 원인이라고 단정하기 쉽다. 이를 인과의 오류(post hoc fallacy)라 한다. 다시 말해 어떤 현상들의 단순한 선후관계를 인과관계로 착각하는 것이다. 예를 들어 '까마귀 날자 배 떨어진다(오비이락烏飛梨落)'는 속담을 곧이곧대로 받아들여 배 떨어지는 원인을 까마귀 나는 데에서 찾는다면 이것은 인과의 오류를 범하는 것이다.

어떤 경제현상들 간의 단순한 선후관계는 제3의 요인에 의한 일시적인 상관관계인 경우가 많다. 이를 인과관계로 단정해 버리는 인과의 오류를 피해야 한다.

3.2.2 구성의 오류

일반적인 사실이나 법칙으로부터 구체적인 사실이나 법칙을 이끌어내는 방법을 연역법(deduction)이라 한다. 경제학에서 연역법은 귀납법과 함께 상호보완적으로 이용되고 있다. 연역법에 있을 수 있는 오류 중 경제학에서 범하기 쉬운 것이 구성의 오류이다. 부분이 참이라고 해서 전체도 반드시 참이라고 생각하는 것이 구성의 오류(fallacy of composition)이다.

극장의 객석에서 영화를 관람할 때 어느 한 사람이 영화가 잘 안 보인다고 일어나면 그 사람은 영화를 더 잘 볼 수 있다. 그러나 모든 사람이 일어서면 각자가 종전보다 영화를 더 잘 볼 수 있다고 말할 수 없다.

부분이 참일 때 전체가 참인 경우도 많다. 구성의 오류가 말하는 것은 이 명제가 항상 옳지는 않다는 것이다. 구성의 오류는 경제학에서 중요한 역할을 수행한다. 거시경제학을 단순히 미시경제학의 연장이나 확대로 취급하지 않고 별도로 취급하는 이유도 구성의 오류 때문이다. 각각의 나무에 집착하다 보면 숲 전체를 보지 못할 수도 있다.

3.2.3 경제이론의 주관성과 진화

가치판단이 명시적으로 개입되는 규범경제학도 가급적 객관적인 경제이론이 시사하는 정책조합을 처방하는 것이 바람직하다. 그러나 경제이론에는 명시된 가정 이외에도 여러 가지 숨은 가정과 경제학자의 주관이 은연중에 들어가게 마련이다. 이 때문에 똑같은 경제현상을 전혀 다른 시각으로 볼 수 있다. 예를 들어 자본주의 저성장의 문제를 주류경제학 내에서도 노동시장의 경직성이나 정부의 과도한 시장개입에서 찾는 경우도 있고, 소득주도성장론에서 보듯 임금노동자들의 분배 몫의 감소에서 그 원인을 찾는 경우가 있다.

코페르니쿠스와 뉴턴의 기계론적인 사고방식의 물리학에 젖어 있는 학자일수록 처음에 아인슈타인의 상대성이론이 나왔을 때 이를 이해하고 수용하기가 더 어려웠다. 마찬가지로 경제학자들도 자기의 이론틀 속에 갇혀 새로운 이론틀을 이해하려 하지 않고 받아들이지 않을 수도 있다. 케인즈의 유효수요이론을 처음 대한 주류경제학자들은 그를 사회주의자라고 비난했다. 그러나 세월이 지나 케인즈의 이론이 설명력과 예측력이 계속 우월해 지면서 "우리 모두가 케인즈언이다"라면서 거의 모든 경제학자가 한 때는 케인즈의 유효수요이론을 수용하기도 하였다. 그러다가 1980년대에 들어 스태그플레이션 국면을 접하면서 케인즈의 경제학보다는 하이예크, 프리드만 등의 시장자유주의 경제학이 오히려 각광을 받았다. 경제학은 이렇듯 자본주의 시장의 변화에 따라 진화를 거듭하고 있는 학문이다.

따라서 우리는 열린 마음으로 서로 다른 주장과 이론들이 어떤 내적 일관성(이론의 논리 정연함)과 외적 적합성(이론이 현실에 잘 들어맞는 것) 가지며, 어떤 장단점을 가지는지 면밀히 살펴보아야 한다.

3.3 경제학의 표현방법

3.3.1 서술적인 방법

경제이론의 표현은 우선 서술적인 방법에 의존한다. 서술적인 방법이란 수식이나 그림 등을 사용하지 않고 문장으로 표현하는 것이다. 예를 들어 수요의 법칙을 "다른 모든 조건들이 일정할 때 어떤 생산물의 가격이 상승(하락)하면 그 생산물에 대한 수요량은 감소(증가)한다"라고 표시하면 이는 서술적인 방법이다.

3.3.2 수리적인 방법

서술적인 방법은 읽으면서 그 의미를 바로 파악할 수 있다는 장점이 있는 반면, 표현이 길기 때문에 여러 경제현상을 동시에 설명할 때 장황해지는 단점이 있다. 이를 보완하는 방법으로 경제이론을 수리적으로 표현하는 방법이 많이 사용된다. 서술적으로 표시한 수요의 법칙을 수리적으로 표현하면 다음과 같다.

$$Q_D = f(P), \quad \frac{\Delta Q_D}{\Delta P} < 0$$

위의 식에서 $Q_D = f(P)$는 "Q_D는 P의 함수이다"라고 읽는다. Q_D는 한 상품에 대한 수요량, P는 그 상품의 가격을 표시한다. 함수란 한 변수의 값이 정해지면 다른 변수의 값이 유일하게 결정되는 관계를 말한다. 한 상품의 가격이 결정되면 그 상품에 대한 수요량이 유일하게 결정되는 것을 $Q_D = f(P)$로 나타낸다. 이때 가격을 독립변수라 하고, 수요량을 종속변수라 한다. Δ(delta)는 증분 또는 변화분을 뜻한다. $\frac{\Delta Q_D}{\Delta P} < 0$는 가격의 변화분과 수요량의 변화분의 방향이 정반대라는 것을 표시한다. 위 식 전체를 "Q_D는 P의 감소함수이다"라고 읽는다.

수리적 표현방법은 복잡하게 얽혀 있는 여러 경제현상들을 종합적으로 설명할 때 아주 유용하게 쓰인다.

3.3.3 기하학적인 방법

경제학에서는 흔히 여러 변수들 간의 관계를 표나 그림으로 알기 쉽게 표현한다. 대개 표보다는 그림이 많은 정보를 더 쉽게 제공한다. 경제이론을 그림으로 표시하는 데 일반적으로 직각좌표(또는 평면)를 사용하며, 두 변수를 세로축과 가로축에 측정하여 두 변수의 관계를 그림으로 나타낸다. 경제학에서는 가격을 세로축, 수량을 가로축으로 측정하는 것이 영국의 경제학자 마샬(Alfred Marshall, 1842~1924)이래 관행으로 되어 있다.

수요의 법칙의 경우 가격을 세로축에 측정하고 수요량을 가로축에 측정하여 "가격이 상승(하락)하면 수요량은 감소(증가)한다"라는 수요법칙을 그림 1-2에서 보는 바와 같이 우하향하는 수요곡선으로 표현할 수 있다. 이는 가격이 P_0에서 P_1으로 하락하면 수요량은 Q_0에서 Q_1으로 증가한다는 사실을 나타낸다.

그림 1-2 경제이론의 기하학적 표현

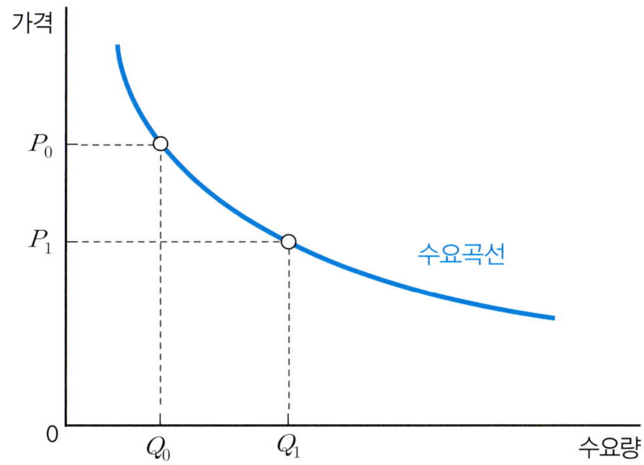

이상에서 설명한 세 가지 표현방법은 상호보완적이다. 따라서 본서에서는 세 가지 표현방법을 적절히 혼합하여 경제이론을 설명하기도 하지만 주로 서술적인 방법과 기하학적인 방법을 사용하기로 한다.

3.4 경제학의 학습 방법

경제학은 보통 선택의 학문이라고 한다. 하지만 경제학은 우리에게 무엇을 선택하라고 지시하지는 않는다. 선택의 결과를 예측하고 이해하는데 도움을 줄 뿐이다. 흔히 경제학은 어렵고 재미없는 과목으로 알려져 있으나 학습하기에 따라서는 흥미를 느끼며 쉽게 공부할 수도 있을 것이다. 여기서는 현실 경제 현상을 체계적으로 관찰하고 분석하면서 그 문제점 해결을 모색하여 이를 경제학적 사고의 개발로 연결시킬 학습방법을 검토해 보자.

어떻게 경제학을 공부할 것인가? 경제학을 배우기 시작하는 학생이 경제학적인 개념과 분석틀에 대한 근본적인 이해 없이 단순 지식 습득에만 매달리게 된다면 무엇을 어떻게 하는지만 배우고 왜 그렇게 해야 하는지 그 이유를 정확히 알지 못하면 그 지식이 아무리 좋은 것이라 해도 필요 없을 뿐 아니라 위험할 수도 있다. 그렇다면 우리는 어떠한 점에 주안점을 두고 경제학을 학습하여야 할 것인가?

첫째, 경제학은 따뜻한 가슴과 차가운 이성을 통하여 누구나 행복한 사회를 만들고자 하는 학문임을 이해하는 것이 중요하다. 영국의 신고전파경제학의 완성자인 알프레드 마샬은 120여년 전에 '경제학자는 따뜻한 가슴(warm heart)과 냉철한 머리(cool head)를 가져야 한다'는 명언을 남겼지만, 일반인들은 경제학을 여전히 '차가운 학문'으로 이해하는 경향이 강하다. 그러나 이는 오해이다. 시장메커니즘을 무시한 채 따뜻한 가슴만 내세우면 비효율성이 발생해 결국은 정체된 사회로 전락할 가능성이 커진다. 이런 측면에서 경제학은 따뜻한 가슴이 설정한 목표를 차가운 이성으로 이룩하려는 학문이라 할 수 있다. 이런 의미에서 경제학은 궁극적으로 가장 따뜻한 학문이며, 경제학을 공부하려는 사람들은 따뜻한 가슴을 가져야 한다.

둘째, 먼저 경제학을 배울 때 우리는 기본 개념을 아는 것이 중요하다. 이것은 경제학에 대한 개념을 확실하게 알고 그에 대한 의견이 설 수 있도록 하는 것이 중요하다. 다음으로 이러한 기본개념을 바탕으로 실생활의 문제에 적용하여 보면 경제학에 대하여 더욱 이해가 빨라질 것이다. 그래서 경제학을 가르치는 사람들은 학생들에게 경제학의 이론을 실생활에 적용시킬 기회를 주어야 한다.

셋째, 경제현상을 알기 위한 자료를 수집해서 체계적으로 이용하는 방법으로 신문의 경제면을 이용하고, 나아가 경제신문 읽기를 권한다. 신문의 보도나 해설기사는 매일매일 일어나는 현실에 대한 충실한 기록으로서 현실파악을 위하여 가장 쉽게 접근할 수 있는 자료원이다. 일간지 이외에 경제 전문 주간지도 있고, 각 업종 및 직종별 관련 잡지도 발간되므로 시간과 금전적 여유가 있다면 이런 자료도 이용할 수 있다.

넷째, 여러 가지 경제문제에 대한 선진국의 경험을 철저히 검토하고 이를 우리의 문제인식 및 해결방안 모색에 반영하며, 나아가 본 저술을 통해서 배운 경제적 사고를 현실의 의사결정과정에 적용시켜 가기를 지속하면 독자 여러분들은 이런 훈련을 받지 않은 동료와는 다르게 생각하고, 다른 결론을 내리는 경우가 흔히 있음을 발견하게 될 것이다.

4 경제문제와 경제체제

4.1 경제의 기본문제

경제의 기본문제는 희소한 자원의 합리적인 선택의 문제이다. 미국의 경제학자 새뮤얼슨(Paul A. Samuelson, 1915~2009)은 생산에 초점을 맞추어 어느 사회든 다음 세 가지의 기본적인 경제문제를 해결해야 한다고 하였다. ① 무엇을 얼마만큼 생산할 것인가(What & How much to produce), ② 어떻게 생산할 것인가(How to produce), ③ 누구를 위하여 생산할 것인가(For Whom to produce)라는 문제들이다. 그러면 경제의 이들 기본문제에 대해 좀 더 자세히 살펴보자.

첫째, 무엇을 얼마만큼 생산할 것인가 즉 여러 생산 가능한 재화와 서비스 중에서 어떤 재화와 서비스를 얼마만큼 생산할 것인가 하는 문제이다. 먼저 무엇을 생산할 것인가 하는 문제는 생산자의 의사결정에 따라 해결된다. 그러나 근본적으로는 무엇을 생산할 것인가 하는 문제는 소비자에 의해 결정된다. 자원은 한정되어 있기 때문에 어떤 것을 많이 생산하면 다른 것은 적게 생산할 수밖에 없다. 예를 들어 사치품을 많이 생산하면 필수품은 적게 생산할 수밖에 없고, 대형차를 많이 생산하면 소형차를 적게 생산할 수밖에 없다.

둘째, 어떻게 생산할 것인가는 구체적으로 어떠한 생산요소를 얼마만큼 투입시킬 것인가 하는 생산방법의 문제로, 이는 결국 생산기술 및 생산요소의 가격 등에 의해 결정된다. 예를 들어 어떤 자치정부가 관내의 치안을 강화하기로 했을 때, 이 목적을 달성하기 위해서는 방범대를 조직할 수도 있고, CCTV를 설치할 수도 있다. 전자는 후자에 비해서 일자리 창출 및 마을 공동체성 강화에 직접적인 효과를 발휘하고, 후자는 전자에 비해서 기업가에게 시장을 확대해주는 효과를 발휘한다. 전자를 선택하자는 측에서는, 방범대를 조직함으로써 고용 효과가 발생하면 당연히 유효수요가 늘고 따라서 그만큼 시장의 규모는 커진다고 주장한다. 이에 비해서 후자를 선택하자는 측에서는 기업을 살림으로써 기업이 고용하는 직원의 일자리가 보장되고 따라서 국민의 생활은 그만큼 윤택해진다고 주장한다. 복잡한 문제이다.

셋째, 누구를 위하여 생산할 것인가는 생산한 상품은 결국 인간 개개인에게로 나누어져 사용하게 되는데 누구로 하여금 이것을 사용하도록 분배하느냐 하는 것도 우리가 풀어야 할 경제문제이다. 이것은 분배의 문제이다. 재산상속은 어느 선까지 인정하느냐, 소득의 분배는 어떻게 이루어지도록 하느냐 하는 것이 바로 누구를 위해 분배하느냐 하는 문제이다. 재산이 많고 소득이 많은 사람이 생산한 물건을 많이 사용할 것이기 때문이다.

마지막으로 최근에는 위의 세 가지 경제문제 외에 ④ 언제 생산할 것인가(When to produce)이다. 이는 세대 간의 분배문제라 할 수 있다. 석유나 석탄 등 광물자원은 한번 소비해 버리면 재생산이 불가능한 자원들이다. 이런 자원들은 부존량이 한정되어 있기 때문에 현재세대가 많이 쓰면 쓸수록 미래세대들이 쓸 수 있는 자원이 적어질 수밖에 없다. 따라서 부존량이 한정된 자원을 세대간에 어떻게 배분할 것인가의 문제가 나타난다.

앞의 경제의 기본문제는 물론 서로 얽혀 있는 문제이다. 한 문제를 푸는 것이 다른 문제를 푸는 것과 서로 관련되어 있다. 예컨대 기계라는 자본보다 노동자를 많이 사용하여 생산하겠다고 하면 이것은 자본가 소득보다 노동자 소득을 중요시하면서 노동자들이 생산된 상품을 더 많이 사용할 수 있도록 하는 방법이다.

사회주의 경제는 경제의 기본문제, 즉 희소한 자원의 합리적 선택의 문제를 정부가 중앙계획을 통해 해결하겠다는 경제체제이다. 반면에 자본주의는 시장의 가격기능에 의존해 해결하겠다는 경제체제이다. 중앙계획 하에서는 정부의 의도대로 군수품보다는 생필품을, 자본집약적 방법보다는 노동집약적 방법을, 자본가보다는 노동자를 위해 생산할 수 있다. 그러나 시장경제 하에서는 시장에서 요구하는 대로 가격에 맞추어 생산할 수밖에 없다. 생필품의 수요가 많으면 생필품을 많이 생산하고, 임금이 높고 자본가격이 싸면 자본을 많이 사용하여 생산하고, 임금이 높으면 노동자들의 소득도 높아진다.

4.2 경제체제

새뮤얼슨이 말한 기본적인 경제문제는 어느 사회를 막론하고 어떤 형태로든 풀어야 한다. 인류는 기본적인 경제문제를 여러 가지 방식으로 해결해 왔다. 경제문제를 풀어나가는 제도나 방식을 경제체제라 하며, 줄여서 경제라 한다.

4.2.1 자본주의 이전의 경제

자본주의 이전의 경제체제는 오랜 세월의 관습이나 신분에 따라 자원이 배분되는 경제체제로 원시공산사회, 고대노예제사회, 봉건제사회로 구분할 수 있다. 인류 역사 대부분의 시간에서 관습은 자원배분의 가장 지배적인 방법이었다. 아프리카, 남아메리카, 아시아, 그리고 태평양 연안의 수많은 부족 사회와 작은 마을에서는 이러한 방법이 아직도 남아있다. 일반적으로 관습적인 생산방법은 마을의 연장자들로부터 전해져 내려왔고, 관습적인 공평성의 원리가 재화와 서비스의 배분을 지배한다.

먼저, 원시공산사회이다. 인류는 지구상에 출현한 이래 수렵이나 목축생활을 거쳐 촌락을 이루어 한 곳에 거주하고 농작물을 경작하는 촌락공동체 생활을 하였다. 이런 원시시대에 무엇을 얼마나 생산할 것인가 하는 경제문제는 집단의 원로들이나 촌락 집회에 의해 결정되었다. 어떻게, 언제, 누구를 위하여 생산할 것인가 하는 문제는 공동으로 생산에 참여하고 공동으로 소비함으로써 해결하였다. 각 씨족이나 촌락은 대개 자급자족경제였으며, 구성원 상호 간에 평등한 관계를 유지하였다.

둘째, 고대노예제사회이다. 고대사회에서는 사유재산이 발생하고 노예제도라는 신분제도가 생겨 원시사회의 평등한 관계가 경제적 지배·피지배의 관계로 바뀌었다. 무엇을 얼마나, 어떻게, 언제, 누구를 위하여 생산할 것인가 하는 문제는 노예 소유주에 의해 결정되었다. 농업·수공업·각종 서비스업 등 육체노동은 노예의 손으로 행해졌다. 노예 노동의 계속적인 공급에 필요한 최소한의 몫만 노예에게 돌아가고 나머지 생산물은 노예 소유주에게 돌아갔다.

셋째, 중세봉건제사회이다. 중세사회에서는 대규모의 토지를 소유하는 영주들이 토지를 농민에게 빌려 주고 농민으로부터 고율의 지대를 받는 봉건제도가 주를 이루었다. 봉건제도에서 무엇을 얼마나, 어떻게, 언제 생산할 것인가 하는 문제는 주로 토지에 매어 있는 농민에 의하여 결정되었다. 그러나 누구를 위하여 생산할 것인가 하는 문제가 영주에 의해 불공평하게 결정되기 때문에 대다수 농민들의 생활은 겨우 생존을 유지할 정도로 빈궁했다. 이처럼 근대, 즉 자본주의 이전에는 기본적인 경제문제들이 관습이나 신분제도 등에 의해 해결되었다.

4.2.2 자본주의경제

자본주의경제란 사유재산제도와 경제적 자유를 기본으로 하여 개별 경제주체(개인과 기업)가 자기 책임하에 자유롭게 자기 이익(self-interest)을 추구하는 가운데 시장의 가격기능에 의해 기본적인 경제문제들이 해결되는 경제체제이다.

사유재산제도란 자본과 토지 등 생산수단을 대부분 개인이 소유하고 소유자가 생산수단을 자유롭게 사용·처분할 수 있는 제도를 뜻한다. 경제적 자유란 경제행위에 대한 개인의 의사결정이 자유롭게 이루어지는 것으로 계약의 자유, 영업의 자유, 직업선택의 자유, 거주이전의 자유 등이 포함된다. 사실 이들 자유는 형식적일 뿐 수많은 제약조건, 특히 자본제약이 따르기 때문에 실질적으로는 한계가 존재한다.

자본주의경제에서는 개별 경제주체들이 시장에서 형성되는 가격을 지표로 하여 시장에서 만나 자유롭게 생산·교환(유통)·소비활동을 한다. 자유로운 시장경제

생활속경제 »

보이지 않는 손

우리가 고기와 포도주 그리고 빵으로 저녁식사를 할 수 있는 것은 정육점 주인이나 양조장 주인 또는 농부의 자비심이 아니라 자리심(self- interest) 때문이다. 모든 개인은 그가 지배하는 자본이 무엇이든 이를 가장 이롭게 고용하는 방법을 찾는 데에 끊임없이 노력한다. 진실로 그가 보는 것은 그 자신의 이익이지 사회의 이익은 아닌 것이다. 그러나 그 자신의 이익에 대한 연구가 당연하게, 또는 보다 필연적으로 그를 사회에 가장 이로운 고용을 선호하도록 인도한다. ……그 자신의 득만을 의도하면서…… 보이지 않는 손(invisible hand)에 인도되어 그 자신의 의도 밖에 있는 목적을 증진시키게 된다. …… 그 자신의 이익을 추구함에 의하여 그는 흔히 그가 실제로 사회의 이익증진을 의도하는 때보다 효과적으로 이를 증진한다.

출처 Adam Smith, 『국부론』 중에서

활동을 강조하여 자본주의경제를 자유시장경제(free market economy), 혹은 간단히 줄여서 시장경제라고 부른다.

자본주의경제에서는 생산수단을 가지고 있는 자본가가 이윤을 얻을 목적으로 노동자를 고용하여 상품을 생산한다. 이 체제에서는 생산물은 물론 토지·노동·자본과 같은 생산요소도 시장에서 상품으로 매매된다. 그리하여 생산·교환·소비가 모두 시장을 통하여 이루어진다.

특히 분배 면에서 형평의 문제를 일으키지만 무엇을 얼마나, 어떻게 생산할 것인가의 문제를 시장에서 해결한다. 정부의 개입 없이 자기 이익을 쫓는 경제주체들에게 그냥 맡겨두어도 가격기구를 통해 효율적인 자원배분이 이루어진다는 것이다. 이러한 가격기구의 속성을 아담 스미스(Adam Smiths, 1723~1790)는 '보이지 않는 손(invisible hand)'이라 표현하였다.

자본주의경제는 15세기 중엽까지 유럽에서 형성된 상업자본주의에서부터 발달하였다. 부(富)는 유통과정에서 창출된다고 보아 상업, 특히 무역을 중요시하는 중상주의(重商主義, mercantilism)의 이론이 시대의 주류를 이루었다. 중상주의에 입각한 정부정책은 봉건제도 말엽부터 발달하기 시작한 상업과 수공업을 크게 발전시켰다. 상업의 발전은 상품의 본격적인 공장생산이 이루어질 수 있도록 자본을 최초로 축적시켜 주었다는 뜻에서 상업자본주의라 부른다.

17세기 말부터 18세기 말까지 기계와 동력의 발명에 기인한 공업상의 일대 혁명이 일어난다. 이를 산업혁명(industrial revolution)이라 한다. 개인의 부와 국가의 부가 유통과정이 아니라 생산과정에서 창출된다는 것을 인식하게 되었다. 이에 따라 종래의 수공업생산 대신 기계에 의한 공장생산이 일반적인 생산형태로 보급되어 산업이 비약적으로 발전하였다. 상업이 아니라 제조업이 자본축적과 경제발전의 원동력이 되었다. 그리고 사유재산제도와 경제적 자유를 근간으로 하는 산업자본주의가 완성된다.

산업자본주의 하에서 인류는 일찍이 경험하지 못한 비약적인 생산력의 증가를 경험하였다. 그러나 산업자본주의는 19세기 후반부터 심한 빈부격차와 주기적인 공황을 경험하였다. 1930년대의 대공황을 겪고 나서 서구의 산업자본주의는 정부가 공공의 이익을 위해 사유재산제도와 경제적 자유의 일부를 제한하는 형태로 발전하였다.

4.2.3 사회주의경제

사회주의경제는 자본주의에서 나타난 부익부 빈익빈의 빈부격차와 공황 등 자본주의의 모순을 극복하기 위해 출현한 경제체제이다. 사회주의경제는 1917년 러시아에서 노동자·농민혁명이 일어나 처음으로 등장했다. 그러나 이들 현실사회주의는 엄밀한 의미에서의 사회주의라 칭할 수는 없었다.

사회주의경제의 기본 특징은 생산수단의 국유화와 중앙계획이다. 다시 말해 사회주의경제는 생산수단을 개인이 소유하는 것이 아니라 국가가 소유하고, 생산·분배·소비가 국가의 계획에 의하여 이루어지는 경제체제이다. 생산수단의 사유화를 부정하기 때문에 자본주의경제에서와 같은 이윤동기에 의한 상품생산은 원천적으로 부정된다. 무엇을 얼마나, 어떻게, 누구를 위하여, 언제 생산할 것인가 하는 기본적인 경제문제가 모두 중앙당국의 계획에 의하여 이루어지기 때문에 사회주의경제를 계획경제(planned economy)라고도 한다.

사회주의경제의 중앙당국은 효율(efficiency)보다 평등(equality)에, 경제적 자유보다 경제자립에 주안점을 둔다. 효율을 앞세워 자본가가 이윤을 추구하는 자본주의경제에서는 한 직종에서도 노동생산성에 따라 임금이 다르고, 노동생산성이 임금수준에 못 미치면 그 노동자는 일자리를 잃게 마련이다. 경기가 나쁜 때에는 물건이 안 팔리고 기업사정이 어려워져서 능력 있는 노동자도 일자리를 잃는다. 개인은 직업선택의 자유를 누리는 반면 실업의 책임도 스스로 져야 한다. 그런데 사회주의경제에서는 공식적으로 실업자가 없다. 노동능력이 크게 떨어지는 신체부자유자나 노약자라도 노동의욕만 있으면 국가가 책임지고 일자리를 마련해 주기 때문이다. 중앙당국의 명령에 의해 노동자들이 각 직장에 배치되고, 평등을 중시하기 때문에 직종이 같으면 일반적으로 임금도 같다.

사회주의경제는 효율보다는 형평을 더 중요하게 생각한다. 자본주의사회는 각자가 자유와 창의를 발휘하여 피나는 경쟁을 뚫고 억만장자가 되는 것이 얼마든지 미화되는 사회이지만, 사회주의사회는 혼자 부자가 되는 것 보다는 여럿이 함께 가난을 선택할 수도 있는 경제체제이다.

표 1.1 자본주의경제와 사회주의경제

비교기준	자본주의경제	사회주의경제
생산수단의 소유	사유화	국유화
추구하는 주요가치	효율 · 자유	평등 · 자립
조정기구(mechanism)	시장	명령(계획)
의사결정방식	분권화	중앙집권화
경제행위의 동기	이기심(이윤/손실)	이타심(포상/벌)
운영원칙	개인주의 · 경쟁원칙	집단주의 · 협동원칙

4.2.4 혼합경제체제

오늘날 각국 경제에는 시장경제의 요소와 계획경제의 요소가 섞여 있다. 이는 앞에서 설명한 자본주의와 사회주의가 완전하지 않고 각각 특유의 단점을 가지고 있기 때문이다. 자본주의경제의 단점은 크게 세 가지고 요약할 수 있다. ① 소득과 자산의 분배가 불공평하다. ② 탐욕스런 이윤추구로 인하여 약자가 착취되고, 환경이 파괴되며, 사익과 공익의 괴리가 일어난다. ③ 실업과 인플레이션이 번갈아 일어나며 경제가 불안정하다.

사회주의경제는 사유재산과 이윤추구를 부정하고 국가적인 계획 · 통제를 함으로써 자본주의의 문제점들을 극복할 수 있다. 그러나 사회주의 현실에서도 단점은 있다. ① 자원배분이 비효율적이다. ② 경직적인 계획의 수정장치가 없다. ③ 이념이 경제를 지배하여 개인의 자유가 제약된다.

1930년대의 대공황을 겪고 난 후 서구 자본주의 국가들은 일부 기간산업을 국유화하고, 사유재산의 사용이 공공복리에 적합하도록 규제하며, 사회보장제도와 경제안정화정책을 실시함으로써 분배의 공평과 경제안정을 도모하고자 하였다. 사유재산제도와 경제적 자유의 큰 골격을 유지하면서 자본주의의 단점을 시정하기 위하여 정부가 경제에 개입하게 된 것이다.

자본주의 요소와 사회주의 요소가 섞여 있는 경제를 혼합경제(mixed economy)라 한다. 오늘날 자유시장경제라고 불리는 선진자본주의경제는 자본주의를 주축으로 하고 정부의 규제 · 조정기능을 보완적으로 활용하는 혼합경제이다.

오늘날 거의 모든 나라의 경제체제는 시장경제의 요소가 주축이거나 주축이 되어 가는 혼합경제이다. 이하에서는 시장경제가 주축을 이루는 혼합경제를 언론매체에서 흔히 쓰는 대로 시장경제라 부르기도 한다.

4.3 신자유주의의 등장과 대응

4.3.1 신자유주의의 등장

오늘날 한국사회는 물론 전지구적으로 일반화되고 있는 다양한 부문에서의 양극화 문제(부자와 빈자, 정규직과 비정규직, 대기업과 중소기업, 수출기업과 내수기업, 수도권과 비수도권 등) 등 여러 사회문제들을 만들어낸 근본적인 원인으로서의 신자유주의의 등장, 그 결과로서의 2008년 글로벌 금융위기에 대해 간단히 살펴보자.

신자유주의는 1980년대에 들어와 영국의 대처리즘과 미국의 레이거노믹스로 구체화된 경제원리이다. 이는 자유방임을 기본으로 경제에 대한 국가규제의 완화, 민영화, 감세, 노동시장 유연성 강화, 사회보장의 축소 등을 통해 분배를 줄이고 투자를 늘려 침체된 경제를 회생시키려는 정책을 주로 추진하였다.

이것은 세계자본주의가 1970년대 이후 맞은 위기상황 때문이다. 1950~60년대의 호황을 맞은 후 1970년대부터 점차 자본주의의 활력이 떨어지고, 그 동안 과도하게 축적된 자본들로 인해 과잉설비가 이루어지고, 생산능력이 크게 늘어난 반면 수요는 줄어들었다. 그래서 투자수익률이 점차 떨어지고, 1970년대 2차에 걸친 석유파동으로 인해 축적위기는 더 심각해졌다.

이렇게 경제성장이 어렵게 되자 분배도 쉽지 않게 되었다. 그리하여 이제 사회적 요구 대신 시장의 자유경쟁 원리가 중시될 수밖에 없었다. 이는 전후에 특히 서유럽에서 발전했던 '요람에서 무덤까지'를 내건 복지국가 체제가 더 이상 과거와 같은 형태로는 유지되기 어렵게 되었다.

신자유주의로의 전환을 이해하는데 영국과 미국의 상황은 중요하다. 영국은 1970년대에 들어와 침체된 경제상황에도 불구하고 노조가 과도하게 파업을 벌인다고 생각한 자본권력과 1979년에 집권한 보수당의 대처 정부는 노동자들의 파업을 군대까지 동원하는 등 강경하게 대응하며 경제정책을 신자유주의 쪽으로 전환시켰다.

그러나 미국의 상황은 더 중요하다. 그것은 미국이 2차 세계대전 이후 세계 경제를 지배해왔기 때문이다. 따라서 미국의 정책 변화는 필연적으로 전 세계의 자본주의 국가들에게 큰 파급 효과를 미치지 않을 수 없었던 것이다. 미국에서의 변화는 1970년대 이후 일본, 서독, 아시아 신흥 공업국들이 미국 산업에 도전하면서 시작되었다. 특히 1980년대에 들어와 일본이 지구적 경쟁자로 등장하면서 문제는 더 커졌다. 미국 대기업들의 생산성이 일본 기업에 비해 뒤떨어진다는 것이 분명했기 때문이다.

미국 기업들이 과거의 성공에 안주함으로써 자동차, 철강, 복사기 등 많은 중요산업에서 상품의 혁신과 새 생산기술을 채용하는 데 실패한 탓이다. 기술과 생산체제가 시대에 뒤떨어졌으므로 낮은 품질의 상품을 높은 가격에 제공할 수밖에 없었던 것이다.

따라서 미국의 대기업들은 더 이상 노동자들에게 고임금과 안정된 직장을 제공할 수 없게 되었다. 또 열등한 생산기술을 보상 받기 위해 일시적으로라도 임금이 낮은 지역으로 공장을 이전할 수밖에 없었다. 그리하여 많은 미국 기업이 출구를 찾아 해외로 공장을 이전하여 초국적기업으로 변신했으나 미국의 산업노동계급은 버림받은 채 뒤에 남겨졌다. 그렇다고 해도 그것은 일시적인 미봉책이지 경쟁력을 근본적으로 개선하는 방법은 되지 못했다. 그래서 미국을 비롯한 선진자본주의 국가들에게는 세계시장을 다시 지배할 새로운 전략이 절실히 필요했다. 그것이 바로 자유무역주의라는 형태로 나타났다.

특히 1989년에 부시와 고르바초프의 몰타선언으로 냉전이 끝나고 그 후 사회주의권이 붕괴하자 이제 선진자본주의국가들의 행동에 제동을 걸 어떤 세력도 존재하지 않았다. 그리하여 이들은 1990년대에 들어와 자유무역을 이끌어갈 새로운 국제기구 창설을 밀어 붙였다. 그 결과 1995년에 세계무역기구(WTO)가 만들어졌는데 이 기구는 관세를 인하하고 비관세장벽의 제거를 통한 무역의 자유화와 자본이동의 자유화를 노골적으로 요구함으로써 선진국들의 대리인이 되었다. 따라서 이제 어떤 나라든지 많든 적든 신자유주의 원리를 채용하는 것이 불가피해졌다. 그럼에도 신자유주의가 자본의 논리를 강조함으로써 그것을 받아들인 나라들 안에서 사회적 평등을 약화시키고 빈부차이를 늘인다는 것은 사회적인 문제였다.

1990년대 이후 정밀전자산업의 발전에 따른 공장 자동화로 인해 고임금의 안정된 노동자가 불필요하게 되었다. 인간의 노동을 컴퓨터와 로봇이 대신하게 된 것이다. 그래서 공장자동화가 이루어진 많은 공장에서는 일자리가 줄어들 수밖에 없었다. 또 기업의 국제화로 인한 치열한 국제경쟁을 이기기 위해서는 안정적인 고용 대신 유연 노동을 채택할 수밖에 없었다. 그 결과 많은 노동자들이 해고되어 실업자가 급증하게 되었고 그와 함께 비정규직, 파트타임 노동이 크게 늘어나게 되었다.

자본의 국제화로 자본과 노동의 힘 관계도 변화했다. 노동조합 가입률이 떨어지고 노동의 교섭력도 현격하게 줄어들었다. 그렇다고 노동이 이런 국제화 추세에 저항하기도 어렵게 되어 전체 국민소득에서 임금이 차지하는 몫은 점점 줄어들게 되었다. 그래서 각 나라에서는 이런 현실에 대한 불만의 목소리가 점점 높아지고 있다.

영국이나 미국 같이 자기네 나라의 어려운 경제상황을 타개하기 위해 신자유주의 정책을 채용하는 것을 다른 나라 사람들이 뭐라고 할 필요는 없다. 그것이 자기네 국내정책에 한정되는 한에서 그렇다. 그러나 문제는 이 신자유주의적 원리가 국제적 규범으로 국제사회에 강요되었다는 사실이다.

그리고 세계경제가 선진자본주의 국가들과 그 독점자본들의 힘에 의해 좌우되는 상황에서 자유방임적 시장 원리의 요구는 제3세계 국가들에 대한 노골적인 침탈을 의미하는 것이었다. 그것이 자유경쟁을 가져오는 것이 아니라 선진국에 대한 일방적인 예속만을 가져올 것이기 때문이었다. 사실 신자유주의가 국제적으로 강요되기 시작한 것은 이미 1980년대 초부터이다. 1982년에 외채위기에 빠진 멕시코에 대해 국제통화기금(IMF)이 구제자금을 빌려주는 대가로 신자유주의적 구조조정을 요구한 것이 그 시초이다. 이것은 1980년대를 통해 과도한 외국자본을 빌렸다가 갚지 못해 외채위기를 맞은 대부분의 중남미 국가들에게도 그대로 적용되었다. 그래서 이들 나라는 울며 겨자 먹기로 수입관세의 인하, 기업에 대한 정부보조금 인하나 철폐, 식량가 제한 철폐, 공기업 민영화, 은행·철도·전기 등 기간산업의 민영화, 시장에 대한 여러 규제의 철폐, 정부 재정적자 축소, 화폐공급 축소 같은 정책들을 그대로 받아들이지 않을 수 없었다.

이것은 미국을 중심으로 하는 선진국 자본이 그 나라에서 마음대로 경제활동을 하기 용이한 환경을 만들려는 정책들이다. 그리고 이는 해당국가의 경제적 자주성을 현격하게 약화시킬 수 있는 무리한 조치였다. 그럼에도 불구하고 이들 국가는 이에 저항할 힘이 전혀 없었으므로 그것을 그대로 받아들일 수밖에 없었다. 그 결과 중남미국가들의 경제는 거의 완전히 미국자본에게 넘어갔다. 현재 중남미 20대기업 가운데 10개가 미국자본 소유일 정도이다. 또 1990년대에는 아프리카 국가들도 거의 모두가 IMF로부터 약간씩 얻어 쓴 차관의 대가로 강제로 구조조정 당해 빗장을 풀 수밖에 없게 되었다.

1997년의 외환위기를 빌미로 미국정부와 IMF가 한국에 대해 요구한 구조조정도 똑 같은 원리 위에 서 있는 것이다. 구제자금을 주는 대가로 상품시장 뿐 아니라 금융시장의 개방, 공기업의 민영화, 노동의 유연화 등을 요구했는데 그것은 외환위기에 빠진 국가들을 일시적으로 돕는다는 IMF의 설립취지를 넘어서는 부당하고 불공정한 조처였다.

그럼에도 한국인들은 그것이 무엇을 의미하는지를 잘 몰랐다. 국제경제에 대해 너무 무지했기 때문이다. 그래서 조목조목 그 부당성을 따지고 저항해야 했는데 저항하지 않았다. 오히려 그것을 '글로벌 스탠다드'로 알고 받아들였다. 바보 같은 짓을 한 것이다. 오늘날 한국 경제와 사회의 많은 문제가 거기에 뿌리를 두고 있다.

이렇게 신자유주의의 강요로 말미암아 한국경제도 큰 타격을 받았지만, 제3세계 경제는 오늘날 거의 초토화되어 있다. 이에 따라 선진국과 후진국의 소득격차는 더 벌어지고 있으며 그에 따른 저항도 커지고 있다. 베네수엘라의 차베스가 미국에 노골적으로 도전하는 것은 신자유주의가 베네수엘라 경제에 가한 가혹한 착취에 대한 반발이라는 점에서 어떤 면에서는 자연스러운 일이었다.

물론 선진국 기업들은 직접투자를 하거나 아웃소싱을 통해 현지인들의 고용증가에 도움을 주기도 한다. 그러나 그것은 자기네 상품이 경쟁력을 유지할 수 있는 한에서만 이루어진다. 그 지역의 임금이 오르면 다시 임금이 더 싼 지역을 찾아 공장을 이전하거나 다른 지역에서 아웃소싱을 한다. 또 이런 과정을 통해 제3세계에 떨어지는 임금액수는 선진국 기업이 파는 상품가격에 비하면 미미한 비율에 불과하다.

그러나 이런 신자유주의적 착취도 언제까지나 지속될 수는 없으므로 세계자본주의를 계속 발전시킬 동력으로서는 큰 한계를 가질 수밖에 없다. 전 세계적으로 국가 사이에, 한 나라 안에서도 계층 사이에 빈부 차이가 더 늘어나는 상황에서 수요를 확대할 뾰족한 방법이 없는 것이다.

그래서 미국을 중심으로 하는 선진국 자본가들이 그 마지막 돌파구로 삼은 것이 바로 금융투기이다. 엄청난 금융버블을 만들어 이득을 취하려 한 것이다. 그러나 이것도 2008년 9월의 미국금융위기로 인해 더 이상 가능하지 않은 대안이라는 것이 드러났다. 결국 세계경제는 이제 경제공황이나, 아니면 장기적인 불황에 빠질 가능성이 점점 커지고 있는 상황에 처해 있다.

4.3.2 신자유주의에 대한 대응

이처럼 신자유주의는 자본주의의 세계화와 완전한 자유시장 경쟁체제를 지향하고 있기 때문에 신자유주의에 의하여 구성되는 사회는 소수의 국가와 기업들을 제외하고 대부분의 국가와 이에 속하는 국민들을 인간적이지 못한 사회로 빠져들게 하는 위험성을 내포하고 있다. 신자유주의의 부정적 발전에 의하여 나타나는 사회에서는 선택의 자유, 직업의 안정, 인간다운 삶을 살기 위한 기본권, 사회적 평화, 권위주의의 소멸, 빈곤의 해소, 분배의 정의, 교육과 복지의 혜택 등을 기대하기 어렵게 된다. 신자유주의 사회에서는 이러한 가치들보다는 자유경쟁에 의해서 시장적 기능을 통하여 조절되는 경제적 가치가 우선순위로 나타나게 된다.

여기서 신자유주의의 문제점을 극복하기 위한 대안을 고찰함에 있어서 먼저 신자유주의가 지니고 있는 패러다임에 대한 분명한 이해가 선행되어야 할 것이다. 따라서 신자유주의가 기초하고 있는 원칙들을 중심으로 현실적인 조건들을 고찰하면 다음과 같다.

첫째, 신자유주의가 지향하고 있는 자유경쟁시장의 개념은 시장이 사회관계를 조정하고 규율하는 여러 메커니즘 가운데 하나에 불과하다는 점이다. 사회는 신자유주의에서 논의하는 바와 같이 시장만이 자원을 효율적으로 배분하는 자기 규율적인 메커니즘을 지니고 있는 것이 아니다. 일반적으로 어떤 사회를 분석해 보면 사회를 구성하고 있는 집단과 계층 간에 나름대로의 사회적 관계가 형성되어 있고 이것에 의해서 사회를 구성하고 있는 집단 간의 힘의 배분구조가 결정되고 있다. 여기서 힘이란 정치적, 사회적 그리고 심리적으로 행사할 수 있는 영향력을 의미한다. 따라서 경제적 기회, 정치적 활동력, 사회의 구조적 모순과 자신의 이해에 대한 성찰력 등을 상실하거나 결여하고 있음으로 해서 사회의 외곽 혹은 주변에 머물고 있는 개인이나 한계집단에 자생할 수 있는 기회와 동인을 제공하게 되면 이들은 사회구조 속에 편입될 수 있을 것이다. 아울러 신자유주의에서 주장하는 시장이 제대로 기능하기 위해서도 시장의 기능적 한계를 보완하는 국가의 정책적 고려가 반드시 필요하다는 점을 지적할 수 있을 것이다.

둘째, 신자유주의가 주장하는 세계화가 확산됨에 따라서 영토성과 민족성 등에 기반을 두고 있는 국가의 역할과 기능이 약화된 것은 사실이지만 그렇다고 해서 국가가 해체되거나 소멸된 것이 아니라는 점이다. 이와는 반대로 현재 세계화를 지향하고 있는 신자유주의의 물결 속에서 오히려 국가의 역할과 수행해야할 기능이 더욱 증가하고 있는 추세이다. 물론 국가의 효율성의 달성을 위해서 국가의 여러 가지 규제들이 제거되고 있지만 인적자원의 개발, 환경의 보전, 전략산업의 육성, 사회 기간사업의 확충 등과 같이 국가가 적극적으로 수행해야할 역할은 증대되고 있는 실정이다. 또한 신자유주의가 주장하고 있는 국가 규제의 폐지, 산업의 구조조정 등도 사실상 국가가 적극적으로 개입하여 역할을 수행함으로써 비로소 가능하게 된다고 할 수 있다.

셋째, 복지국가의 효용이 신자유주의에서 주장하는 것처럼 소진되지는 않았다. 그 예로 유럽 국가들의 경우를 살펴보면 이들 국가들은 국내의 제한적 자원으로 인하여 수출이 없이는 경제성장을 달성할 수 없기 때문에 대외개방정책을 추진할 수밖에 없었다. 그러나 이들 유럽 국가들은 전통적인 사회주의 정책을 완전 포기할 수 없었고, 따라서 이들 국가들은 성장과 분배, 효율과 평등간의 혼합적 정책을 실시함으로써 복지정책을 지속적으로 추진해 가고 있다. 물론 신자유주의의 전세계적인 확산에 따라서 유럽국가들 역시 기존의 복지정책을 수정하거나 축소하고 있는 것은 사실이다. 그러나 그렇다고 해서 복지의 문제를 완전한 시장기능에 맡기지 않고 국가의 정책적 고려를 통해서 유지하고 발전시켜 나가고 있는 것이다. 이와 같이 혼합적인 정책의 선택은 유럽국가들이 성장과 고용 그리고 사회적 안정을 유지해 갈 수 있는 근간이 되었다.

그러나 신자유주의에 의한 사회의 구조조정은 앞서 살펴본 바와 같이 계층간의 갈등, 빈곤의 심화, 불균형 발전 등과 같은 많은 사회적 문제를 양산하고 있다. 따라서 이러한 문제점들을 극복하기 위해서는, 첫째, 신자유주의가 주장하고 있는 시장의 기능에 대한 새로운 인식이 필요하게 된다. 즉 시장의 기능을 단순히 자율적 조절 기능을 강조하여 긍정적인 요인보다는 더 많은 부정적인 요인들이 나타나지 않게 공정한 시장 경쟁의 규칙을 확립해야 하고 균형 발전이 가능할 수 있도록 경우에 따라 강제하고 규율할 수 있도록 하여야 할 것이다.

둘째, 국가의 기능을 단순히 축소시키는 것에만 노력할 것이 아니라 국가가 사회적 안전망의 확충을 위해서 역할과 기능을 다해야 할 것이다. 복지의 확대가 경제의 효율성을 저해한다고만 할 수 없으며, 오히려 복지의 확대를 통한 사회적 안전망이 구축됨으로써 인간다운 삶과 실업의 위험으로부터 보장될 수 있으며 이로써 정치·사회적 안정도 가능하기 때문이다. 그러나 이와 같은 대안도 국가의 효율적인 정책운영이 없이는 가능하지 않기 때문에, 정부의 효율화를 통한 재정위기의 극복과 정부의 민주적 책임성을 제고하는 개혁이 선행되어야 할 것이다. 이것은 사회 내에서 민주적 감시체제의 확립을 의미하는 것이기도 하다. 즉 정부의 정책에 대한 비판과 반대를 수용할 수 있으며, 이에 대한 수정이 가능할 수 있도록 정치구조의 개혁을 추구하여야 할 것이다.

연 습 문 제

01 경제학을 수강(선택)한 이유를 생각해 보고, 경제학을 공부함으로서 얻게 되는 편익과 잃게 되는 비용에 대하여 설명해 보시오.

02 우리들의 경제생활에서 인과의 오류와 구성의 오류에 관한 예를 찾아 설명해 보시오.

03 경제학의 기본전제, 즉 희소성, 경제활동에 비용 지불, 합리적 경제인 등과 자본주의적 이윤논리(상업성)와의 관계에 대하여 각자의 생각을 토론해 봅시다.

04 현실 자본주의의 경제논리로 신자유주의 이외의 다른 대안은 없는가? 현실의 자본주의는 지속가능할 것인가와 지속가능한 자본주의를 위해서 각 경제주체는 무엇을 어떻게 해야 할 것인가? 등에 대하여 토론해 봅시다.

05 현실 사회주의는 실패했다고 한다. 그 이유를 논리적으로 설명해 보시오.

Chapter

02

수요 · 공급과 시장의 균형

우리는 경제학의 출발이 희소한 자원의 배분에서 시작됨을 공부했으며, 시장경제체제에서 자원배분은 모든 상품과 서비스의 가격에 의해 결정된다. 그리고 가격은 재화나 서비스에 대한 수요와 공급에 의해 결정된다. 따라서 수요와 공급이론은 시장경제를 이해하는데 있어서 가장 기초적인 이론이라고 볼 수 있다. 이 장에서는 수요, 공급이론에 대해 살펴보고, 수요와 공급에 의해 시장가격이 결정되는 과정을 알아본다.

1 수 요

1.1 수요의 정의

수요(demand)란 일정 기간 동안에 소비자가 특정 재화(goods)나 서비스에 대해 구매하고자 하는 욕구를 말한다. 그리고 재화를 구입하고자 하는 사람들의 욕구가 수량으로 표출될 때 이를 수요량(quantity demanded)이라고 한다. 수요량은 다음과 같은 중요한 의미를 가진다.

> **수요량**
> 소비자들이 값을 치르고 구입할 의사와 능력이 있는 재화의 양

첫째, 수요량이란 주어진 가격수준에서 소비자가 구입하고자 의도하는 최대 수량이다. 또한, 수요량은 소비자들이 구입하고자 하는 의도된 수량이지 실제로 구입한 수량을 의미하지 않는다.

둘째, 수요량이란 재화나 서비스에 대한 단순한 구입 욕구가 아니라 특정 재화나 서비스에 대한 구매 능력을 갖춘 욕구를 의미한다.

셋째, 수요량은 어떤 일정 기간 동안 구매의 흐름 또는 유량(flow)을 말한다. 따라서 수요량은 반드시 어떤 일정 기간을 명시할 때 그 의미가 명확해진다. 1일간, 1개월간, 1년간 등의 기간을 명시해야 수요량의 의미가 명확해 질 수 있다.

수요의 명확한 의미를 이해하면 어떤 재화의 수요자가 누가 될지 파악하기 쉽다. 외환시장에서 수요자는 달러가 필요한 기업인, 금융기관, 개인, 국가가 수요자가 된다. 또한 노동시장의 수요자는 기업, 주식시장에서 수요자는 가계, 기업 등이다.

1.2 수요를 결정하는 요인

수요에 영향을 주는 요인으로는 다음의 여섯 가지를 들 수 있다.

첫째, 수요는 그 재화의 가격변화에 영향을 받는다. 쇠고기 값이 오르면 대신 돼지고기를 사먹게 되므로 쇠고기의 소비는 줄어들게 되고, 쇠고기 값이 내리게 되면 쇠고기를 더 사 먹을 것이다. 이와 같이 수요량은 가격이 오르면 감소하고 가격이 내리면 증가하므로 수요량은 가격과 마이너스 상관관계가 있다. 경제학자들은 이를 수요법칙(law of demand)이라 한다.

> **수요의 법칙**
> 다른 조건이 일정할 때 어떤 재화의 가격이 상승(하락)하면 그 재화의 수요량이 감소(증가)하는 현상

둘째, 수요는 소비자의 소득수준에 영향을 받는다. 소득이 감소하면 지출할 수 있는 돈이 적어지므로 대부분 재화의 구입 양을 줄여야 한다. 이와 같이 소득이 감소(증가)함에 따라 수요가 감소(증가)하는 재화를 정상재(normal good)라 한다. 반대로 소득이 증가(감소)함에 따라 수요가 감소(증가)하는 재화를 열등재(inferior good)라고 하는데, 대중교통수단이 한 예가 될 수 있다. 소득이 증가하면 대중교통의 수요가 줄어들게 된다. 왜냐하면 버스를 이용하는 소비자가 자가용을 구입해서 이용하게 되기 때문이다.

> **정상재**
> 다른 조건이 불변일 때, 소득이 감소(증가)함에 따라 수요가 감소(증가)하는 재화

> **열등재**
> 다른 조건이 불변일 때, 소득이 증가(감소)함에 따라 수요가 감소(증가)하는 재화

셋째, 소비자의 수에 영향을 받는다. 일반적으로 인구가 증가하면 대부분의 재화에 대한 수요는 증가하게 된다. 최근 동남아인들의 국내 취업과 결혼이민으로 인해 열대과일의 수요 증가로 남해안에서는 열대과일 재배면적이 늘었다고 한다.

넷째, 연관재의 가격에 영향을 받는다. 쇠고기와 돼지고기는 대체관계에 있기 때문에 연관재인 돼지고기 값이 오르면 돼지고기의 수요량은 줄어들고 쇠고기의 수요는 늘어날 것이다. 반면 휘발유와 자동차는 보완관계에 있기 때문에 연관재인 휘발유의 가격이 상승하면 휘발유의 수요량이 감소하는 동시에 자동차의 수요도 감소할 것이다. 이와 같이 한 재화의 가격이 하락함에 따라 다른 재화의 수요가 감소하는 경우 두 재화를 대체재(subtitues)라고 한다. 반면에 한 재화의 가격이 하락함에 따라 다른 한 재화의 수요가 증가하는 경우 두 재화를 보완재(complements)라고 한다.

> **대체재**
> 한 재화의 가격이 상승함에 따라 다른 한 재화의 수요가 증가하는 관계에 있는 두 재화

> **보완재**
> 한 재화의 가격이 하락함에 따라 다른 한 재화의 수요가 증가하는 관계에 있는 두 재화

다섯째, 수요는 소비자의 기호와 선호 즉 소비자들의 소비관습이 달라지면 그에 따라 재화의 수요가 변화한다.

여섯째, 미래에 대한 기대는 재화나 서비스에 대한 현재의 수요에 영향을 줄 수 있다. 예를 들어 앞으로 석유 값이 오를 것이라 예상하면 많은 사람들이 석유 구매를 늘리기 때문에 석유에 대한 수요가 증가 할 것이다.

그 밖에 광고, 기호, 정치, 문화수준 및 경제 전망 등이 수요에 영향을 미친다.

1.3 수요함수

수요에 영향을 주는 모든 요인들을 종합하면 다음과 같은 재화의 수요함수를 도출할 수 있다.

$$D_n = f(P,\ Y,\ N,\ P_n, T,\ E\cdots)$$

여기서 D_n은 재화의 수요량을 나타내고, f: 수요함수의 기호, P: 재화의 가격, Y: 소득수준, N: 소비자수, P_n: 다른 재화의 가격들, T: 소비자의 기호, E: 소비자의 예상 들을 각각 표시한다.

수요량과 수요에 영향을 미치는 요인을 함수 꼴로 표시한 것을 수요함수(demand function)라고 한다. 그러나 수요에 영향을 주는 여러 요인들을 한꺼번에 모두 분석한다는 것은 대단히 어렵기 때문에 경제학자들을 흔히 '다른 것들은 일정하다(ceteris paribus)'라고 가정하고, 여러 요인 중 수요에 가장 큰 영향을 미치는 요인이 가격이기 때문에 재화의 가격이 변할 때 수요가 어떻게 변화는 가를 주로 분석하게 된다. 이 가정 하에서 수요함수는 다음과 같이 간단히 표현할 수 있다.

$$D_n = f(P)$$

1.4 수요표와 수요곡선

수요량이란 소비자들이 값을 치르고 구입할 의사와 능력이 있는 재화의 양을 말한다. 수요량을 결정하는 요인에는 여러 가지가 있다. 그러나 가격이 수요량을 결정하는데 매우 중요한 역할을 한다. 다른 조건이 같을 때 어떤 재화의 가격이 상승하면 그 재화의 수요량은 감소하고, 가격이 하락하면 수요량은 증가한다. 이러한 관계는 대부분의 재화에서 성립하게 되므로 경제학자들은 이를 수요의 법칙이라 한다.

표 2.1 수요표

조합	햄버거가격(원)	햄버거수요량(개)
A	0	10
B	500	8
C	1,000	6
D	1,500	4
E	2,000	2
F	2,500	0

수요표
각각 다른 가격에서 소비자가 얼마나 많이 재화를 사려고 하는지를 나타내는 표

표 2.1에는 창호가 매달 햄버거 가격이 변함에 따라 햄버거를 몇 개나 사먹는 가를 보여주는 표이다. 햄버거가 공짜라면 창호는 10개의 햄버거를 소비할 것이며, 가격이 500원이라면 8개를 소비할 것이다. 가격이 계속 상승한다면 그는 점점 소비량을 줄이게 될 것이고, 만약에 가격이 2500원에 도달한다면 그는 햄버거를 전혀 소비하지 않을 것이다.

그림 2-1 수요곡선

이와 같이 일정 기간 동안 어떤 재화의 가격과 그 재화의 수요량과의 관계를 나타낸 표를 수요표(demand schedule)라고 한다. 이 표는 소비자의 수요량을 결정하는 다른 변수들을 변함이 없다는 것을 전제하고 각각의 가격과 그 가격에 해당하는 수요량을 나타내는 표이다.

수요곡선
어떤 재화의 가격과 수요량의 관계를 보여주는 그래프

이를 그래프로 표시한 것이 수요곡선(demand curve)이며, 그림 2-1은 표 2.1을 그래프로 그린 것이다. 경제학에서는 통상적으로 가격은 수직축에, 수량은 수평축에 표시하며, 수요곡선은 가격과 수요량과의 관계가 마이너스(-)의 상관관계를 보여 준다.

1.5 개별수요와 시장수요

그림 2-1의 수요곡선은 개인의 수요를 나타낸 것이다. 이제 시장이 어떻게 움직이는지를 이해하기 위해서는 시장의 수요를 알아야 한다. 시장 수요란 시장 전체의 수요를 의미하며, 개별수요곡선을 수평으로 합하여 도출한다.

표 2.2는 창호와 상진이라는 두 소비자의 햄버거 수요를 나타내는 표이다. 창호의 수요표는 각 가격에서 창호의 수요량을 나타내고, 상진의 수요표는 각 가격에서 상진의 수요량을 나타낸다. 시장의 수요는 각 가격에서 창호와 상진의 수요량을 더한 것이다.

햄버거 시장에 창호와 상진 둘만이 있다고 가정할 때 아래의 수요표는 햄버거에 대한 창호와 상진의 개별 수요를 합하여 시장수요를 산출하는 과정을 보여주고 있다. 일반적으로 시장수요곡선은 그림 2-2처럼 개별곡선보다 완만하게 그려진다.

표 2.2 사과의 개별수요표와 시장수요표

시장가격(원)	창호(A)의 수요량		상진(B)의 수요량		시장수요량
0	12		7		19
500	10		6		16
1,000	8	+	5	=	13
1,500	6		4		10
2,000	4		3		7
2,500	2		2		4
3,000	0		1		1

그림 2-2 개별수요곡선과 시장수요곡선

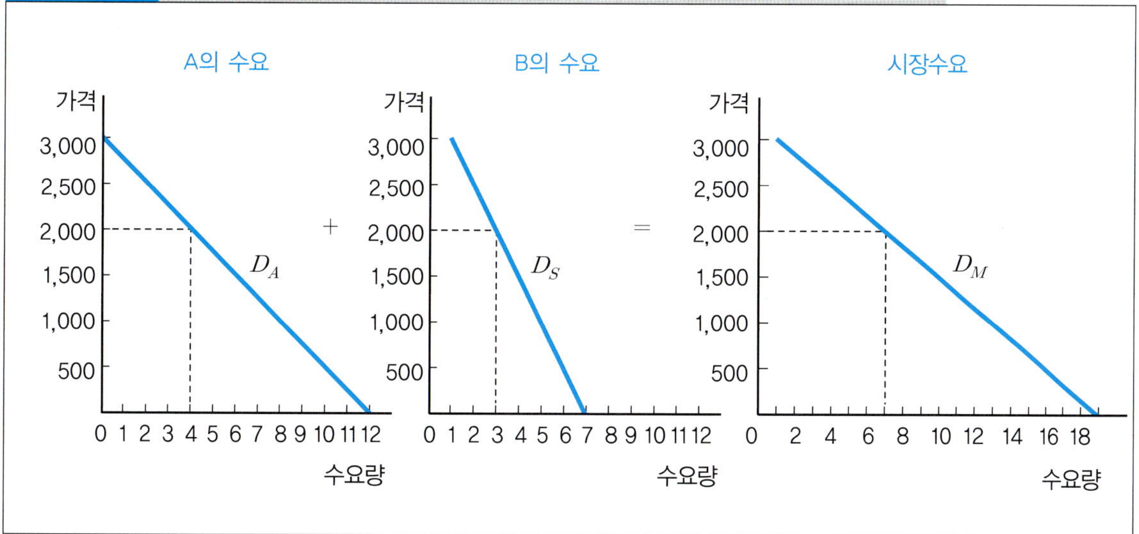

1.6 수요곡선상의 이동과 수요곡선의 이동

1.6.1 수요곡선상의 이동

수요곡선상의 이동(movement along the demand curve)이란 가격의 변화에 따라 소비자가 구입하고자 의도하는 재화의 수요량이 변화하는 것을 의미한다. 수요곡선상의 이동이란 수요량의 변화라고 하며, 주어진 수요곡선 상 변동을 말한다.

그림 2-3은 가격이 상승하면 수요량 감소하고, 가격이 하락하면 수요가 증가하는 것을 보여주고 있다. 어떤 재화의 가격변화로 인해 그 재화의 수요량이 변할 때 수요곡선상의 이동이 발생한다. 그림 2-3에서 햄버거의 가격이 3000원에서 2000원으로 하락하면서 수요량이 10개에서 15개로 증가하는 것을 말한다. 즉 A에서 B로 또는 B에서 A로 수요량이 변할 때 이를 수요곡선상의 이동이라고 한다.

그림 2-3 수요량의 변화

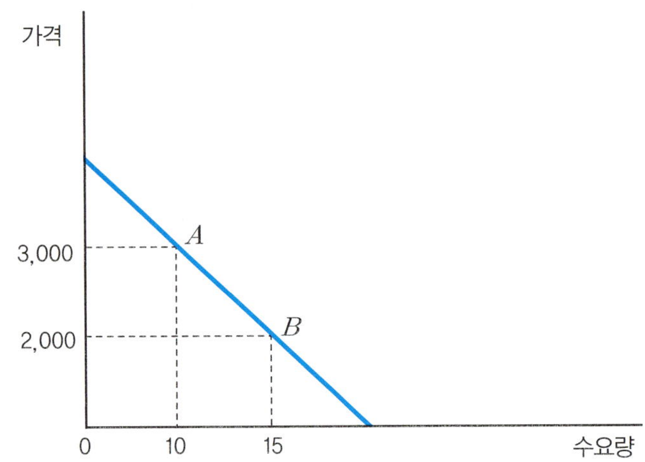

1.6.2 수요곡선의 이동

수요곡선의 이동(shift of the demand curve)을 수요의 변화라고도 말하며, 가격이외의 요인들, 즉 소득수준, 다른 재화의 가격, 소비자수, 기호, 예상, 광고 등의 변화가 일어나면 수요곡선 자체가 좌우로 이동해 가는 결과가 나타난다.

그림 2-4 수요의 변화

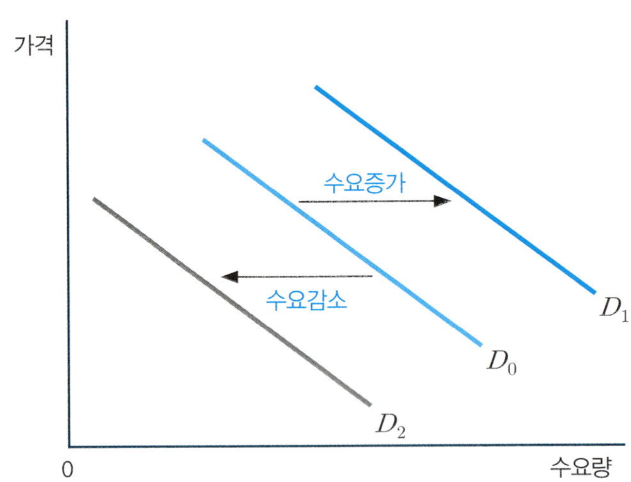

다시 말해 수요곡선의 이동이 생기는 데, 이것은 D_0에서 D_1과 D_2의 이동으로 나타낸다. 수요곡선이 오른쪽으로 이동하는 것을 수요의 증가, 왼쪽으로 이동하는 것을 수요의 감소라 한다.

이미지로본한국경제 »

치맥과 왕수박바(보완재와 대체재)

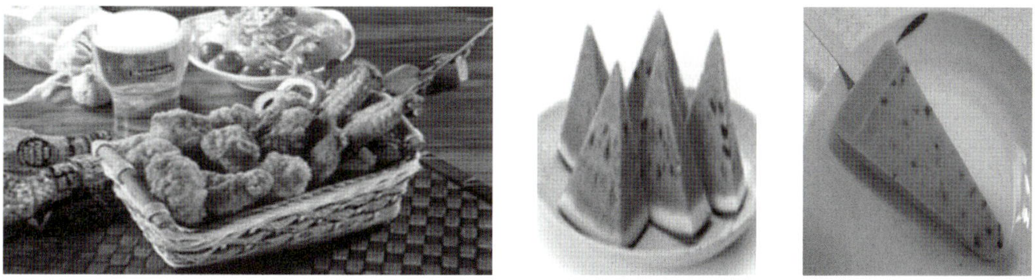

2 공 급

2.1 공급의 정의

공급(supply)이란 기업이 일정기간 동안 주어진 가격수준에서 판매하고자 의도이다. 그리고 공급량(quantity supplied)이란 기업이 재화나 서비스를 판매하고자 하는 양을 의미한다. 공급과 공급량은 언제나 일정기간에 생산자들이 공급하고자 하는 의도를 의미하기 때문에 다음과 같은 중요한 두 가지 성질을 가진다.

첫째, 공급이란 생산자가 재화와 용역을 판매하고자 하는 의도된 양을 말하지, 실제로 판매된 양이 아니라는 점이다.

둘째, 공급은 일정한 기간을 명시하는 유량(flow)개념으로서 단위기간 동안 얼마라는 식으로 표현된다.

2.2 공급을 결정하는 요인

공급에 영향을 주는 요인으로는 다음의 다섯 가지를 생각해 볼 수 있다.

첫째, 한 재화의 공급은 주로 그 재화의 가격의 변화에 의존한다. 다른 조건이 일정할 때 어떤 재화의 가격이 상승하면 생산자는 그 재화의 공급을 증가한다. 반대로 어떤 재화의 가격이 하락하면 생산자는 공급을 감소시킨다. 예를 들어 햄버거가격이 상승하면 햄버거의 공급량을 증가시키고, 반대로 햄버거 가격이 하락하면 공급량을 감소시킨다. 이와 같이 다른 조건이 일정한데 가격이 상승(하락)하면 공급량이 증가(감소)하는 관계를 공급법칙(law of supply)이라 하며, 가격과 공급량 사이에는 플러스(+)의 관계가 성립한다.

공급의 법칙
다른 조건이 불변일 때, 어떤 재화의 가격이 상승하면 그 재화의 공급량이 증가하는 법칙

둘째, 한 재화의 공급은 생산요소가격의 변화에 영향을 받는다. 한 생산요소의 가격변화는 각 재화의 생산비에 영향을 미치고, 이는 이윤의 크기를 변화시켜 생산자로 하여금 생산물의 공급을 변화시키게 한다. 생산요소(원자재, 노동, 자본)의 가격이 상승하면 재화를 생산하는데 더 많은 비용이 들게 되므로 기업들은 주어진 가격에서 생산을 줄이게 되므로 공급곡선은 왼쪽으로 이동하게 된다. 예를 들면 쇠고기 가격이 상승하면 햄버거의 생산비용이 올라 햄버거의 공급은 감소하게 될 것이다.

셋째, 한 재화의 공급은 다른 재화의 가격변화에 영향을 받는다. 다른 여건이 동일하다면 일반적으로 어떤 재화의 공급량은 다른 대체재인 재화의 시장가격이 상승하면 감소하고 다른 대체재인 재화의 시장가격이 하락하면 증가한다. 예를 들면 햄버거의 값이 상승하면 햄버거 빵의 공급이 늘어나게 되고, 반대로 샌드위치 빵의 공급은 줄어들게 될 것이다.

넷째, 한 재화의 공급은 기술수준에 따라 달라진다. 기술수준이 향상되면 생산성의 증대가 가능해져서 공급을 증가시킬 수 있다. 기술의 진보는 새로운 재화를 계속 개발할 뿐만 아니라, 이미 개발된 재화에 대해서도 생산비를 절감시켜서, 동일한 가격조건하에서 생산비가 하락한 제품의 공급량이 증가한다.

다섯째, 재화의 공급은 각 기업의 목표에 따라 달라진다. 시장점유율을 늘리려고 할 때는 우선적으로 공급을 늘려야 하고, 기업이 이윤극대화보다는 매출액을 증대시키기 위해서 노력한다면 공급을 늘려야 한다. 이와 같이 재화의 공급을 기업의 목표설정에 따라 다르게 나타낸다.

2.3 공급함수

공급함수(supply function)란 위에서 고찰한 공급량에 영향을 미치는 여러 변수를 함수 꼴로 표시한 것이다. 위의 변수를 이용하여 일반적인 형태의 공급함수를 다음과 표시할 수 있다.

$$S_n = f(P, P_n, F, T, G \cdots)$$

여기서 S_n : 공급량, f : 공급함수의 기호, P : 재화의 가격, P_n : 다른 재화의 가격, F : 생산요소의 가격, T : 기술수준, G : 경영목표 등을 표시한다.

그런데 단기적으로 재화의 공급에 가장 영향을 크게 미치는 것은 그 재화의 가격이다. 수요함수의 경우와 마찬가지로 재화의 가격(P)을 제외한 다른 변수들이 일정하다고 가정하면, 다음과 같은 단순한 형태의 공급함수로 표현할 수 있다.

$$S_n = f(P)$$

2.4 공급표와 공급곡선

재화나 서비스의 공급량은 판매자가 팔 의사와 능력이 있는 수량을 말한다. 공급량(quantity supplied)을 결정하는 변수에는 여러 가지가 있으나, 그 중 가장 중요한 변수는 가격이다. 햄버거의 가격이 높으면 햄버거 판매 수익이 높아지므로 판매자는 공급량을 늘릴 것이다. 반대로 햄버거의 가격이 떨어지면 수익이 떨어지게 되므로 햄버거 생산량을 줄일 것이다.

공급량
특정가격에 판매자가 팔 의사와 능력이 있는 수량

표 2.3 공급표

조합	햄버거가격	햄버거공급량
A	0	0
B	500	0
C	1,000	1
D	1,500	2
E	2,000	3
F	2,500	4

공급표
각각 다른 가격에서 재화나 서비스가 얼마나 공급될지를 보여 주는 표

그림 2-5 공급곡선

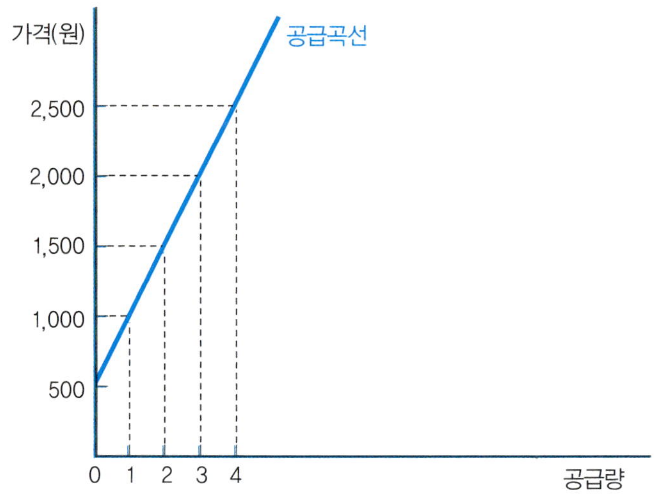

공급곡선
어떤 재화의 가격과 공급량의 관계를 보여주는 그래프

재화의 가격과 공급량 사이의 관계를 공급의 법칙이라고 한다. 즉 공급의 법칙은(law of supply)은 다른 조건이 불변일 때 어느 재화의 가격이 상승하면 그 재화의 공급량이 증가하고, 가격이 하락하면 공급량이 감소하는 것을 말한다. 재화의 가격이 높을수록 공급이 증가하고, 낮을수록 공급이 감소한다.

표 2.3과 같이 어떤 일정기간에 어떤 재화의 시장 가격과 그 재화의 공급량 간에 존재하는 관계를 수치로 표시한 것을 공급표(supply schedule)라 한다. 즉 공급표란 공급자가 재화의 가격과 공급량의 관계를 보여주는 표다. 이를 그래프로 표시한 것이 공급곡선(supply curve)이며, 그림 2-5는 표 2.3을 그래프로 그린 것이다. 경제학에서는 통상적으로 가격을 수직축에, 공급량을 수평축에 표시하며, 공급곡선은 가격과 공급량과의 관계가 플러스(+)의 상관관계임을 보여준다.

2.5 개별공급과 시장공급

시장 수요가 모든 수요자들의 개별수요를 합하였듯이 시장공급도 모든 판매자들의 개별 공급의 합으로 도출된다. 따라서 시장 공급곡선은 개별공급곡선보다 완만한 형태를 갖는다.

표 2.4 시장공급표

가격	기업(A)의 공급량		기업(B)의 공급량		시장공급량
0	0		0		0
500	0		0		0
1000	1	+	0	=	1
1,500	2		2		4
2,000	3		4		7
2,500	4		6		10

그림 2-6 시장공급곡선

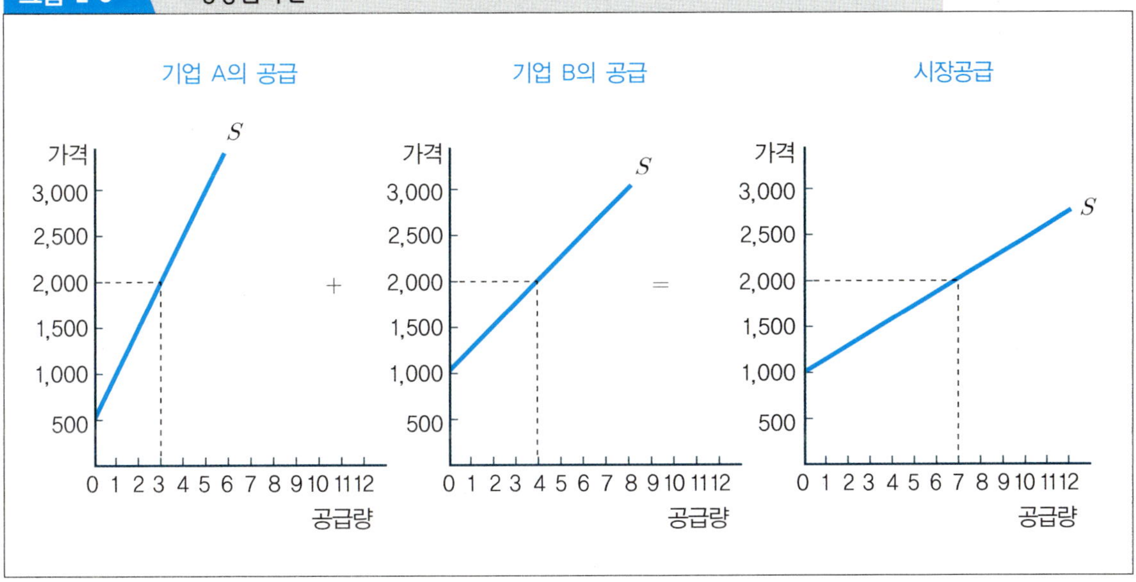

그림 2-7 공급량의 변화

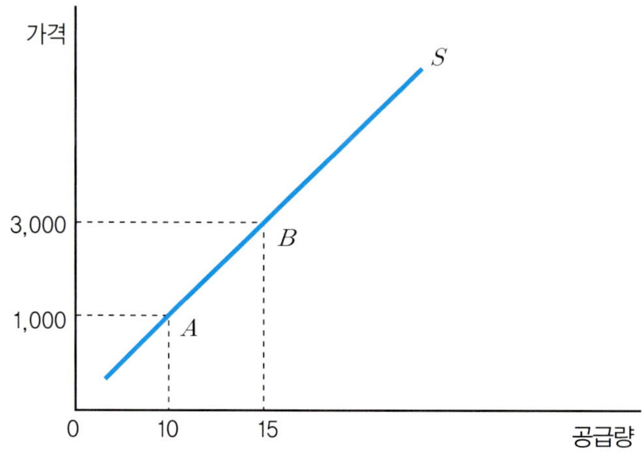

2.5.1 공급곡선의 이동에 의한 공급의 변화

쇠고기 가격이 하락한다면 햄버거 공급의 생산비용이 낮아져 햄버거 생산의 채산성이 높아진다. 따라서 햄버거의 공급량이 늘어난다. 공급곡선의 이동(shift of supply curve)에 의한 공급의 변화란 그림 2–8과 같이 해당 재화가격

그림 2-8 공급의 변화

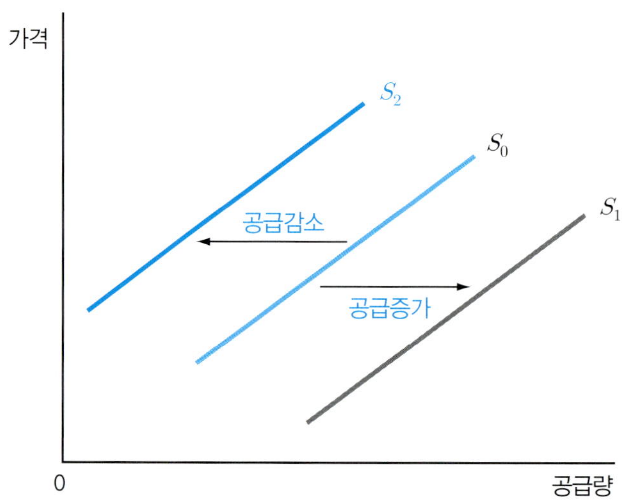

이외의 다른 요인 즉, 생산요소 가격, 생산기술, 다른 재화의 가격, 경기전망, 기업의 목표들의 변화로 공급곡선 자체가 이동하는 것을 말한다. 공급곡선이 오른쪽으로 이동하면 공급이 증가하고, 왼쪽으로 이동하면 공급이 감소한다.

공급의 변화에 영향을 주는 요인을 요약하면 표 2.5와 같다.

표 2.5 공급자에게 영향을 미치는 변수들

변수	변수 증감의 결과
가격의 변화	공급량의 변화(공급곡선상의 이동)
생산요소가격	공급의 변화(공급곡선의 이동)
기술수준	공급의 변화(공급곡선의 이동)
미래에 대한 기대	공급의 변화(공급곡선의 이동)
기업의수	공급의 변화(공급곡선의 이동)
다른 재화의 가격	공급의 변화(공급곡선의 이동)
보조금지급	공급의 변화(공급곡선의 이동)
조세부과	공급의 변화(공급곡선의 이동)

3 시장의 균형

3.1 균형가격 결정

균형(equilibrium)이란 물리학에서 유래된 개념으로 두 개의 상반된 힘이 일치된 상태를 균형이라 하며, 외부의 충격이 없는 한 현 상태를 계속 유지하려는 속성이 있다. 균형가격은 시장에서 이루어진다고 해서 시장가격이라고도 한다.

지금까지는 수요와 공급을 개별적으로 나누어 살펴보았다. 그러나 시장에서 결정되는 한 재화의 가격은 이들 상반되는 두 집단의 의사에 의하여 결정된다. 다시 말하면, 가격은 수요측 요인과 공급측 요인이 상호 작용하다가 수요와 공급이 균등해지는 점에서 결정된다. 이와 같이 형성된 가격을 균형가격(equilibrium price)이라고 하며, 이 균형가격에 대응하는 수요량을 균형수요량, 공급량을 균형공급량이라고 한다.

공급과잉
공급량이 수요량을 초과하는 공급 잉여상태

균형거래량
균형가격에서 결정된 수요량과 공급량

물량부족
수요량이 공급량을 초과하는 수요 잉여상태

균형가격
수요량과 공급량을 일치시켜 주는 가격

수요 · 공급의 법칙
어느 재화의 가격이 그 재화에 대한 수요량과 공급량이 일치하도록 조정되는 현상

수요와 공급이 일치하는 점에서 가격이 결정된다는 원리를 수요·공급의 법칙(the law of demand and supply)이라고 한다. 다시 말하면, 수요곡선과 공급곡선이 교차하는 점에서 가격이 결정된다는 원리가 수요·공급의 법칙이다.

수요·공급의 법칙은 수요표와 공급표 그리고 이것을 그래프에 옮겨 좌표상의 그림으로 살펴보면 보다 확실히 알 수 있다. 앞에 있는 시장의 수요표와 시장의 공급표를 하나의 표로 만든 것이 표 2.6의 수요·공급표이다. 또한 표 2.6을 좌표에 그대로 옮긴 것이 그림 2-9의 수요·공급곡선이다. 표와 그림에서 가격이 2000원일 때, 수요량과 공급량은 7개로 일치하고 있다. 즉, 가격이 2000원보다 높으면 수요보다 공급이 많아 초과공급(excess supply)이 발생하고, 가격이 2000원보다 낮으면, 수요량이 공급량보다 많은 초과수요(excess demand)가 발생한다.

따라서 균형가격 이상의 가격, 즉 2000원 이상에서는 초과공급이 되어 공급자들 간에 경쟁이 일어나고, 이 판매경쟁은 결국은 시장가격을 하락시키게 한다. 반대로 가격이 균형가격(2000원) 이하로 되면, 수요자들 간에 경쟁을 일으키고, 이들 경쟁은 마침내 시장가격을 상승시키는 결과를 초래한다. 이와 같은 일련의 과정을 거쳐서 균형가격과 균형수급량이 결정된다. 그리고 일단 성립된 균형가격과 균형수급량은 다른 조건의 변화가 없는 한 상당기간 지속된다.

표 2.6 햄버거에 대한 수요와 공급표

조합	가격	수요량	공급량	초과공급량	초과수요량
A	0	18	0		18
B	500	16	0		16
C	1000	13	1		12
D	1500	10	4		6
E	2000	7	7	0	0
F	2500	4	10	6	

그림 2-9 햄버거의 수요 · 공급곡선

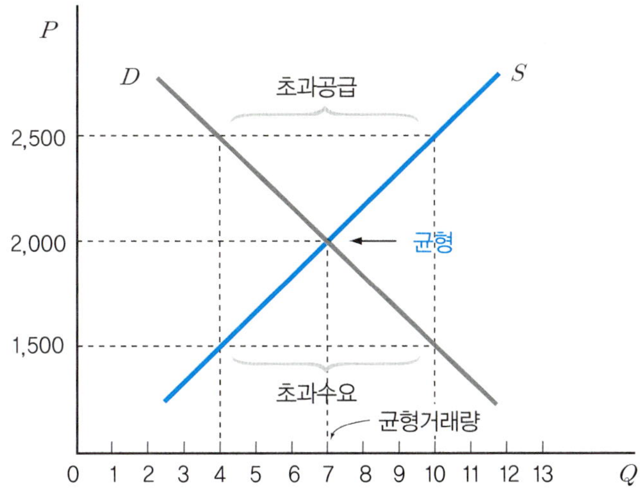

3.2 시장균형의 변화

시장에서 수요와 공급이 일치하여 균형이 이루어지면 특별한 교란 요인이 없는 한 균형이 깨어지질 않으려는 성질이 있다. 그런데 한번 형성된 균형점도 일정불변이라는 다른 가정이 무너지면 새로운 균형점으로 옮겨지면서 균형가격과 균형거래량이 변화하게 된다.

이제 수요와 공급이 변하여 수요곡선과 공급곡선이 이동할 때 균형가격과 균형거래량이 어떻게 변하는가를 살펴보자.

3.2.1 공급은 일정하고 수요가 변화는 경우

수요의 크기를 결정하는 요인인 소득수준, 연관재의 가격, 소비자의 취향, 예상 등이 변하면 수요가 증가하거나 수요가 감소하게 된다. 먼저 수요가 증가하는 경우를 **그림 2-10**에서 살펴보자.

예를 들어 소득이 증가하여 햄버거에 대한 수요가 증가하면 원래의 수요곡선 D가 오른쪽으로 이동하여 D_1이 된다. 그 결과 원래의 균형가격인 P_e에서는 수요량이 증가하여 공급량을 초과하므로 초과수요가 발생하게 되어 원래의 균형은 깨지고 가격은 상승하게 된다. 따라서 새로운 균형가격과 균형 거래량은

그림 2-10 수요의 변화와 시장균형의 변동

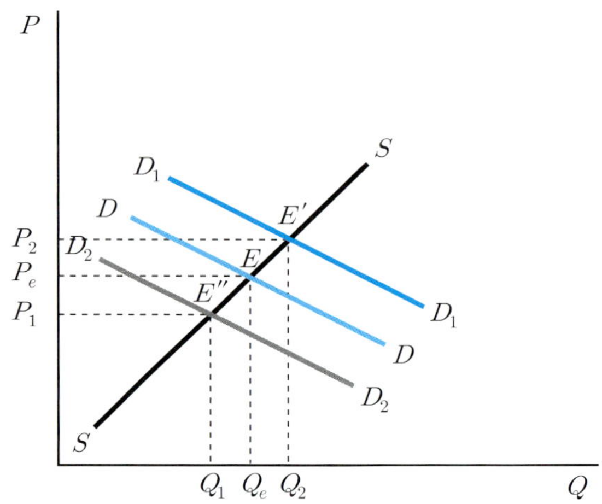

새로운 수요곡선 D_1D_1과 공급곡선 SS가 교차하는 E′점에 대응하는 P_2와 Q_2에서 결정된다. 이와 같이 공급이 일정한 상태에서 수요가 증가하면 균형 가격은 상승하고, 균형 거래량도 증가한다.

다음으로 수요가 감소하는 경우를 그림 2-10에서 살펴보면, 청소년의 주된 비만 원인이 햄버거라는 것이 인식되면서 햄버거의 수요가 감소하게 되면 그림 2-10에 나타난 것처럼 원래의 수요곡선 D가 아래쪽으로 이동하여 D_2D_2가 된다. 그 결과 원래의 균형가격 P_e에서는 수요량이 감소하여 초과공급이 발생하게 되므로 원래의 균형은 깨지고 가격은 하락하게 된다. 따라서 새로운 균형가격과 균형거래량은 새로운 수요곡선 D_2D_2와 공급곡선 SS가 교차하는 E''점에 대응하는P_1과 Q_1에서 결정된다. 이와 같이 공급이 일정한 상태에서 수요가 감소하면 균형가격은 하락하고, 균형거래량도 감소한다.

3.2.2 수요가 일정하고 공급이 변화한 경우

공급의 크기를 결정하는 요인인 생산요소의 가격, 생산기술, 공급자의 미래에 대한 예상, 관련 재화의 가격 등이 변할 경우 공급이 증가하거나 감소한다. 그림 2-11은 수요는 일정불변인데 공급만 변하는 경우 시장균형이 어떻게 변하는가를 보여 주고 있다.

가격 이외의 다른 요인이 변하여 공급의 변화가 일어나 공급이 증가하는 경우와 감소하는 경우를 살펴보자. 원래의 수요곡선 DD와 공급곡선 SS가 교차하는 E점이 최초의 균형점이고, 이때의 균형가격과 균형거래량은 P_e와 Q_e이다.

먼저 공급이 증가하는 경우를 보면, 수요가 일정한 상태에서 쇠고기 수입에 의한 쇠고기 값의 폭락으로 햄버거의 공급이 증가하면 그림 2-11에서 처럼 원래의 공급곡선 SS가 오른쪽으로 이동하여 S_1S_1이 된다.
그 결과 원래의 균형가격 P_e에서는 초과공급량이 발생하게 되어 원래의 균형은 깨지고 가격은 하락하게 된다. 따라서 새로운 균형가격과 균형거래량은 원래의 수요곡선 DD와 새로운 공급곡선 S_1S_1이 교차하는 E'점에 대응하는 P_1과 Q_1으로 결정된다. 이와 같이 수요가 일정한 상태에서 공급이 증가하면 균형가격은 하락하고, 균형거래량은 증가한다.

그림 2-11 공급의 변화와 시장균형의 변동

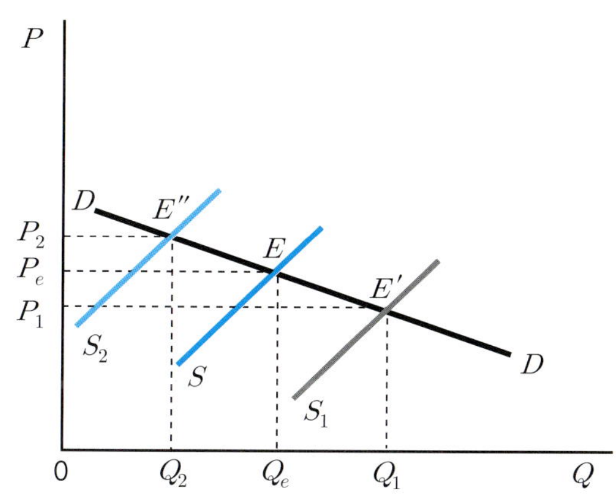

다음으로 공급이 감소하는 경우에 수요가 일정한 상태에서 햄버거 생산에 들어가는 쇠고기의 값이 상승하여 채산성이 낮아져 햄버거의 공급이 감소하게 되면 그림 2-11에서 원래의 공급곡선 SS가 왼쪽으로 이동하여 S_2S_2가 된다. 그 결과 원래의 균형가격수준 P에서는 초과수요량이 발생하게 되어 원래의 균형은 깨지고 가격은 상승하게 된다. 따라서 새로운 균형가격과 균형거래량은 원래의 수요곡선 DD와 새로운 공급곡선 S_2S_2가 교차하는 E''점에 대응하는 P_2와 Q_2로 결정된다. 이와 같이 수요가 일정한 상태에서 공급이 감소하면 균형가격은 상승하고, 균형거래량은 감소한다.

3.2.3 수요와 공급이 동시에 변할 경우

지금까지 수요의 변화와 공급의 변화가 각각 어떻게 균형가격과 균형거래량을 변화시키는가를 살펴보았다. 그러나 현실적으로 수요의 변화와 공급의 변화를 발생시키는 요인들이 한 가지씩 차례로 변하는 것이 아니라 동시에 변화한다. 수요공급이 동시에 변할 경우 가격과 거래량의 변화방향을 일률적으로 말할 수 없다. 수요의 변화와 공급이 변화가 각각 어느 정도 증가 또는 감소했는지 여부에 따라 가격과 거래량의 변화방향이 달라진다. 또한 수요와 공급이 변화하는 상태크기에 의해서도 달라지므로 균형가격과 거래량의 변화를 예측하기란 쉽지 않다. 그림 2-12와 그림 2-13에서와 같이 수요와 공급이 모두 증가하면 균형거래량은 증가하나 균형가격의 변화는 분명치 않다.

그림 2-12 수요와 공급 증가 : 가격이 상승한 경우

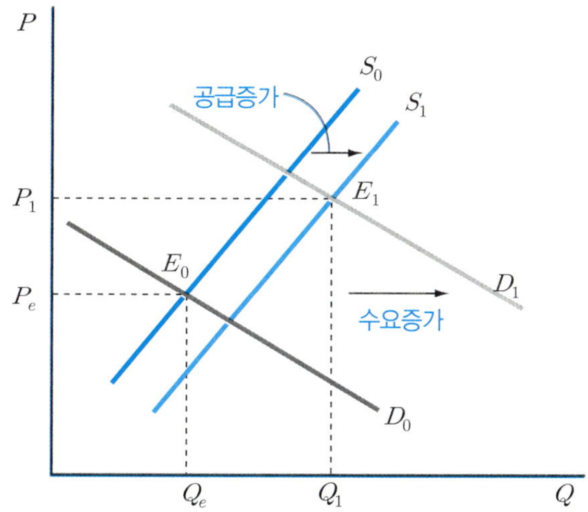

그림 2-13 수요와 공급 증가 : 가격이 하락한 경우

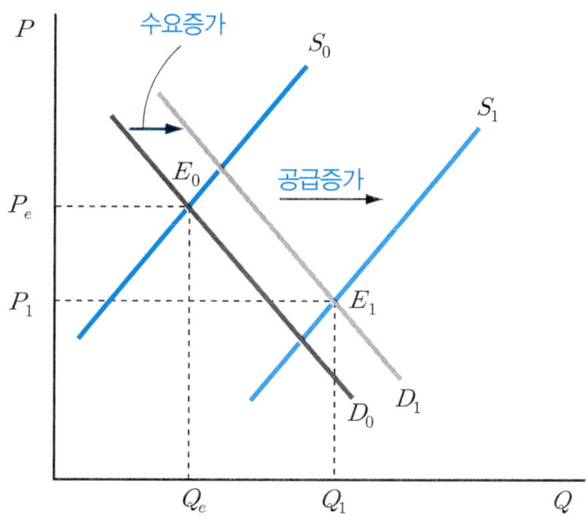

연 습 문 제

01 수요표와 수요곡선은 무엇이며, 이들은 서로 어떤 관계가 있는가? 수요곡선이 우하향하는 이유는 무엇인가를 설명하라.

02 핫도그 시장의 수요와 공급이 다음과 같다.

가격(원)	수요량	공급량
400	135	26
500	104	53
600	81	81
700	68	98
800	53	110
900	39	121

1) 수요곡선과 공급곡선의 그래프를 그리고, 균형가격과 균형거래량을 구하라.

2) 시장가격이 균형가격보다 높으면 균형가격이 어떻게 달성되는가를 설명하라.

3) 시장가격이 균형가격보다 낮으면 균형가격이 어떻게 달성되는가를 설명하라.

03 사과에 대한 수요함수와 공급함수가 아래와 같을 때 수요곡선과 공급곡선을 그리고, 사과의 균형가격과 균형거래량을 계산하라.

$$Q_D = -\frac{1}{2}P + 200$$

$$Q_S = P - 100$$

Chapter

03

시장의 작동원리와 그 응용

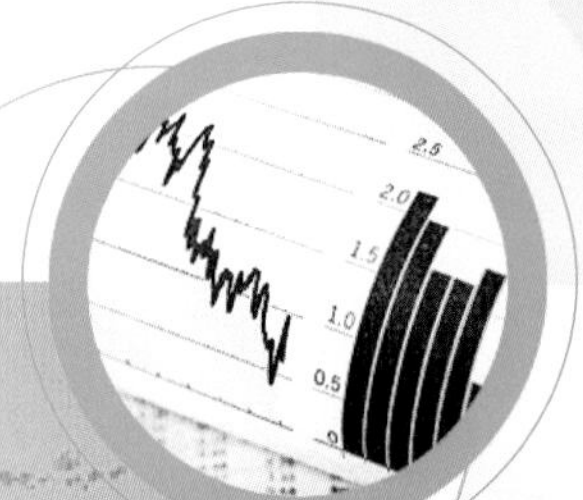

1. 탄력성
2. 시장균형의 경제적 효율성
3. 가격통제
4. 조세

탄력성
수요량이나 공급량이 그 결정변수의 변화에 대해 반응하는 정도를 나타내는 지표

앞 장에서는 수요와 공급이 어떻게 시장에서 균형가격과 균형수요량을 결정하는지를 고찰하였다. 본 장에서는 탄력성(elasticity)이라 불리는 매우 유용한 경제적 개념을 이용하여 어떻게 기업의 경영정책이나 국가의 경제정책 수립에 용이하게 쓰는지를 알아본다.

정부는 수요·공급모형을 이용하여 다양한 경제정책이라는 명목, 즉 가격통제를 통해 시장경제에 개입한다. 이런 가격통제가 어떤 효과를 주는지 살펴본 후 경제적 잉여의 개념을 공부하여, 어떤 조건하에서 규제가 없는 시장이 최대한의 총잉여를 창출하는가를 알아보자.

1 탄력성

가격이 변할 때 수요량과 공급량이 얼마나 변화하는가를 정확히 알 수만 있다면, 기업의 경영정책이나 국가의 경제정책 수립에 용이하게 쓸 수 있을 것이다. 가격의 변화에 대해 수요량과 공급량이 변동하는 정도를 합리적으로 측정하는 척도가 탄력성이라는 개념을 통해 구할 수 있다.

탄력성이란 판매자와 구매자들이 시장조건의 변화에 얼마나 민감하게 반응하는지를 나타내는 척도이다.

1.1 수요의 가격탄력성

수요의 가격탄력성
어떤 재화의 가격변화가 그 재화의 수요량에 미치는 변화를 나타내는 수치

지금까지 수요에 대한 논의는 재화의 가격이 낮을수록, 소득이 높을수록, 대체재의 가격이 높을수록, 보완재의 가격이 낮을수록 그 재화에 대한 소비자들의 수요는 늘어난다. 그러나 수요량변화의 방향만 설명했을 뿐 변화의 크기에 대해서는 언급하지 않았다. 수요를 결정하는 변수들의 변화에 따라 수요량이 얼마나 변하는가를 파악하는 데 사용되는 개념이 수요의 탄력성이다.

1.1.1 수요의 가격탄력성이란?

재화나 서비스의 가격이 상승하면 수요량은 감소한다. 그러나 가격변화가 총지출에 미치는 영향을 알려면 수요량이 얼마나 감소하는지를 알아야 한다. 쌀 가격이 두배로 오른다거나 절반으로 떨어진다고 하더라도 쌀 소비량은 거의 변하지 않는다. 그러나 어떤 재화의 경우 수요량이 가격변동에 매우 민감하다.

수요의 가격탄력성(price elasticity of demand)은 한 상품의 가격이 변화할 때 그 상품의 수요량이 얼마나 민감하게 반응하는지를 나타내는 척도이다. 따라서 수요의 가격탄력성은 수요량의 변화율을 가격의 변화율로 나눈 값을 말한다.

$$E_d = \frac{\text{수요량의 변화율}}{\text{가격의 변화율}} = \frac{\frac{\Delta Q}{Q}}{\frac{\Delta P}{P}} = \frac{\Delta Q}{\Delta P} \cdot \frac{P}{Q}$$

1.1.2 수요의 가격탄력성 측정

그림 3-1의 수요곡선상 A점에서 B점으로 이동할 때 탄력성을 구하면 다음과 같다.

그림 3-1 탄력성 계산

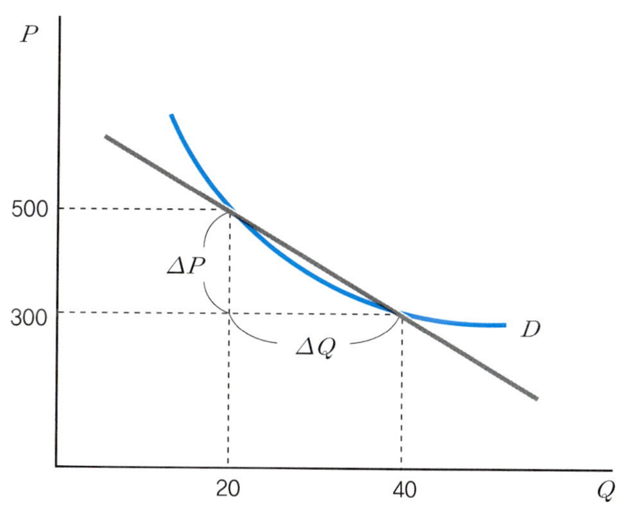

$$E_d : (\text{A점} \rightarrow \text{B점}) = \frac{\Delta Q}{\Delta P} \cdot \frac{P}{Q} = \frac{20}{200} \times \frac{500}{20} = 2.5$$

$$E_d : (\text{B점} \rightarrow \text{A점}) = \frac{\Delta Q}{\Delta P} \cdot \frac{P}{Q} = \frac{20}{200} \times \frac{300}{40} = 0.75$$

이와 같이 탄력성은 어떤 점이 기준점이 되느냐에 따라 그 크기가 달라지므로 다음과 같은 수정공식을 이용하여 계산한다.

$$E_d = \frac{\dfrac{\Delta Q}{(Q_1 + Q_2)/2}}{\dfrac{\Delta P}{(P_1 + P_2)/2}} = \frac{\dfrac{\Delta Q}{Q_1 + Q_2}}{\dfrac{\Delta P}{P_1 + P_2}} = \frac{\Delta Q}{\Delta P} \cdot \frac{P_1 + P_2}{Q_1 + Q_2}$$

수정공식을 이용하여 탄력성을 계산하면 A점에서 B점으로 이동하거나 B점에서 A점으로 이동할 때 탄력성의 값은 동일하다.

$$E_d = \frac{\Delta Q}{\Delta P} \cdot \frac{P_1 + P_2}{Q_1 + Q_2} = \frac{20}{200} \cdot \frac{300 + 500}{20 + 40} = 1.3$$

그림 3-2 수요곡선의 형태와 수요의 가격탄력성의 크기

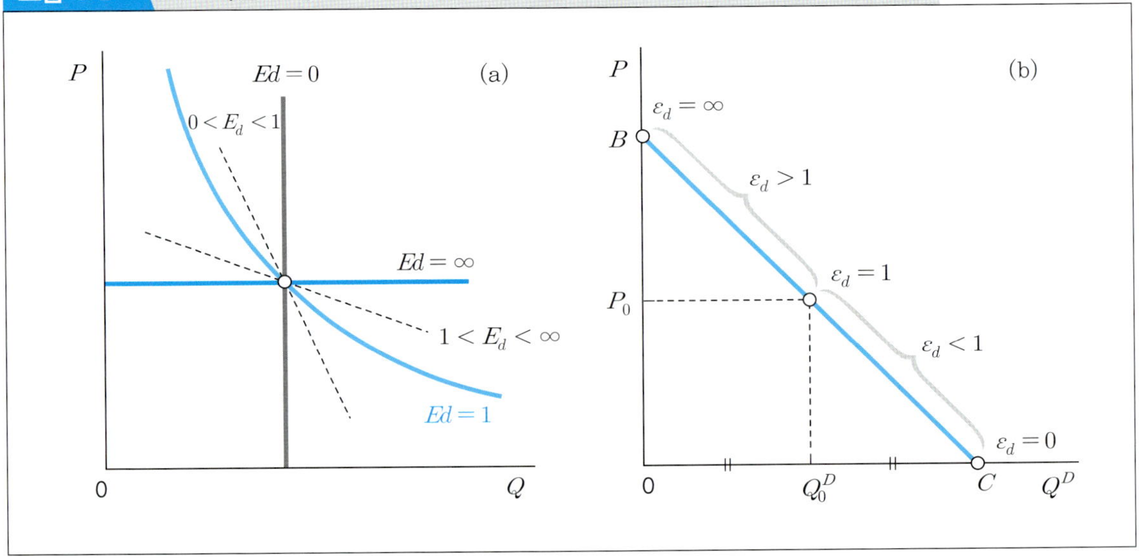

한 재화의 수요의 가격탄력성이 1보다 크면 그 재화의 수요는 탄력적(elastic), 보다 작으면 비탄력적(inelastic)이라고 부른다. 수요의 가격탄력성이 1이면 수요가 단위탄력적(unit elastic)이라 부른다(그림 3-2 참조).

모든 선형수요곡선에 있어서 중점 위 부분은 탄력적이고, 중점에서는 단위탄력적이며, 중점 아래 부분은 비탄력적이다.

1.1.3 수요의 가격탄력성과 기업수입

수요의 가격탄력성이 경제분석도구(tool)로서 또는 경영 및 경제정책을 위한 자료로서 중요시되는 이유는 수요탄력성이 가지고 있는 다음과 같은 경제적 의의 때문이다.

탄력성이 0인 경우($E_d = 0$: 완전 비탄력적)

완전 비탄력적(perfectly inelastic)이란 가격의 변동이 수요량의 변동에 전혀 영향을 미치지 못하는 것을 의미한다. 완전 비탄력적인 경우는 가격을 인하해도 수요량이 변동하지 않기 때문에 가격인하는 기업의 총수입을 감소시킬 뿐이다. 반대로 가격을 인상하면 수요는 변동하지 않으므로 가격 인상만큼 총수입은 늘어난다.

탄력성이 0보다는 크고 1보다는 작은 경우($0 < E_d < 1$: 비탄력적)

비탄력적(inelastic)이란 가격의 변동비율에 비하여 수요량의 변동비율이 작다는 것을 의미한다. 그러므로 가격을 약간 인하하면 가격인하율보다 낮은 비율의 수요량의 증가가 있게 되며, 따라서 기업의 총수입은 감소하게 된다. 반대로 가격을 인상하면 수요의 감소비율이 가격의 상승비율보다 작게 되므로 기업의 총수입은 증가한다. 쌀은 수요의 가격탄력성의 크기가 작기 때문에 정책적으로 쌀 가격을 인상하면 농민들의 소득이 늘어나고, 그 반대의 경우는 역의 효과가 나타난다.

탄력성이 1인 경우($E_d = 1$: 단위 탄력적)

이를 단위 탄력적(unit elasticity)이라 하며, 가격의 변동비율과 수요량의 변동비율이 같다는 것을 의미한다. 이때는 가격을 약간 인하하면 수요량은 약간 증가하겠지만 기업의 총수입에는 변함이 없다.

탄력성이 1보다는 크고 무한대보다는 작은 경우($1 < E_d < \infty$: 탄력적)

이와 같은 경우를 탄력적(elastic)이라 하며, 가격의 변동비율보다는 수요량의 변동비율이 크다는 것을 의미한다. 이때는 가격을 인하하면 총수입은 늘어나고 가격을 인상하면 총수입은 줄어든다.

탄력이 무한대인 경우($E_d = \infty$: 완전 탄력적)

완전 탄력적(perfectly elastic)이란 약간의 가격인상으로도 모든 수요가 없어지고, 반대로 약간의 가격인하에서도 수요가 무한대로 늘어나는 것을 의미한다. 그러므로 가격을 약간이라도 인상하면 총수입은 영이 되고, 반대로 가격을 약간이라도 인하하면 수요량이 무한대로 늘어나서 총수입이 무한대로 증대한다.

이미지로본한국경제 »

담배값 인상과 세수

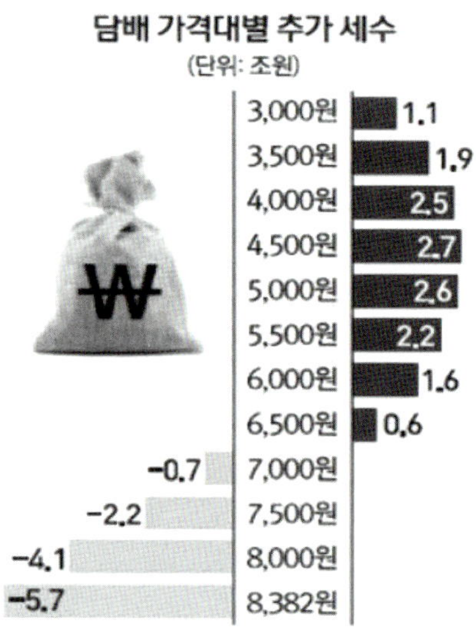

자료 조세재정연구원

자료 보건복지부

1.1.4 수요의 가격탄력성에 영향을 주는 요인들

첫째, 대체재의 존재 유무에 따라 수요의 가격탄력성의 크기가 달라진다. 예를 들어 커피와 녹차, 버터와 마가린 같은 재화는 서로 대체재가 존재한다. 마가린값이 일정한데 버터값이 상승했다고 하자. 그러면 버터에 대한 수요는 감소하는 반면, 상대적으로 저렴해진 마가린에 대한 수요는 증가할 것이다. 이와 같이 상호 밀접한 대체재가 존재하는 재화들에 대한 수요의 가격탄력성은 비교적 크다. 이에 반하여 대체재가 존재하지 않은 재화의 가격 변동이 그 재화의 수요량에 크게 영향을 미치지 않는다.

둘째, 재화의 가격이 소득에 차지하는 비중이 클수록 탄력성이 크다. 자동차의 경우처럼 그것을 구매하기 위한 지출이 소비자의 소득에서 차지하는 비중이 큰 경우에는 그 재화에 대한 수요량이 가격변화에 대하여 민감하게 반응한다. 반대로 볼펜과 같이 재화에 대한 지출이 소비자의 소득에서 차지하는 비중이 작은 재화에 대한 수요량은 가격의 변화에 대하여 둔감하다.

셋째, 일반적으로 사람들은 일상생활에서 긴요한 생활필수품에 대한 수요는 가격변화에 대해 비탄력적이고, 사치품에 대한 수요는 탄력적이다. 쌀이나 물 같은 필수품들은 가격이 크게 상승한다고 하더라도 소비하지 않을 수 없기 때

생활속경제 »

시간과 담배수요의 가격탄력도

국민건강을 위해 담배소비를 줄일 수 있는 방법은 크게 두 가지이다.

첫째, 담배갑에 흡연이 건강을 해친다는 문구를 명기하고 TV, 신문, 방송 등에서의 담배광고를 금지하여 담배수요곡선 자체를 왼쪽으로 이동시키는 방법이다.

또 다른 방법으로는 담배생산에 세금을 부과하는 것이다. 담배생산자에게 세금을 부과하면 세금중 상당액을 소비자에게 전가시키기 위해 담배가격을 인상할 것이다. 담배가격이 인상되면 담배소비량이 감소할 것이다. 담배가격이 인상될 때 담배소비량이 얼마나 감소할까?

담배수요의 가격탄력성은 단기에는 비탄력적인 것으로 알려져 있다. 실증분석에 의하면 일반적으로 담배가격이 10% 인상되면 담배소비량이 4% 감소한다. 반면 10대들은 담배가격변화에 민감하게 반응하는 것으로 알려졌다. 10대들의 경우 담배가격이 10% 인상되면 담배소비가 12% 감소하는 것으로 밝혀졌기 때문이다.

담배에 인이 박히고 중독된 노장년층의 경우 단기에 끊기가 어렵다. 담배가격이 전체소득에서 차지하는 비중이 상대적으로 크고 흡연습관이 몸에 덜 박힌 10대의 경우는 단기에도 흡연양을 줄이거나 아예 끊을 수 있다.

담배가격이 오를 때 장기에는 노장년층도 다양한 금연노력을 통해 담배소비를 줄일 수 있을 것이다.

문이다. 반면, 사치품들은 없어도 일상생활에 별 지장이 없기 때문에 가격이 상승하면 수요량은 탄력적으로 감소하게 된다.

넷째, 재화 용도의 다양성에 따라 수요의 가격탄력성의 크기가 달라진다. 일반적으로 재화 용도가 다양할수록 가격의 변화에 수요의 증감의 변화가 크기 때문에 수요의 가격탄력성의 크기가 크다.

1.2 수요의 소득 탄력성과 교차 탄력성

1.2.1 소득 탄력성

수요의 소득 탄력성
소비자의 소득이 변할 때 어떤 재화의 수요량이 얼마나 변하는지를 나타내는 지표. 수요량의 변화율을 소득의 변화율로 나눈 수치

소득이 변함에 따라 가격과 수요의 변화를 예측하는 것은 기업의 경영정책이나 국가의 경제정책에 중요한 자료가 된다. 탄력성이라는 개념은 소득 변화로 인해 소비자들이 구입하려는 양의 변화에도 적용 될 수 있다. 이러한 탄력성은 수요의 가격탄력성과 구별된다. 즉 수요의 소득탄력성(income elasticity of demand)이란 소비자의 소득이 변할 때 수요량이 어떻게 변하는지를 측정하는 척도를 말한다. 수요의 소득탄력성은 수요량의 변화율을 소득의 변화율로 나눈 것으로, 다음과 같은 식으로 표시한다.

$$E_Y = \frac{\text{수요량의 변화율}}{\text{소득의 변화율}} = \frac{\frac{\Delta Q}{Q}}{\frac{\Delta Y}{Y}} = \frac{\Delta Q}{\Delta Y} \cdot \frac{Y}{Q}$$

거의 대부분의 재화는 소득이 증가함에 따라 그 수요량이 증가하기 때문에 수요의 소득탄력성은 플러스의 값을 가진다. 이처럼 플러스 소득탄력성을 지닌 재화를 정상재(normal goods)라고 하는데, 이 정상재 가운데서도 탄력성의 크기가 0보다 크고 1보다 작은 경우는 필수품(necessity goods), 1보다 큰 경우에는 사치재(luxury goods) 또는 상급(우등)재(superior goods)라고 한다.

소득이 증가함에도 불구하고 그 수요가 감소하는 재화의 소득탄력성은 마이너스의 값을 갖게 되는데, 이러한 재화를 열등재(inferior goods)라고 한다. 물론 이러한 열등재도 정상재와 마찬가지로 수요의 법칙에 따른다. 다만 극소수의 열등재 들이 특정기간 동안 제한된 조건 하에서 수요의 법칙을 위반하는 경우가 있는데, 이러한 재화를 기펜재(Giffen's goods)라고 한다. 즉, 기펜재

란 가격이 하락하면 수요량이 하락하고 가격이 상승하면 수요량이 증가하는 하급재를 말한다.

1.2.2 교차 탄력성

어떤 재화(X재)의 수요량이 다른 재화(Y재)의 가격변동에 대해서 어떤 반응을 나타내는지를 측정하는 것이 수요의 교차탄력성(cross-price elasticity of demand)이라 한다. 수요의 교차탄력성은 X재의 수요량 변화율을 Y재의 가격 변화율로 나누어 계산하며, 다음과 같은 수식으로 표현된다.

수요의 교차탄력성
한 재화의 가격이 변할 때 다른 재화의 수요량이 얼마나 변하는지를 나타내는 지표. 한재화의 수요량의 변화율을 다른 재화의 가격변화율로 나눈 수치

$$E_{xy} = \frac{X\text{재 수요량의 변화율}}{Y\text{재 가격의 변화율}} = \frac{\frac{\Delta Q_X}{Q_X}}{\frac{\Delta P_Y}{P_Y}} = \frac{\Delta Q_X}{\Delta P_Y} \cdot \frac{P_Y}{Q_X}$$

E_{xy}는 X재의 Y재 가격에 대한 교차탄력성, P_y는 Y재의 가격, Q_x는 X재의 수요량이다. 커피의 가격이 상승하면 커피의 수요량이 줄어들기 때문에 보완재(complementary goods)인 설탕의 수요량도 줄어들 것이다. 그러므로 보완재의 교차탄력성은 마이너스의 값을 가진다. 그러나 커피와 녹차, 연탄보일러와 기름보일러 등은 서로 대체관계 또는 경쟁관계가 있는 재화다. 즉, 연탄가격이 상승하면 기름보일러 수요량이 증가한다. 이처럼 대체재의 가격과 대체되는 재화의 수요량은 플러스의 방향으로 증감하기 때문에 대체재(substitute goods)의 교차탄력성은 플러스의 값($E_{xy} > 0$)을 가진다.

생활속경제 »

수요의 소득탄력도와 자식걱정

순천에 사는 한 아주머니에게 두 아들이 있다. 1996년에 큰 아들은 순천 중심가에 소갈비집을 열고, 둘째 아들은 삼겹살집을 개점했다. 1997년 말 외환위기로 경기가 악화되자 작은 아들집은 장사가 잘 되는데 큰 아들집은 손님이 없어서 걱정이 이만저만이 아니었다.

경제위기를 넘기고 경기가 회복되자 이번에는 큰 아들집은 손님이 북적거리는데 작은 아들집은 생활이 어렵다고 걱정이 태산이다. 이 예에서 보면 수요의 소득탄력도가 삼겹살은 마이너스이고 소갈비는 플러스이다. 작은 아들이 전업을 하지 않고 상황을 호전시키는 방법은 맛으로 이름난 삼겹살집을 만들든지 아니면 소득탄력도가 플러스인 소갈비도 판매하는 것이다.

1.3 공급의 탄력성

1.3.1 공급의 가격탄력성

공급의 가격탄력성
어느 재화의 가격이 변할 때 그 재화의 공급량이 얼마나 변하는지를 측정하는 지표. 공급량의 변화율을 가격 변화율로 나눈 수치

공급의 가격탄력성(price elasticity of supply)이란 어떤 재화의 가격이 변할 때, 그 재화의 공급량이 얼마나 변할 것인가를 측정하는 척도이다. 즉, 공급의 가격탄력성은 공급량의 변화율을 가격의 변화율로 나눈 것이다.

구매자 측면에서 수요의 가격탄력성은 가격변화에 얼마나 민감하게 반응하는지를 측정한다. 판매자 측면에서 동일한 척도가 공급의 가격탄력성(price elasticity of supply)이다. 공급의 가격탄력성이란 가격 1% 변화에 대한 공급량의 변화율을 의미한다. 예를 들어 햄버거의 가격이 10% 상승할 때 공급량이 20% 증가하면 햄버거의 공급의 가격탄력성은 2이다.

공급곡선 상의 한 점에서 공급의 가격탄력성은 수요의 가격탄력성 공식과 동일하다.

$$E_s = \frac{\text{공급량의 변화율}}{\text{가격의 변화율}} = \frac{\frac{\Delta Q}{Q}}{\frac{\Delta P}{P}} = \frac{\Delta Q}{\Delta P} \cdot \frac{P}{Q}$$

그림 3-3 공급곡선의 형태와 탄력성의 크기

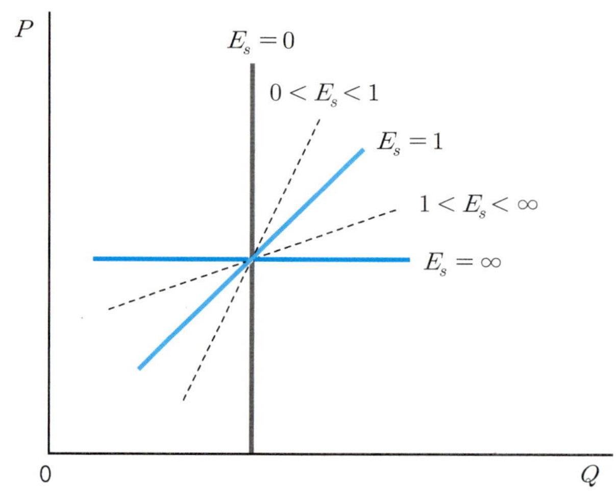

여기서 E_s는 공급의 가격탄력성, P는 가격, ΔP는 가격의 변화 분, Q는 공급량, 그리고 ΔQ는 공급량의 변화 분을 뜻한다.

공급의 법칙에서 밝힌 바와 같이, 가격과 공급량은 플러스 방향으로 변화하기 때문에 공급곡선의 기울기는 플러스의 값을 갖는다. 따라서 공급의 가격탄력성은 항상 플러스의 값을 가지며, 공급곡선의 형태와 탄력성과의 관계는 **그림 3-3**으로 나타낸다.

1.3.2 공급의 탄력성에 영향을 주는 요인들

공급탄력성은 근본적으로 가격이 하락할 때 공급량을 줄이고 가격이 상승할 때 공급량을 증대시킬 수 있는 생산자들의 능력에 달려 있다고 볼 수 있다. 이와 같은 관점에서 공급의 가격탄력성에 영향을 미치는 요인으로서 다음 몇 가지를 들 수 있다.

첫째, 생산량의 변화에 따른 비용의 변화가 클수록 비탄력적이고, 비용의 변화가 작을수록 탄력적이다.

둘째, 생산기술 수준의 향상이 빠른 상품일수록 탄력적이다.

셋째, 재화의 저장가능성 낮고, 저장비용이 많이 소요될수록 비탄력적이다.

넷째, 유휴설비가 많을수록 공급의 가격탄력성이 커진다. 다섯째, 측정기간이 길수록 공급의 탄력성은 더 커진다.

2 시장균형의 경제적 효율성

앞장에서 우리는 시장경제에서 수요·공급기능이 재화와 서비스의 가격과 거래량을 어떻게 결정하는지를 살펴보았다. 그러나 지금까지는 시장기능이 자원을 어떻게 배분하는지 살펴보았을 뿐, 시장에 의한 자원배분 결과가 과연 바람직한지는 분석하지 않았다. 이제 수요곡선 및 공급곡선에 밀접한 관계를 갖는 소비자 잉여와 생산자 잉여의 개념을 이용하여 경쟁시장 균형의 효율성을 알아보자.

2.1 소비자잉여

소비자 잉여
소비자의 지불용의 총액에서 소비자가 실제로 지불한 금액을 뺀 나머지 금액. 즉 소비자들이 재화를 구입함으로써 얻는 순이익을 말한다.

소비자잉여는 경제학의 여러 부분에서 많이 사용된다. 시장체제가 얼마나 잘 작동하는가를 측정하거나, 여러 가지 정부정책들이 미치는 영향을 평가하는데 사용되는 중요한 도구이다. 소비자잉여(consumer surplus)는 소비자가 어떤 상품을 소비하기 위하여 지불용의(willingness to pay)가 있는 가격과 실제로 지불한 가격과의 차액을 의미한다. 즉 소비자 잉여란 소비자가 어떤 재화와 서비스를 구입하기 위하여 지불할 용의가 있는 최대 금액에서 실제 지불하고 남는 차액을 말한다.

그림 3-4에서 소비자가 Q_e만큼의 재화를 구입할 때 소비자에게 돌아가는 총편익은 $OAEQ_e$ 즉 $\alpha+\beta$의 면적이지만, 재화의 가격이 P_e인 경우 실제 $OP_eEQ_e(\beta)$만큼 지불한다. 이 경우 소비자가 교환을 통해 얻는 이득인 소비자잉여는 $\alpha+\beta$에서 β의 면적을 차감한 $\triangle\alpha$의 면적으로 측정된다.

그림 3-4 소비자잉여

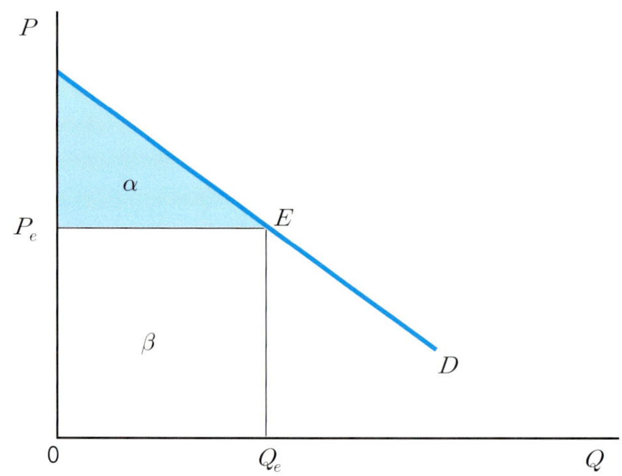

그림 3-5 생산자잉여

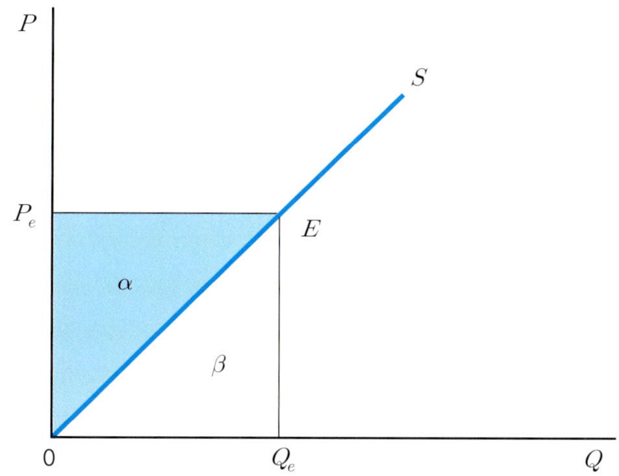

2.2 생산자잉여

생산자잉여(producer surplus)란 기업이 어떤 한 재화를 한 단위 더 판매 할 때 받은 가격과 한 단위를 더 생산하는데 드는 한계비용간의 차이를 말한다. 그림 3-5에서 생산자가 Q_e만큼의 재화를 공급할 때 총 판매수입은 OP_eEQ_e 즉 $\alpha+\beta$의 면적이지만, Q_e만큼 재화를 판매할 때 실제 들어가는 비용은 OEQ_e가 된다. 따라서 생산자가 생산을 통해 얻는 이득인 생산자잉여는 $\alpha+\beta$에서 β의 면적을 차감한 Δa의 면적이 된다.

생산자잉여
공급자가 실제로 받은 금액에서 공급자가 그 물건을 제공하는 비용을 뺀 나머지 금액. 즉 재화를 판매함으로써 판매자가 얻는 순이익

2.3 경쟁시장균형의 효율성

2.3.1 총잉여

총잉여는 **그림 3-6**에서와 같이 소비자잉여와 생산자잉여를 합($\alpha + \beta$)한 것으로 사회 전체의 잉여 즉, 순사회적편익(net social benefit)을 뜻한다고 말할 수 있다. 일반적으로 시장구조가 완전경쟁일 때 총잉여가 극대화 된다.

2.3.2 경쟁시장의 효율성

소비자잉여는 소비자가 시장에 참여하여 얻는 이득이고, 생산자잉여는 생산자가 얻는 이득이다. 이들의 합인 총잉여는 사회전체의 순편익으로 경제적 후생수준을 측정하는 지표가 된다. 자원배분이 총잉여를 극대화 할 때, 이러한 배분을 효율적(efficiency)인 배분이라고 한다. 배분상태가 효율적이지 않다면 시장거래로 얻을 수 있는 이득 중 일부를 얻지 못한다는 뜻이다.

그림 3-6은 수요와 공급이 균형에 도달했을 때 발생하는 소비자잉여와 생산자잉여(순사회적 편익)를 나타낸다. 자유로운 교환에 의해 이루어진 균형 상태에서 나오는 순사회적편익이 극대화 될 수 있다.

그림 3-6 총잉여

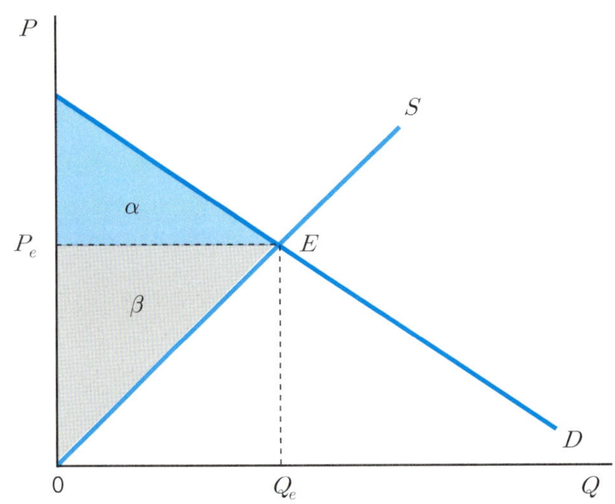

그림 3-7 균형거래량의 효율성

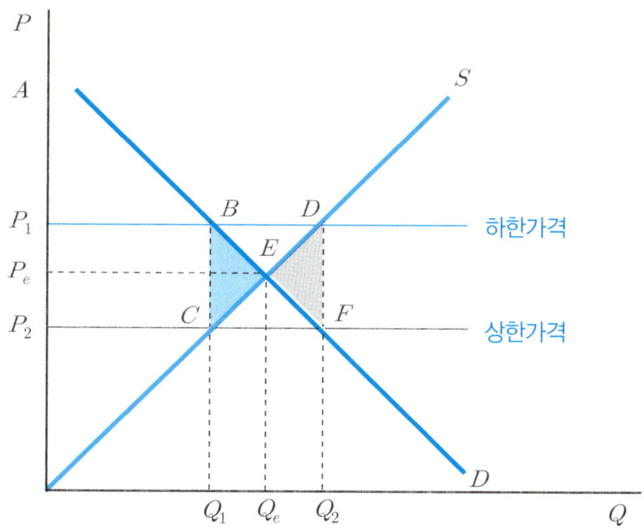

그 이유를 알아보기 위하여 그림 3-7을 살펴보자. 가격상한제실시로 인해 균형거래량 Q_e보다 작은 수준 Q_1에서 교환이 이루어지면, 순사회적편익(총잉여)이 자유로운 교환이 허용될 경우보다 삼각형 BCE만큼 더 작아진다. 반대로 가격 하한제를 실시하여 교환양이 균형거래량(Q_e)보다 많은 Q_2에서 이루어지면 순사회적 편익이 삼각형 DEF만큼 편익보다 생산비용이 많아지게 된다. 따라서 순사회적 편익(총잉여)을 극대화하기 위해서는 수요와 공급이 일치하는 균형거래량을 선택하면 된다.

결론적으로 시장에서 자유로운 거래에 의한 수요와 공급이 균형을 이룰 때 소비자 잉여와 생산자 잉여의 합인 총잉여가 극대화되고, 총잉여가 극대화되도록 자원배분이 이루어질 때 가장 효율적으로 자원배분이 이루어진다고 말한다.

3 가격통제

가격통제란 정부가 실제시장에서 형성된 가격이 국민경제적 입장에서 바람직하지 못하다고 생각할 때 시장에 개입하는 것을 말한다. 물가가 급등한 것을 억제하기 위해 정부고시 가격제도를 실시한 것이라 든지, 최근 근로자들의 임금이 생계비 수준이하로 떨어지는 것을 막기 위해 최저임금제를 도입한 것 등을 들 수 있다. 이밖에도 정부는 국민경제적 입장에서 농산물가격, 주택가격, 이자율, 공공요금들을 통제하고 있으며, 상품에 대한 조세부과도 사실상 시장통제 일종이라 할 수 있다.

정부가 가격을 통제하기 위해서 시장에 개입하는 경우, 우리는 이것을 가격통제(price controls)라고 한다. 이러한 규제는 대개 최고가격제도(maximum prices)나 최저가격제도(minimum prices)의 형태로 실행된다.

3.1 최고가격제도

최고가격제도
재화 판매가격에 대하여 정부가 허용될 수 있는 최고가격

최고가격제도는 자연재해 등으로 생활필수품이 절대적으로 부족하거나 투기 등으로 인해 물가가 치솟을 때 정부가 물가를 안정시키고 소비자를 보호할 목적으로 가격상한선을 설정하고, 그 상한수준 이상에서의 거래를 법으로 금지하는 제도이다. 최고가격은 시장균형가격수준이 너무 높다고 판단될 때 설정되는데 대개 시장균형가격보다 낮은 수준에서 설정된다.

다음의 그림 3-8에서 최고가격이 P_c수준에서 설정되면 FG만큼의 초과수요량이 발생한다. 이러한 상품의 초과 수요 상태 하에서는 암시장이 형성되기 마련이다. 새롭게 형성된 암시장에서는 공급된 Q_s가 P_b의 높은 가격으로 거래되고 이에 따라 공급자는 면적 $A+B$만큼의 불법적인 암거래이익을 챙기게 된다.

결국 소비자를 보호할 목적에서 실시되는 최고가격제는 상품의 품귀현상, 품질저하, 암시장의 형성, 합법적인 최고가격과 불법적인 암시장가격의 이원화 등으로 시장가격기구를 왜곡시켜 많은 부작용을 낳게 된다.

그림 3-8 최고가격제도

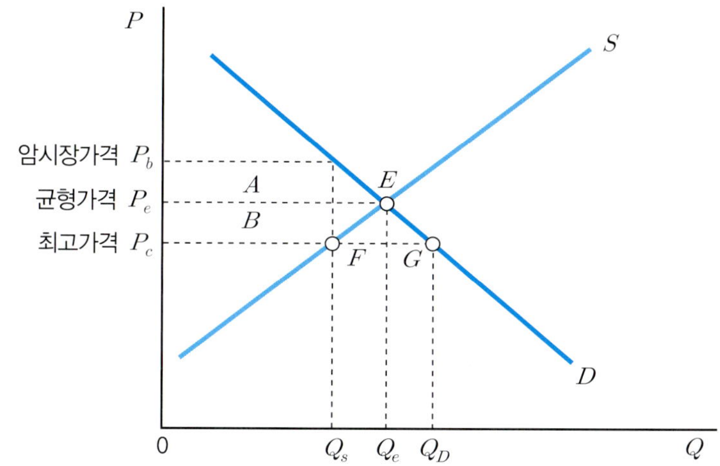

3.2 최저가격제도

때때로 정부는 시장가격을 내리는 것이 아니라 올리기 위해 시장에 개입하기도 한다. 최저가격제도는 정부가 상품생산자의 이익을 보호하기 위해서 최저가격을 설정하고 그 수준 이하로 가격이 내려가지 못하게 통제하는 제도이다. 최저가격은 시장균형가격수준이 너무 낮다고 판단될 때 설정되는데 대개 시장균형가격보다 높은 수준에서 설정된다.

> **최저가격제도**
> 재화 판매가격에 대하여 정부가 허용될 수 있는 최저가격

최저가격제의 일환으로 농산물가격 지지제를 실시하면서 그림 3-9에서 처럼 최저가격을 P_c수준에서 설정하면 FG만큼의 잉여농산물이 발생한다. 이에 따라 전체농가의 소득이 농산물가격 지지제를 실시하기 이전보다 증가한다고 말할 수 없다.

농산물가격 지지제를 실시하기 이전의 전체농가소득은 $A+B$였고 농산물가격 지지제를 실시한 후의 전체농가소득은 $A+C$이다. 농산물의 가격은 올랐지만 판매량이 줄어들었으므로 전체농가소득이 증가했다고 말할 수는 없다. 농산물수요의 가격탄력성이 1보다 크면 가격인상률보다 수요량감소율이 더 크므로 전체 농가소득은 오히려 감소할 것이고 반면에 농산물수요의 가격탄력성이 1보다 작으면 전체 농가수입은 증가할 것이다. 따라서 농산물 가격을 지지하기 위해서는 정부가 나서서 잉여농산물을 매입해야 효과가 크다.

그림 3-9 최저가격제도

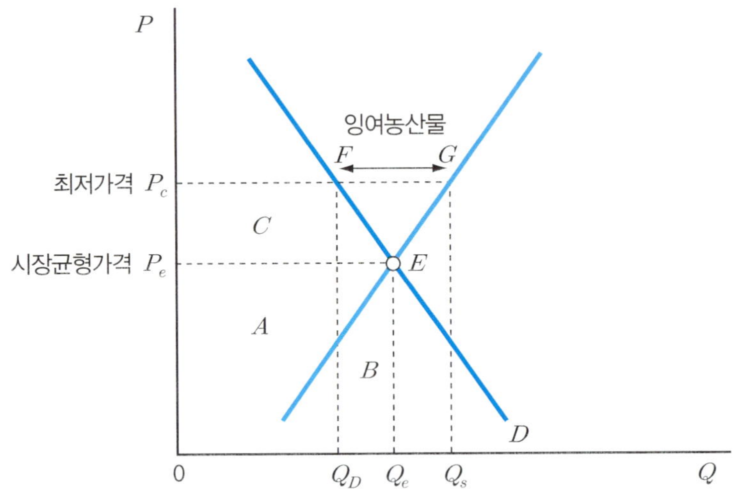

생활속경제 ››

"최저임금 올리니 실업률 증가? 천만에"

최저임금이 올라가면 실업률이 증가한다?

미국의 진보적 싱크탱크인 경제정책연구소(EPI)는 미국 파트타임 노동자 고용률 추이를 토대로 이런 주장이 "허구"라고 최근 반박했다. 경제정책연구소는 최저임금을 올리지 않은 주에서 파트타임 노동자 고용률은 2008년 4분기 대비 지난해 4분기 5.1% 증가했으나, 최저임금을 0.10~0.25달러 올린 주에서는 이보다 많은 5.6% 증가했다고 밝혔다. 최저임금을 0.26~0.69달러 올린 주는 4.8% 증가로 최저임금 동결 주보다 고용률 증가폭이 적었으나, 0.70달러 이상 올린 주는 오히려 고용률 증가폭이 7.7%로 가장 높았다.

미국은 연방정부 차원에서 지난해 7월 최저임금을 시간당 6.55 달러에서 7.25 달러로 올렸지만, 미국 보수파는 "부잣집 자녀들이 최저임금 혜택을 보고 있으며 파트타임 노동자의 실업률이 최저임금 인상 때문에 증가하고 있다"고 반발해왔다. 실제 미국 콜로라도주는 올해 1월1일 1938년 최저임금제도 도입 이후 처음으로 인하를 시행했다.

그러나 경제정책연구소는 "지난해 미국 전체 실업률 증가는 경기침체 영향이지 최저임금 인상과는 상관관계가 없다"며 "최저임금을 연방정부보다 더 높게 책정한 주의 고용률이 많이 증가한 데이터가 이를 증명한다"고 밝혔다.

경제학에서 신고전학파는 노동시장의 정보가 완벽하다는 전제 아래 최저임금이 시장 균형임금보다 높을 경우 고용 감소로 이어진다고 주장한다. 그러나 최근에는 최저임금과 실업률은 상관관계가 없으며, 최저임금 인상은 오히려 소비증가로 연결돼 경제회복에 도움이 된다는 주장도 있다.

경제정책연구소는 "노동자들이 너무 많은 보수를 받는 것이 문제가 아니다"며 "노동자들에게 진정 필요한 것은 연방정부의 일자리 창출을 위한 투자확대와 노동자들에 대한 지속적 지원"이라고 주장했다.

출처 한겨레, 2010.3.10

최저가격제도의 대표적인 것은 최저임금제이다. 최저임금제는 고용주가 피고용인에게 노동의 대가를 지불해야 하는 최소한의 임금수준을 법으로 강제함으로써 저임금 근로자를 보호하는 제도이다.

임금은 원래 노사 간의 근로계약 또는 단체협약에 의하여 자주적으로 결정되는 것이 원칙이나, 근로계약의 당사자인 개별근로자와 사용자 간에는 대등한 교섭관계가 이루어질 수 없는 것이 현실이다. 왜냐하면, 사용자의 경우 임금이란 화폐(명목)임금이지만 노동자의 경우 구매력을 의미하는 실질임금이다. 또한 임금이 자본가에게는 비용이지만 노동자에게는 생계를 유지하는 원천인 소득으로 이어진다. 그러므로 자본가에게는 임금 비용이 낮을수록 유리하며 노동자에게는 임금수준이 높을수록 좋다는 결론을 내릴 수 있다. 그렇기 때문에 임금결정을 근로계약에만 맡겨놓으면 근로자는 실질적으로 적정임금의 확보가 어렵게 된다. 따라서 최저 임금제도를 통한 국가의 강제에 의한 임금액의 보호는 노사 간에 실질적인 교섭 평등관계가 유지될 수 있게 해 준다

최저임금제의 효과는 근로자들의 기술과 경험에 따라 좌우된다. 높은 기술력과 오랜 경험을 갖춘 근로자들의 임금을 시장균형 수준보다 높기 때문에 최저임금제의 영향을 받지 않는다. 따라서 이들에게는 최저임금제가 실효성이 없다. 그러나 최저임금제는 10대 청소년 노동자나 고령노동자들에게는 큰 영향을 미친다.

이미지로본한국경제 ››

최저임금

연도	시간급 최저임금(원)	전년도 대비 최저임금 상승률(%)	일급 최저임금 (8시간)	월급 최저임금 (209시간)
2016	6,030	8.1	48,240	1,262,070
2015	5,580	7.1	44,640	1,166,220
2014	5,210	7.2	41,680	1,088,890
2013	4,860	6.1	38,880	1,015,740
2012	4,580	6.0	36,640	957,220
2011	4,320	5.1	34,560	902,880
2010	4,110	2.75	32,880	858,990
2009	4,000	6.1	32,000	836,000
2008	3,770	8.3	30,160	787,930

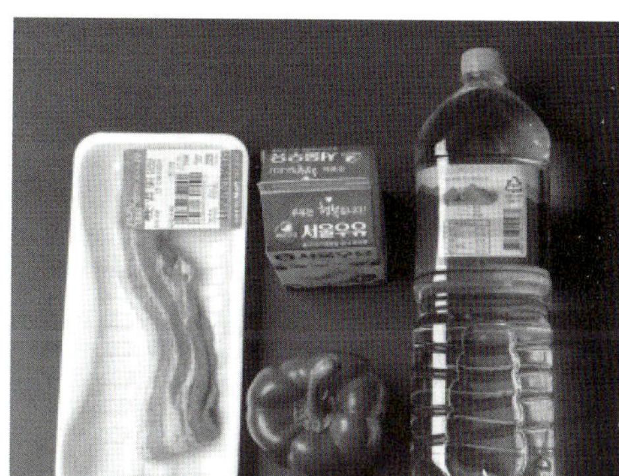

자료 최저임금위원회(http://www.minimumwage.go.kr)

* 오른쪽 사진은 2016년 최저임금 시급 6030원으로 마트에서 살 수 있는 물건들(삼겹살 122g, 피망 한 개, 우유 200ml, 생수 1.5 L)

4 조 세

조그만 마음에 있는 주민센터에서부터 중앙정부에 이르기까지 모든 정부는 국방, 교육, 도로 등 공공의 목적에 사용할 재원을 조달하기 위해 세금을 거둔다. 이처럼 세금은 중요한 정책수단이고 많은 국민들의 삶에 영향을 미치기 때문에 조세 부과가 경제에 미치는 효과에 대해 알아보자.

4.1 조세의 귀착

조세귀착이란 정부가 한 상품에 조세를 부과할 때 그 세금을 누가 실질적으로 부담 하는가를 의미한다. 조세의 귀착은 보통 종량세를 중심으로 이루어지며, 종량세는 팔리는 상품 한 단위마다 일정액의 세금을 내게 하는 것을 말한다. 정부가 생산자에게 종량세를 부과하면 부과된 종량세액은 대부분 소비자와 생산자가 나누어 부담하게 된다.

4.2 조세부과의 효과

그림 3-10에서 종량세가 부과되기 이전의 수요곡선과 공급곡선이 각각 D와 S_o로 표시되고 균형점은 E_0, 균형가격과 균형거래량은 각각 P_e, Q_e가 된다. 조세 100원이 부과되면 판매자는 재화 한 단위를 팔 때 마다 100원씩 세금을 납부해야 한다고 하자. 조세를 부과하면 수요곡선은 이동하지 않고, 공급곡선만 S_o에서 S_1으로 조세 부담액 100원만큼 좌로 이동하게 된다. 결국 새로운 균형점은 E_1이 되며, 새로운 균형가격과 균형거래량은 각각 P_d Q_1이 된다.

이 균형 상태에서 소비자는 상품 한 단위를 종전보다 P_dP_e만큼 더 주고 구입해야 되므로 종량세 중 소비자부담은 P_dP_e이 된다. 한편 생산자는P_d씩 소비자에게 받고 상품을 팔지만 실제로 수중에 들어오는 금액은 P_d−100원 = P_s가 된다. 이 P_s는 종전가격P_e보다P_eP_s만큼 낮으므로 이 P_eP_s가 생산자부담으로 귀착되었다. 물론 소비자부담액(P_dP_e)과 생산자부담액(P_eP_s)을 합하면 상품 한 단위 종량세액 100원이 된다. 결국 정부가 거두어들인 전체종량세 수입은 $A+B$이고 그 가운데 소비자부담 총액은 A, 생산자부담 총액은 B가 된다.

그림 3-10 조세부과의 효과

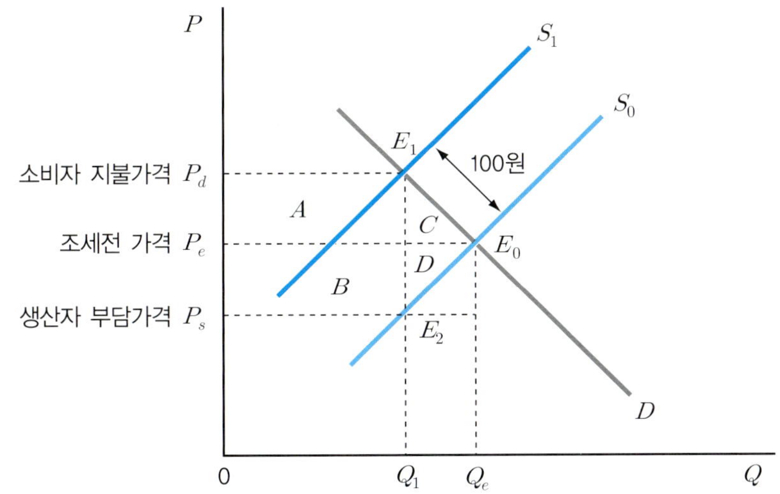

소비자와 생산자가 종량세를 서로 나누어 내는 과정에서 소비자는 상품을 덜 소비($Q_e \rightarrow Q_1$)하게 되고 생산자 또한 상품을 덜 생산($Q_e \rightarrow Q_1$)하게 된다. 정부의 조세부과로 총잉여의 감소($C+D$)를 순후생손실 또는 경제적 순손실이라 한다. 결론적으로 정부의 종량세부과는 소비자와 생산자의 경제활동을 위축시켜 자원배분을 비효율적으로 만든다. 그러나 외부효과에 의해 시장실패가 발생할 경우에는 정부의 조세부과가 총잉여 또는 사회적 순후생을 증가시킨다.

4.3 관세부과의 효과

관세(tariff)란 수입품에 부과되는 세금을 의미하는데 수입관세가 경제적 후생에 미치는 영향에 대해 알아보자. 어떤 재화에 수입관세를 부과하면 국제가격은 불변인 상태에서 국내가격은 국제가격에다 관세를 합한 것만큼 상승하게 된다. 수입관세를 부과했을 때 나타나는 효과를 그림 3-11을 통해 알아본다.

관세
외국에서 수입되는 수입품에 부과되는 세금

그림 3-11 관세의 효과

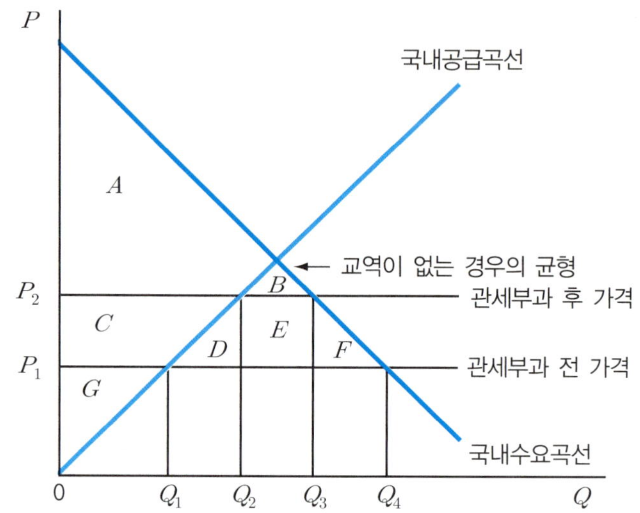

관세가 부과되기 전에는 국내가격과 국제가격이 같다. 따라서 소비자잉여는 $A+B+C+D+E+F$이며, 생산자잉여는 G다. 자유무역 하에서 경제적 총잉여는 $A+B+C+D+E+F+G$가 된다. 정부가 관세를 부과하면, 국내가격은 국제가격보다 관세만큼 높아진다. 따라서 소비자 잉여는 $A+B$고, 생산자잉여는 $C+G$가 되고, 정부의 관세수입은 E가된다. 따라서 관세부과후의 총잉여는 $A+B+C+E+G$가 된다.

표 3.1 관세의 경제적 손실

	관세부과 전	관세부과 후	변화
소비자잉여	A+B+C+D+E+F	A+B	−(C+D+E+F)
생산자잉여	G	C+G	+C
관세수입	없음	E	+E
총 잉여	A+B+C+D+E+F+G	A+B+C+E+G	−(D+F)

관세부과에 따른 경제적 후생의 변화는 총잉여가 $D+F$만큼 감소하였음을 알 수 있다. 결국 관세를 부과하면 국민전체의 순편익(총잉여)이 감소하여 사회적 후생에 악영향을 미치게 된다는 것을 알 수 있다.

연 습 문 제

01 세금은 소비자가 내는 가격과 판매자가 받는 가격에 어떤 영향을 미치는지를 설명하라.

02 최고가격제와 최저가격제에 대하여 하나씩 예를 들고, 그래프를 그려서 설명하라.

03 한 재화의 판매에 세금이 부과되면 소비자잉여와 생산자잉여에 어떤 변화가 일어나는지를 설명하라.

04 수요함수가 $Q = 10 - \frac{1}{2}P$인 시장에서 정부의 새로운 조세정책으로 균형가격이 10원에서 12원으로 상승할 때, 소비자잉여는 얼마나 감소하는가?

05 수요의 가격탄력성, 공급의 가격탄력성, 수요의 소득탄력성, 수요의 교차탄력성을 설명하라.

06 수요의 가격탄력성과 공급의 가격탄력성의 결정변수를 말하라.

07 수입 관세를 부과할 경우 경제적 후생에 미치는 영향을 그래프를 그려서 설명하라.

Chapter

04

소비자이론과 수요곡선

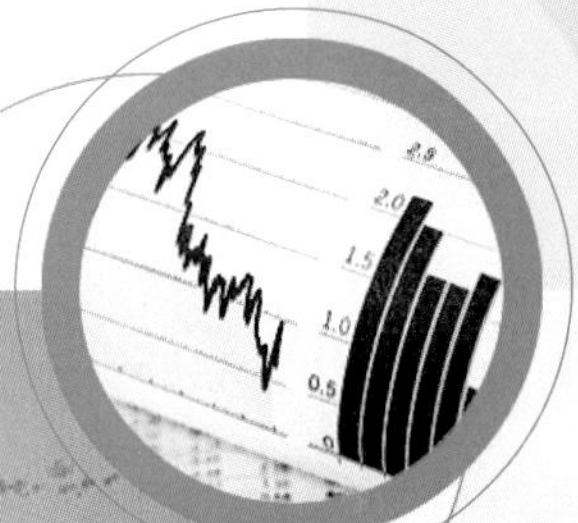

자본주의 상품생산은 자가소비가 목적이 아니라 시장에 판매하여 수익을 얻을 목적으로 생산을 한다. 그렇기 때문에 필요 또는 욕망에 따른 소비가 이루어질 수 없고, 값을 지불해야만 한다. 값을 지불하기 위해서는 소득이 있어야 가능한데 이 소득은 아무에게나 무한이 있는 것이 아니다. 그래서 선택의 문제에 직면하고, 모든 상품을 욕망한다고 모두 소비할 수는 없는 것이다. 소비자는 주어진 소득(예산)을 고려하여 필요와 욕구를 가장 잘 충족시킬 수 있는 상품을 선택해야 한다는 것이다.

본 장에서는 소비자가 무엇을 구입하고, 어떻게 구입을 결정하는지에 대한 이론을 살펴보고자 한다. 즉 소비자의 선택행위에 대해 초점을 맞추고자 한다. 2장에서 살펴본 수요곡선은 어떤 재화에 대한 소비자의 최대한 지불용의가 있는 가격 수준을 나타낸다고 이해하였다.

특히 본 장에서는 우하향하는 수요곡선이 어떻게 도출되는지 확인하는 것이 더 큰 의미가 있다. 즉 상품에 대한 수요가 어떤 과정을 거쳐 형성되며, 가격이나 소득의 변화가 수요에 어떠한 영향을 미치는지 인식하는 것이 소비자선택이론을 이해하는 중요한 목적이다.

소비자선택이론의 공부를 통하여 수요곡선이 함축하는 소비자의 행동원리를 이해함으로써 합리적인 소비자로서 어떻게 행동하는 것이 바람직한 것인가를 인식할 수 있게 될 것이다.

1 소비자의 선택

자본주의 상품생산은 자기 자신의 욕구충족을 위한 생산이 아니라 시장에 내다 팔아 수익을 얻을 목적으로 생산을 한다.

우리사회는 수많은 상품들이 하루를 멀다하고 생산되어 소비자들의 지갑을 유혹하고 있다. 자본주의 상품생산은 자본주의 이전의 사회와는 다르게 자기 자신의 욕구충족을 위한 생산이 아니라 시장에 내다 팔아 수익을 얻을 목적으로 생산을 한다. 그렇기 때문에 그냥 공짜로 주어지는 상품은 없다. 소비자가 상품을 소비하기 위해서는 소득 또는 예산, 다시 말해 값을 지불해야만 어떤 상품으로부터의 만족감을 얻을 수 있다.

따라서 사람들은 필요 또는 욕망에 따른 소비가 이루어질 수 없고, 값을 지불해야만 한다. 값을 지불하기 위해서는 소득이 있어야 가능한데, 이 소득은 아무에게나 무한이 있는 것이 아니다. 자본주의사회에서 상품 선택의 자유가 주어진 계급계층은 특정 상품의 값을 지불할 경제적 여력이 충분히 있는 재벌가, 억만 장자, 수많은 부동산이나 금융소득이 많은 자산가들이나 가능하다고 할 수 있다. 그러나 이들도 아무렇게나 상품을 선택하지는 않을 것이다.

소비자로서 각 개인은 자신의 소득을 어디에 사용할 것인가를 의사 결정할 때 무엇을 목표로 할까? 경제학에서는 일반적으로 만족의 극대화, 즉 효용극대화에 있다고 한다. 효용이란 소비자가 어떤 상품을 소비함으로써 얻는 주관적인 만족감을 의미한다. 소비자의 입장에서 보면 욕망하는 모든 것을 자유롭게 선택하여 소비할 때 효용이 극대화될 수 있을 것이다. 그러나 모든 사람들이 필요하고 원하는 모든 상품들을 소비할 수는 없다. 상품을 구입할 수 있는 소득이 무한대로 있는 것이 아니라 소득은 유한하기 때문이다. 재벌가, 억만장자 등 소득이 많은 사람들은 상품소비에 있어서 상대적으로 자유로울 수 있지만 대부분의 저소득 계층은 원하는 모든 것을 소비한다는 것은 불가능한 일이다.

> 효용은 소비자가 어떤 상품을 소비함으로써 얻는 주관적인 만족감을 의미한다.

특히 경제학에서는 효용극대화를 설명함에 있어 부자의 소득과 빈자의 소득을 구분하지는 않는다. 다만 부자든 빈자든 주어진 소득 범위 안에서 어떠한 소비조합을 선택할 때 만족이 극대화되느냐에 만 관심이 있다. 다시 말해 효용극대화란 소득이 허용하는 조건하에서 추구해야 하는 목표라는 의미를 가지고 있다. 그렇기 때문에 효용이 극대화된 상태라 하더라도 부자와 빈자의 만족감은 다를 수밖에 없는 것이다.

그렇지만 주류경제학자들은 합리적인 소비자라면 주어진 소득을 잘 배분하여 사용함으로써 만족을 극대화할 수 있다고 주장한다. 사실 소득제약으로 인하여 각 소비자의 선택범위가 제한되어 있기 때문에 합리적인 선택의 필요성이 오히려 요구되고 있다고 해도 과언이 아니다.

결국 소비자는 소득 또는 예산제약 때문에 합리적 선택의 문제에 직면하고, 모든 상품을 욕망한다고 모두 소비할 수는 없는 것이다. 소비자는 주어진 소득을 고려하여 필요와 욕구를 가장 잘 충족시킬 수 있는 상품을 선택하여 소비해야 한다는 것이다.

> 소비자는 주어진 소득을 고려하여 필요와 욕구를 가장 잘 충족시킬 수 있는 상품을 선택하여 소비해야 한다

소비자는 합리적 선택의 원칙에 따라 어떤 상품을 얼마나 소비할지를 결정해야 한다. 소비자선택이론은 이 합리적 선택의 원칙이 무엇인지 이해하는 데 그

의미가 있다. 합리적 선택의 원칙을 알아야 개별 소비자가 시장에서 하는 행위를 이해할 수 있기 때문이다.

우리가 소비자의 합리적인 선택에 관심을 갖는 이유는 상품에 대한 수요가 어떻게 결정되는지를 좀 더 상세히 살펴보고자 하는데 있다. 우리는 수요이론에서 어떤 상품의 가격이나 소득 등이 변할 때, 즉 수요에 영향을 미치는 여러 요인들이 변할 때 개별 소비자의 그 상품에 대한 수요량이나 수요가 어떻게 변하는지는 살펴보았지만 왜 그렇게 변하는지는 설명하지 않았다. 이제 한계효용이론과 무차별곡선이론을 통하여 그 구체적인 해답을 찾아보자.

2 한계효용이론

2.1 기본가정

한계효용이론의 기본가정
- 소비자는 합리적인 소비행위를 한다.
- 효용(만족)은 측정 가능하다.
- 한계효용은 체감한다.
- 화폐(소득)의 단위당 한계효용은 일정하다.

한계효용이론이 성립하기 위해서는 다음과 같은 몇 가지 기본가정이 필요하다. 첫째, 소비자는 합리적인 소비행위를 한다. 합리적인 소비행위는 주어진 여건 내에서 얻는 만족도를 최대화하고, 그 대가로 지불하는 비용을 가장 적게 하는 소비자의 선험적 행동을 뜻한다. 즉 최대만족 최소비용의 경제원칙에 따른 행동을 하는 합리적 소비자를 가정한다.

둘째, 효용(만족)의 측정 가능성이다. 각 상품의 효용은 1, 2, 3⋯ 10, ⋯, 100 등 기수적으로 측정가능하다는 것이다. 이는 상품의 소비로부터 얻는 만족도를 기수적으로 나타낼 수 있으므로 상품간의 효용 비교뿐만 아니라 개인간의 비교도 가능하게 된다.

셋째, 한계효용은 체감한다. 어떤 상품의 추가적인 한 단위의 소비로부터 얻는 소비자의 효용증가분은 체감한다고 가정한다. 이는 보통 상품의 소비로부터 느껴온 경험과 일치한다.

넷째, 화폐(소득)의 단위당 한계효용은 일정하다. 화폐단위를 효용의 척도로 이용할 경우 이 조건은 필수적이며, 한계효용균등의 법칙 성립조건이기도 하다.

2.2 총효용과 한계효용

여기서는 일정한 소득을 가지고 있는 소비자가 어떤 상품들을 구입해 소비하게 되는지 분석하려고 한다. 이 분석을 통해 자본주의 시장에서 상품에 대한 수요가 어떻게 결정되는지를 알 수 있기 때문이다. 그런데 소비자가 어떤 상품을 얼마나 구입할지를 알기 위해서는 그 상품을 소비했을 때 소비자가 어느 정도의 만족감을 얻는지 알 수 있어야 한다. 예를 들면 맥주를 몇 병 마실 때, 또는 배를 몇 개 먹을 때 얼마나 큰 만족감을 얻을 수 있는지 알아야 소비자가 자신의 소득 중 맥주와 배에 각각 얼마의 소득을 배분할지 알 수 있다.

어떤 상품을 소비하게 되면 만족감을 얻게 되는데, 상품의 소비와 만족감 사이에 어떤 관계가 있는지 먼저 살펴보자. 이 지구상에는 수많은 상품들이 존재하여 소비자들이 선택할 수 있는 상품은 엄청나게 많이 존재한다. 그러나 이 많은 상품들을 모두 고려하기에는 어렵기 때문에 어떤 소비자는 맥주와 배만을 선택대상으로 한다고 가정하자. 이는 분석의 편의를 위한 것으로 이 지구상에는 맥주와 배 두 가지 상품만 존재한다고 가정하는 것이다.

맥주와 배, 이 두 상품을 일정한 양만큼씩의 조합을 생각할 수 있는데, 이를 상품조합이라 부른다. 예들 들면 맥주 2병과 배 3개를 하나의 조합으로 생각할 수 있고, 또 맥주 4병과 배 6개를 한 조합으로 생각할 수도 있다. 소비자는 그의 소득으로 구입할 수 있는 상품조합들 중에서 가장 좋아 하는 것, 다시 말해 가장 큰 만족감을 주는 상품조합을 선택한다. 어떤 특정한 상품조합을 선택한다는 것은 맥주는 몇 병, 배는 몇 개를 구입할 것인가를 결정한다는 것을 뜻한다.

어떤 소비자가 어떤 상품 또는 상품조합을 소비함으로써 느끼는 주관적인 만족감의 크기를 효용(utility)이라고 부른다. 소비자는 더 큰 효용을 얻을 수 있는 상품 또는 상품조합을 더 좋아한다. 따라서 소비자는 제한된 소득으로 구입할 수 있는 상품조합이 여러 개 있다고 할 때, 이들 상품조합 중에서 가장 큰 효용을 주는 상품조합을 선택하게 된다.

> **효용**
> 어떤 소비자가 어떤 상품 또는 상품조합을 소비함으로써 느끼는 주관적인 만족감의 크기

몇 가지 개념을 이해하기 위해 우리는 상품조합에 포함되어 있는 두 상품을 하나씩 분리하여 각각의 상품들이 소비자에게 얼마의 효용을 가져다주는지 알아 볼 수 있다고 가정하자. 예를 들어 배의 소비량은 0으로 가정하고 맥주의 소비량만 추가로 한 병씩 늘려 가면서 효용의 크기가 어떻게 변화하는지 확인할 수 있다.

표 4.1 총효용과 한계효용

맥주 소비량(병)	총효용(TU)	한계효용(MU)
0	0	0
1	4	4
2	7	3
3	9	2
4	10	1
5	10	0
6	9	−1

총효용
일정기간 동안 어떤 상품을 소비할 때 느끼는 주관적인 만족도 크기의 총량

표 4.1에서와 같이 맥주 1병을 소비할 때 소비자가 느끼는 만족감의 크기는 4, 2병을 소비할 때는 7, 3병째는 9 등으로 표시할 수 있다. 이렇게 일정기간 동안 어떤 상품을 소비할 때 느끼는 주관적인 만족도 크기의 총량을 총효용(total utility : TU)이라 한다. 이를 효용함수로 나타낼 수도 있는데, 일정기간 상품의 소비량과 그로부터 얻어지는 총효용과의 관계를 효용함수라고 한다. 소비자가 소비하는 상품이 맥주(X재), 배(Y재)라고 가정할 때 어떤 소비자의 효용함수는

$$U = U(X, Y)$$

로 표시할 수 있다. U는 총효용, X는 맥주의 소비량, Y는 배의 소비량을 나타낸다.

한계효용
어떤 재화를 한 단위 더 소비를 증가시켰을 때 증가한 효용(만족도)의 크기

또 맥주의 소비량이 한 병씩 증가할 때 늘어나는 총효용의 증가분이 표 4.1의 세 번째 열에 표시되어 있는데, 맥주의 소비량이 0에서 1병으로 늘어날 때 총효용이 4로 증가하고, 1병에서 2병으로 늘어날 때는 3, 2병에서 3병으로 늘어날 때는 2 등으로 표시되어 있다. 이렇게 어떤 재화를 한 단위 더 소비를 증가시켰을 때 증가한 효용(만족도)의 크기를 한계효용(marginal utility : MU)이라 한다. 이는 총효용곡선의 접선의 기울기로 표시할 수 있는데 아래의 수식과 같이 나타낼 수 있다.

$$MU = \frac{\Delta TU}{\Delta Q} = \frac{dTU}{dQ} \text{ : 총효용곡선}(TU)\text{에 그은 접선의 기울기}$$

그림 4-1 총효용곡선과 한계효용곡선

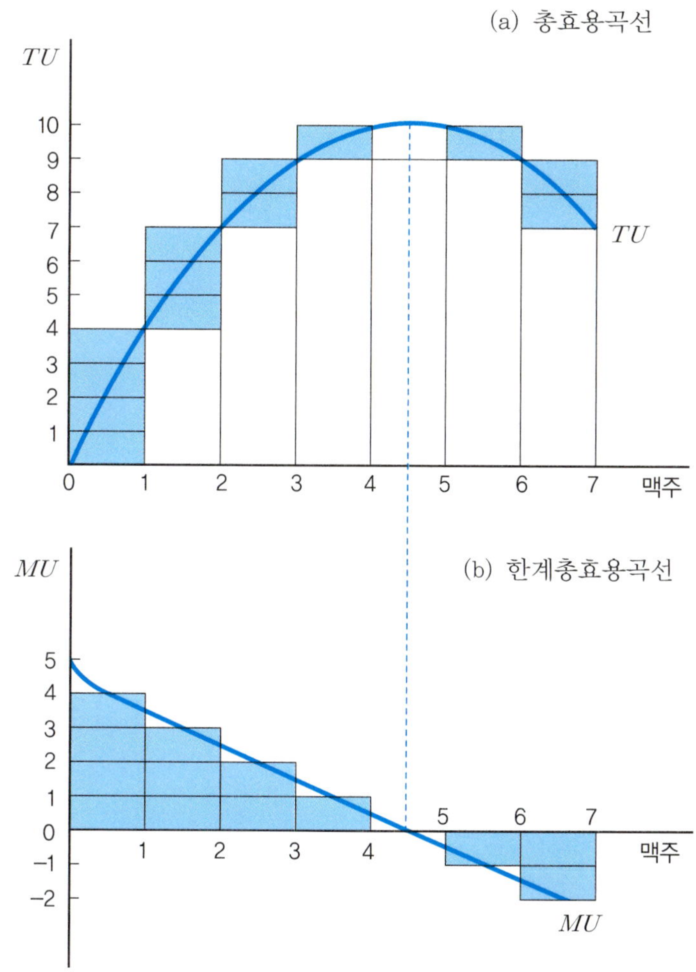

그리고 **표 4.1**을 **그림 4–1**로 그려 놓았듯이 한계효용의 크기는 맥주의 소비량을 증가시킴에 따라 그 크기는 4, 3, 2, 1, 0 등으로 감소추세를 보이고 있다. 이렇게 어떤 상품의 소비량을 추가로 늘릴 때 만족의 절대량(총효용)은 증가하지만, 그 증가율이 점차로 작아지는 현상을 볼 수 있는데, 이를 한계효용체감의 법칙(law of diminishing marginal utility)이라 부른다. 예외적인 경우가 있으나 일반적으로 어떤 상품의 소비량을 증가시켜 나갈 때 추가되는 소비에서 오는 만족감, 즉 한계효용은 점차 줄어드는 경향이 있다. 우리가 뷔페

> **한계효용체감의 법칙**
> 어떤 상품의 소비량을 추가로 늘릴 때 만족의 절대량(총효용)은 증가하지만, 그 증가율이 점차로 작아지는 현상

음식점에서 경험하는 것과 같이 몇 번 접시가 오가면 금방 포만감이 들어 더 이상 먹지 못하는 것은 한계효용체감의 법칙이 작용한 결과라 볼 수 있다.

다른 예를 하나 더 들어보면 보통의 집을 보면 집집마다 거의 모두 냉장고를 갖추고 있다. 그런데 대개 1대씩이며 2대 이상인 집은 거의 없다. 왜 그럴까요? 냉장고를 1대 사면 그로부터 얻는 한계효용은 매우 크다. 하지만 일단 하나 있으면 그 다음은 자리만 차지할 뿐 거의 소용이 없으므로 한계효용이 매우 작거나 마이너스가 된다. 따라서 한계효용이 매우 낮거나 마이너스인데 수십만 원을 들여 냉장고를 1대 더 산다는 것은 합리적이지 않다. 그래서 대부분의 가정에서 냉장고는 1대씩만 갖추고 있는 것이다.

2.3 소비자 균형 : 소비자의 최적선택

> 합리적인 소비는 소비자가 효용이 극대화되도록 소비하는 것을 뜻한다. 이를 소비자균형이라고 하는데, 주어진 예산제약 하에서 소비자의 효용을 극대화하는 상품의 배합 수준을 나타낸다.

경제학에서 합리적인 소비는 소비자가 효용이 극대화되도록 소비하는 것을 뜻한다. 이를 소비자균형이라고 하는데, 주어진 예산제약 하에서 소비자의 효용을 극대화하는 상품의 배합 수준을 나타낸다. 만약 소득이 무한대로 존재한다면 합리적인 소비문제는 쉽게 해결될 수 있다. 소비자가 욕망하는 모든 각각의 상품에서 얻는 한계효용이 0이 될 때까지, 다시 말해 총효용이 극대가 될 때까지 소비하면 된다. 그러나 대부분의 소비자는 소득제약이 따르기 때문에 그 제한된 소득을 가지고 극대의 효용을 얻기 위하여 각 상품에 얼마만큼씩 소득(값)을 지불하고 몇 개를 구입하여 소비해야 할 것인가라는 선택의 문제에 직면하게 된다. 이것이 효용극대화를 위한 소비자선택의 문제이다.

> 한계효용균등의 법칙은 각 재화의 화폐 한 단위당 한계효용이 같을 때 소비자의 효용이 극대가 된다는 것이다. 이는 각 상품의 한계효용이 같은 것이 아니라 각 상품의 한계효용을 그 상품의 가격으로 나눈 값이 같아야 한다는 것이다.

한계효용이론에서 이 선택의 문제는 한계효용균등의 법칙(Gossen의 제2법칙)이 성립할 때 해결된다. 즉 각 재화의 화폐 한 단위당 한계효용이 같을 때 소비자의 효용이 극대가 된다는 것으로 한계효용균등의 법칙은 다음과 같다.

$$\frac{MU_x}{P_x} = \frac{MU_y}{P_y}$$

윗 식에서 MU_x/P_x는 X재의 한계효용(MU_x)을 X재의 가격(P_x)으로 나눈 것으로 그 값은 X재의 화폐 한 단위당 한계효용이다. MU_y/P_y도 Y재의 화폐 한 단위당 한계효용을 뜻한다. 윗 식에 따르면 X재의 화폐 한 단위당 한계효용과 Y재의 화폐 한 단위당 한계효용이 같을 때 소비하면 효용이 극대화된다는 것이다. 한계효용균등의 법칙은 각 상품의 한계효용이 같은 것이 아니라 각 상품의 한계효용을 그 상품의 가격으로 나눈 값이 같아야 한다는 것이다.

예를 들어 두 상품 X와 Y가 있을 때 가격을 각각 P_x, P_y라 하고 구입량은 각각 X, Y이며, 소득을 I라 한다면 제약조건은 다음과 같이 나타낼 수 있다.

$$I = P_x \cdot X + P_y \cdot Y$$

윗 식의 오른쪽 항은 두 상품에 대한 총지출액을 나타낸다. 총지출액이 소비자의 소득(I)을 초과할 수 없다는 것이다. 결국 위의 제약조건하에서 $MU_x/P_x = MU_y/P_y$의 조건이 만족되도록 X상품과 Y상품의 구입량을 결정할 때 소비자는 주어진 소득(I)으로 극대효용(만족)을 얻게 된다.

표 4.2 한계효용균등의 법칙과 소비량

소비량	X(맥주) : $P_x = 20$원			Y(배) : $P_y = 30$원		
	총효용 (TU_x)	한계효용 (MU_x)	MU_x/P_x	총효용 (TU_y)	한계효용 (MU_y)	MU_y/P_y
1	180	180	9.0	280	280	9.3
2	340	160	8.0	540	260	8.6
3	480	140	7.0	780	240	8.0
4	600	120	6.0*	1,000	220	7.3
5	700	100	5.0	1,200	200	6.6
6	780	80	4.0	1,380	180	6.0*
7	840	60	3.0	1,540	160	5.3
8	880	40	2.0	1,680	140	4.6
9	900	20	1.0	1,800	120	4.0

이를 보다 구체적으로 간단한 예를 들어 살펴보자. 소비자의 소득은 소득(I)은 260원이며, 두 상품으로 X(맥주), Y(배)가 있으며, X(맥주)의 가격은 20원, Y(배)의 가격은 30원이라 할 때, 소비자의 X(맥주)와 Y(배)에 대한 선호는 표 4.2와 같다고 가정하자.

최종적으로 소비자는 극대만족을 얻기 위해 260원의 소득으로 X(맥주) 4병, Y(배) 6개를 소비함으로써 효용극대화를 실현한다. 이는 $MU_x/P_x = MU_y/P_y = 6$, $P_x \cdot X + P_y \cdot Y = (20 \times 4) + (30 \times 6) = 260 = I$의 조건을 만족시킨다.

이 경우 소비자가 얻은 총효용은 X(맥주) 4병으로 600, Y(배) 6개로부터 1,380으로 전체 1,980이다. 이는 X(맥주) 가격 20원, Y(배) 가격 30원과 소득 260원으로 어떤 소비자가 얻을 수 있는 극대만족이다. 260원의 소득으로 X(맥주) 4병과 Y(배) 6개가 아닌 다른 어떤 상품조합을 구입해도 총효용은 1,980보다 크지 않다.

2.4 수요곡선의 도출

효용극대화의 원칙에 의하여 소비자균형이 달성될 때, 다른 상품의 가격(P_y)이 일정하다면 X상품 가격의 하락은 한계효용균등의 법칙에 따라 X상품의 소비량은 증가하여 X상품의 한계효용(MU_x)감소한다. 반면에 Y상품의 소비감소로 Y상품의 한계효용(MU_y)이 증가하여 이 두 상품간 한계효용은 같게 된다. 결국 어떤 상품의 가격이 하락하면 소비가 증가함으로 인하여 수요곡선은 우하향하게 된다.

수요곡선 자체가 우하향하는 형태를 띠는 것은 한계효용이 체감한다는 사실을 반영한다.

그리고 수요곡선 자체가 우하향하는 형태를 띠는 것은 한계효용이 체감한다는 사실을 반영한다. 즉 어떤 상품의 가격 하락은 그 상품의 소비량을 증가시키고, 이는 또 그 상품의 한계효용을 작게 만드는 결과를 가져온다. 소비자의 입장에서 볼 때 상품 소비의 증가로 인한 만족도의 증가분(한계효용)이 감소하는데 어떤 소비자가 이전보다 더 높은 가격을 지불하고 싶겠는가? 결국 한계효용(MU_x)= 가격(P_x)이 됨에 따라 한계효용곡선이 수요곡선의 역할을 하게 된다.

이를 수학적으로 표현해 볼 수도 있다. 효용함수를 $U = U(X)$, 소득제약을 $I = X \cdot P_x$라 하자. 효용극대화를 달성하고자 하는 소비자는 효용수준과 소비지출간의 차이, 즉 $U(X) - X \cdot P_x$를 극대화하려 할 것이다. 효용극대화의 필요조건은 위의 식을 X에 관하여 1차미분한 것이 0이 되는 것이다.

그림 4-2 수요곡선 도출

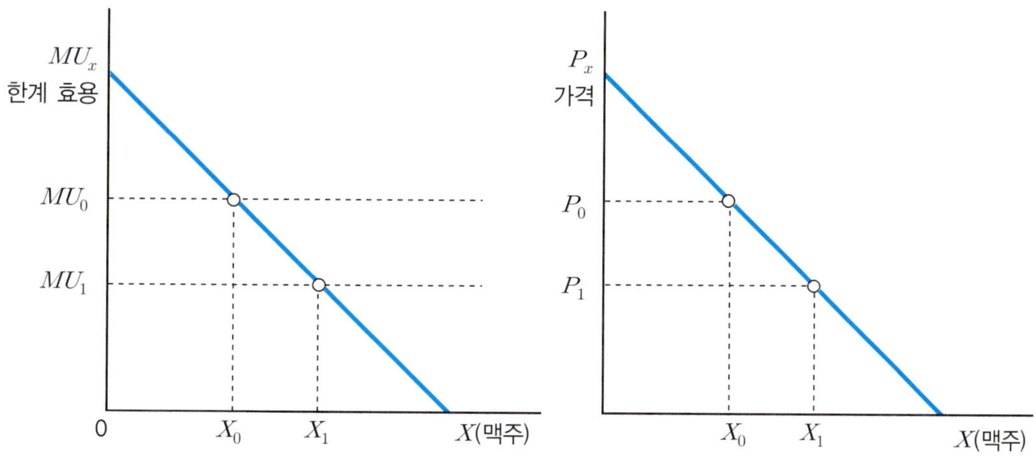

(a) 한계효용곡선 (b) 수요곡선

1차조건 : $dU(X)/dX - d(X \cdot Px)/dX = 0$, 식을 정리하면 $MU_x = P_x$가 된다.

생활속경제 »

무한리필과 한계효용체감의 법칙

최근 깐깐하게 따져보고 고르는 알뜰족의 등장으로 건강에도 무리가 되지 않고 경제적인 비용으로 배부르게 해결할 수 있는 무한리필을 제공하는 음식점들이 늘고 있다. 무한리필을 제공하는 음식점이 성공하려면 저렴한 가격으로 손님을 많이 끌 수 있어야 하고 또 가격 이외에도 음식의 맛, 질, 서비스 등에 있어서도 차별을 두어야 한다. 손님 입장에서는 저렴한 가격에 원하는 음식을 마음껏 먹을 수 있어서 좋지만, 한편으로는 '이렇게 저렴한 가격으로 음식을 마음껏 먹을 수 있도록 한다면 음식점 주인은 망하지 않을까'하는 의문이 든다. 이는 음식점에서 추구하고 있는 경제전략을 간과하고 있기 때문에 드는 생각이다.

아무리 먹어도 질리지 않는 음식은 없다. 추운 겨울날, 따뜻하고 맛있는 붕어빵을 먹는 것은 즐거운 일이다. 그러나 이도 잠시, 붕어빵을 열 개쯤 먹었다면 상황은 달라지게 된다. 아무리 즐거운 효용을 주는 것이라도, 지나치게 많은 소비는 오히려 효용을 감소시킬 수 있다. 이와 같은 원리를 가리켜 한계효용 체감의 법칙이 성립한다고 말한다. 한계효용이란 우리가 어떤 재화를 소비하거나 서비스를 이용할 때 얻는 추가 만족을 뜻한다.

'시장이 반찬이다'는 속담을 통해서도 알 수 있다. 배가 고프면 무엇을 먹어도 맛있게 먹을 수 있다. 배가 무척 고플 때에는 밥만 한 숟가락 먹어도 꿀맛같이 맛있다. 그러나 점점 배가 부르면 밥이 점차 맛이 없어지게 된다. 배가 무척 부른데도 계속 먹으라고 강요한다면 그것은 이미 먹는 즐거움이 아니라 고문이 될 수가 있다.

이러한 한계효용 체감의 법칙을 적용한 곳이 무한리필 음식점이고 이러한 음식점의 원조가 바로 뷔페식당이다. 평소에 접하지 못했던 값비싸고 다양한 음식을 먹을 수 있다는 기대속에 식사도 거르고 갔지만 몇 접시 먹지 못하고 배가 포화상태에서 남겨진 수많은 음식을 보면서 안타깝게 식당을 나선 경험은 누구나 있을 것이다. 나름의 전략을 세우고 온 손님이 만족할 만한 결과를 내지 못하고 돌아서게 되는 이유는 뷔페식당에는 조금만 먹어도 배부른 음식들이 많기 때문이다. 초밥, 고기, 각종 후식, 밀가루 음식 등은 손님의 한계효용을 빠른 속도로 체감시키고 식당 주인이 원하는 이윤을 만들어 내는 데 결정적인 공헌을 하게 된다. 이러한 음식들이 손님의 식욕을 빠른 속도로 떨어뜨리게 되니 식당 주인은 남는 장사를 하게 되는 것이다. 손님은 손님대로 집에 돌아가면서 뷔페 음식의 가격을 시중에서 각각 사먹었을 경우 모두 얼마나 될지 계산해 보게 된다. 뷔페 가격보다 개별적으로 계산한 가격이 높았다면 '나는 오늘 합리적 소비를 한 거야!'라고 생각하면서 만족해 할 것이다.

무한리필 음식점도 마찬가지이다. 불황으로 주머니가 가벼워진 직장인들을 타깃으로 하고 특정메뉴를 무한리필로 제공하고 있다. 당연히 그들에게 반가운 소식이고, 특정메뉴는 입 소문을 타고 전체 매출의 상당부분을 차지하게 된다. 이른바 문전성시의 경제학이다. 특정한 메뉴를 계속해서 먹다 보면 손님의 한계효용이 점차 떨어질 수밖에 없다. 그러면서 자연스럽게 다른 욕구가 발생하게 된다. 결국은 추가적인 다른 메뉴를 주문하게 되는 것이다. 한계효용 체감의 법칙을 이용한 음식점의 추가 전략이 바로 이것이다.

출처 <매일경제>, 2010.6.29

3 무차별곡선이론

우리는 한계효용이론에서 소비자가 어떤 상품을 소비함으로써 느끼는 주관적인 만족도의 크기, 즉 효용은 기수적으로 측정 가능하다는 가정하에서 논의를 전개하였다. 그러나 효용을 구체적인 수치로 계량화한다는 것은 불가능한 일이다. 다만 소비자의 합리적인 선택에 대한 이해의 폭을 넓히기 위해 효용을 기수화 할 수 있는 것처럼 가정하고 설명했을 뿐이다. 여기서는 한계효용이론의 기수성을 부정하는 무차별곡선이론에 대해서 살펴보기로 하자.

3.1 기본가정

소비자의 합리적 선택의 문제를 설명하는 무차별곡선이론이 성립하기 위해서는 다음과 같은 기본가정이 필요하다.

첫째, 효용은 서수적으로 측정가능하다. 주관적인 만족도를 나타내는 효용은 절대적·기수적으로 측정 불가능하지만, 소비로부터 얻는 만족의 정도는 어느 상품이 더 큰지 또는 작은지의 비교 가능성만 인정한다는 것이다.

둘째, 선호의 완전성이다. 모든 선호의 대상은 비교 가능하다는 것이다. 예를 들어 X, Y 두 조합이 있을 때 X가 Y보다 선호될 수도 있고($X \succsim Y$), Y가 X보다 선호될 수도 있고($Y \succsim X$), X와 Y의 선호가 무차별($X \sim Y$)할 수도 있다.

셋째, 선호의 이행성이다. 상품선택 조합이 X, Y, Z가 있을 때 X가 Y보다 선호되고($X \succsim Y$), Y가 Z보다 선호된다면($Y \succsim Z$), 결국 X는 Z보다 선호된다($X \succsim Z$)는 것이다.

넷째, 소비자의 선택행위는 일관적이다. 이는 상품조합 X, Y가 있을 때 어떤 기간에 소비자가 X의 상품조합을 선택했다면, 다른 기간에도 역시 X, Y 두 상품조합 가운데 X의 상품조합을 선택한다는 것이다.

다섯째, 상품이 효용재인 경우 소비자는 그 상품을 많이 가질수록 더 큰 만족을 느끼며, 소비자는 한 가지 상품만을 구입하는 극단적인 상품조합보다는 두 상품이 고루 섞여 있는 다양한 구성의 상품조합을 더 선호한다.

3.2 무차별곡선

> 무차별곡선은 소비자에게 동일한 효용(만족)를 주는 두 재화의 여러 배합을 나타내는 좌표상의 점들을 연결한 곡선이다.

3.2.1 개념

소비자 선택행위의 분석에서 각 상품조합이 주는 효용을 숫자로 표시할 수 있느냐는 중요하지 않다. 즉 각 상품조합에서 어느 정도의 효용을 얻고 있는지 알지 못해도 상관없다는 것이다. 단지 어떤 상품조합이 다른 상품조합보다 더 선호하는지 여부만 알면 소비자가 어떤 선택을 할 것인지 쉽게 알 수 있기 때문이다. 소비자가 맥주 1병과 배 2개의 상품조합보다 맥주 2병과 배 2개의 상품조합을 선호한다는 것을 알면 효용을 구체적인 숫자로 표시할 필요는 없다는 것이다.

이렇게 상품조합을 고찰해 기수적 효용 대신 서수적 효용을 가정하여 우하향하는 수요곡선을 도출할 수 있다는 것이 무차별곡선(Indifference curve)이론이다. 서수적 효용이란 상품조합의 우선순위를 비교하는 것으로 소비자가 어떤 상품조합을 더 선호하는가 아니면 덜 선호하는가, 무차별(똑같은가)한가 만을 구분하는 것을 뜻한다.

> **무차별곡선이론의 기본가정**
> - 효용은 서수적으로 측정가능하다.
> - 선호의 완전성이다.
> - 선호의 이행성이다.
> - 소비자의 선택행위는 일관적이다.
> - 상품이 효용재인 경우 그 상품을 많이 가질수록 더 큰 만족을 느낀다.

소비자에게 동일한 효용(만족)를 주는 두 재화의 여러 배합을 나타내는 좌표상의 점들을 연결한 곡선이 무차별곡선이다. 이는 동일한 효용수준을 나타내는 곡선이라고 해서 등효용곡선이라고도 한다.

예를 들어 그림 4-3에서와 같이 상품조합 A, B, C, D, E가 모두 소비자에게 똑같은 만족을 준다고 할 때, 이 상품조합들을 각각 하나의 점(A, B, C, D, E)으로 표시한 다음 이 점들을 연결하면 그림 4-3과 같이 우하향하는 무차별곡선(IC_0)을 얻을 수 있다.

표 4.3 맥주(X)와 배(Y)의 상품조합

상품조합	A	B	C	D	E
Y(배)소비량	12	8	5	3	2
X(맥주)소비량	1	2	3	4	5

소비자는 무차별곡선 위의 점 A, B, C, D, E의 상품조합 사이에서는 만족도의 차이를 느끼지 못한다. 이들 사이에서는 어떤 상품조합을 더 선호하거나 덜 선호하지 않고 동일한 만족도를 느끼게 된다. 그러나 그림 4-3의 무차별곡선(IC_0)보다 원점에서 더 멀리 위치한 F점의 상품조합은 더 선호되며, 원점에 더 근접한 G점의 상품조합은 무차별곡선(IC_0)보다 덜 선호함을 의미한다.

3.2.2 무차별곡선의 성질

무차별곡선의 성질
- 두 상품이 정상재이면 우하향 한다.
- 원점에서 멀리 떨어질수록 높은 만족도(효용)를 나타낸다.
- 서로 교차하지 않는다.
- 원점에 대해서 볼록하다.

무차별곡선은 소비자의 선호를 표시하는데 다음과 같은 몇 가지 특성을 가지고 있다. 첫째, 두 상품이 정상재이면 우하향 한다. 무차별곡선의 기울기는 소비자가 만족 수준을 일정하게 유지하면서 한 상품을 다른 상품으로 대체할 때 교환되는 두 상품의 비율을 나타낸다. 그런데 대부분의 경우 두 상품 모두 만족을 준다. 따라서 한 상품의 소비량이 감소하면 동일한 만족을 유지하기 위해 다른 상품의 소비량이 증가해야 하기 때문에 무차별곡선은 우하향하게 된다.

둘째, 원점에서 멀리 떨어질수록 높은 만족도(효용)를 나타낸다. 소비량이 많을수록 소비자의 만족도는 높아진다. 즉 다다익선(多多益善)의 결과로 원점에서 멀리 떨어진 무차별곡선일수록 더 높은 효용수준을 나타내게 된다.

그림 4-3 X(맥주)와 Y(배)의 무차별곡선

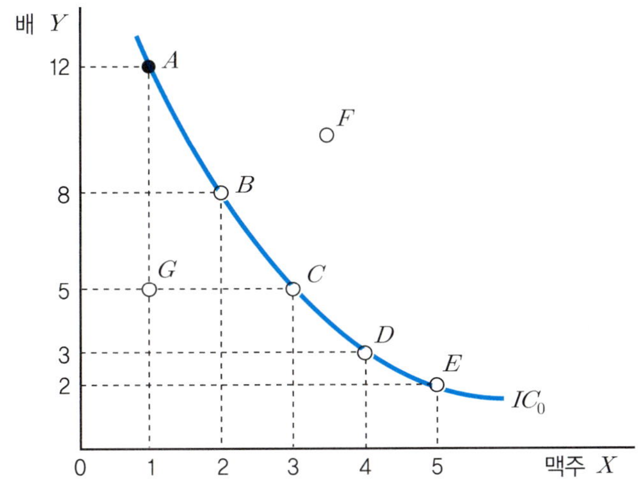

셋째, 서로 교차하지 않는다. 만약 무차별곡선이 교차한다면 소비자가 적은 것보다 많은 것을 선호한다는 가정과 모순되게 된다. 따라서 무차별곡선은 교차하지 않는다. 이는 소비자의 선호가 불변이라고 가정했기 때문에 가능한 것으로 만약 소비자의 선호가 변한다면 무차별곡선은 교차할 수 있다.

넷째, 원점에 대해서 볼록하다. 무차별곡선의 기울기는 한계대체율을 나타낸다. 한계대체율은 소비자가 현재 소비하는 상품의 양에 따라 달라진다. 특히 소비자는 자신이 많이 가지고 있는 상품은 더 내놓으려 하고 자신이 적게 가지고 있는 상품은 덜 내놓으려 한다. 그렇기 때문에 원점에 대해 볼록한 형태가 된다. 다시 말해 한계대체율은 두 상품간에 교환되는 비율을 나타내는 것으로 소비자가 많이 보유한 상품일수록 더 많이 포기할 용의가 있음을 의미하며, 한계대체율이 체감하는 현상을 반영한 것이다.

> 한계대체율은 일정한 효용수준에서 X(맥주) 한 단위와 교환되는 Y(배)의 크기로 X(맥주)와 Y(배)의 주관적인 교환비율을 나타낸다.

그럼 한계대체율에 대해서 보다 자세히 살펴보자. 동일한 무차별곡선 위에서는 X(맥주)와 Y(배)의 한 조합에서 출발하여 Y(배)를 덜 소비하는 대신 X(맥주)를 더 소비함으로써 이전과 동일한 효용수준을 유지할 수 있다. 이 경우 Y(배)의 감소분($-\Delta Y$)을 X(맥주)의 증가분(ΔX)으로 나눈 비율($-\Delta Y/\Delta X$)을 Y(배)로 표시한 X(맥주)의 한계대체율(MRS : Marginal Rate of Substitution of X, Y)이라고 한다. 다시 말해 일정한 효용수준에서 X(맥주) 한 단위와 교환되는

Y(배)의 크기로 X(맥주)와 Y(배)의 주관적인 교환비율을 나타낸다. 예를 들어 한계대체율(MRS)이 2라면 X(맥주)를 한 단위 증가시키면서도 이전과 같은 만족을 유지하기 위해서는 Y(배)를 2단위 감소시켜야 한다는 것을 의미한다. 한계대체율은 다음과 같이 표현할 수 있다.

$$MRS_{xy} = -\frac{\triangle Y}{\triangle X} \Rightarrow Y\text{재 표시한 } X\text{재의 한계대체율}$$

$$= -\frac{dY}{dX} = \text{무차별곡선상의 접선의 기울기}$$

$$\triangle X \cdot MU_x + \triangle Y \cdot MU_y = 0$$

$$\frac{MU_x}{MU_y} = -\frac{\triangle Y}{\triangle X} = MRS_{xy}$$

위의 식을 통해 알 수 있는 것은 X(맥주)의 양을 증가시킴에 따라 한계대체율이 체감하면 무차별곡선은 볼록하게 된다. 이는 X(맥주)의 양을 증가시킴에 따라 Y(배)의 중요성이 커짐을 의미한다. 즉 Y(배)를 X(맥주)로 계속 대체해 갈 때 X(맥주)를 1단위 더 얻기 위해 포기해야 하는 Y(배)의 수량은 점점 작아짐을 의미한다.

표 4.4 한계대체율체감

상품조합	A	B	C	D	E
배(Y)의 수량	12	8	5	3	2
맥주(X)의 수량	1	2	3	4	5
배의 감소분(−△Y)	4	3	2	1	
맥주의 증가분(△X)	1	1	1	1	
한계대체율(−△Y/△X)	4	3	2	1	

이를 표 4.4를 예로 살펴보자. 상품조합 A는 배를 12개, 맥주 1병을 소비하는 조합이다. 이 때 상대적으로 더 중요한 맥주 1병을 얻기 위해 상대적으로 덜 중요한 배를 비교적 많이 포기하고자 한다. 이 경우 한계대체율(MRS)은 4이다. 그러나 소비자가 맥주를 1병 더 얻는 대신 배를 4개 포기하여 상품조합 B가 되면, A조합보다 맥주의 중요성은 적어지고 배의 중요성은 더 커진다.

그림 4-4 한계대체율체감의 법칙과 무차별곡선

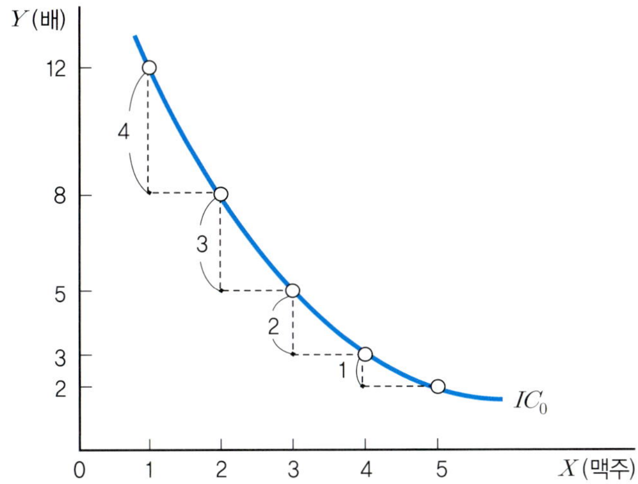

그렇기 때문에 추가적으로 맥주 1병을 더 얻기 위해서는 상품조합 A처럼 4개의 배를 포기하려 하지 않을 것이다. 상품조합 B에서는 맥주 1병을 더 얻을 때 배를 3개 포기하려 하고, 이 경우 한계대체율은 3이다. 이렇게 동일한 만족도를 유지하면서 Y(배)를 X(맥주)로 계속 대체할 경우 Y(배)의 수량으로 평가한 X(맥주) 1병의 가치는 점차 감소하는데, 이러한 현상을 한계대체율체감의 법칙이라고 한다. 이를 그림으로 표시하면 **그림 4-4**에서와 같이 원점에 대하여 볼록한 무차별곡선이 도출된다

3.2.3 무차별곡선의 특수한 형태

두 상품의 관계가 대체재일수록 무차별곡선은 완만한 기울기를 가지며, 완전대체재인 경우는 우하향하는 선형이 된다. 예를 들어 **그림 4-5**의 (a)와 같이 잎세주와 참이슬 중 어느 것을 마셔도 관계없는 소비자가 있다면 이 소비자는 잎세주를 마셨느냐 참이슬을 마셨느냐에 관계없이 몇 병을 마셨느냐에 의해서 효용수준이 결정된다. 이런 잎세주와 참이슬의 관계는 완전대체재가 된다. 또 보완재일수록 무차별곡선은 가파르고, 완전보완재인 경우는 90°, 즉 L자형이 된다.

> 무차별곡선은 두 상품의 관계가 대체재일수록 완만한 기울기를 가지며, 완전대체재인 경우는 우하향하는 선형이 된다. 또 보완재일수록 가파르고, 완전보완재인 경우는 900, 즉 L자형이 된다.

그림 4-5 특수한 형태의 무차별곡선

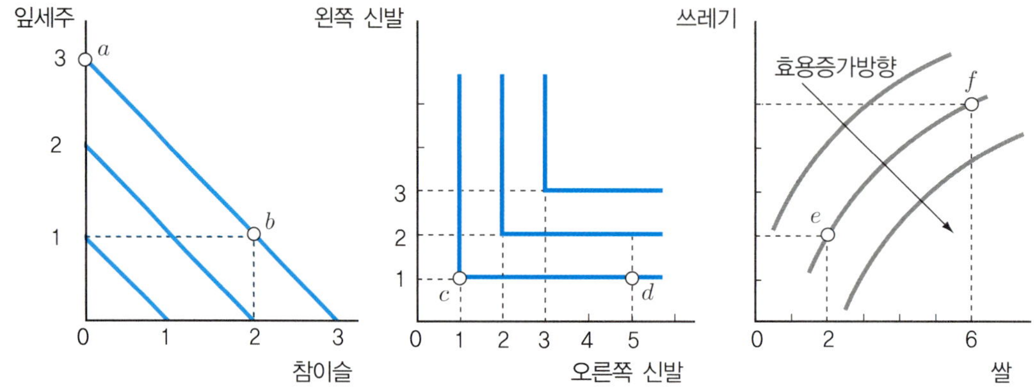

(a) 완전대체재 (b) 완전보완재 (c) 하나가 비재화

그림 4-5의 (b)에서 왼쪽신발과 오른쪽신발 같이 완전보완재인 경우는 오른쪽 신발은 하나인데 왼쪽신발은 둘 있어봐야 왼쪽과 오른쪽신발이 하나씩인 경우의 효용수준과 다를 바 없다. 이와 같이 1:1 대응관계가 이루어지는 상품이 완전보완재이다.

3.3 예산선

3.3.1 개념

소비자는 여러 상품을 많이 소비함으로써 높은 효용수준을 만끽하기를 원한다. 그러나 예산(소득)이 욕망하는 상품 모두를 구입할 수 있을 만큼 무한대로 존재한다면 문제가 없겠지만 소비자가 소비할 수 있는 상품의 양은 소득제약을 따를 수밖에 없다. 즉 주어진 소득범위 안에서 상품들을 구입해야 하는 예산제약의 한계가 있다. 이렇게 상품에 대한 소비자의 구매능력을 나타내는 것이 예산선 또는 가격선이다.

> 가격선은 주어진 소득(예산)하에서 최대한 구입할 수 있는 두 상품의 조합을 나타내는 직선으로 등예산선이라 하기도 한다.

가격선을 다시 정의하면 주어진 소득(예산)하에서 최대한 구입할 수 있는 두 상품의 조합을 나타내는 직선을 말하는데, 등예산선이라 하기도 한다.

예를 들어 소득이 24,000원, 맥주 1병 가격은 3,000원, 배 1개의 가격은 2,000원이라 할 때 맥주를 전혀 사지 않고 최대한 구입할 수 있는 배는 12개가 된다. 반면에 배를 전혀 사지 않고 최대한 구입할 수 있는 맥주의 양은 8병이다. 이 두 선택가능성은 그림 4-6의 a점과 b점으로 나타낼 수 있고, 이를 연결한 직선이 예산선이다. 이 때 두 점 a와 b의 기울기, 즉 예산선의 기울기는 수직 변화분을 수평 변화분으로 나눈 것이다. 점 a에서 점 b까지의 수직거리는 12개이고, 수평거리는 8병이다. 그러므로 기울기는 −1.5이다. 이를 보다 일반적으로 표현하면 다음과 같이 나타낼 수 있다.

소득은 I, P_x와 P_y는 각각 X와 Y상품의 가격, X와 Y는 각각 X와 Y상품의 구입량을 표시할 때 소득제약조건은

$$I = X \cdot P_x + Y \cdot P_y$$

이다. 이를 다시 Y에 대하여 정리하면

$$Y = \frac{I}{P_y} - \frac{P_x}{P_y} \cdot X$$

이다.

그림 4-6 예산선

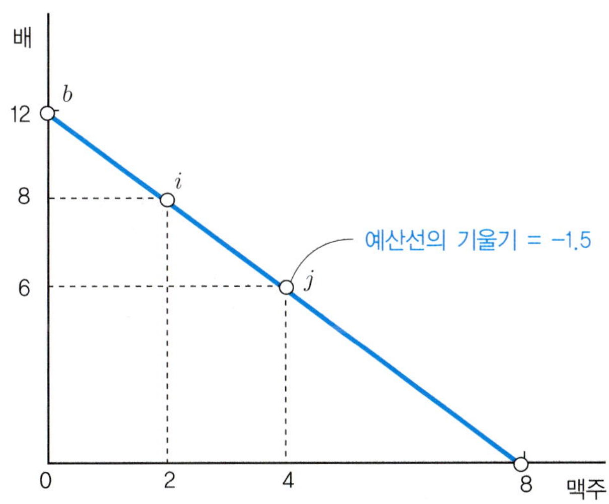

I/P_y는 수직절편, $-P_x/P_y$는 기울기를 나타낸다. 예산선의 수직절편(I/P_y)은 주어진 소득으로 모두 Y상품을 구입할 때의 Y상품의 수량이고, 수평절편(I/P_x)은 주어진 소득으로 모두 X상품을 구입할 때의 X상품의 수량이다. 이 두 절편을 연결한 직선이 예산선이다.

이 예산선(가격선) 기울기의 절대값(P_x/P_y)은 두 상품의 가격비 또는 상대가격을 나타내는데, 그 경제적 의미는 첫째로 X상품 한 단위와 교환될 수 있는 Y상품의 수량(교환 비율)을 나타내고, 둘째로 Y상품으로 표시한 X상품의 기회비용을 나타내기도 한다.

3.3.2 예산선의 이동

앞에서 설명한 예산선은 주어진 소득과 가격을 전제조건으로 하였다. 그러나 소득이나 가격의 변화가 있으면 예산선도 변하게 마련이다. 이를 그림 4–7을 통해 살펴보자.

첫째, 두 상품의 가격이 불변일 때 명목소득이 변화하면 예산선은 평행이동(상대가격 불변, 기울기 불변)한다. 둘째, 가격이 변화하고 명목소득 불변일 경우 먼저 가격이 동일율로 변할 때는 예산선이 평행이동하며 상대가격은 불변이다.

그림 4-7 소득과 가격변화에 따른 예산선의 이동

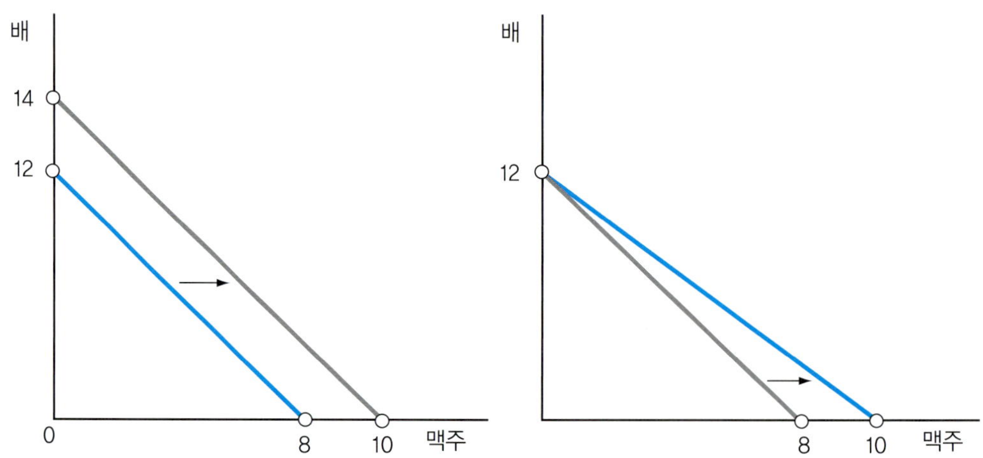

(a) 소득의 증가 (b) 맥주가격의 하락

또한 상품의 가격만 변할 때는 상대가격 변화를 가져와 회전이동 한다. 셋째, 명목소득이나 가격 변동이 동일율로 변하면 예산선은 불변이다.

3.4 소비자 균형 : 소비자의 최적선택

소비자는 소득(예산)제약이 허용하는 범위 내에서 가장 큰 만족을 얻을 수 있는 상품조합을 선택하려 한다. 이를 소비자균형이라 하는데, 주어진 소득과 시장가격하에서 효용극대화를 가져다주는 상태를 의미한다.

소비자균형은 앞에서 살펴본 무차별곡선과 예산선을 가지고 설명할 수 있다. 무차별곡선은 소비자에게 동일한 만족을 주는 두 상품의 여러 조합을 연결한 곡선이고, 예산선은 소비자가 주어진 소득으로 구입할 수 있는 두 상품의 조합을 표시하는 것으로 무차별곡선과 예산선을 결합하여 소비자균형을 설명할 수 있다. 다시 말해 소비자균형은 주관적인 교환비율(한계대체율)과 객관적인 교환비율(가격비)이 일치하는 수준에서 결정된다는 것이다.

즉, 소비자균형점은 무차별곡선과 예산선이 접하는 접점에서 결정된다. 이 접점에서는 무차별곡선과 예산선의 기울기가 같다. 무차별곡선의 기울기의 절대값은 두 상품 사이의 한계대체율(MRS)을 나타내고, 예산선의 기울기의 절대값은 두 상품의 가격비(P_x/P_y)를 나타낸다. 그러므로 소비자균형점은 다음과 같은 관계가 성립한다.

> 소비자균형점은 무차별곡선과 예산선이 접하는 접점에서 결정된다. 이 접점에서는 무차별곡선과 예산선의 기울기가 같다.

필요조건 : $MRS_{xy} = \dfrac{P_x}{P_y}$

$$\frac{MU_x}{MU_y} = \frac{P_x}{P_y}$$

$$\frac{MU_x}{P_x} = \frac{MU_y}{P_y}$$: 한계효용균등의 법칙

충분조건 : 무차별곡선이 볼록(한계대체율체감의 법칙 반영)해야 한다.

위와 같은 필요 · 충분조건을 소비자선택의 균형조건 또는 소비자균형조건이라 한다. 이를 그림을 통해 살펴보자. 소비자는 선택이 가능한 여러 상품조합 중에서 가장 높은 효용을 주는 것을 선택한다.

그림 4-8 소비자균형

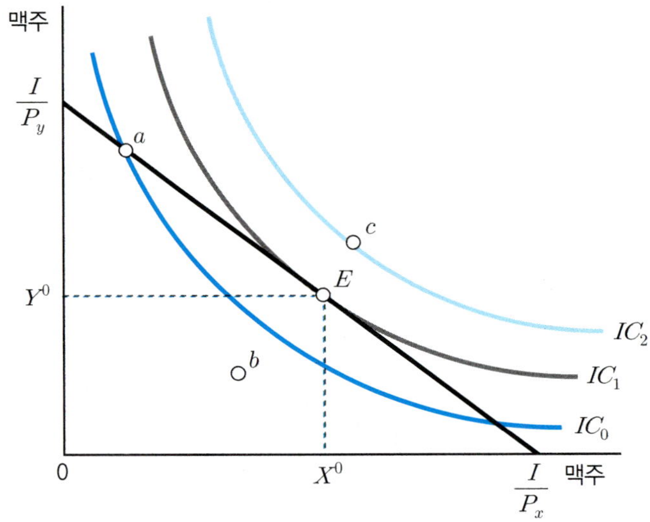

이는 가능한 원점에서 멀리 떨어진 무차별곡선의 한 점을 선택하려 함을 의미한다. 그림 4-8에서 예산선 위에 있는 점 중에서 a점보다 E점이 더 높은 만족도를 주며, c점은 E점보다 더 높은 만족도를 실현하지만 소득제약 범위 밖, 다시 말해 예산집합 범위를 벗어나기 때문에 선택할 수 없다. 결국 소비자균형은 E점에서 이루어진다. 이 경우 X_0의 맥주와 Y_0의 배를 구입하여 소비하는 것이 소비자의 최적 선택이 된다.

> 소비자균형점의 이동은 예산선이 변화한다든가 아니면 무차별곡선이 변화하면 이루어진다.

소비자균형점의 이동은 예산선이 변화한다든가 아니면 무차별곡선이 변화하면 이루어진다. 예산선의 이동은 두 상품의 가격(P_x, P_y)이 변화할 때와 소득(예산)이 변화할 때 나타난다. 그리고 무차별곡선 이동은 선호변화가 나타날 때 가능하나 일반적으로 선호불변이라 가정하기 때문에 무차별곡선의 변화에 따른 소비자균형의 이동은 고려하지 않는다.

3.5 수요곡선의 도출

만약에 소비자의 선호나 소득, 다른 상품(Y, 배)의 가격(P_y)은 일정하지만 한 상품(X, 맥주)의 가격(P_x)이 변할 때 소비자균형이 변화된다고 가정하자. 그림 4-9의 (a)에서 맨 처음에 X(맥주)와 Y(배)의 가격이 각각 Px_0, Py_0이고, 소비자의 소득이 I_0이다. 이 때 예산선은 AB이고, 무차별곡선은 IC_0로 예산선과 무차별곡선이 접하는 E_0에서 처음으로 소비자균형이 이루어지고 있다. 이 경우 소비자는 X(맥주)를 $0X_0$, Y(배)를 $0Y_0$ 만큼 소비하여 만족을 극대화하고 있다.

이제 소득(예산)과 Y(배)의 가격은 일정한데 X(맥주)의 가격이 Px_0에서 Px_1으로 하락했다고 가정하면 예산선은 오른쪽으로 회전 이동하여 A′B가 되고, 새로운 소비자균형점은 새로운 예산선 A′B와 새로운 무차별곡선 IC_1이 만나는 E_1점에서 이루어진다.

이렇게 소득(I_0)과 다른 상품(Y, 배)의 가격(Py_0)이 일정한 상태에서 한 상품(X, 맥주)의 가격이 변화($Px_0 \rightarrow Px_1$)됨에 따라 이동하는 소비자균형점 ($E_0 \rightarrow E_1$)을 연결한 곡선을 가격소비곡선(price consumption curve: PCC)이라 한다.

가격소비곡선(PCC)
소득(I_0)과 다른 상품(Y, 배)의 가격(Py_0)이 일정한 상태에서 한 상품(X, 맥주)의 가격이 변화($Px_0 \rightarrow Px_1$)됨에 따라 이동하는 소비자 균형점($E_0 \rightarrow E_1$)을 연결한 곡선

이러한 가격소비곡선으로부터 어떤 상품(X, 맥주)의 수요곡선을 도출할 수 있다. 그림 4-9 (a)에서 소비자균형이 $E_0 \rightarrow E_1$으로 이동하는 과정을 살펴보면 X(맥주)의 가격이 $Px_0 \rightarrow Px_1$으로 하락함에 따라 X(맥주)의 소비량이 $0X_0 \rightarrow 0X_1$으로 증가하는 것을 확인할 수 있다.

이러한 대응관계를 표시한 것이 그림 4-9 (b)로 우하향하는 수요곡선을 도출할 수 있다. 수요곡선은 소비자가 주어진 소득으로 극대 만족을 얻기 위해 각각의 가격수준에서 구입하고자 하는 수량을 나타낸다.

그림 4-9 가격소비곡선과 수요곡선

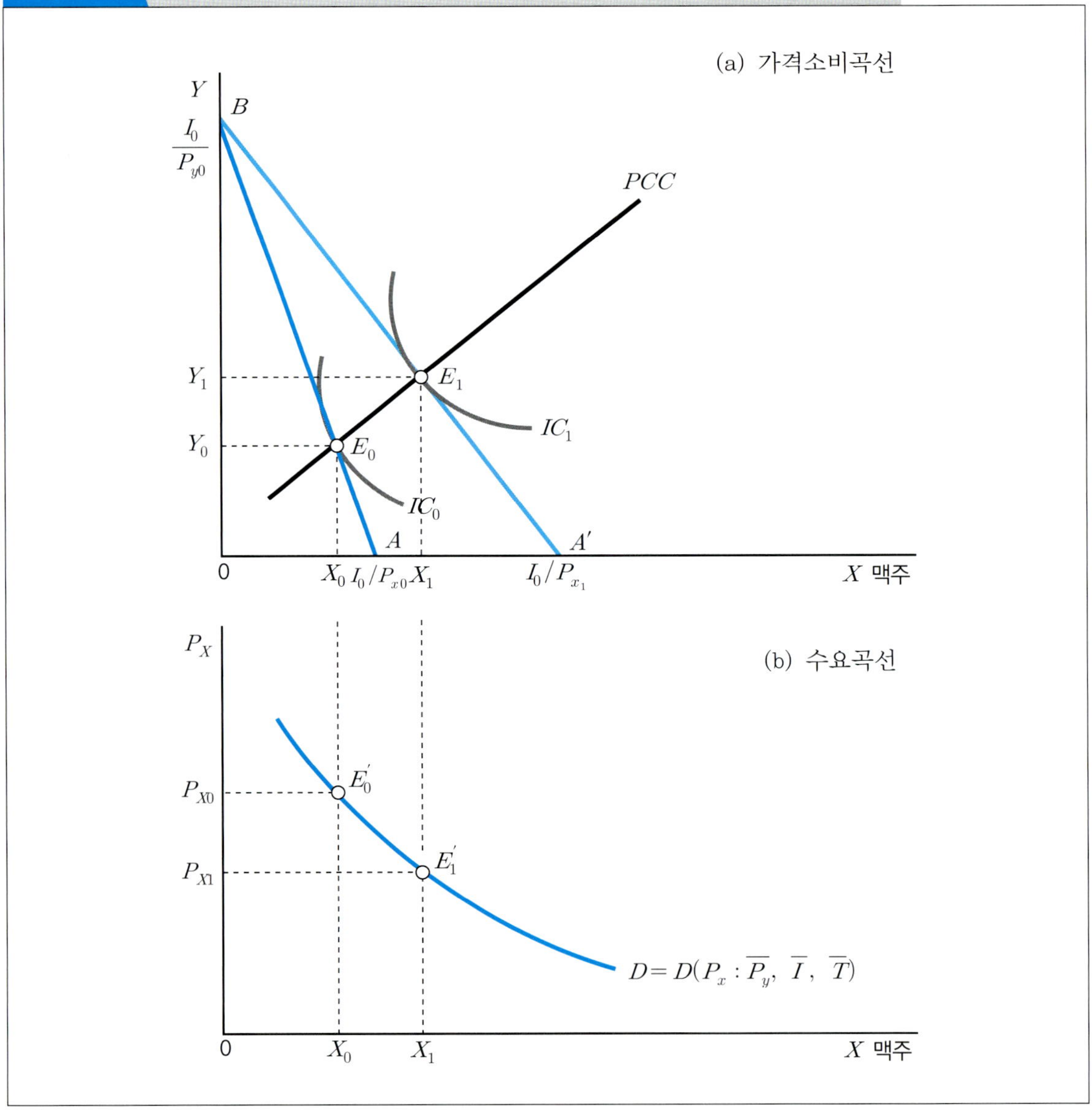

생활속경제 >>

베블런효과와 밴드왜건효과

열등재가 아닌 정상재의 경우에도 가격이 비싸질수록 수요가 증가하여 수요법칙에 위반되는 것처럼 보이는 현상이 나타난다. 이러한 현상은 베블런 효과 및 밴드왜건 효과가 작용하여 나타난 경우에 발생한다.

미국의 사회학자 베블런(Veblen)이 “상층계급의 두드러진 소비는 사회적 지위를 과시하기 위하여 자각 없이 행해진다”고 지적한 데서 유래하여 상류층 소비자들이 단지 자신의 부를 과시하거나 허영심을 채우기 위해 어떤 재화의 가격이 오르는 데도 불구하고 수요가 오히려 증가하는 현상을 베블런 효과라 한다. 이는 이른바 속물효과(Snob effect)로도 이해된다. 예를 들어 최근의 값비싼 명품, 고급 자동차 등이 이러한 현상의 대표적인 경우라 할 수 있다.

퍼레이드 등에서 음악을 연주하며 행렬을 선도하는 악대차를 밴드왜건(band-wagon)이라고 부른다. 밴드왜건이 지나갈 때는 처음 몇몇 사람이 호기심 때문에 모이고 이를 본 주변 사람들은 남들이 퍼레이드로 모이는 것을 보고 무엇인가 있을 것이라는 기대 때문에 더 많이 몰려들게 된다. 이와 같이 어떤 재화나 서비스의 경우 누군가 이에 대한 수요를 늘릴 경우 이전에는 해당 재화나 서비스에 대해 별다른 필요를 느끼지 않던 사람들도 타인의 수요에 편승하여 수요를 늘리는 경우가 있는데 이러한 현상을 퍼레이드의 악대차에 빗대어 밴드왜건 효과(또는 편승효과)라고 한다. 이러한 재화의 대표적인 예로는 핸드폰, 개인용 PC 등을 예로 들 수 있다. 이러한 재화들에 밴드왜건 효과가 나타나는 이유는 이러한 제품들은 사용자가 소수일 때보다는 다수가 사용하면 할수록 효용성이 높아지는 특징이 있기 때문이다.(경제학적 용어로는 연결의 외부성(network externality)이 존재한다고 말한다.)

예컨대 우리나라 이동통신 가입자수는 1987년 1만명에 불과하였으나 1988~1999년 동안 연평균 90%씩 가입자가 급증하여 2005년말 기준 3,822만명이 이동통신을 이용하고 있는 것으로 나타났다. 또한 주식, 부동산 등의 자산시장의 경우에도 밴드왜건 효과가 나타나는데 이는 투자자들의 미래에 대한 기대가 반영된 데서 기인한다. 1998년 10월경 우리나라 KOSDAQ 주식시장의 주가지수는 600 수준에 불과하였으나 일부 투자자가 벤처투자로 큰 이득을 얻었다는 뉴스에 많은 사람들이 KOSDAQ 시장에 몰려들면서 2000년 3월경에는 주가지수가 2,800을 상회하기도 하였다.

출처 한국은행 경제교육 홈페이지 (http://youth.bokeducation.or.kr)

결국 수요곡선상의 모든 점은 주어진 가격수준 하에서 구매하고자 하는 최대량, 즉 효용을 극대화하는 균형소비량 조합의 궤적을 나타낸다고 볼 수 있다. 그리고 보통 상품의 가격이 내리면 사람들은 그 상품의 소비를 늘이고 가격이 오르면 소비를 줄인다. 이러한 현상을 수요법칙이라 하고 이 법칙은 우하향하는 수요곡선으로 나타난다. 일반적으로 정상재와 하급재는 수요법칙을 충족하여 우하향하는 수요곡선이 도출되지만, 기펜재의 경우는 수요법칙이 성립하지 않는 예외적인 상품으로 우상향하는 수요곡선이 도출된다. 기펜재(Giffen good)는 다른 조건이 일정한 상태에서 가격이 상승하면 수요량이 증가하고 가격이 하락하면 수요량이 감소하는 재화를 의미한다.

기펜재
다른 조건이 일정한 상태에서 가격이 상승하면 수요량이 증가하고 가격이 하락하면 수요량이 감소하는 재화

소비자선택이론은 사람들의 합리적인 의사결정 과정을 보여준다. 그러나 독자들은 한계효용이론이나 무차별곡선이론을 공부하면서 이런 이론들이 현실에 얼마나 유용하게 사용될 수 있을까? 하는 의구심을 가졌을 것이다. 사람들은 어떤 상품을 소비하면서 화폐 한 단위당 한계효용이 얼마냐를 따지고, 예산선과 무차별곡선을 그려 가면서 만족의 극대화를 추구하는 것은 아니다.

사실 소비자선택이론은 소비자의 의사결정 과정을 표현하는 메타포(metaphor, 은유)에 불과하다. 모든 사람들이 소비자선택이론에서 제시하는 것과 같은 원리에 따라 소비하는 것은 아니지만 주어진 소비 여건에서 만족을 극대화하려는 노력은 한다고 할 수 있다. 소비자선택이론은 이런 인간의 내면적이고 심리적인 과정을 명시적인 이론으로 나타낸 것이라고 볼 수 있다.

연 습 문 제

01 사랑을 남녀간의 애정이라 할 때, 한계효용체감의 법칙이 작용한다면 사랑은 영원할 수 있을까요? 이 물음에 답하라.

02 뷔페음식점은 왜 손해를 보지 않고 영업을 계속할 수 있을까요? 그 이유를 한계효용체감의 법칙을 이용하여 설명하라.

03 어떤 소비자의 소득이 30,000원이다. 커피 한잔에 3,000원, 영화 1편에 6,000원일 때, 이 소비자의 예산선을 그리고, 이 예산선의 기울기는 얼마인가?

04 커피와 영화를 소비하는 사람의 소득이 30,000원에서 40,000원으로 증가했다. 커피와 영화가 정상재라면 두 재화의 소비량은 어떻게 변화할까요?(커피 1잔과 영화 1편의 가격은 3번 문제와 동일)

05 본문의 그림 4-9에서 수평축의 상품인 X(맥주)가 만약 기펜재라면 수요곡선은 어떤 형태가 될까요? X(맥주) 가격이 하락하는 경우를 가정하여 수요곡선을 도출해 보라.

Chapter

05

생산의 원리와 비용

❶ 기업이란

❷ 생산의 원리

❸ 단기 생산비용

우리가 매일 소비하는 재화와 서비스는 기업에 의해 생산되며, 기업은 상품을 만들어내는 제조업도 있고, 유통업, 건설업, 통신업, 금융업 등 서비스를 제공하는 기업도 있다.

그리고 기업은 자동차를 제조하는 현대자동차나 가전제품을 생산하는 삼성전자처럼 수만 명의 근로자를 고용하는 대기업이 있는가 하면, 동네 미장원이나 구멍가게처럼 한 사람이나 한 가족이 소유한 사업체도 있다. 본 장에서는 기업의 의사결정에 대해 공부한다. 기업의 의사결정은 이윤극대화 원리에 의해 결정되기 때문에 기업의 생산과 비용에 대해 알아보기로 한다.

1 기업이란

1.1 기업의 본질

기업(firm or enterprise)이란 가계와 기업으로부터 조달한 물적 자원과 인적자원을 결합해서 사람들에게 쓸모 있는 재화와 서비스를 생산하는 주체를 규모의 크기와 상관없이 기업이라고 한다. 따라서 자동차회사와 같은 큰 규모의 기업뿐만 아니라 농촌에서 농산물을 생산하는 농가, 동네의 슈퍼마켓, 식당, 미장원, 세탁소도 하나의 기업이 될 수 있다. 현대 경제에서는 기업이 생산 활동의 주역을 담당하고 있기 때문에, 경제에서 이것이 차지하는 비중은 매우 클 수밖에 없다. 기업들의 활발한 활동은 단순히 기업주에게 이윤을 제공할 뿐만 아니라, 기업에 종사하는 노동자에게 일자리를 제공해서 생업의 터전을 마련해 주고, 소비자들에게는 새로운 상품이나 품질 좋은 상품을 제공해서 보다 풍요로운 삶을 가능하게 해준다. 아울러 기업은 채권과 주식 같은 금융자산을 공급해서 저축하려는 사람들에게 재산증식 수단으로 활동하도록 한다. 기업들이 얼마나 활발하게 활동을 하느냐에 따라 한 나라의 경제적 상황이 좌우될 수도 있다. 따라서 경제의 움직임을 제대로 이해하기 위해서는 기업에 대한 정확한 이해가 필수적이라고 말할 수 있다. 우리는 기업이 어떤 성격을 갖는 조직이며 어떤 목적을 위해 어떤 선택을 하고 있는지 잘 알아둘 필요가 있다.

1.2 기업의 형태

1.2.1 개인기업

한 사람이 소유하고 경영하면서 기업부채에 대해 무한책임을 지는 기업을 개인기업(proprietorships)이라고 한다. 농촌의 농가도 이런 범주의 개인기업 이라고 볼 수 있고, 이발소, 소규모 식당, 세탁소, 문방구, 서점 등도 모두 이런 개인기업 이라고 할 수 있다. 개인기업은 시작하기도 쉽고 수지가 맞지 않을 때는 문을 닫기도 쉬운데, 이것은 개인기업의 이점이라고도 할 수 있다.

또한 개인이 모든 권한을 가지면서 언제든지 신속하게 필요한 의사결정을 내리고 집행할 수 있다는 것도 개인기업의 장점이다. 그뿐만 아니라 수입에 대해 세금도 한 번만 내면 된다. 회사수입이 바로 개인의 수입이기 때문에 회사가 법인세를 따로 낼 필요가 없고 개인소득세 하나만 내면 된다.

그러나 한 개인이 회사와 관련한 모든 책임을 무한으로 져야 한다는 단점이 있다. 또한 개인회사는 필요로 하는 자금을 혼자서 마련해야 하기 때문에 기업을 확장하기 위한 자금조달에 한계가 있다. 세상에 누구도 개인 혼자 힘으로 삼성전자나 포항제철 같은 대규모 회사를 설립할 수 없기 때문에 개인기업은 소규모 기업에 한정될 수밖에 없다.

1.2.2 동업기업

두 사람 이상이 공동으로 출자하여 공동으로 영업하고 모든 책임을 공동으로 지는 기업형태를 동업기업(partnerships)이라 한다. 두 사람 이상이 동업한다는 것 이외에는 개인기업과 별 차이가 없고, 규모는 개인기업보다 클 수 있다.

여러 명의 의사가 공동으로 개업한 병원, 여러 명의 변호사가 공동으로 영업하는 법률회사, 여러 명의 공인회계사가 운영하는 회계법인 등을 동업기업에 속한다. 우리나라에서는 합명회사나 유한회사라고 불리는 기업들이 대부분 동업기업의 범주에 속한다.

동업기업도 창업이 비교적 용이하다는 장점을 가지고 있다. 또 의사나 변호사 직종과 같이 전문가가 아니고는 업무의 성과를 평가하기 어려운 분야에서 유리한 특성을 가지고 있다. 예컨대, 의사 서너 명이 동업하고 있는 병원에서는 동업자들끼리 상대방의 업무성과를 효과적으로 평가할 수 있다. 동업자 각자가 전문성을 충분히 발휘할 수 있다는 점도 동업회사의 장점이다. 여러 변호사가 동업하는 법률회사에서는 형사, 민사, 국제 등등 분야별 전문변호사가 자기의 전문성을 충분히 발휘할 수 있다. 동업회사에서도 개인회사에서처럼 법인세가 부과되지 않고 동업자에게 개인소득세만 부과되기 때문에 세금을 한 번만 내도된다는 장점이 있다.

그러나 동업자들이 공동으로 회사 채무에 대해 무한책임을 져야 하는 단점도 있다. 동업자 중 한 사람이 잘못한 회사채무도 다른 동업자들이 공동으로 책임을 져야 한다. 비록 어떤 동업자의 출자비율이 20% 밖에 되지 않는다고 할지라도, 다른 동업자들이 부채를 부담할 능력이 없다면 부채전액을 혼자서라도 부담해야 된다. 또 동업자 사이에 견해차이가 있을 때는 의사결정이 어렵고 회사운영이 어렵게 될 수 있다. 뿐만 아니라 동업자 중 한 사람이 사망하거나 동업대열에서 이탈할 때는 회사가 문을 닫거나 구조조정을 해야 하는데, 절차상 복잡한 문제가 발생할 수 있다. 이것도 동업회사의 단점으로 지적된다.

1.2.3 주식회사

주식회사는 개인 기업이나 동업기업과는 전혀 다른 모습의 기업이다. 삼성전자(주), 현대자동차(주), SK텔레콤(주) 등이 있는데, 이들은 주식회사라고 불리는 회사들이다. 수많은 주주들이 자금을 출자하여 만든 회사가 주식회사인데, 이들은 회사의 소유자이기는 하지만 회사 채무에 대해서는 유한책임을 진다. 그리고 오늘날 회사 또는 기업이라고 할 때는 대부분의 경우 주식회사(corporation)을 지칭한다.

주식회사는 소유자인 주주가 자기의 출자범위 내에서 유한책임만 진다는 장점을 가지고 있다. 그리고 소유자인 주주가 죽거나 주식을 매각해도 회사는 그대로 계속 존속된다. 또 하나의 큰 장점은 대규모의 자본을 조달할 수 있다는 점이다. 그러므로 큰 기업이 되기 위해서는 회사기업 형태로 가는 것이 불가피하다.

반면에 주식회사의 단점은 기업이윤에 두 번 과세된다는 점이다. 예컨대, 삼성전자가 20조원의 이윤을 낸다면 이 수입으로부터 법인세를 내야 한다. 그리고 법인세를 낸 후의 이윤은 주주들에게 배당(dividends)이 되는데, 이것은 주주들의 개인소득이기 때문에 주주들은 여기서 개인소득세를 또 한 번 더 내야 한다. 그러므로 주식회사의 이윤은 두 번 과세되는 결과를 초래한다.

두 번째의 문제점은 소유와 경영의 분리문제이다. 기업의 규모가 커지면서 주주의 수가 무수히 많아질 뿐만 아니라 주식소유가 광범위하게 분산되면 기업을 실제로 경영하는 사람은 주주가 아닌 경영 전문가가 된다. 우리나라에서는 아직 이와 같은 현상이 나타나지 않고 있지만 선진국의 대규모 기업들은 대부분이 이런 방향으로 가고 있다. 이렇게 되면 전문경영인이 과연 주주를 위해 기업을 경영하고 있는지를 효과적으로 감시하는 것이 중요한 문제로 대두된다.

1.3 기업의 자금조달 방법

기업은 필요한 자금을 타인자본과 자기자본을 통해 조달한다. 타인자본은 채권을 발행해서 차입하는 자금이고, 자기자본은 주식을 발행해서 조달하는 자금이다. 따라서 회사채는 회사의 빚이고, 주식은 자기자본이다. 주식과 회사채는 기업의 자기 자금조달창구로서 중요한 역할을 맡고 있을 뿐만 아니라 일반 국민들의 재산증식을 위한 금융투자 수단으로 이용되고 있다.

개인 기업이나 동업기업은 설립자 본인의 자금이나 본인의 책임 하에 외부로부터 빌려 온 자금으로 회사를 설립·운영할 수 있다. 그러나 주식회사 형태인 회사 기업은 그 밖의 2가지 수단을 더 활용할 수 있다. 하나는 회사채(bonds)를 발행하여 외부로부터 차입하는 것이고, 다른 하나는 주식(stocks)을 발행하여 자본금을 늘리는 것이다.

1.3.1 회사채

회사채(bond)는 일정기간 동안 원금과 이자를 지급하겠다는 약속아래 발행된 유가증권이며 발행기업의 부채이다. 주주와는 달리 회사채의 소유자는 채권자로서 고정된 원리금을 지급받는 대신 배당을 받지 못한다.

기업은 회사채를 발행하여 자금을 조달하는데, 회사채에는 3가지의 구체적인 사항이 명시된다. 첫째, 만기일이 명시된다. 3년짜리 회사채가 2011년 1월 1일에 발행되었다면 이 회사채는 2013년 12월 31일에 만기가 된다. 둘째, 액면가가 명시된다. 예컨대, 1억 원이라는 액면가가 회사채에 명시된다. 셋째, 이자율이 명시된다. 예컨대, 10%라는 구체적 이자율이 명시된다. 어떤 회사가 3년 만기에 연이자율이 10%인 1억 원짜리 회사채를 2011년 1월 1일에 발행하였다면, 이 회사채를 구매한 사람은 이 회사에 1억 원을 지불하고 매년 1000만원의 이자를 지급받은 후 2013년 12월 31일에 이 회사채를 반환하면서 원금 1억 원을 되돌려 받는다.

그런데 이 회사채는 만기 이전에도 유가증권시장에서 거래가 될 수 있는데, 거래가격은 액면가 1억 원보다 높을 수도 있고 낮을 수도 있다. 대부분의 회사들이 회사채를 발행하여 회사운영자금을 조달하는데 이것은 그 회사의 빚이다.

1.3.2 주 식

주식(sotck)은 어느 기업의 소유권을 나타내며, 그 회사의 이윤에 대한 청구권이다. 회사 기업은 주식을 발행하여 자금을 조달하는데 주식소유자는 회사의 소유자가 된다. 주식의 매각을 통한 자금조달을 자기자본조달이라고 하고, 채권의 매각을 통한 자금조달을 타인자본조달이라고 한다. 회사들은 이 두가지 방법을 활용하여 보통 자금을 조달하지만 주식과 채권은 서로 성격이 다르다. 회사채의 소유자는 회사에 대한 채권자인데 반해 주식의 소유자는 회사의 소유자이다. 따라서 채권자는 이자를 받는 반면 주주는 배당금(dividends)을 받는다. 회사는 회사수입 중에서 회사채 소유자인 채권자에게 먼저 이자를 지불한다. 그리고 모든 생산비를 지불하고 국가에 세금을 낸 후 남는 부분은 주주가 가지게 된다. 남는 부분을 순 이윤이라고 하는데, 이윤 중 일부는 재투자를 위해 유보금이라는 형태로 회사에 남기고 나머지는 주주들에게 배당금으로 지급된다.

2 생산의 원리

2.1 생산이란?

생산(production)이란 인간의 욕망을 충족시켜 주는 재화와 서비스를 만들어서 사회적 효용을 증대시키는 행위를 말하며, 그 유형에 따라 몇 가지로 분류될 수 있다. 첫째, 경작지에서 농산물을 생산한다든다, 고기를 잡는다든가, 땅속에서 석탄이나 철광석을 파내는 것과 같이 자연에 노동을 가해서 인간이 필요로 하는 물자를 획득하는 행위이다.

둘째, 자연에서 얻은 물자를 변형, 개조 또는 가공하여 전과는 용도가 다른 재화를 만드는 행위이다.

셋째, 재화를 한 곳으로부터 다른 곳으로 이전하는 행위(물류). 이것은 재화를 그 효용이 작은 곳으로부터 효용이 큰 곳으로 이동시켜 사회의 총효용을 증가시키는 것이기 때문에 역시 생산이다.

넷째, 재화를 저장하는 행위. 이것은 재화의 효용이 작은 시기에 소비를 억제하여, 효용이 큰 시기에 소비할 수 있게 함으로써 총효용을 증가시키기 때문에 역시 생산이다.

다섯째, 재화를 교환하는 행위. 이것은 효용이 작은 재화를 포기하고 효용이 큰 재화를 획득할 수 있게 하기 때문에 생산이다.

여섯째, 용역을 만들어내는 행위. 교수의 강의, 의사의 진료, 미용사의 미용, 자동차의 운전, 가수의 노래, 영화 상영 등의 서비스도 인간의 욕망을 충족시켜 주는 행위이기 때문에 역시 생산에 포함된다.

그런데 이상과 같은 여러 가지 경제행위 중에서도 첫째, 둘째의 경제행위가 가장 전형적인 생산의 형태인 것은 두 말할 여지도 없다. 특히 고전학파의 경제학에서는 첫째, 둘째와 같은 경제행위만을 생산적 노동이라 말하고 기타의 노동을 비생산적 노동이라고 말함으로써, 첫째, 둘째 이외의 경제행위를 생산적이 아닌 것으로 규정하고 있다. 반면에 근대경제학에서는 위에 열거한 여섯 가지 모두를 생산으로 규정함으로써 생산의 개념을 크게 확대시키고 있다.

2.2 생산요소

기업이 재화를 생산에 들어가기 전에 우선 공장을 짓고, 재화를 만드는 데 필요한 기계들을 갖추어 놓는다. 다음에는 노동자를 고용하고, 원자재를 구입해 생산의 채비를 갖추게 된다. 이와 같은 공장, 기계, 노동력, 원자재 등이 생산과정에 투입되어 재화가 생산된다. 이렇게 생산과정에 투입되는 모든 것들을 통틀어서 생산요소(factors of production)라고 한다. 대표적인 생산요소에는 자연적으로 주어진 생산요소인 노동과 토지, 그리고 사람들에 의해서 만들어진 생산요소인 자본이 있다.

그러나 분석의 편 이상 토지는 자본에 포함시켜 생산요소에는 노동과 자본만 있는 것으로 가정한다. 생산요소 중 어떤 것은 생산량의 변화에 따라 투입량도 따라서 변하게 되는데, 이런 것을 가변투입요소(variable input)라고 부른다. 반면에 공장이나 기계 같은 것은 일단 투입량이 정해지면 생산량이 변화해도 곧바로 규모를 늘리거나 줄일 수 없다. 즉, 생산량과 관계없이 언제나 일정하게 투입하는 요소를 고정투입요소(fixed input)라고 한다.

그런데 어떤 것이 고정투입요소의 성격을 갖는다고 언제나 그 성격이 그대로 유지되는 것이 아니다. 충분한 시간적 여유가 있는 경우에는 모든 투입요소가 고정투입요소가 될 수 있고 가변투입요소도 될 수 있다. 따라서 우리가 어떤 기간을 고려대상으로 삼는지가 중요하게 되는데, 개념적으로 이를 단기(short-run)와 장기(long-run)를 구분할 수 있다. 몇 달 혹은 몇 년이 넘으면 장기이고 그렇지 않으면 단기란 식으로 장·단기를 구분하는 기준이 미리 정해져 있는 것은 아니다. 장·단기를 구분하는 기준이 되는 것은 고정투입요소가 존재하느냐의 여부다. 단기는 고정투입요소가 하나 이상 존재하는 기간을 뜻하며 장기는 모든 투입요소가 가변적이 되는 기간을 뜻한다.

경제학자들은 흔히 단기에 변화하지 않은 생산요소를 자본(공장, 건물, 도로, 항만시설 등)이라 하고, 단기에 변화 할 수 있는 생산요소를 노동이라 한다.

2.3 생산함수

2.3.1 생산함수의 개념

생산함수(production function)란 생산요소 투입량과 산출량 사이의 관계, 즉 생산기술(production technology)을 수학적으로 표시한 것을 말한다. 다시 말해 생산함수는 다음과 같이 생산요소 투입량의 함수로 표시되는 총생산량을 의미한다.

생산함수
생산요소 투입량과 산출량 사이의 관계를 표시하는 함수

$$Q = f(L, K)$$

Q : 총생산량, L : 노동, K : 자본

일반적으로 기업이 생산요소 투입량을 늘릴수록 총생산량은 증가한다. 기업이 단기간에 생산량을 증가시키기 위해서는 자본이 고정되어 있기 때문에 가변요소인 노동의 투입량을 늘려야 한다. 따라서 단기의 생산함수는 다음과 같이 노동만의 함수로 나타낼 수 있다.

$$Q = f(L)$$

노동 투입량의 변화가 생산량에 미치는 효과는 총생산, 한계생산, 평균생산의 개념을 이용하여 설명할 수 있다.

2.3.2 총생산

총생산(total product : TP)이란 고정요소의 투입량이 일정하게 주어져 있을 때 가변요소의 투입량에 따라 생산량이 결정되는 산출물의 총합을 말한다. 따라서 노동의 총생산은 자본이 일정하게 주어져 있을 때 투입된 노동량에 따라 산출되는 총생산량을 의미한다. 노동 투입량과 피자 생산량 사이의 관계를 그림으로 그리면 그림 5-1과 같이 되는데, 이것을 총생산곡선이라 한다.

2.3.3 평균생산

평균생산(average product : AP)이란 생산요소 한 단위당 생산량으로서 총

생산량을 생산요소의 투입량으로 나눈 값을 말한다. 따라서 노동의 평균생산은 다음과 같이 나타낼 수 있다.

$$\text{노동의 평균생산}(AP_L) = \frac{\text{총생산량}(Q)}{\text{노동투입량}(L)}$$

노동의 평균생산이란 노동자 1인당 생산량으로서 노동 생산성(labor productivity)을 의미 하며, 노동의 평균생산은 그림 5-1 (b)의 AP_L곡선으로 그려져 있다. AP_L곡선은 처음에는 증가하다가 나중에는 점점 감소하는 역 U자 모양을 갖춘다.

2.3.4 한계생산

한계생산
다른 생산요소들의 투입량이 일정할 때 어느 한 생산요소의 투입량을 한 단위 증가시킬 경우 추가적으로 늘어나는 총생산량의 증가

한계생산(marginal product: MP)이란 다른 생산요소들의 투입량이 일정할 때 어느 한 생산요소의 투입량을 한 단위 증가시킬 경우 추가적으로 늘어나는 총생산량의 증가분을 말한다. 따라서 노동의 한계생산은 다음과 같이 나타낼 수 있다.

$$\text{노동의 한계생산}(MP_L) = \frac{\text{총생산의증가분}(\Delta Q)}{\text{노동투입량증가분}(\Delta L)}$$

그림 5-1에서 노동의 한계생산은 노동투입량 L_0까지는 증가하다가 그 이후부터는 계속감소하고 결국은 마이너스가 되고 있다. 즉, 노동투입량이 L_0가 될 때까지는 노동의 한계생산이 증가하다가 그 이후부터는 점점 감소하고, 노동투입량이 L_2를 넘어서 부터는 마이너스 값이 되고 있다. 이러한 노동의 한계생산을 그림으로 그리면 그림 5-1 (b)의 MP_L와 같이 된다. MP_L곡선은 역U자 모양이 된다.

한계생산물곡선을 보면 처음에는 위로 올라가다가 나중에 내려가는 모양을 볼 수 있다. 다시 말해 노동 투입량이 어느 수준에 도달하면 그 때 부터는 한계생산이 줄어들기 시작한다는 뜻이다. 예를 들어서 공장과 기계의 규모는 그대로인데 노동자의 수를 계속 투입하면, 어느 단계부터는 혼잡이 일어나 생산량의 증가가 둔화되기 시작하는 현상이 일어난다.

이와 같이 다른 생산요소들의 투입량이 일정하게 고정되어 있을 때 노동의 투입량을 한 단위씩 증가시킬 경우 노동의 한계생산은 처음에는 체증하다가 어느 수준을 넘으면 체감하기 시작하는데, 이처럼 생산요소의 투입량이 증가할수록 한계생산이 점차 감소하는 현상을 **한계생산물체감의 법칙**(law of diminishing marginal product) 또는 **수확체감의 법칙**(law of diminishing returns)이라고 부른다. 그림 5–1 (b)에서 MP_LP곡선이 점점 하락하는 것은 수확체감의 법칙 때문이다.

한계생산물체감의 법칙
생산요소의 투입량이 증가할수록 그 생산요소의 한계생산물이 점차 감소하는 현상

그림 5-1 총생산물곡선, 평균생산물곡선, 한계생산물곡선

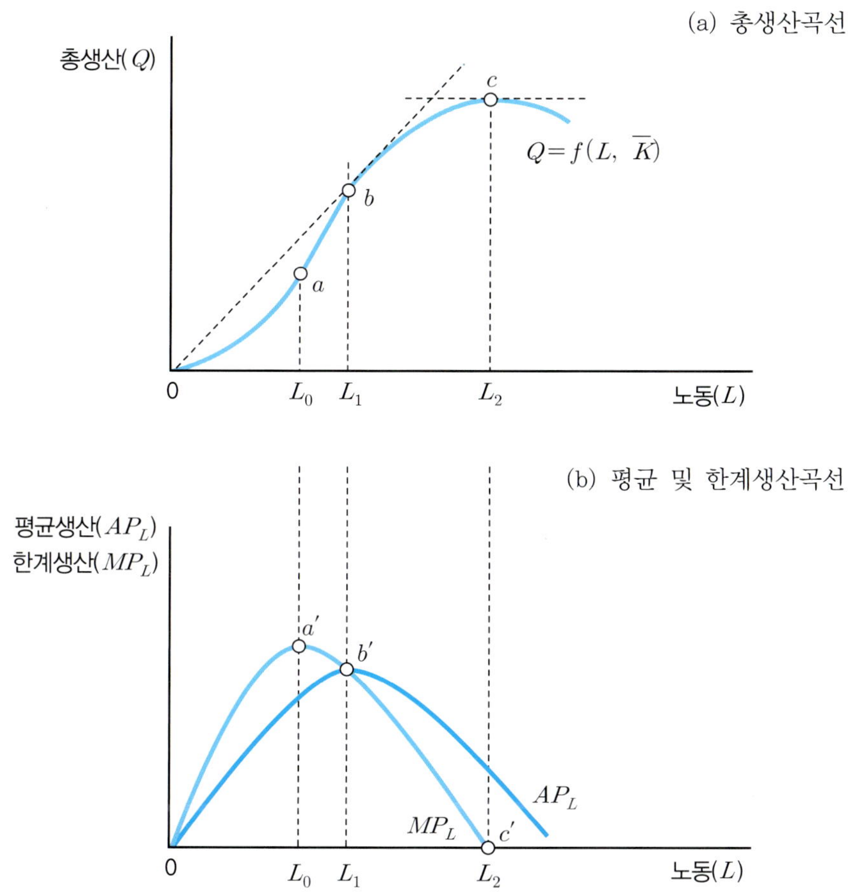

3 단기 생산비용

이윤극대화를 목적으로 하는 기업 활동을 이해하기 위해서는 이윤의 개념을 정확히 알아야 한다. 이윤이란 판매수입에서 생산하는 데 들어간 비용을 뺀 것이다. 그러므로 이윤을 극대화한다는 것은 판매수입과 생산비용의 차이를 가장 크게 하는 것이다.

비용은 어떤 상품이나 서비스를 소비하기 위해 또는 생산하기 위해 자신과 타인이 소유하는 자원을 사용하는 대가(희생)이다. 자원에는 노동, 자본, 토지와 같은 생산요소 뿐만 아니라 시간자원, 그리고 심리적 부담도 비용에 포함된다.

총이윤 = 총수입 − 총비용

여기서 기업의 생산비용을 어떻게 정의하느냐에 따라 이윤의 크기가 달라진다. 기업의 생산비용을 회계적비용으로 보느냐 아니면 기회비용으로 보느냐에 따라 회계적이윤과 경제적 이윤으로 나누어진다.

3.1 비용의 기초개념

3.1.1 회계비용과 기회비용

회계적비용(accounting cost) 은 다른 사람이 소유한 자원을 이용하는 대가를 말하며, 회계장부상에 명시적으로 나타난다는 의미에서 명시적 비용(explicit cost)이라고 한다. 여기에는 임금, 임대료, 이자 등 생산요소에 대한 지출과 원재료비, 감가상각비 등과 각종 조세, 보험료, 특허권 사용료 등 기타 비용을 포함한다.

우리는 흔히 이런 회계적비용만을 생산비용으로 생각하기 쉽다. 그러나 실제 지출한 회계적비용만을 비용으로 처리하는 방식은 비용의 본질을 정확하게 파악하는 것이 아니다. 자원의 희소성을 전제로 하는 경제학에서는 비용을 기회비용의 개념으로 즉 자기 자신의 소유한 자원을 이용하는 대가까지도 파악하는데 이를 경제적비용(economic cost)이라고 한다.

기업의 생산 활동에 들어간 비용은 실제 지불한 회계적비용 뿐만 아니라 직접 지불하지는 않았지만 암묵적으로 들어간 비용도 포함한 기회비용으로 봐야 한다. 즉 생산과정의 기회비용은 회계장부상에서 지출한 회계적비용뿐 아니라 눈에 보이지 않는 비용까지를 고려하여 계산해야 한다. 여기서 눈에 보이지 않는 비용을 암묵적 비용이라 하는데 이는 귀속임금, 귀속이자, 귀속지대 그리고 정상이윤을 일컫는다. 이처럼 경제적비용(기회비용)은 회계적비용(명시적비용)에 암묵적 비용을 합한 값이다.

표 5.1 회계상 이윤과 경제적 이윤

총수입		
회계비용(명시적 비용)	회계상 이윤	
회계비용(명시적 비용)	암묵적 비용	경제적 이윤
경제적 비용(기회비용)		경제적 이윤

3.1.2 매몰비용

매몰비용(sunk cost)은 한번 지출하면 다시 회수할 수 없는 비용을 말한다. 기업이 지출한 비용에는 매몰비용의 성격을 갖고 있는 것이 포함된 경우가 있다. 예를 들어 어떤 기계를 구입했는데, 이 기업에서만 쓸모가 있고 다른 기업에게는 쓸모가 없다면 이 기계를 구입하는 데 쓴 비용이 매몰비용이 된다. 또한 기업이 지출한 광고비용도 일단 지출하고 나면 다시 회수할 길이 없다는 점에서 매몰비용의 일종이라고 할 수 있다.

> **경제적이윤**
> 총수입에서 명시적비용과 암묵적 비용을 포함한 모든 기회비용을 뺀 금액을 말한다.

이미 지출된 매몰비용의 경우 그것과 관련된 기회비용은 0이라고 할 수 있다. 어떤 기업이 과거에 그 비용을 지출한 것으로 인해 지금 이 시점에서 어느 행동도 포기할 필요가 없다는 의미에서 기회비용이 0이라 말할 수 있다. 매몰비용은 어떤 행동을 하더라도 전혀 회수할 수 없기 때문에 한 번 지출하면 끝이다. 따라서 기업이 의사결정을 할 때 이미 매몰비용은 고려할 필요가 없다.

생활속경제 >>

매몰비용의 오류

1965년 프랑스와 영국이 합작으로 기존 여객기보다 두 배 이상 빠른 초음속 여객기 콩코드호 개발에 착수했다. 높은 생산비와 기체 결함, 소음과 대기 문제 등으로 사업 전망은 매우 비관적이었다. 하지만 이미 들어간 10억 파운드(약 1조 6,540억 원으로 지금 화폐가치로 따지면 약 60억 파운드, 약 10조 원에 달한다)의 투자금이 아까워 개발을 강행했다. 1969년 첫 비행에 나서 27년 동안 운항했지만 결국 막대한 손실을 감당하지 못하고 2003년 운항을 중단하고 말았다. 이처럼 개인이나 집단이 이미 투입된 비용을 아까워하거나 그것을 정당화하기 위해 더욱 깊이 개입해 가는 의사결정과정을 '매몰비용의 오류'라고 한다. 콩코드 여객기에 빗대 '콩코드호의 오류'라고도 한다.

출처 하노 백 지음/배명자 옮김, 『경제학자의 생각법』, 웅진씽크빅, 2015, p.56)

3.2 여러 가지 비용의 개념

고정비용
아무것도 생산하지 않아도 계속 지출되는 비용. 산출량과 상관없이 들어가는 비용

비용곡선(cost curve)은 다양한 수준의 산출량을 생산하는데 있어서 최소비용을 나타내는 곡선이다. 비용곡선에는 명시적 비용과 암묵적 비용이 모두 포함된 것이다.

여러 비용 개념은 기업의 생산과 가격결정을 분석할 때 유용하다. 비용개념이 어떻게 도출되는지 보기 위해 표 5.2의 예를 살펴보자.

표 5.2 여러 가지 비용 개념

생산량	총고정비용 (TFC)	총가변비용 (TVC)	총비용 (TC)	평균 고정비용 (AFC)	평균 가변비용 (AVC)	평균비용 (AC)	한계비용 (MC)
1	60	30	90	60	30.00	90.00	·
2	60	40	100	30	20.00	50.00	10
3	60	45	105	20	15.00	35.00	5
4	60	55	115	15	13.75	28.75	10
5	60	75	135	12	15.00	27.00	20
6	60	120	180	10	20.00	30.00	45

그림 5-2 여러가지 비용곡선

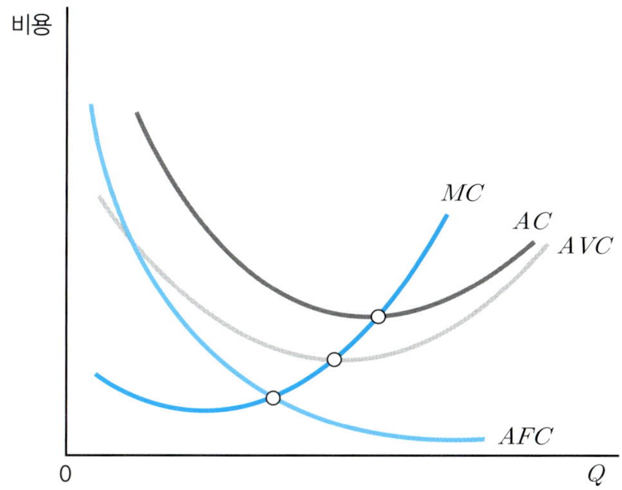

3.2.1 총비용

총고정비용

총고정비용(total fixed cost : *TFC*)은 생산량 변화와 관계없이 일정하게 투입된 비용을 말한다. 따라서 고정비용은 아무것도 생산하지 않아도 계속 지출되는 비용이다. 생산량이 변화하더라도 총고정비용은 일정하므로 *TFC*곡선은 그림 5-3과 같이 수평선의 형태로 그려진다.

총가변비용

총가변비용(total variable cost : *TVC*)은 생산량의 변화에 따라 투입비용이 변하는 비용을 말한다. 생산량이 증가할 때 처음에는 총가변비용이 체감적으로 증가하므로 *TVC*는 그림 5-3같은 형태로 그려진다.

> **가변비용**
> 생산량의 변화에 따라 투입비용이 변하는 비용

총비용

총비용(Total cost : *TC*)은 어떤 양의 상품을 생산하는데 투입되는 모든 비용으로 총고정비용과 총가변비용을 합한 것을 말한다. 따라서 총비용곡선은 총가변비용곡선을 총고정비용 만큼 수평 이동시키면 된다.

$$TC = TFC + TVC$$

그림 5-3 총비용곡선

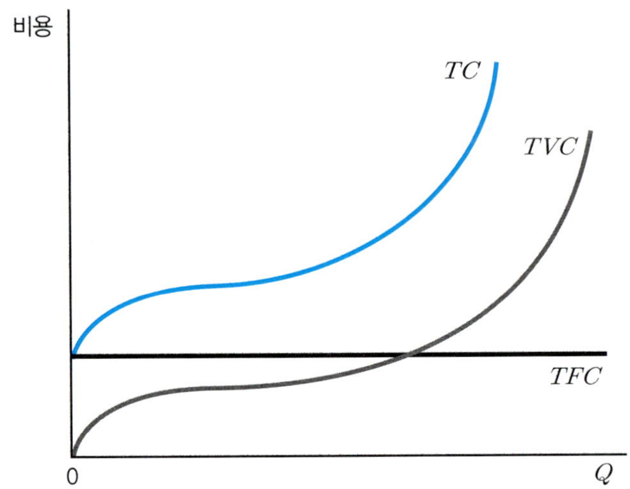

3.2.2 평균비용

평균고정비용

평균고정비용
고정비용을 총생산량으로 나눈 값

평균고정비용(average fixed cost : AFC)은 총고정비용을 총생산량으로 나눈 값으로 1단위를 생산하는데 들어간 비용을 말하면 다음과 같이 표시한다.

$$AFC = \frac{TFC}{Q}$$

평균고정비용은 생산량이 증가할수록 감소하므로 AFC곡선은 직각쌍곡선의 형태를 갖는다.

평균가변비용

평균가변비용
총가변비용을 총생산량으로 나눈 값

평균가변비용(average variable cost : AVC)은 총가변비용을 총생산량으로 나눈 값을 말한다.

$$AVC = \frac{TVC}{Q}$$

평균가변비용은 처음에는 체감하다가 일정수준의 생산량을 넘으면 체증하므로 AVC곡선은 U자형태를 갖는다.

3.2.3 평균비용

평균비용(average cost : AC)은 총비용을 생산량으로 나눈 값으로 말 그대로 상품 한 단위당의 평균적인 생산비용을 말한다.

평균비용
총비용을 생산량으로 나눈 값. 상품 한 단위당의 평균적인 생산비용

$$AC = \frac{TC}{Q} = AFC + AVC$$

그림 5-4 평균비용곡선과 한계비용곡선

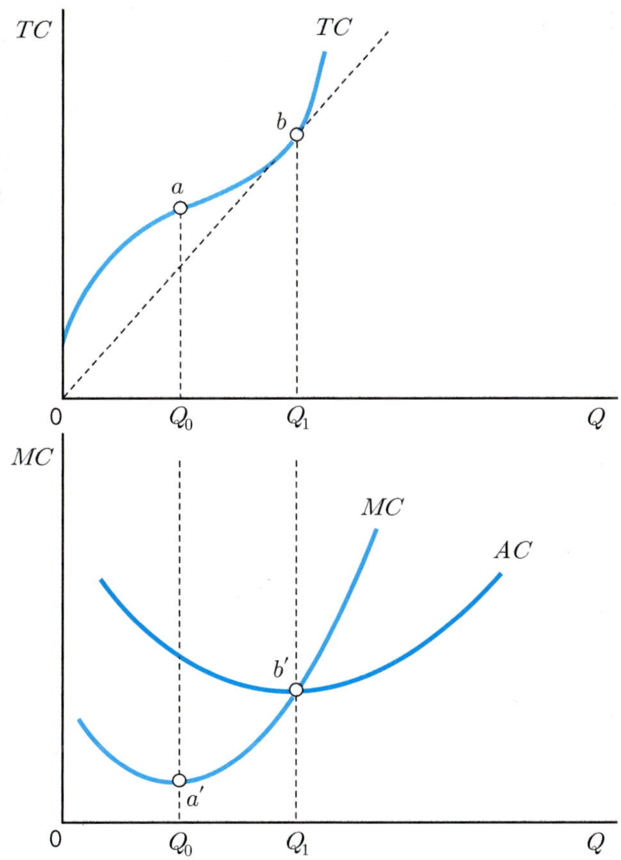

총비용은 총고정비용과 총가변비용의 합이므로 평균비용은 평균고정비용과 평균가변비용의 합으로 나타낼 수 있으며, AVC곡선이 U자 형태이므로 AC도 U자 형태를 갖는다.

3.2.4 한계비용

한계비용
생산량을 추가적으로 1단위 증가 시킬 때 총비용의 증가분

한계비용(marginal cost : MC)은 생산량을 추가적으로 1단위 증가 시킬 때 총비용의 증가분을 말하며 다음과 같이 말 할 수 있다.

$$MC = \frac{\Delta TC}{\Delta Q} = \frac{\Delta TVC}{\Delta Q}$$

MC곡선은 TC곡선의 각 접점의 기울기임을 알 수 있다. 처음에는 생산량이 증가할 때 총비용이 체감적으로 증가하기 때문에 MC는 차츰 낮아지나 생산량이 어느 수준을 넘으면 TC가 체증적으로 증가하므로 MC는 점점 높아진다. 따라서 MC곡선은 U자 형태를 갖는다.

생활속경제 »

가변비용과 식당 영업

점심 때 어떤 식당에 들어가 보면 손님이 거의 없다. 이렇게 손님이 없는데도 왜 식당 문을 열어 놓고 있을까 하는 생각이 들 정도다.

식당주인 입장에서 단기에 식당을 계속 운영할 것인지 아니면 닫을 것인지를 결정할 때는 고정비용과 가변비용을 구분해서 생각해야 한다. 식당임대료, 주방설비, 식탁, 의자, 접시, 수저 등에 들어간 비용은 고정비용이다. 즉 되돌릴 수 없는 매몰비용(sunk cost)이다. 식당 문을 닫는다고 매몰비용이 감소되지는 않는다. 따라서 식당 문을 닫을 것인지 열 것인지 결정할 때는 가변비용(음식 만드는데 들어가는 비용, 인건비 등)만을 고려해야 한다. 손님이 몇 명 없더라도 몇 안 되는 손님들로부터 얻는 수입이 가변비용을 충당하는 한 식당 문을 계속 여는 것이 유리하다. 손님이 너무 작아 수입보다 가변비용이 클 때는 문을 닫아야 한다. 고정비용은 엎질러진 우유와 같다. 엎질러진 우유에는 미련을 갖지 말아야 한다.

한 기업의 공급곡선은 평균가변비용곡선을 상회하는 한계비용곡선이다. 고정비용의 규모는 공급 결정과 무관하다.

3.2.5 단기비용과 장기비용

장기평균비용곡선

단기에는 고정되어 있던 비용도 장기에는 변할 수 있기 때문에 모든 장기비용들은 가변비용에 속한다.

그림 5-5는 시장 규모의 변화에 따른 기업의 시설규모가 어떻게 달라지는가를 보여주고 있다. 단기평균비용곡선(short-run average cost curve : SAC)이 오른쪽에 위치할수록 산출능력이 더 크기 때문에 SAC_2는 SAC_1보다 시설규모가 더 크다는 것을 알 수 있다.

기업이 연간 판매할 수 있는 수량이 Q_0라면 기업은 SAC_1의 평균비용곡선을 갖는 시설 규모를 선택할 것이다. 왜냐하면 SAC_1은 SAC_0에 비해 재화 한 단위당 생산비인 평균비용이 ab만큼 작기 때문이다. 따라서 시장 규모가 협소하여 기업의 생산량이 적을 때는 대기업보다는 중소기업이 더 저렴한 비용으로 생산할 수 있다는 것을 알 수 있다. 시장 규모가 점점 커져 생산량이 Q_1에 도달하면 기업은 SAC_1이나 SAC_2의 시설 규모 중 어느 것을 선택해도 상관없다. 왜냐하면 두 시설 규모 모두 점 c에서 동일한 평균비용을 발생시키기 때문이다.

그림 5-5 장 · 단기 평균비용곡선

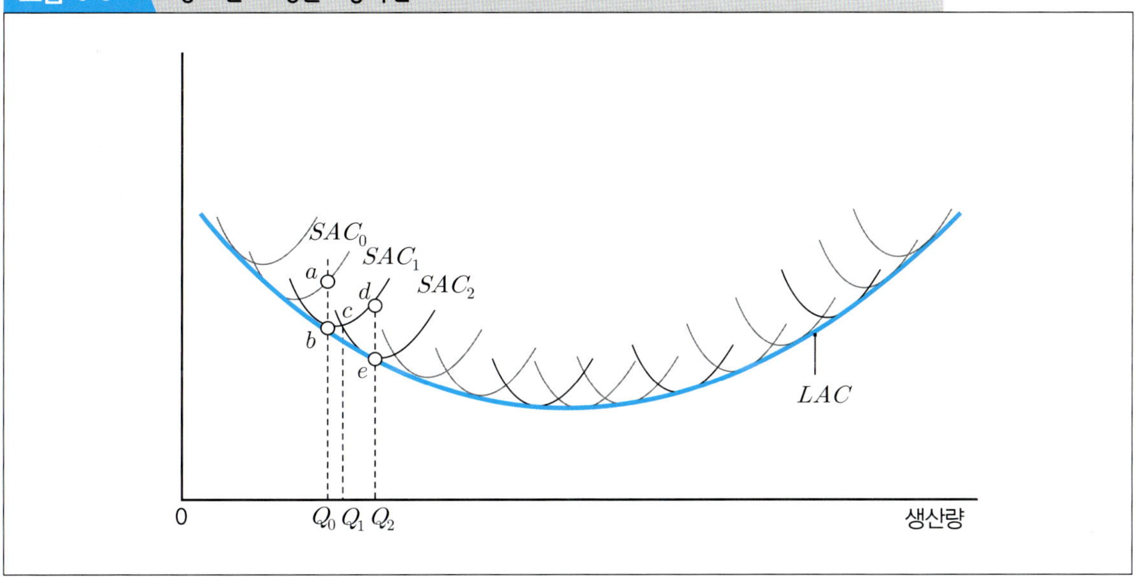

생산량이 Q_2에 이르면 기업은 SAC_1보다는 SAC_2의 시설 규모를 선택하려고 할 것이다. 그 이유는 SAC_2가 SAC_1에 비해 평균비용이 de만큼 작기 때문이다. 따라서 시장 규모가 확대될수록 대기업이 중소기업에 비해 절대적으로 유리한 입장에 놓이게 되며, 그동안 중소기업들이 개척해 놓은 기존의 시장에 대기업들이 진입하게 된다.

결론적으로 기업은 장기평균비용을 최소화시킬 수 있는 시설 규모를 선택하려고 하며, 이를 위해 시장 규모의 변화에 따라 기업의 시설 규모를 조정해 나간다. 그러므로 장기적으로 시설 규모를 아주 조금씩 늘려갈 수 있다고 가정한다면 그림 5-5와 같은 단기평균비용곡선들은 무수히 많이 존재하며, 이 곡선들을 감싸는 하나의 곡선 LAC가 장기평균비용곡선(long-run average cost curve : LAC)이다.

규모의 경제와 규모의 비경제

규모의 경제
생산요소들의 투입량을 증가 시킬수록 장기평균생산비가 점차 감소하는 현상

장기비용곡선은 기업의 생산규모가 변함에 따라 비용이 어떻게 변하는지를 알려준다.

규모의 경제(economies of scale)란 모든 생산요소들의 투입량을 증가 시킬수록 장기평균생산비가 점차 감소하는 것을 말한다. 따라서 규모의 경제가 발생한다는 것은 생산량이 증가할수록 평균생산비가 그림 5-6의 장기 평균비용곡선을 따라 아래쪽으로 이동하면서 점차 감소하는 것을 의미한다(A점의 왼쪽).

규모에 대한 수익불변
평균비용이 산출량과 관계없이 일정한 현상

규모의 경제를 생산의 개념을 이용하여 정의하기도 하는데, 생산요소의 투입량 증가율 보다 생산량 증가율이 더 크게 나타날 때 규모의 경제가 발생한다. 이러한 정의는 앞에서 설명한 바와 같이 생산량과 생산비 사이에 불가분의 관계가 존재하기 때문에 가능하다. 평균비용이 산출량과 관계없이 일정하면 규모에 대한 수익불변(constant returns to scale)이라고 말한다(A~B사이).

규모의 비경제
생산량이 증가함에 따라 장기평균생산비가 오히려 상승하는 현상

규모의 경제와 반대되는 개념으로서 규모의 비경제(diseconomies of scale)라는 말이 있다. 이것은 기업이 시설 규모를 지나치게 확대할 경우 장기평균생산비가 오히려 상승하는 것을 말하며 그림 5-6 장기평균비용곡선의 최저점인 점 B의 오른쪽 구간에 해당된다. 그러므로 모든 기업들은 가능한 최저비용으로 생산할 수 있는 시설 규모에 도달하려고 노력한다. 어떤 기업이 장기 평균비용곡선의 최저점 Q_1에서 생산하고 있다면 이 기업은 최적조업도(optimal operation)를 달성하고 있다고 말한다.

그림 5-6 장기평균비용과 규모의 경제

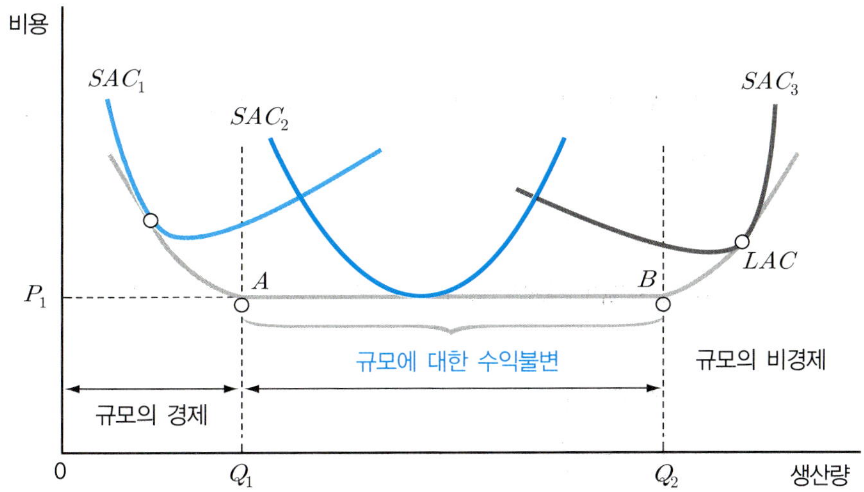

연 습 문 제

01 총비용, 평균비용, 한계비용이란 무엇이고, 이들 사이에 어떤 관계가 있는지를 설명하라.

02 아이스크림 가게의 비용구조가 다음과 같다고 하자.

산출량	가변비용(원)	총비용(원)
0	0	300
1	100	400
2	250	550
3	450	750
4	700	1,000
5	1,000	1,300
6	1,350	1,650

1) 각 산출량 수준에서 평균가변비용, 평균비용, 한계비용을 계산하라.

2) 평균가변비용곡선, 평균비용곡선, 한계비용곡선을 그리고, 각 비용곡선 간에는 어떤 관계가 있는지를 설명하라.

03 규모의 경제란 무엇이며 그 발생 이유를 설명하라.

04 기업의 형태에 대해 설명하라.

05 수확체감의 법칙이란 무엇인지 설명하라.

Chapter

06

경쟁시장에서의 기업 행동원리

❶ 시장의 형태와 기업의 이윤극대화

❷ 완전경쟁기업의 단기 균형

어느 주유소가 휘발유 가격을 20% 갑자기 인상한다면 그 주유소의 매출은 현저히 줄어들 것이다. 고객들이 즉시 가격이 오르지 않은 다른 주유소를 찾아갈 것이기 때문이다. 완전경쟁기업의 가장 큰 특성은 한 산업 내에서 무수히 많은 작은 기업들이 참여하므로 어느 한 기업이 생산량을 조절하더라도 시장가격에 영향을 미칠 수 없다. 그렇기 때문에 개별기업들은 수요와 공급에 의해 결정된 시장가격을 그대로 받아들일 수밖에 없다. 즉 가격순응자(price-taker)가 될 수밖에 없다. 그러나 현실세계에서는 이 이론에서 가정하는 형태의 완전경쟁기업은 존재하지 않으며 추상적인 모형임에 틀림없다. 그럼에도 불구하고 우리가 완전경쟁기업의 행동원리를 공부하는 이유는 효율적인 자원배분을 위해서는 기업들이 어떤 형태의 경쟁을 해야 하는가에 대한 기준을 제시하기 때문이다.

1 시장의 형태와 기업의 이윤극대화

1.1 시장의 형태

시장
특정한 재화나 서비스를 사고파는 사람들의 모임

시장(market)이란 재화와 서비스에 대한 수요와 공급의 정보가 교환되고, 가격이 형성되면서 거래가 이루어지는 추상적인 메커니즘을 시장이라 할 수 있다. 이 세상에 존재하는 시장은 무수히 많으며, 제 각기 다른 형태를 보이고 있다. 예를 들어 수돗물이나 전기가 거래되는 시장처럼 거의 독점 생산하는 것이 있는가 하면, 농산물처럼 공급자 사이의 경쟁이 무척 치열한 경우도 있다. 또한 구조적으로는 비슷한 형태의 시장이라 해도 그 속에서 이루어지는 경쟁의 구체적 형태는 매우 다른 경우가 많다.

시장의 형태는 시장에 참여하는 기업의 수, 진입장벽이 있느냐 없느냐에 따라, 가격지배력의 여부, 재화의 동질성 등에 따라 시장형태는 완전경쟁(perfect competition), 독점(monopoly), 과점(oligopoly), 독점적 경쟁(monopolistic competition)으로 구분할 수 있다. 이 네 가지 시장 형태 중 가장 이상적이라고 할 수 있는 시장은 완전경쟁이다. 따라서 완전경쟁시장은 다른 형태의 시장을 평가하는 하나의 기준이 된다. 이들 시장별 특성을 비교하면 표 6.1과 같다.

표 6.1 시장형태별 특성 비교

특성	완전경쟁	독점	과점	독점적 경쟁
1. 기업수	무수히 많다	단일	소수	다수
2. 재화의 동질성	동질적	단일제품	① 동질적 ② 이질적	이질적
3. 가격통제력	없음 (가격순응)	큼(가격설정)	작음	작음
4. 진입장벽	진입자유	진입불가	큼	작음 (비교적 약함)
5. 비가격경쟁	없음	없음	강함	매우 강함
6. 판매방법	경매	단순홍보	광고 및 품질경쟁	광고 및 품질경쟁
7. 예		전기, 수도, 담배, 철도	① 설탕, 철근 ② 승용차, 냉장고	이발서비스 약방조제

1.2 시장형태의 특성

상품을 생산하는 기업의 숫자는 시장형태를 구분하는 가장 중요한 기준이 된다. 완전경쟁시장에서는 다수의 공급자가 존재하며, 반대로 독점시장에서는 하나의 공급자만 존재한다. 과점시장을 소수의 기업이 상품을 공급한다는 점이 완전경쟁시장과 독점시장의 중간에 위치한다고 말할 수 있다. 독점적경쟁시장의 경우 공급자의 숫자가 많다는 점에서는 완전경쟁시장과 비슷한데, 다른 측면에서의 차이 때문에 서로 다른 형태의 시장이 된다.

1.2.1 상품의 공급자 수의 차이

공급자와 수요자가 많으면 그 시장은 경쟁적이 되고, 적으면 비경쟁적이 된다. 경쟁적 시장에서는 판매자와 구매자는 시장가격을 주어진 조건으로 받아들이는 가격순응자(price taker)로 행동할 것이며, 비경쟁적 시장 즉 불완전 경쟁시장에서는 판매자와 구매자는 가격설정자(price setter)로서 행동할 것이다.

1.2.2 제품의 유사성 또는 동질성

제품이 동질적이거나 유사성이 크면, 그 제품은 소비에서 상당히 높은 대체성이 있게 된다. 따라서 이 경우는 시장이 경쟁적으로 된다. 그러나 유사성과 동질성이 없는 제품의 시장은 비경쟁적이 되며 독점력을 행사하기 쉽다.

1.2.3 기업의 시장 진입(entry)과 퇴출(exit)이 자유로움

진입과 퇴출이 자유로운 경우는 보통 경쟁적 시장에서 일어난다. 그러나 자동차 같은 제품은 기존기업의 장벽이 있기 때문에 새로운 기업의 진입이 어렵다고 말할 수 있다. 새로운 기업의 진입이 어려운 산업은 불완전 경쟁상태가 되어서 다른 산업에서 얻고 있는 평균이윤율 이상의 이윤 즉, 초과이윤이 발생할 여지가 있다.

1.2.4 가격과 판매량에 대한 기업의 행동

기업의 행동이 독자적으로 가격과 판매를 결정하느냐, 그렇지 않으면 조합이나 협회 등에 가입하여 통일된 단체행동으로 생산과 가격을 결정하느냐에 따라 제품의 시장 독점력은 달라진다. 다시 말하면, 공급자가 단체행동을 보일 때는 수요자에게 보다 큰 영향력을 행사하면서 독점기업과 유사한 초과이윤을 얻기가 용이하다.

1.3 기업의 이윤극대화 조건

대부분의 기업이 추구하는 목표는 이윤극대화에 있으며, 기업의 모든 의사결정은 이윤극대화의 관점에서 우선적으로 이루어진다.

그러므로 기업은 판매에서 얻은 총수입(total revenue : TR)에서 생산요소 구입에 지출된 총비용(total cost : TC)을 뺀 나머지인 총이윤(total profit: π)을 극대화 하는 것이다. 이를 수식으로 표시하면 다음과 같다.

$$\pi = TR - TC$$

개별기업은 이윤(π)을 극대화하기 위해서는 한계수입(marginal revenue : MR)과 한계비용(marginal cost : MC)이 같게 큼 생산할 때 이루어진다. 따라서 $MR > MC$면 생산량을 늘리고, $MR < MC$면 생산량을 줄여서

$MR = MC$이 되게 생산하면 이윤이 극대화된다. 또한 $MR = MC$가 이윤 극대화의 필요조건이다.

이윤극대화 조건을 좀 더 구체적으로 설명하면 다음과 같다. 이윤함수 $\pi = TR - TC$의 값이 극대값을 위한 조건은 $\left(\frac{d\pi}{dQ}\right)$가 0일 때 이윤극대화 조건이 된다.

$$\frac{d\pi}{dQ} = \frac{dTR}{dQ} - \frac{dTC}{dQ} = 0$$

그런데 $\frac{dTR}{dQ} = MR$이고, $\frac{dTC}{dQ} = MC$이다. $MR = MC = 0$ 그러므로 이윤극대화의 조건은 $MR = MC$이다.

2 완전경쟁기업의 단기 균형

2.1 완전경쟁의 성립조건

완전경쟁시장(perfectly competitive market)이란 다음의 네 가지 조건이 충족된 시장형태를 말한다.

> **경쟁시장**
> 동일한 재화를 취급하는 수많은 공급자와 수요자로 구성되어 모든 사람이 가격수용자인 시장

첫째, 공급자인 기업과 수요자인 소비자가 다수이며, 이들은 가격순응자(price taker)로서 행동해야 한다.

둘째, 생산물은 동질적이며, 그 생산물은 시장에서 동일한 가격으로 거래되어야 한다.

셋째, 새로운 기업이 참여를 원하거나, 기존의 기업이 탈퇴를 원할 때, 진입과 탈퇴에 장애가 없어야 한다. 이것은 모든 생산요소가 자유롭게 이동할 수 있어야 함을 의미한다.

넷째, 공급자와 수요자는 모든 상품의 가격, 품질 등에 대하여 완전한 정보와 지식을 갖고 있어야 한다.

이상과 같은 네 가지 조건을 모두 갖춘 시장을 현실의 세계에서 발견하기란 쉽지 않다. 그럼에도 불구하고 완전경쟁의 이론이 경제학에서 차지하는 비중

은 대단히 크며, 많은 경제학자들이 이렇게 비현실적인 시장형태에 대해 많은 관심을 기울이고 있다. 이 이유는 완전경쟁시장은 이상적인 시장형태로서 하나의 기준이 될 수 있다고 보기 때문이다. 완전경쟁조건에 가장 근접한 시장으로는 주식시장과 농산물시장을 등을 들 수 있다.

2.2 완전경쟁기업의 수입

2.2.1 총수입

총수입(total revenue : TR)은 단위당 상품가격(P)에다 총판매량(Q)을 곱한 것과 같다.

$$TR = P \cdot Q$$

완전경쟁시장에서는 가격이 생산량과 관계없이 일정하기 때문에 기업의 총수입은 생산량의 증가에 비례하여 증가하며, 총수입곡선은 그림 6-1처럼 우상향하는 직선으로 그려진다.

그림 6-1 완전경쟁기업의 총수입곡선

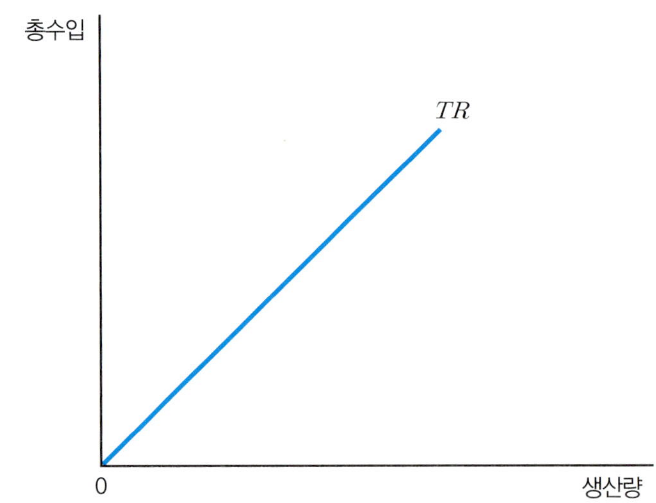

2.2.2 평균수입과 한계수입

평균수입(average revenue : AR)이란 총판매량을 생산량으로 나눈 값으로서 재화 한 단위 당 수입을 말하며, 재화의 가격과 동일하다.

평균수입 총판매량을 생산량으로 나눈 값

$$AR = \frac{TR}{Q} = \frac{P \cdot Q}{Q} = P$$

한계수입(marginal revenue : MR)은 총수입의 증가분을 생산량 증가분으로 나눈 값으로 재화 한 단위를 추가로 생산할 때 수입의 증가분을 말하며, 재화의 가격과 동일하다.

한계수입 총수입의 증가분을 생산량 증가분으로 나눈 값. 재화 한 단위를 추가로 생산할 때 수입의 증가분

$$MR = \frac{\Delta TR}{\Delta Q} = \frac{P \cdot \Delta Q}{\Delta Q} = P$$

완전경쟁시장에서 재화의 가격은 생산량과 관계없이 항상 일정하기 때문에 $\Delta TR = P \cdot \Delta Q$와 같다. 따라서 한계수입은 재화의 가격과 동일하다. 그러므로 MR곡선은 그림 6-2처럼 가로축에 평행한 직선으로 그려지며 AR곡선과 일치한다.

$$P = AR = MR$$

그림 6-2 완전경쟁기업의 평균수입과 한계수입곡선

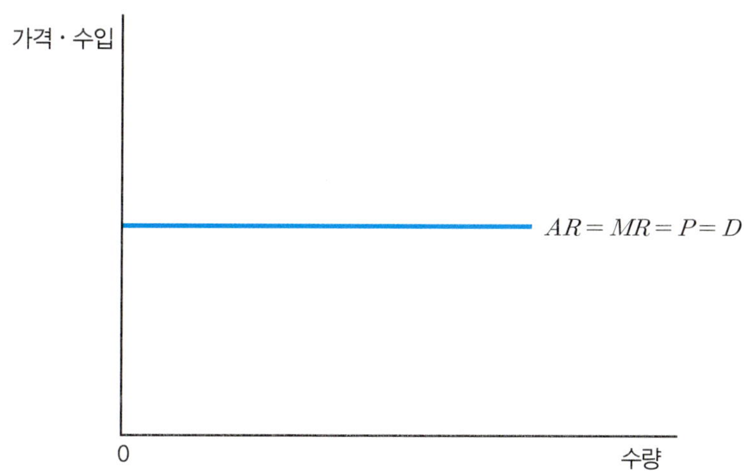

2.3 완전경쟁기업의 공급곡선

완전경쟁기업은 이윤을 극대화하기 위하여 가격이 한계비용과 같게 될 때까지($P = AR = MR = MC$)생산을 계속하여야 한다는 것을 앞에서 살펴보았다. 한계비용곡선은 우상향하는 곡선의 형태를 지니고 있으므로 가격이 상승하면 $P = MR = MC$의 이윤극대화 원리에 따라 기업의 생산량은 늘어나게 되고, 반대로 가격이 하락하면 생산량은 감소할 수밖에 없다.

그림 6-3에서 보면, 가격수준이 P_0일 때 생산량은 Q_0만큼 생산할 것이다. ($P_0 = MC$). 가격이 P_0에서 P_1로 상승하면 생산량 역시 Q_0에서 Q_1로 증가한다. 그러나 가격이 P_3이하로 하락한다면 생산은 중단되어야 한다. 이때는 가격이 평균가변비용(AVC)마저도 회수하지 못하여 기업은 생산 활동으로 손실만 보기 때문이다. 따라서 평균가변비용의 극소점을 나타내는 가격 P_3는 기업으로 하여금 조업을 중단할 것인가, 아니면 생산을 계속할 것이냐를 결정 지워주는 분기점이 되는 조업중단점(A)이 된다. 그러나 가격이 P_2로 주어지면 기업은 평균비용(AC)을 회수함으로써 정상이윤만을 얻게 될 것이다.

그림 6-3 완전경쟁기업의 공급곡선

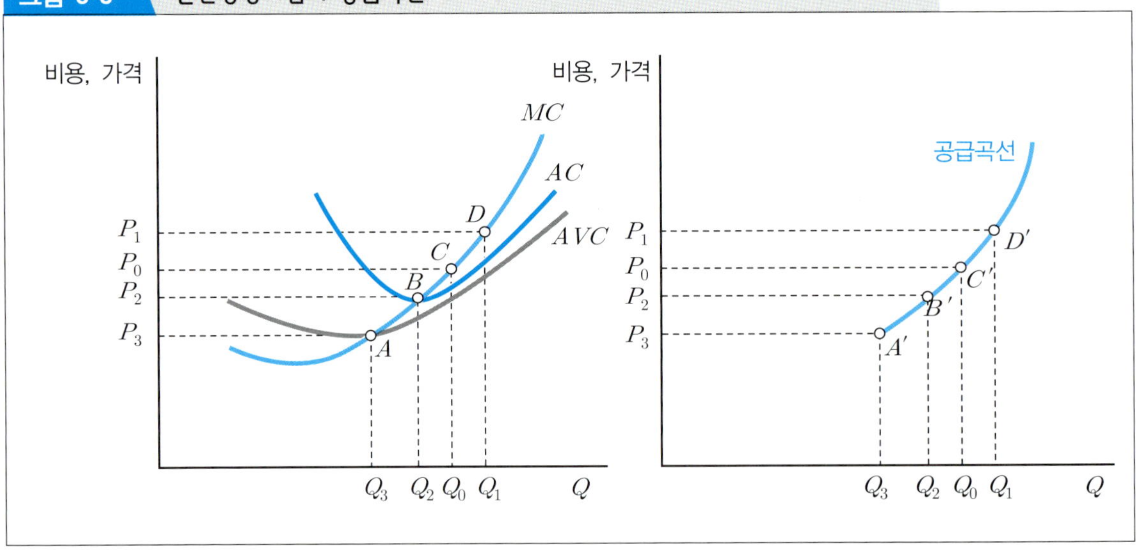

완전경쟁기업은 단기적으로는 가격이 AVC곡선의 극소점에서, 그리고 장기적으로는 가격이 AC곡선의 극소점을 기준으로 하여 제품생산을 시작한다. 그리고 가격이 평균비용의 극소점보다 높게 주어진다면, 그 이후부터 기업은 $P=MC$조건에 따라 생산량을 조절하여 이윤극대를 추구할 수 있다.

따라서 AVC곡선의 상부에 위치한 MC곡선은 곧 개별기업의 공급곡선이 되며 그림 6-3과 같이 우상향하는 곡선으로 그려진다.

2.4 완전경쟁기업의 단기 균형

완전경쟁기업이란 완전경쟁조건에 있는 시장에서 제품을 생산하여 공급하는 기업을 말한다. 시장가격의 순응자인 완전경쟁기업은 어떻게 하여야 이윤을 극대화 할 수 있는지 아래 그림 6-4를 통해서 알아보기로 한다.

이윤의 극대화를 실현시킬 수 있는 기업의 단기균형은 한계비용(MC)과 한계수입(MR)이 일치하는 점에서 성립한다는 것을 앞에서 보았다. 그림 6-4은 이를 보여주고 있다. 완전경쟁기업의 총수입을 그림에서 TR곡선으로, 총비용을 TC곡선으로 각각 표시하고 있다. b점의 좌측과 d점의 우측은 총비용이 총수입보다 많으므로($TR < TC$) 순손실을 보게 되고, b점과 d점 사이에서는 총수입이 총비용보다 많아서($TR > TC$) 이윤이 발생하게 된다. 특히 c점에서 TR과 TC의 차가 가장 크기 때문에 기업은 c점에 대응되는 생산량 Q_e에서 최대의 이윤을 얻게 된다. 즉, 생산량 Q_e에서는 총수입곡선의 기울기와 총비용곡선의 기울기는 동일하므로 총수입곡선의 기울기인 한계수입(MR)과 총비용곡선의 기울기인 한계비용(MC)이 일치하여 이윤극대화 조건을 만족시키고 있다. 그리고 완전경쟁 하에서는 개별 기업체가 가격순응자 이므로 가격이 일정하다고 볼 수 있기 때문에 $MR=P$(가격)가 된다. 따라서 완전경쟁기업의 단기 균형조건은 $P = MR = MC$가 되며, 이를 그림 6-4에서 볼 수 있다.

그림 6-4 완전경쟁기업의 생산량 결정

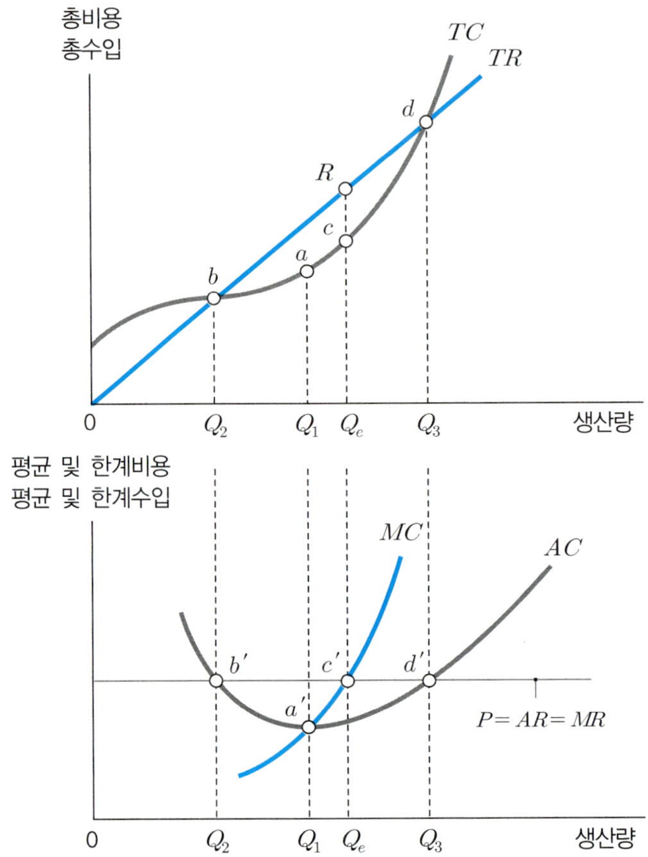

완전경쟁기업의 단기균형은 기업이 획득하고 있는 이윤의 정도에 따라 그림 6–5에서 보는 바와 같이 세 가지 경우로 나타낼 수 있다. 그림 6–5의 (a), (b), (c)에서 P는 시장의 수요와 공급에 의해서 결정된 시장의 균형가격이고, Q_e는 균형생산량을 의미한다. (a)의 경우 $MR = MC$인 점에 대응하는 이윤극대화 생산량 OQ_e이다. 완전경쟁기업이 OQ_e의 생산량만큼을 생산할 때 평균비용은 $BQe = OA$이고, 총비용은 $AC\times$생산량이므로 $OABQ_e$만큼이며, 총수입은 $OP\times OQ_e = OPEQ_e$만큼이다. 만약 시장가격이 (a)에서와 같이 평균비용보다 높다라면 $APEB$만큼의 초과이윤을 획득하면서 단기균형을 이룰 수 있다.

그림 6-5 완전경쟁기업의 단기균형

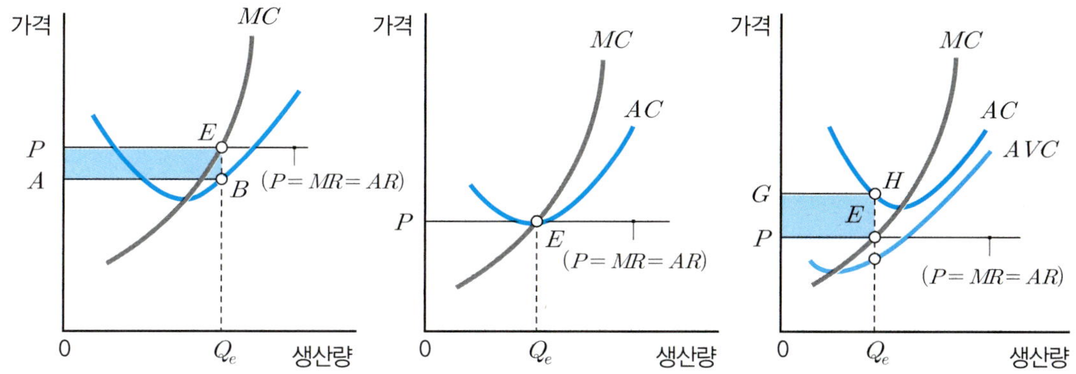

(a) 초과이윤 (b) 정상이윤 (c) 손실

그림 (b)의 경우에는 ① $MR = MC$이고, ② MC곡선이 MR곡선을 아래로부터 교차하는 이윤극대화 준칙을 만족시키고 있으나 시장가격이 평균비용과 같기 때문에 초과이윤도 손실도 없는 상태에서 단기균형을 이루고 있다.

그림 (c)의 경우에도 이윤극대화준칙을 충족시키고 있으나 시장가격이 평균비용보다 낮기 때문에 $GHEP$만큼의 손실이 나고 있다. (c)의 경우 단기적으로 $GHEP$만큼의 손실을 보고 있지만 시장가격이 그래도 평균가변비용(AVC)보다는 높기 때문에 단기적으로는 생산을 계속하는 것이 유리하다. 따라서 P가 AC보다는 낮지만 그대로 AVC보다 높다면 생산을 계속하는 것이 유리하다.

연습문제

01 완전경쟁이 성립되기 위한 조건을 설명하라.

02 완전경쟁기업의 이윤극대화 조건을 설명하라.

03 다음 표를 보고 답하라.

수 량(개)	0	1	2	3	4	5	6	7
총비용(원)	80	90	100	110	130	190	270	370
총수입(원)	0	80	160	240	320	400	480	560

1) 각 수량에서 이윤을 계산하고, 이윤극대화 생산량은 얼마인가?

2) 각 수량의 한계비용과 한계수입을 계산하라.

04 완전경쟁기업의 경제적 효과는?

05 완전경쟁기업의 총수입곡선, 평균수입곡선, 한계수입곡선을 그려 보시오.

Chapter

07

불완전경쟁시장의 기업행동원리

1. 독점시장
2. 독점적 경쟁시장
3. 과점시장

일상에서 우리는 똑같은 물건을 파는 수많은 기업이 시장에 존재하기 때문에 어느 기업도 시장가격에 영향을 미칠 수 없는 것으로 가정했다. 즉, 완전경쟁시장에서 생산자들이 보이는 형태에 대해서 공부하였다. 그러나 특정기업은 완전경쟁기업과 다르게 행동한다. 완전경쟁기업은 자신이 판매하는 상품가격을 주어진 것으로 알고 있고 생산량을 결정할 때에는 그 효과를 고려한다. 독점기업은 경쟁기업이 존재하지 않기 때문에 시장가격을 자유롭게 결정할 수 있다.

이 장에서는 독점기업의 가격설정과 생산량 결정과정을 분석하면서 독점의 경제적 효과도 살펴본다. 완전경쟁과 독점에서 공부한 것의 대부분이 과점에서도 성립하지만 과점에서는 새로운 문제들이 몇 가지 발생한다. 우리는 독점에 이어 과점이란 무엇이며 과점기업이 어떻게 행동하는지에 대해 살펴본다. 다음에는 새로운 시장형태인 독점적 경쟁을 살펴보고 그 특징을 공부한다.

1 독점시장

1.1 독점이란?

독점
비슷한 대체재가 없는 상품의 유일한 공급자

독점이란 어원은 원래 그리스어 monos polein으로부터 유래되었는데, monos란 single을 의미하고 polein이란 파는 것(to sell)을 의미한다. 따라서 독점이란 밀접한 대체재(substitutes)가 없는 상품을 생산하는 회사가 유일하게 존재하는 시장조직 형태를 말한다. 우리나라의 경우 독점기업(monopoly)에 해당하는 산업은 전기, 담배, 지하철, 가스, 철도, 수도 등이 있다.

1.2 독점의 특징

첫째, 독점기업의 공급량은 그 상품에 대한 시장의 총공급량과 같다. 다시 말해서 어떤 산업 내의 단일기업인 독점기업은 바로 독점산업이다.

둘째, 완전경쟁기업의 수요곡선은 가로축에 대해서 평행하는 직선으로 표시되었으나, 독점기업의 수요곡선은 우하향하는 형태를 가진다. 완전경쟁기업은 주어진 시장가격으로 자기의 생산량을 다 판매할 수 있으나, 독점기업은 그 산업에서 유일한 기업이기 때문에 판매량을 높이기 위해서는 가격을 내려야 하고, 반대로 가격을 올리면 판매량은 감소한다. 따라서 독점기업은 완전경쟁시장의 시장수요곡선과 같이 우하향하는 수요곡선을 갖는다.

셋째, 완전경쟁기업은 시장에서 수요와 공급에 의하여 결정된 시장가격을 그대로 받아들이는 가격순응자인 데 반하여, 독점기업은 생산량의 조절을 통하여 시장가격을 변경시킬 수 있는 시장지배력(market power)을 가지고 있으며, 원한다면 시장가격을 임의의 수준으로 결정하는 가격결정자(price maker)이다.

넷째, 밀접한 대체재를 생산하는 경쟁상대기업이 존재하지 않는다. 완전경쟁시장에서는 무수히 많은 기업들이 동질적인 상품을 생산하기 때문에 한 기업이 생산하는 상품과 완전대체관계에 있다. 그러나 독점기업은 산업전체에서 유일한 공급자이기 때문에 동질의 상품이나 밀접한 대체재를 생산하는 경쟁 기업이 없다.

실제로 완전독점(또는 순수 독점)이란 극히 보기 드문 현상이다.

1.3 독점의 발생원인

1.3.1 규모의 경제

규모에 대한 보수가 증가되는 경우 생산량을 증가시키면 증가시킬수록 평균비용은 감소한다. 시장의 수요가 충분할 때에 기존의 대규모 기업은 생산량을 확대함으로써 평균비용을 낮추어 신규기업의 진입을 단념하게 한다. 그림 7-1을 이용하여 설명하여 보자.

어떤 산업이 그림 7-1처럼 규모의 경제를 시현한다고 하자. 그리고 기술수은 불변이라고 가정하고, 시장의 수요량을 OQ_0라 하자. 새로 진입하는 신규기업의 생산설비는 작기 때문에 OQ_1만큼밖에 생산할 수 없으므로 최소한 정상이윤을 남기기 위해서는 OP_1의 가격을 받아야 한다. 그러나 기존의 대기업은 생산설비가 방대하고 생산경험이 있기 때문에 OQ_0까지 생산할 수 있으므로 OP_1보다 훨씬 낮은 OP_0의 가격에서도 정상이윤을 낼 수 있다. 따라서 신규기업은 도산을 하게 되며 기존의 대기업만이 생존할 수 있고, 그 결과 독점기업이 생성된다. 따라서 규모의 경제를 갖고 있는 산업에서는 독점기업이 생성될 수 있다.

자연독점
규모의 경제로 인해 시장 전체 수요를 여러 생산자보다 하나의 생산자가 맡아 더 적은 비용으로 생산·공급할 수 있는 유리한 시장조건

그림 7-1 규모의 경제와 독점

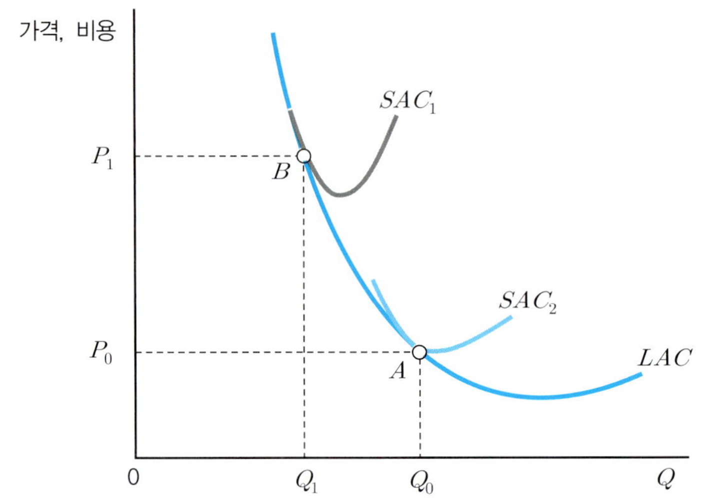

이러한 규모의 경제로 인해 생성되는 독점을 자연독점(natural monopoly)이라고 한다. 전력, 가스, 수도 등의 공익사업을 예로 들 수 있다.

1.3.2 원재료의 독점소유

원재료가 없이는 그 산업의 상품이 생산될 수 없다. 따라서 어떤 상품을 만드는 원재료를 독점적으로 소유함으로써 어떤 산업을 독점할 수 있는 경우에 독점이 생성한다. 미국의 알코아(Alcoa)회사가 알루미늄을 만드는 원료를 독점적으로 소유함으로써 다른 기업들이 알루미늄산업에 진입할 수 있는 가능성을 배제해 버린 예가 있다.

1.3.3 법적인 독점

정부가 법에 의하여 특허권·판권 등을 내줌으로써 법적으로 다른 기업이 침해할 수 없는 독점을 생성케 할 수 있다. 예컨대, 기술개발을 장려하기 위하여 어떤 특수한 상품의 발명가와 기술혁신자에게 얼마 동안 특허권을 부여하면 그 기간 동안 다른 기업이 침해할 수 없는 독점의 지위를 누릴 수 있다.

1.3.4 독점적으로 생산, 판매할 수 있는 권한을 정부가 부여하는 경우

정부가 우체국에게 우편용역을 독점적으로 생산, 판매하게 하는 경우를 들 수 있다. 미국의 경우에 주정부가 고속도로의 각 휴게소마다 음식점 영업권을 독점적으로 부여하는 경우, 어떤 자치단체에서 청소용역권을 어떤 회사에게 독점적으로 부여하는 경우, 또는 어떤 시에서 그 시 안에서 독점적으로 운영할 수 있는 택시영업권을 부여하는 경우가 여기에 속한다.

1.4 독점기업의 수입

어느 마을에 식수를 공급하는 독점기업을 생각해보자. 표 7.1은 이 기업의 총수입과 생산량의 관계를 보여준다. 표의 제1, 2열이 독점기업이 공급하는 재화에 대한 수요표이다. 이 독점기업은 물 1ℓ을 생산하면 1000원에 팔 수 있다. 2ℓ을 생산하면 가격을 900원으로 낮춰야 2ℓ을 다 팔 수 있다. 3ℓ생산하면 가격을 800원으로 더 낮춰야 생산량을 모두 팔 수 있다. 제1, 2 열의 숫자를 그래프에 표시하면 우하향하는 수요곡선이 된다.

제3열은 독점기업의 총수입(total revenue)을 나타낸다. 총수입은 가격에 수량을 곱한 값이다. 제4열은 평균수입(average revenue)을 나타낸다. 평균수입은 총수입을 수량으로 나눈 값이다. 따라서 평균수입은 독점기업이나 경쟁시장의 기업이나 항상 가격과 같다.

표 7.1의 제5열은 한계수입(marginal revenue)을 나타낸다. 한계수입은 상품을 한 단위 더 판매했을 때 발생하는 총수입의 변화다. 예를 들어 이 기업이 3ℓ의 물을 판매했을 때 총수입은 2400원이고, 판매량을 4ℓ로 한 단위 늘렸을 때 총수입은 2800원이다. 따라서 한계수입은 400원이다.

표 7.1은 독점기업의 형태를 이해하는 데 중요한 정보를 제공한다. 즉 독점기업의 한계수입은 상품가격보다 항상 작다. 예를 들어 이 기업이 생산량을 3ℓ에서 4ℓ로 늘리면 한계수입은 400원이지만, 가격은 ℓ당 700원이다. 이와 같이 독점기업의 한계수입이 가격보다 낮은 것은 수요곡선이 우하향하기 때문이다. 즉 판매량을 늘리려면 반드시 모든 수요자에 대해 가격을 내려야 한다. 네 번째 갤런의 물을 판매하려면 앞서 판매한 3ℓ도 700원에 판매해야 한다. 따라서 네 번째 물은 700원을 받지만, 앞서 판매한 3ℓ는 100원씩 덜 받아야 하기 때문

에 네 번째 갤런의 한계수입은 400원이 된다.

독점기업이 판매량을 늘리면 두 가지 효과가 발생한다.

- 산출효과(output effect) : 판매량이 증가했으므로 Q가 커진다. 총수입 증가효과를 낸다.
- 가격효과(price effect) : 가격이 하락했으므로 P가 작아진다. 총수입 감소효과를 낸다.

경쟁시장 기업은 시장가격에서 얼마든지 원하는 수량을 판매할 수 있으므로, 가격효과는 발생하지 않는다. 경쟁시장 기업이 한 단위의 상품을 더 팔면 추가로 들어오는 수입은 시장가격 그 자체가 되고, 전에 팔던 수량에 대해 가격을 인하할 필요가 없다. 즉 경쟁시장 기업은 가격수용자이므로 시장가격이 그 기업의 한계수입이다. 반면에 독점기업이 생산량을 한 단위 늘리려면 가격을 인하해야 하는데, 이러한 가격 인하는 판매하는 모든 수량에 적용되어야 한다. 그 결과 독점기업의 한계수입은 가격보다 낮아진다.

표 7.1 독점기업의 총수입, 평균수입, 한계수입

(1) 물의 수량 (Q)	(2) 가격 (P)	(3) 총수입 ($TR = P \cdot Q$)	(4) 평균수입 ($AR = TR/Q$)	(5) 한계수입 ($MR = \Delta TR/\Delta Q$)
0	1,100	0		
1	1,000	1,000	1000	1,000
2	900	1,800	900	800
3	800	2,400	800	600
4	700	2,800	700	400
5	600	3,000	600	200
6	500	3,000	500	0
7	400	2,800	400	−200
8	300	2,400	300	−400

(단위 : 원)

그림 7-2는 독점기업의 수요곡선과 한계수입곡선을 보여준다(가격이 평균수입과 같기 때문에 수요곡선은 평균수입곡선이다). 두 곡선은 가격 축에서 절편이 항상 같다. 첫째 판매량의 한계수입은 가격 그 자체이기 때문이다. 그러나 둘째 단위 이후에는 한계수입은 가격보다 작아지므로, 한계수입곡선은 수요곡선의 아래쪽에 위치한다.

표 7.1과 그림 7-2에서 나타나듯이 한계수입은 마이너스가 될 수도 있다. 가격효과가 산출효과를 능가하면 한계수입은 마이너스가 된다. 독점기업이 한 단위를 더 생산한 결과 가격이 하락하여 판매량이 늘었음에도 불구하고 오히려 기업의 총수입이 감소할 수 있기 때문이다.

그림 7-2 독점기업의 총수입, 평균수입, 한계수입곡선

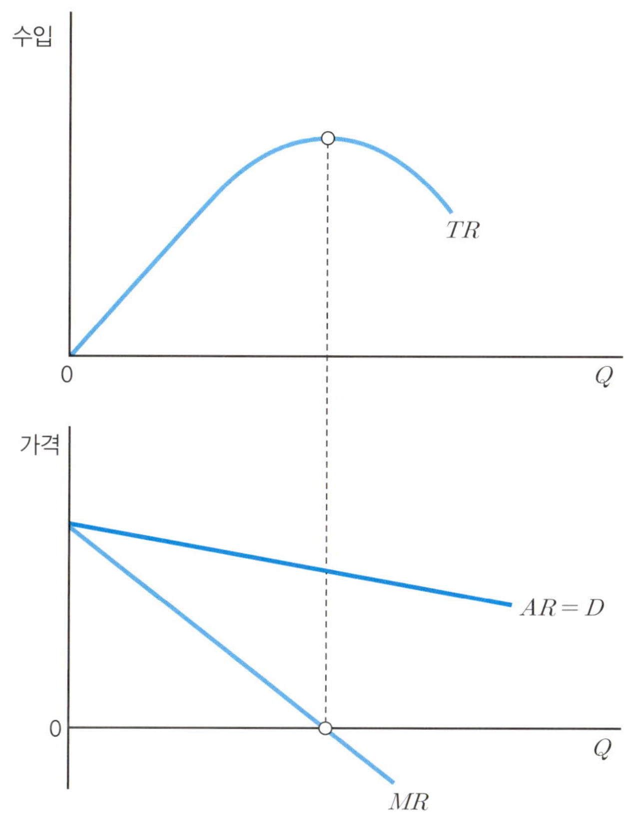

1.5 독점기업의 단기균형

일반적인 경우의 한계비용과 평균비용은 그림 7-3에서와 같이 나타난다. 일반적으로 독점기업이라도 여러 가지 비용을 지불하고 재화를 생산하며 시장의 수요조건과 기업 내부의 비용조건을 고려하여 이윤극대화를 추구한다. 독점기업이 직면하는 수요곡선이 바로 산업의 수요곡선이기 때문에 우하향의 기울기를 갖는다. 독점기업의 단기균형은 그림 7-3에서와 같이 세 가지 경우가 있을 수 있다.

그림 7-3의 (a)에서와 같이 수요곡선과 AC, MC 및 MR곡선이 그려진다면, $MR=MC$인 점은 H점이고, 이것에 대응하는 기업의 균형점은 E점이며, 이때의 균형가격은 OP이고 균형생산량(판매량)은 OQ이다. 이때의 총수입은 $OPEQ$인데 반하여 총비용은 $OKSQ$이다. 따라서 총이윤은 $OPEQ-OKSQ=PESK$만큼이다. 이것은 판매량이 OQ만큼, 가격은 평균비용 이상의 가격으로 판매되었기 때문에 얻은 초과이윤이다.

완전경쟁의 경우에는 경쟁의 결과 장기적으로 초과이윤이 영(0)이 되겠지만, 독점의 경우에는 장기적으로도 독점이윤이 발생하기 때문에 $PESK$만큼의 초과이윤을 독점이윤(monopolistic profit)이라 한다.

E점은 이윤극대화의 균형점이다. 왜냐하면, 이윤극대화 준칙인 ① $MR=MC$이고, ② MC곡선이 H점에서 아래로부터 교차하고 있기 때문이다. 그러면 독점기업은 항상 독점이윤을 획득하는가? 독점기업이라고 소비자 위에 군림하면서 항상 독점이윤을 얻는다고 생각하기 쉬우나 반드시 그런 것도 아니다. 그림 7-3의 (b) 또는 (c)의 경우에는 독점기업이라도 단기적으로 독점이윤을 획득할 수 없음을 보여주고 있다. 그림 7-3의 (b)에서와 같이 이윤극대화 필요조건인 MC곡선이 MR곡선을 교차하여야 한다는 조건을 충족하고 있지만, 균형점 E에서 총수입은 $OPEQ$이고 총비용도 $OPEQ$이어서 사회적 평균이윤수준에 해당하는 정상이윤만 획득하게 된다.

그림 7-3 (c)의 경우에는 독점기업이라도 단기적으로 손실을 볼 수 있음을 보여주고 있다. MC곡선이 MR곡선과 교차하는 점은 H점이고, 이것에 대응하는 독점기업의 균형점은 E점이며, 이때의 균형가격은 OP이고 균형판매량은 OQ이다. 이 가격과 판매량에서 총수입은 $OPEQ$이고 총비용이 $OKSQ$이

그림 7-3 독점기업의 균형

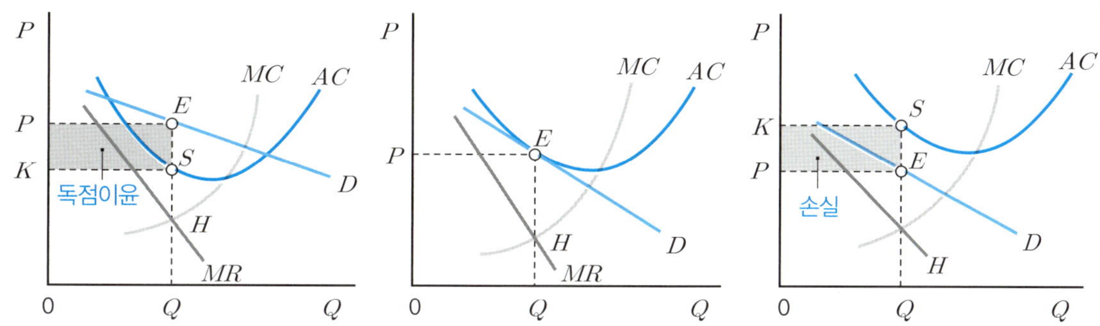

(a) 독점이윤 (b) 정상이윤 (c) 손실

어서 이 독점기업은 *KSEP*만큼의 단기적인 손실을 본다. 독점기업이 손실을 보는 경우는 수요곡선 *D*가 *AC*곡선과 접하지 않고, 오히려 수요곡선이 *AC*곡선보다 아래에 위치하는 경우이다. (c)의 경우에도 이윤극대화의 필요충분조건을 *H*점에서 충족하고 있고, 이에 대응하는 균형점이 *E*점이기 때문에 손실을 극소화하고 있다.

그런데 이러한 손실이 장기적으로 지속된다고 하면 기업의 생산을 중단하고 다른 제품의 생산으로 전환하는 것이 유리하다. 그러나 머지않아 시장수요가

생활속경제 ››

독점과 우체국의 장래

우체국의 우편서비스는 우리나라에서는 가장 오래 지속된 독점의 하나이다. 다른 독점업체도 마찬가지이지만 우체국에 다닌다고 하면 한때 가장 안정적인 철밥통회사에 다니는 것으로 인식되었다.

그런데 최근 들어 우체국의 위상이 크게 흔들리고 있다. 첫째, 각종 택배회사의 진입으로 우체국 고유의 업무였던 소포배달이 더 이상 독점이 아니다. 둘째, DHL과 같은 국제특급 배달회사의 등장으로 국제우편도 위협받고 있다. 무엇보다도 가장 위협적인 존재는 팩스와 인터넷 이메일(e-mail)의 등장이다. 과거 편지봉투에 담아서 우체국을 이용했을 대부분의 우편물이 이제 팩스와 이메일로 순식간에 전송되고 있다. 팩스와 이메일의 등장만으로도 우편서비스가 앞으로 예전과 같은 독점적 지위를 유지할 수 있을지 불확실해진 것이다. 오늘날 우체국에서 볼 수 있는 친절함과 다양한 자구책 강구는 팩스와 이메일, 민간 택배회사라는 대체재의 등장에 반응하는 결과이다.

증가하거나 규모의 경제 또는 기술향상으로 평균비용곡선이 수요곡선보다 아래에 위치할 전망이 보일 때 독점기업은 단기적으로 손실을 보더라도 장기적인 관점에서 생산을 계속할 것이다.

1.6 독점기업의 가격차별

가격차별
독점기업이 동일한 상품에 대해 생산비가 같음에도 불구하고 상이한 구매자에게 서로 다른 가격으로 판매하는 것

실제 현실적으로 존재하는 기업은 완전경쟁상태도, 또는 완전한 독점도 아닌 상태에서 조업하는 경우가 대부분이다. 이와 같은 현실적인 문제는 기업의 행동을 좀 더 면밀하게 관찰함으로써 더 잘 파악될 수 있을 것이다. 그렇지만 완전경쟁하의 기업과 독점기업의 행동을 이해함으로써 현실에서의 기업행동을 이해하는 하나의 출발점으로 삼을 수 있다. 이제 그 한 예로서 독점기업의 행동원리를 이용하여 기업이 왜 제품의 가격을 차별적으로 설정하는지를 생각해보자.

가격차별(price discrimination)이란 독점기업이 동일한 상품에 대해 생산비가 같음에도 불구하고 상이한 구매자에게 서로 다른 가격으로 판매하는 것을 말한다.

가격차별이 이루어지기 위해서는 몇 가지 조건이 필요하다. 첫째, 판매자가 시장지배력을 가지고 있어야 한다. 둘째, 가격이 낮은 시장으로 부터 가격이 높은 시장으로의 재판매가 불가능해야 한다. 셋째, 서로 다른 시장사이에 수요의 가격탄력성이 달라야 한다.

우리는 독점기업의 경우 한계수입과 한계비용이 일치하는 점에서 생산량을 결정한다고 했는데, 만약 같은 물품을 두 가지로 분리된 시장에서 판매할 수 있다면 각 시장에서 기업이 어떻게 판매량을 결정하여 가격을 책정하게 될까? 그 해답은 다음과 같다. 즉 독점기업이 상이한 수요곡선을 갖는 두 가지 분리된 시장에 물품을 공급하고자 하는 경우 각각의 시장의 한계수입과 한계비용이 동일하게($MR_1 = MR_2 = MC$)되는 점에서 공급량을 결정하고 이에 상응하는 수요곡선에 따라 가격을 각각 설정할 때 기업의 이윤을 극대화할 수 있다.

그림 7-4에서 보듯이 두 시장에서 시장의 수요곡선의 기울기가 서로 다르다고 하자. 하나의 기업이 생산하는 상품의 한계비용은 동일하기 때문에 양쪽 시장에서의 한계비용은 동일하다. 그러면 각 시장에서 이윤극대화 공급량은 한

그림 7-4 독점기업의 가격차별

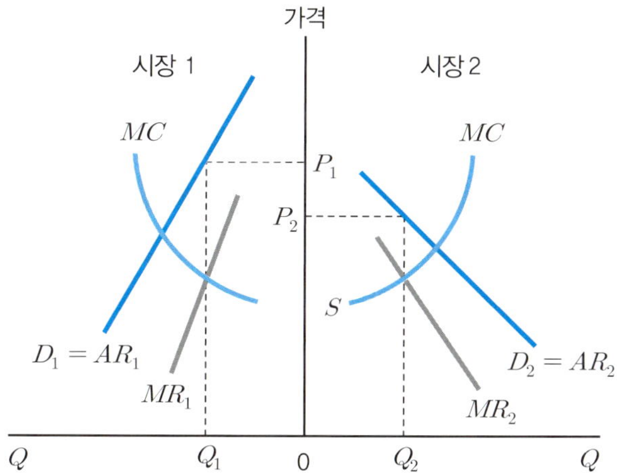

계수입 = 한계비용의 조건을 만족시키는 OQ_1, OQ_2로 나타나고, 제1시장과 제2시장에서의 이윤극대화 가격은 각 P_1, P_2로 나타난다. 따라서 두 시장에서 동일한 가격을 받는 것보다 가격차별로써 독점기업의 이윤을 증가시킬 수 있음을 알 수 있다.

일반적으로 수요의 가격탄력성이 클수록 가격을 낮게, 그리고 수요의 가격탄력성이 작을수록 가격을 높게 책정하여 가격을 차별함으로써 독점기업은 이윤을 증대시킬 수 있다.

1.7 독점의 효과

경제학자들은 독점을 나쁜 것이라고 보고 있다. 그렇게 보는 데는 몇 가지 이유가 있다.

첫째, 독점 하에서는 소비자들에게 선택의 여지가 없어진다. 한국전력이 서비스가 나빠도 우리는 다른 회사로부터 전기를 공급받을 수 없다. 한전은 전기산업에서 독점이기 때문에 우리는 한전으로부터만 전기를 구매할 수밖에 없다. 전력의 경우와는 달리 식당의 경우에는 선택의 여지가 많다. 한 식당이 맛이 없고 불친절하면 우리는 그 옆의 식당으로 가면 된다. 우리 주변에는 식당이 많기 때문에 맛있고 친절한 식당으로 찾아 갈 수 있다. 이와 같이 독점이 아닌 경우에는 소비자들이 품질이 좋은 상품을 찾아다니면서 선택할 수 있다. 그러나 독점 하에서는 기껏해야 그것을 구매할 것인가 구매하지 않을 것인가의 선택밖에 할 수 없다.

둘째, 독점 하에서는 기업이 가격을 높이기 위해 생산량을 줄인다. 생산량이 적정생산량보다 적게 되면 적정한 자원배분이 이루어지지 않는다. 말하자면, 자원 배분의 비효율성이 초래된다.

셋째, 경쟁 하에서는 비효율적인 기업은 도태되고 효율적인 기업만 살아남는다. 그러나 독점 하에서는 진입장벽이 높기 때문에 비효율적인 기업도 계속 살아남을 수 있다. 독점기업은 비록 비효율적일지라도 이를 밀어 낼 경쟁기업이 없기 때문에 그 비효율성이 그대로 유지되면서 높은 가격에 의해 비효율성의 부담이 소비자에게로 전가된다.

생활속경제 ››

영화관 첫 관람료가 싼 이유

"모든 국민은 법 앞에 평등하다. 누구든지 성별·종교 또는 사회적 신분에 의해 정치적·경제적·사회적·문화적 생활의 모든 영역에 있어서 차별을 받지 아니한다."

우리나라 헌법에 있는 말이다. 학교나 집에서 "사람은 평등하다는 말을 귀에 못이 박히게 들었을 거다. 그런데 경제학에서는 '사람을 차별하면'서로에게 좋은 경우가 많다.

요즘 전지연이 나오는 영화의 '암살'를 보려면 8,000원을 내야 한다. 그런데 첫 회는 6,000원만 내면 볼 수 있다. 왜 이렇게 차별할까. 사람들은 보통 오후에 영화를 보러 가는 경우가 많다. 이렇게 되면 첫 회는 찾아오는 사람이 없어 텅텅 비어 있는 반면 오후에는 표 사는 사람들로 북새통을 이루는 경우가 많을 것이다.

하지만 극장은 손님 한 명만 있어도 영화를 상영해야 한다. 손님이 없다고 "이번 회는 건너뜁니다"라고 했다간 손님이 모두 떨어져 나갈 것이다. 수백 명이 볼 수 있는 극장에 겨우 몇 십 명만 오면 극장 주인은 손해 볼 수밖에 없다. 극장 주인은 어떻게든 많은 손님이 첫 회를 보게 하기 위해 애를 쓸 것이다.

이때 손쉽게 할 수 있는 방법이 값을 내리는 것이다. 값이 싸지면 호주머니가 가벼운 사람들이 극장을 찾을 것이기 때문이다. 이를 이른 아침엔 값을 깎아준다고 해서 '조조할인제(早朝割引制)'라고 한다.

실제로 돈은 많지 않지만 시간 여유가 있는 대학생들이나 가정주부들은 조조할인제를 많이 이용한다. 손님이 없던 오전 시간에 관객이 몰려드니 극장 주인은 돈 벌어 좋고, 관객들은 조금만 부지런하면 값싸게 영화를 볼 수 있으니 '누이 좋고 매부 좋은' 격이다.

이런 경우는 극장에만 있는 게 아니다. 비행기나 스키장 이용료도 마찬가지이다. 비행기 삯은 휴가철에, 스키장은 방학과 휴가철이 겹쳐 있는 1월에 더 높다. 사용할 때에 따라 차별을 받는 셈이다.

넷째, 정부로부터 독점권을 인정받아서 독점을 유지하는 기업은 그 독점권을 계속 인정받기 위해 많은 비용을 지불한다. 정부에 로비도 하고 대외적인 홍보도 한다. 경제 전체로 볼 때 이런 것들은 하나의 자원낭비가 된다.

하지만 독점이 항상 사회에 해만 끼치는 것은 아니다. 독점이 공익성과 국가경쟁력에 기여하는 바도 적지 않다. 예를 들어 수도나 전기 등을 민간 기업에 맡기면, 수지타산이 맞지 않는 산간벽지, 외딴 섬 등에는 공급을 하지 않을 가능성이 있다. 그래서 공익성이 있는 사업의 경우, 국가가 공기업 형태로 사업을 운영하여 국민 전체에게 최소한의 인간다운 생활을 보장하는 경향이 있다.

또한, 포항제철처럼 국가경쟁력을 키우기 위한 주력산업일 경우 독점은 효과적일 수 있다. 만일 다수의 기업이 희망한다고 해서 우후죽순처럼 제철소를 지었다면, 규모의 경제 때문에 제철산업이 자리를 잡지 못했을 것이며, 우리나라 제철산업이 현재와 같은 수준으로 발전하는 데 걸림돌이 되었을 것이다.

이미지로 본 한국경제 »

대기업집단(재벌)의 소유구조와 GDP대비 매출액 비중

대기업집단 중 총수가 있는 소유지분구조 현황
63개 기업 중 43개 기업(2012.1.12, 2013.4.1 기준, 단위: %)

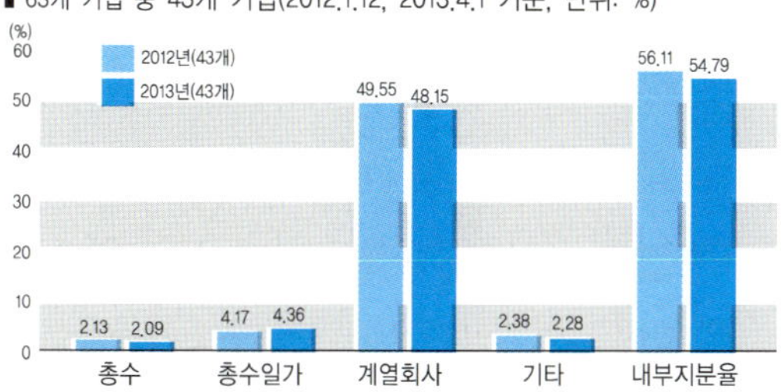

총수있는 상위 10대 대기업진단 내부지분율 추이
(매년 지정일 기준, 단위: %)

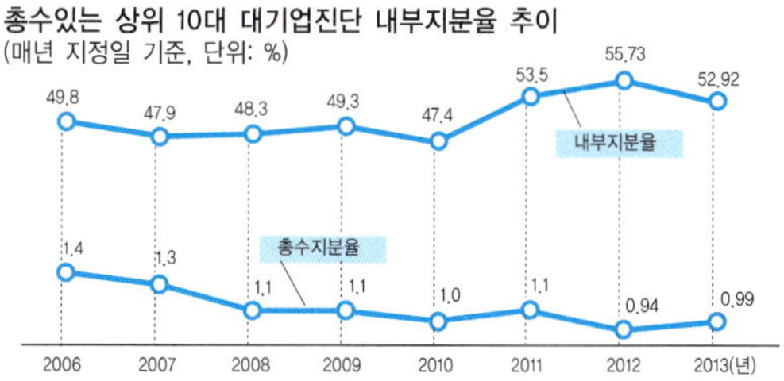

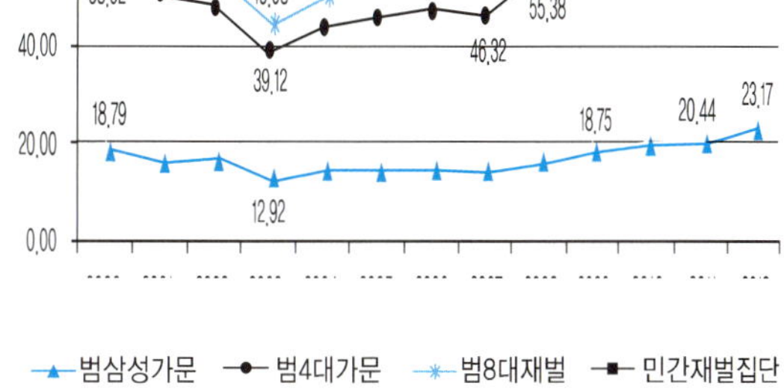

자료 공정거래위원회

2 독점적 경쟁시장

실제시장에서는 지금까지 설명한 두 가지 시장형태, 즉 완전경쟁시장과 독점시장이라는 형태는 거의 찾아 볼 수 없다. 오직 하나의 공급자만 존재하는 독점시장은 그 예를 찾아보기가 어려우며, 독점시장의 예는 철도나 우편서비스처럼 생산자가 공기업의 형태로 운영되는 몇 개의 예외적인 시장에서만 찾아볼 수 있다.

또한 공급자 수가 무수히 많은 완전경쟁시장도 실제로는 찾아보기 힘들다. 왜냐하면 앞에서 말한 것처럼 완전경쟁시장이 성립되기 위한 조건을 완전히 충족시키기는 힘들기 때문이다. 현실에서 볼 수 있는 시장의 형태는 완전경쟁시장도 아니고 독점시장도 아닌 제3의 것이 될 가능성이 크다. 따라서 본 장에서는 제3의 시장 형태인 독점적 경쟁시장에 대해 알아보기로 한다.

2.1 독점적 경쟁의 개념 및 특징

2.1.1 독점적 경쟁의 개념

독점적 경쟁모형은 1930년대에 챔버린(Edward Chamberlin)에 의하여 처음 개발되었다. 독점적 경쟁(monopolistic competition)은 독점적 요소와 경쟁적 요소를 동시에 가지고 있는 하나의 시장형태이다. 독점적 경쟁은 기업의 수가 많아서 기업의 자유로운 시장진입과 퇴출이 자유롭다는 점에서 완전경쟁과 비슷하다. 독점적 경쟁은 독점기업처럼 완벽한 시장지배력을 갖고 있지 않지만 제품차별화(product differentiation)를 통해 독점력을 행사한다. 독점적 경쟁으로 분류되는 업종으로는 식당, 주유소, 약국, 미장원, 카페, 병원, 카센터 등 무수히 많다.

> **독점적 경쟁**
> 독점기업처럼 완벽한 시장지배력을 갖고 있지 않지만 제품차별화(product differentiation)를 통해 독점력을 행사하는 시장구조

2.1.2 독점적 경쟁시장의 특징

(1) 제품의 차별화

독점적 경쟁시장에서는 시장 참여자가 매우 많고 진입장벽이 없기 때문에 독점적 경쟁시장의 기업들은 서로 경쟁을 하게 된다. 그러나 독점적 경쟁기업은

상표, 품질, 디자인, 기능 등을 차별화 하여 시장에 참여하기 때문에 무한 경쟁을 하지는 않는다. 일반적으로 제품차별화 정도가 클수록 수요곡선은 비탄력적이다.

(2) 다수의 시장 참여자

독점적 경쟁시장에는 공급자와 수요자가 매우 많다. 즉 미용실, 주유소, 음식점, 병원 등의 이용자(수요자)는 수천만 명이며 공급자 또한 무수히 많다.

(3) 진입장벽 부재와 자유로운 퇴출

독점적 경쟁시장은 진입장벽이 없고 퇴출(exit)의 자유가 보장된다. 자유로운 진입과 퇴출이 보장되기 때문에 독점적 기업은 장기적 관점에서 볼 때 초과이윤을 획득하지 못하고 정상이윤을 얻는다.

(4) 비가격경쟁

독점적 경쟁기업은 판매경쟁에 있어서 가격경쟁보다는 주로 비가격경쟁을 한다. 독점적 경쟁기업은 동일한 제품이지만 상표나 디자인의 차별화, 애프터 서비스(after service) 차별화 등의 방법으로 비가격 경쟁을 한다.

2.2 독점적 경쟁기업의 균형

독점적 경쟁기업에서 어떤 한 공급자가 가격을 인상하면 일부 소비자는 다른 기업이 생산하는 재화를 구입하게 된다. 따라서 독점적 경쟁기업의 수요곡선은 우하향하는 형태를 갖는다. 그림 7-5와 같이 주어지면 기업은 가격 P와 공급량 Q에서 만나는 E점에서 단기 균형을 이룬다. 왜냐하면 E점에 대응하는 가격과 공급량 수준에서 한계수입과 한계비용이 일치해지기 때문이다. 그 때의 초과이윤은 $PHEG$가 된다. 그러나 이와 같은 초과이윤이 발생하면 새로운 기업이 시장에 진입하게 된다. 그렇게 되면 새로운 기업의 시장 진입으로 인하여 기존기업들의 수요가 줄어들게 된다.

기존 기업의 수요가 줄어든다는 것은 기존기업의 수요가 줄어들어 수요곡선이 좌측으로 이동되게 된다. 독점적 경쟁시장에서 초과이윤이 존재하면 새로운 기업이 계속해서 진입하게 되며, 기존기업의 수요곡선도 계속해서 좌측으로 이동하여 마침내는 평균비용곡선과 접선을 이루게 될 것이다.

그림 7-5 독점적 경쟁기업의 단기균형

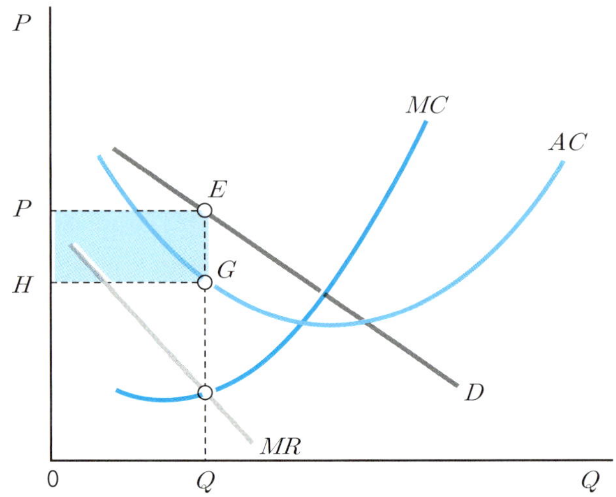

그림 7-6에서와 같이 수요곡선이 평균비용곡선의 접선이 되면, 평균비용과 평균수입이 같게 되어 그때는 초과이윤은 존재하지 않고 정상이윤만 얻게 된다. 초과이윤이 없어지면 새로운 기업들이 시장에 진입하지 않게 되고, 따라서

그림 7-6 독점적 경쟁기업의 장기균형

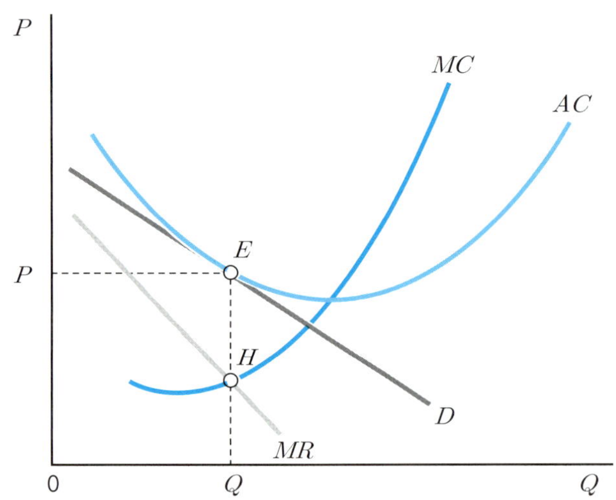

그 시장의 기업들은 균형을 이루게 될 것이다. 그림 7-6에서와 같이 가격 P와 공급량 Q에 대응하는 E에서 독점적 경쟁기업의 장기균형이 달성된다.

3 과점시장

3.1 과점시장의 개념

과점(oligopoly)시장이란 소수의 공급자들이 유사한 재화를 생산하여 같은 시장에서 상호 경쟁하는 시장 형태를 말한다. 현실에서 가장 많이 관찰할 수 있는 시장 형태가 바로 과점시장이다. 이동통신, 자동차, 가전제품, 석유화학, 소주 등 우리 실생활에 사용되어지는 주요 상품들이 거의 모두 과점시장에서 거래되고 있다. 이와 같은 상황은 우리뿐만 아니라 세계의 거의 모든 나라에서 볼 수 있는 현상이다.

3.2 과점시장의 특징

3.2.1 기업 간의 상호 의존성

과점시장에서는 기업의 수가 소수이므로 어떤 한 기업이 가격이나 생산량을 변화시키면 다른 기업들에게 큰 영향을 미친다. 그래서 과점기업들은 서로 다른 기업의 반응을 감안하면서 가격과 생산량을 결정한다.

> **과점**
> 유사한 재화를 생산하여 같은 시장에서 상호 경쟁하는 시장 구조

3.2.2 치열한 비가격경쟁과 가격의 경직성

과점기업 간에는 상호의존관계가 밀접하기 때문에 한 기업이 가격을 인하하게 되면, 다른 기업들도 가격경쟁을 초래하게 되어 결국에는 모든 기업들의 이윤이 감소하게 된다. 그래서 과점기업들은 가격경쟁을 회피하고 광고나 상품 차별화 등 비가격경쟁을 하게 된다. 그 결과 과점시장의 제품가격은 다른 시장에서처럼 자주 바뀌지 않고 경직적인 현상을 보인다.

3.2.3 비경쟁행위

가격경쟁을 하면 서로 손해라는 인식 아래 과점기업들은 상호간에 협조적인 행동을 한다. 그래서 카르텔(cartel), 기업합동(trust), 담합(collusion)등 공동행위를 한다.

3.2.4 진입장벽

진입장벽이 독점기업과 같이 완벽하지는 않지만 독점적 경쟁보다는 훨씬 높다. 그러므로 과점시장에서는 상당히 높은 진입장벽이 존재한다.

3.3 과점시장의 균형

과점기업들의 균형은 상대 기업과의 관계가 어떻게 설정되느냐에 따라 다양하게 나타날 수 있다. 두 과점기업이 서로 치열하게 가격경쟁을 한다면, 이런 과점시장의 균형은 완전경쟁시장의 균형과 비슷하게 될 것이다. 반면에 두 기업이 서로 협조적으로 담합을 한다면 이런 과점의 균형은 독점시장의 균형처럼 될 것이다. 만약 치열하게 경쟁하지도 않고 협조적인 담합도 하지 않는다면 이런 과점의 균형은 독점시장균형과 경쟁시장균형 중간 정도에서 결정될 것이다.

그림 7-7 과점시장의 균형

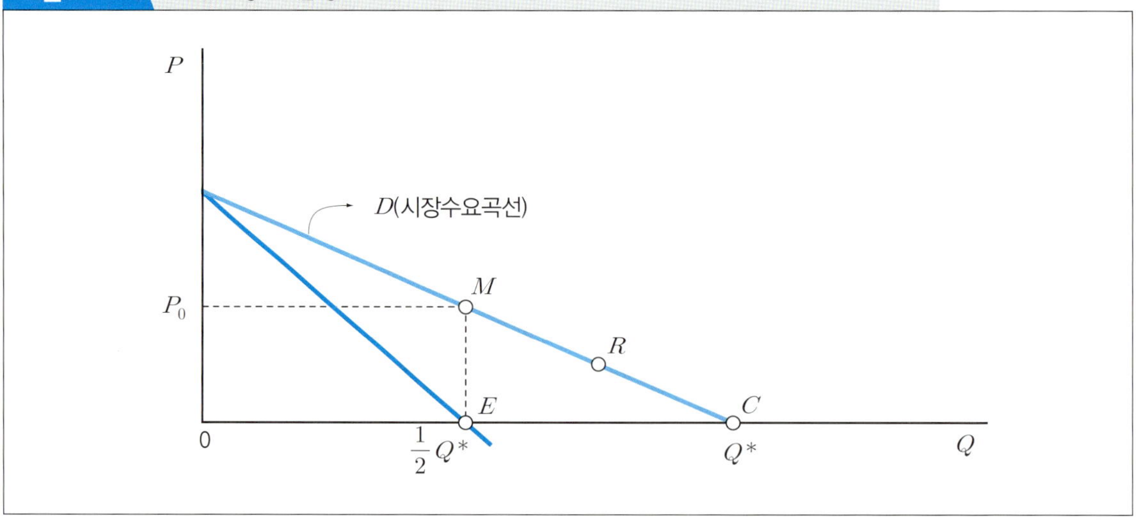

그림 7-7에서는 과점시장의 시장수요곡선이 D와 같이 주어졌을 때 그 과점의 균형이 어떻게 나타날 수 있는지를 보여 주고 있다(생산비 = 0 즉, 한계비용곡선이 Q축과 일치한다고 가정함).

과점기업들이 서로 치열하게 가격경쟁을 할 경우 각 기업들은 상대 기업보다 가격을 낮추어 가면서 시장을 확장하게 될 것이다. 이런 과정에서 가격경쟁이 심화되면서 결국 가격은 생산비 수준까지 낮아지게 된다. 그림 7-7에서 과점의 균형은 점 C에서 정해지고, 가격은 0에서 시장거래량은 Q^*가 되어 완전경쟁시장균형과 일치하게 된다.

만약 과점기업들이 담합을 하게 되면 이들 기업들은 하나의 독점기업처럼 행동하게 된다. 이렇게 되면 이윤극대화를 위해 $MR = MC$가 되는 점 E에서 생산량을 결정할 것이다. 과점기업들은 서로 경쟁할 때 보다 생산량을 $\frac{1}{2}Q^*$로 줄이면서 가격을 P_0까지 올려 이윤을 극대화하려고 할 것이다. 이때 시장균형은 M이 되며, 이 균형은 독점시장균형과 동일하게 된다.

경쟁하지도 서로 담합하지도 않는다면 이런 과점시장의 균형은 독점시장균형과 경쟁시장균형의 중간이 되는 점(R)에서 정해지게 된다. 실제 과점시장에서의 균형은 대부분이 경쟁균형과 독점균형의 중간이 많다고 볼 수 있다.

연 습 문 제

01 독점이란 무엇이고, 독점의 발생 원인은 무엇인가.

02 독점기업의 가격차별화를 설명하고, 왜 이런 전략을 쓰는지를 설명하라.

03 독점기업의 단기균형을 그래프를 그려서 설명하라.

04 과점이란 무엇이며, 그 특성을 설명하라.

05 경쟁기업의 장기균형과 독점적경쟁기업의 장기균형을 비교 설명하라.

Chapter

08

소득분배와 시장실패

본 장에서는 생산요소시장에서 생산요소의 가격과 거래량이 어떻게 결정되는가를 분석한다. 생산요소시장의 기능적 분배는 노동시장을 중심으로 살펴보고, 계층별 분배는 소득불평등도를 측정하는 지표를 중심으로 분석한다.

또 시장실패의 원인에 대해서 살펴보고, 이 시장실패를 보완하기 위하여 정부가 가격기능에 개입하는데 이것이 정부의 정책으로 나타난다. 이 때 주류경제학은 정부 정책에 의한 자원배분의 비효율성을 언급하며 최소정부론을 주장하는데 그 이유에 대해서 살펴본다.

1 소득분배론의 의미

생산요소에 대한 수요는 생산물에 대한 수요의 크기에 따라 결정되는 파생수요이다.

생산물을 생산하기 위해서는 노동, 자본, 토지 등 생산요소를 사용해야 한다. 생산요소에 대한 수요는 생산물에 대한 수요의 크기에 따라 결정되는 파생수요(derived demand)이다. 즉 생산물에 대한 수요의 크기에 따라 생산요소의 수요크기가 결정되므로 생산요소에 대한 수요는 생산물시장에 의해서 영향을 받는다. 이들 생산요소에 대한 수요는 기업이 하고, 생산요소에 대한 공급은 가계가 한다.

생산물(Q)을 생산하여 판매한 기업의 총수입(TR)을 노동소득(wL), 자본소득(rK), 이윤(π) 등의 형태로 생산요소의 지출에 대한 대가를 제공하게 되는데($P_0 \cdot Q_0 = \pi + wL + rK$), 이를 분배론이라 한다.

가계가 제공한 생산요소를 가지고 기업이 재화와 서비스를 생산하여 즉, 생산물(Q)을 생산하여 판매한 기업의 총수입(TR)을 노동소득(wL), 자본소득(rK), 이윤(π)등의 형태로 생산요소의 지출에 대한 대가를 제공하게 되는데 ($P_0 \cdot Q_0 = \pi + wL + rK$), 이를 분배론이라 한다. 다시 말해 생산요소의 가격과 거래량이 결정되면 해당 생산요소의 소유자가 받는 소득총액이 결정된다. 이는 생산요소의 가격결정이론이 곧 소득분배이론이 되는 것이다.

기능적 분배는 경제주체가 가지고 있는 생산요소의 기능에 따른 소득의 분배를 말한다. 계층별 분배론은 다양한 사회계층간의 소득분배 상태를 나타낸다.

또 분배론은 기능적 분배론과 계층별 분배론으로 구분해 볼 수 있다. 기능적 분배는 경제주체가 가지고 있는 생산요소의 기능에 따른 소득의 분배(=생산요소의 가격결정이론)를 말한다. 이는 다시 고정생산요소와 가변생산요소의 분배로 구분할 수 있다. 전자에는 지대론이 있으며, 후자에는 임금론, 이윤론, 이자론 등이 있다. 계층별 분배론은 다양한 사회계층간의 소득분배 상태를 연구하는 것으로, 소득계층간 소득불평등도를 측정하는 지표로는 10분위분배율, 5분위배율, Lorenz곡선, 지니계수, Kuznets의 U자 가설 등이 있다.

2 기능적 분배론(=생산요소가격결정이론)

생산요소시장에서 경제주체들의 경제행위 목표는 생산물(상품)시장에서와 같다. 가계부문을 이루는 요소공급자(노동자)는 효용극대화의 원리에 따라 생산요소를 공급하며, 기업부문인 요소수요자(생산자)는 이윤극대화의 원리에 따른 경제행위(생산요소의 수요)를 한다.

생산물(상품)시장의 가격이 시장의 형태에 따라 다름을 시장이론을 통하여 살펴본 바와 같이 생산요소의 가격도 시장의 형태가 완전경쟁시장이냐, 불완전경쟁시장이냐에 따라 달라진다. 본 절에서의 분석대상인 노동시장은 완전경쟁적 생산물시장 · 요소시장을 가정하여 분석하는데, 개별기업이 생산물시장과 요소시장에서 가격수용자로써 행동하는 시장형태를 말한다.

2.1 생산요소(노동)의 수요

기업은 이윤극대화 원리에 따라 생산요소의 최적수요량을 결정하여 이익을 추구한다. 그러므로 노동투입량도 이윤극대화 원리에 의해 결정된다. 이윤극대화의 원리에 따라 기업이 얼마만큼의 노동력을 고용하려 할 것이냐가 노동의 수요이다.

예를 들어 향림생수라는 기업에서 노동자를 몇 명 고용할 것인가는 몇 명을 고용하는 것이 가장 많은 수익(이윤)을 내느냐에 따라 달라진다. 생수가격은 한 상자에 10만원이고 임금은 1주당 20만원으로 이미 시장에서 정해져 있다면 생수업체 사장은 이 가격을 그대로 받아들일 수밖에 없다. 이때 생수업체 사장이 정할 수 있는 것은 노동자 몇 사람을 고용해야 이윤을 극대화할 수 있느냐 하는 것이다.

표 8.1 향림생수의 이윤극대화

노동자수		(명)	①	1	2	3	4
생산량		(상자)	②	5	9	11	12
노동의 한계생산(MP_L)		(상자)	③	5	4	2	1
생수가격(P)		(만원)	④	10	10	10	10
노동의 한계생산물가치(VMP_L)		(만원)	⑤	50	40	20	10
임금(W)		(만원)	⑥	20	20	20	20
한계비용(MC)	(⑥÷③)	(만원)	⑦	4	5	10	20
총수입(TR)	(②×④)	(만원)	⑧	50	90	110	120
총비용(TC)	(①×⑥)	(만원)	⑨	20	40	60	80
이윤(π)	(⑧−⑨)	(만원)	⑩	30	50	50	40

표 8.1에서 보면 노동자 1명을 고용하여 1주당 생수 5상자를 생산하여 상자당 10만원에 판매하여 총 50만원의 수입을 벌어들인다. 한편 그 노동자에게 1주당 20만원의 임금을 지급해야 하기 때문에 비용으로 20만원이 지출된다. 결국 생수업체 사장은 총수입과 비용의 차이인 30만원의 이윤을 얻는다(50만원−20만원). 이와 같은 방식으로 노동자 2명을 고용하면 50만원의 이윤을 벌수 있고, 또 3명을 고용할 때도 50만원, 4명을 고용하면 이윤은 40만원이 된다. 이렇게 이윤은 50만원까지 올라갔다가 하락한다. 그러면 생수업체 사장은 노동자 2명이 아닌 3명을 고용하는 것이 가장 유리하다. 같은 이윤이라면 업체를 확장하여 시장점유율을 높이는 것이 오히려 좋을 것이라고 판단하기 때문이다.

한계생산물가치는 완전경쟁시장에서 기업이 생산요소(노동)를 한 단위 추가 수요했을 때 기업이 추가로 얻는 수입이다.

향림생수 사장은 노동자를 한 사람을 추가 고용할 때 그 사람이 벌어들이는 수입과 그 사람을 고용하는데 지출되는 임금을 비교하여 추가되는 수입이 추가되는 임금보다 크면 고용을 늘릴 것이고, 반대로 추가되는 임금이 추가되는 수입보다 크면 고용을 줄일 것이다.

완전경쟁시장에서 기업이 생산요소(노동)를 한 단위 추가 수요했을 때 기업이 추가로 얻는 수입을 노동의 한계생산물가치(VMP_L : Value of Marginal Product of Labour)라 하는데, 이것은 한계생산에 생산물의 가격을 곱해서 얻는다. 이를 식으로 정리해 보면 다음과 같다.

$$\pi = TR - TC = P \cdot Q - wL - rK$$

위 식을 노동투입량 L로 미분하여 정리하면

$$\frac{d\pi}{dL}=\frac{dTR}{dL}-\frac{dTC}{dL}=MRP_L-MFC_L$$ [1)]

위 식에서 이윤 π는 상수로 취급 가능하기 때문에 $d\pi/dL$는 0이 되어 결국 생산요소시장에서 기업의 이윤극대화조건은 다음과 같다.

$$MRP_L-MFC_L$$

여기서 MRP_L(marginal revenue product)은 노동의 한계수입생산물이며, 노동의 투입으로 인한 기업 총수입의 증가분이다. 즉, 노동의 투입을 증대시킴에 따라 산출물이 늘어나게 되고(MP_L), 이는 다시 기업의 총수입을 증대시켜(MR) 결국 한계수입생산물은 노동의 한계생산물과 한계수입의 곱으로 표현된다.

노동의 한계수입생산물(MRP)은 노동의 투입으로 인한 기업 총수입의 증가분이다.

$$MRP_L=MR\cdot MP_L$$

또한 상품시장이 완전경쟁일 경우 한계수입(MR)과 산출물의 가격(P)이 항상 일치한다. 다시 말해 한계생산물가치(VMP)는 산출물의 가격(P)에 한계생산물(MP)을 곱한 것이 된다.

$$P\cdot MP_L=w=VMP_L$$

한편 한계요소비용(marginal factor cost: MFC_L)은 생산요소, 즉 노동투입량을 한 단위 더 증대시킬 때 발생하는 총비용의 증가분으로 완전경쟁적인

---

1) $\pi=TR-TC=P\cdot Q-wL-rK$를 노동 L로 미분하면

$$\frac{d\pi}{dL}=\left[\frac{dP}{dL}\cdot Q+P\frac{dQ}{dL}\right]-\left[\frac{dw}{dL}\cdot L+w\frac{dL}{dL}\right]$$
$$=\left(P+\frac{dP}{dQ}\cdot Q\right)\cdot\frac{dQ}{dL}-\left(w+\frac{dw}{dL}\cdot L\right)$$

여기서 $(P+dP/dQ\cdot Q)$는 한계수입(MR)이며, dQ/dL은 노동의 한계생산물(MP_L)이다. 또한 $(w+dw/dL\cdot L)$은 한 단위의 노동증가분에 따른 총비용의 증가분으로 한계요소비용(MFC_L)이 된다. 따라서 위의 식은 다음과 같이 표현된다.

$d\pi/dL=MR\cdot MP_L-MFC_L=MRP_L-MFC_L$

생산요소시장을 가정하면 개별노동자들은 임금을 주어진 것으로 받아들이는 가격수용자로서의 역할을 하기 때문에 결국 한계요소비용은 임금수준과 같다.

한계요소비용(MFC)은 생산요소, 즉 노동투입량을 한 단위 더 증대시킬 때 발생하는 총비용의 증가분으로 임금수준과 같다.

$$MFC_L = w$$

이상에서 기업이 노동시장에서 이윤을 어떻게 극대화하는 살펴보았다. 이를 표 8.1을 통해 자세히 알아보자. 표 8.1에서 2번째 노동자의 한계생산은 4상자이다. 이것은 2번째 노동자가 총생산을 증가시킨 양이다. 1상자당 가격이 10만원이기 때문에 시장가치는 40만원이 되는데, 이 값을 한계생산물가치라고 한다. 그런데 생산요소(노동)를 한 단위 추가 고용했을 때 기업이 추가로 지불하는 비용은 임금(w)이다. 임금은 노동자 한 명을 더 고용하는 데 드는 한계요소비용(MFC_L)과 같다.

이때 생수업체 사장은 한계생산력가치와 임금을 비교하여 $VMP_L > w$이면 생산요소(노동)의 수요를 증가시키고, $VMP_L < w$일 때는 생산요소(노동)의 수요를 감소시킨다. 또 $VMP_L = w$일 때 생산요소(노동) 수요를 결정한다. $VMP_L = w$의 조건이 충족되지 않으면 생수업체 사장은 고용량을 늘리거나 줄

그림 8-1 생산요소(노동)의 수요곡선

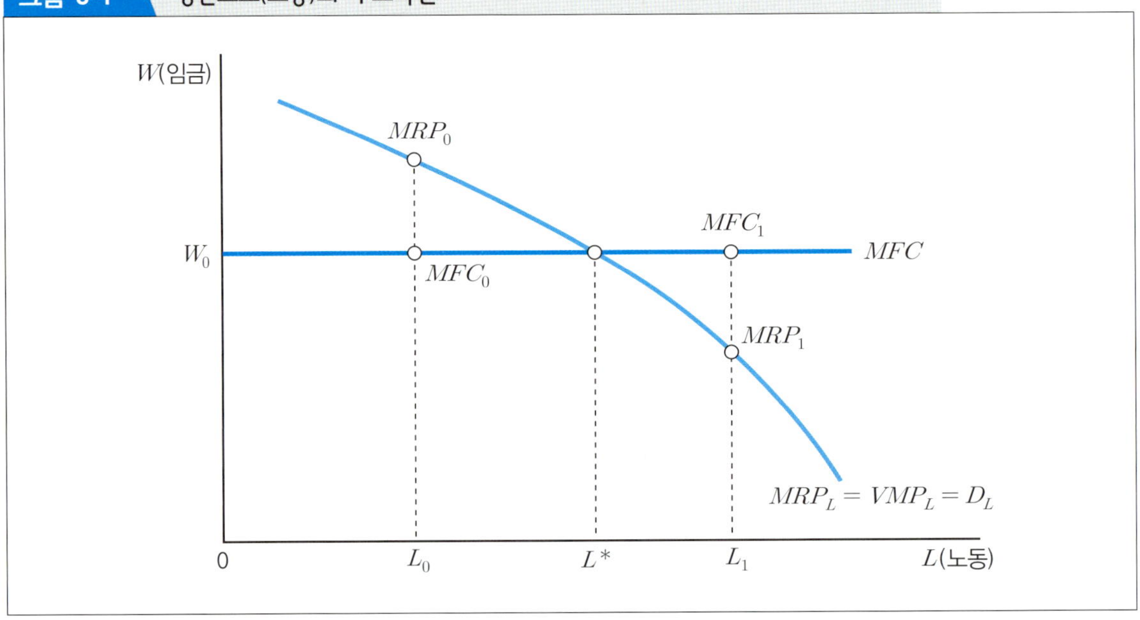

임으로써 이윤을 증대시킬 수 있다. 표 8.1에서 $VMP_L = w$ 조건이 충족되는 고용량은 3명이다.

기업의 노동에 대한 수요는 임금이 변하면 같이 변한다. 임금수준의 변화에 따라 기업의 노동수요량이 어떻게 변하느냐를 그래프로 나타낸 곡선을 노동수요곡선이라 한다. 표 8.1에서 임금수준이 하락하면 노동수요량은 증가하는 것으로 나타나고 있다. 그런데 향림생수의 노동수요곡선은 한계생산물가치곡선과 일치한다.

노동수요곡선은 임금수준의 변화에 따라 기업의 노동수요량이 어떻게 변하느냐를 그래프로 나타낸 곡선으로, 한계생산물가치곡선과 일치한다.

이는 완전경쟁요소시장에서 개별기업의 생산요소(노동) 수요곡선은 바로 한계생산물가치(VMP_L)곡선이다. VMP_L곡선은 MP_L곡선으로부터 도출된다. 즉 $VMP_L = P \cdot MP_L$인데, $P = 10$만원으로 고정되어 있기 때문에 한계생산물가치곡선의 모양은 한계생산물곡선으로부터 만들어진다. 그리고 노동투입량을 증가시킴에 따라 노동의 한계생산물(MP_L)이 체감하기 때문에 VMP_L곡선은 우하향 한다. 결국 생산요소(노동)의 수요곡선도 우하향한다. 개별기업의 생산요소(노동)수요를 모두 합치면 시장의 노동수요가 된다.

2.2 생산요소(노동)의 공급

자본주의사회에서 노동자들이 노동을 공급하는 목적은 노동을 통해 획득하는 소득으로 재화와 서비스를 구입하여 만족을 얻기 위해서다. 노동자들은 노동력 이외의 생산수단을 보유하고 있지 않기 때문에 고용되지 않으면 소득이 발생하지 않고, 필요로 하는 유용한 상품을 구입할 수 없는 것이다. 노동의 공급에도 대가(비효용)를 지불해야 한다. 그러므로 노동공급에도 효용극대화 원리를 적용할 수 있다. 또 경제주체는 누구나 시간이라는 희소한 자원의 제약하에서 행동한다. 노동자는 일정한 시간을 노동(비효용)과 여가(효용)의 적절한 배분을 통해 효용을 극대화한다. 결국 노동자는 노동을 해서 임금을 얻는 효용과 여가시간으로부터의 효용을 극대화시키는 수준에서 자기의 노동공급량을 결정하게 된다.

노동자는 노동을 해서 임금을 얻는 효용과 여가시간으로부터의 효용을 극대화시키는 수준에서 자기의 노동공급량을 결정하게 된다.

예를 들어 생수 업체 노동자가 하루 24시간 중에서 자신의 마음대로 처리할 수 있는 시간이 T로 주어져 있다고 가정하자. 이 노동자는 T시간의 일부(L시간)는 여가로 활용하고, 나머지 시간($T-L$)은 노동(일)을 한다. 시간당 임금이 W

로 주어져 있고, 노동자의 임금소득을 I이라 하면 이 노동자의 예산제약식은 $I = W(T-L)$으로 표시할 수 있다. 만약 노동자가 가용시간의 모두를 노동에 사용한다면($L=0$) 임금소득은 WT가 되고, 반대로 가용시간 중 노동은 전혀 하지 않고 여가만 즐긴다면($L=T$) 임금소득은 0이 된다. 따라서 노동자의 예산제약식, $I = W(T-L)$은 일정한 시간제약 하에서 노동자가 선택할 수 있는 여가와 임금소득의 조합들을 제시해 주는 예산선(가격선)이라 할 수 있다.

또 효용함수를 $U = U(L, I)$로 표시 할 수 있다. 여가와 소득은 많이 소비할수록 효용을 증가시킨다. 그리고 무차별곡선은 볼록한 형태를 취한다. 무차별곡선은 여가와 임금소득 평면에서 동일한 만족을 주는 여가와 소득의 조합을 연결한 곡선으로 원점에서 멀어질수록 높은 만족도를 나타낸다.

노동자들의 노동공급을 예산선과 무차별곡선을 이용하여 분석해 보자. 물론 균형은 예산선과 무차별곡선이 접하는 점에서 이루어진다.

그림 8-2의 (a)에서 임금이 W_0로 주어졌을 때 균형점은 E_0이다. 노동자는 L_0의 여가를 선택하고 $T-L_0$의 노동을 공급하여 $W_0(T-L_0)$의 소득을 벌어들인다. 이때 임금이 상승한다면 두 가지 효과를 발생시키게 된다. 첫째, 임금의 상승은 여가의 기회비용을 상승시켜 여가를 더 적게 소비하고 노동을 더 많

그림 8-2 임금의 변화와 노동공급

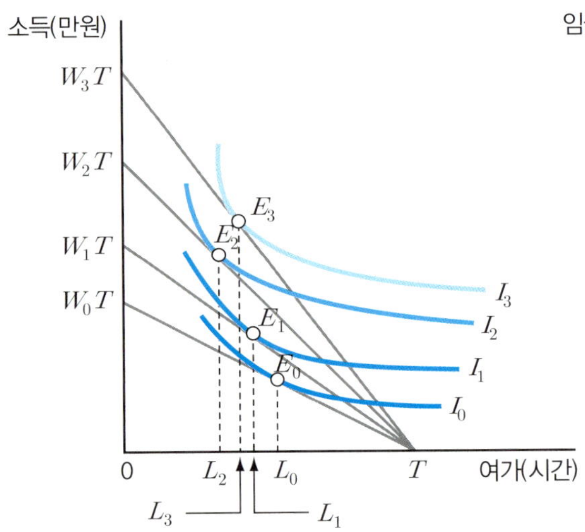

(a) 임금 변화에 따른 균형점 변화

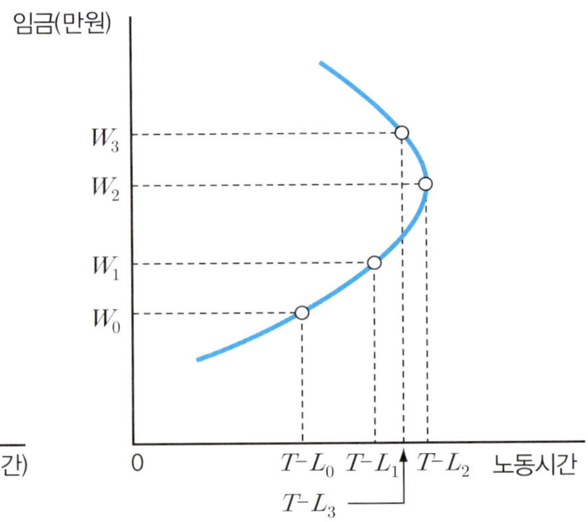

(b) 개별 노동공급곡선

이 공급하는 대체효과가 발생한다. 둘째, 임금상승은 동일한 노동을 공급하더라도 더 많은 소득을 얻을 수 있기 때문에 여가의 소비를 늘리는 소득효과가 발생한다. 물론 임금상승에 따른 노동공급량의 변화는 대체효과와 소득효과의 상대적인 크기에 따라 결정된다.

보통의 경우 임금이 낮은 상태에서 임금이 상승하면 대체효과(노동공급 증가)가 소득효과(노동공급 감소)보다 커 전체적으로 노동공급은 증가한다. 그림 (a)는 임금이 W_0에서 W_1, W_2로 상승함에 따라 노동공급이 $(T-L_0)$에서 $(T-L_1)$, $(T-L_2)$로 증가함을 보여준다. 그러나 임금이 더 올라 W_2에서 W_3로 상승하면 노동공급이 $(T-L_2)$에서 $(T-L_3)$로 감소한다. 이는 임금소득이 높아지면 노동시간을 줄이고 여가시간을 늘린 결과라 할 수 있다. 이를 반영하여 임금과 노동공급의 관계를 나타낸 것이 그림 8–2의 (b)이다. 즉 개별노동자의 노동공급곡선이다. 개별노동자들의 노동공급곡선을 수평으로 합하면 노동의 시장공급곡선이 되고 우상향하는 형태를 가진다. (b)에서 보듯이 개별노동자의 노동공급곡선은 후방굴절형을 취한다. 그 이유는 임금상승에 따른 부(−)인 소득효과가 정(+)인 대체효과보다 크기 때문에 발생한다. 후방굴절부분에서 임금상승시 노동의 공급이 감소하더라도 노동은 정상재이다. 왜냐하면 임금상승시 노동공급이 감소하는 것은 임금의 영향이 아니라 소득의 증가에 따른 선호체계의 변화로 여가의 사용이 늘면서 노동공급이 감소하기 때문이다. 생산물(상품)의 공급곡선은 조업중단점 이상의 한계비용곡선이지만 생산요소(노동)의 공급곡선은 소득·여가 평면에서 노동자(소비자)의 기호에 따라 도출된다.

>> 임금소득이 높아지면 노동시간을 줄이고 여가시간을 늘린다. 이를 반영하여 임금과 노동공급의 관계를 나타낸 것이 개별노동자의 노동공급곡선이다.

2.3 생산요소(노동)시장의 균형

완전경쟁적 생산요소(노동)시장에서 균형가격(임금)과 균형고용량은 그림 8–3에서 보는바와 같이 생산요소(노동)시장에서 생산요소(노동)의 수요곡선과 생산요소(노동)의 공급곡선이 일치하는 점에서 균형을 이룬다. 이때 균형임금은 W_0, 균형고용량은 L_0로 결정된다.

>> 완전경쟁적 생산요소(노동)시장에서 균형가격(임금)과 균형고용량은 생산요소(노동)시장에서 생산요소(노동)의 수요곡선과 생산요소(노동)의 공급곡선이 일치하는 점에서 균형을 이룬다.

생산요소시장이 갖는 특징은 이 시장에서 결정된 가격이 그 생산요소를 공급하는 소비자들의 소득과 직결된다는 사실이다. 노동의 가격(임금)은 노동을 공급하는 노동자의 소득을 결정하게 된다. 또 자본의 가격(이자율)은 자본을 공

그림 8-3 생산요소(노동)시장의 균형

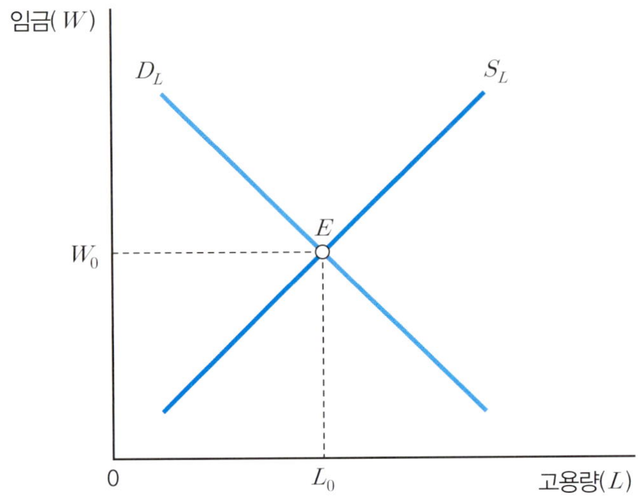

급한 사람의 소득이 된다. 따라서 생산요소시장에서 가격과 고용량의 결정에 관한 이론을 '소득분배이론'이라고도 한다.

생산요소시장에 수요곡선과 공급곡선이 일치하는 점에서 균형가격이 결정된다는 것은 생산요소가격이 일정한 수준으로 결정된다는 것이다. 경쟁적 요소시장에서는 같은 종류의 노동에 동일한 임금이 지불된다는 것이다. 비슷한 직종에서 기술, 성향 등 모든 점에서 동일한 노동이라면 그 시간당 임금은 모두 동일해야 한다. 경쟁시장이라면 보다 높은 임금을 받는 직장으로 노동력이 신속하고 자유롭게 이동이 가능하기 때문이다.

그러나 현실은 똑같은 생산요소라 할지라도 그 가격은 많은 차이가 발생한다. 특히 노동시장에서는 상당한 정도의 임금격차가 존재한다. 이와 같이 생산요소가격이 서로 차이가 발생하는 이유로는 다음과 같은 몇 가지 요인이 있다.

먼저, 생산성의 격차이다. 일 잘하는 사람과 못하는 사람의 차이로 일 잘하는 사람이 더 많은 임금을 받는 경우에 해당한다.

둘째, 노동조건의 차이에 따른 것으로 직업에 따라 일의 쾌적성이나 위험의 정도에 차이가 있어 이에 대한 조정의 의미로 임금에 차이가 생기는 경우이다.

셋째, 경제여건의 변화에 따른 수요와 공급의 변화에 대하여 노동의 이동성이 불완전한 경우 임금격차가 발생할 수 있다.

넷째, 여러 가지 차별대우, 즉 인종, 성, 학력, 연령 또 정규직이냐 비정규직이냐에 따른 차별이 임금격차의 원인이 된다.

다섯째, 노동조합의 존재 여부에 따라 임금격차가 발생하는데, 노조가 있는 기업과 직종은 없는 곳보다 임금이 더 높다.

생활속경제 »

"휴가 꺼리는 한국인… 노동생산성은 독일의 절반"

"한국인은 휴가를 꺼린다." 파이낸셜타임스(FT) 독일판이 11일 한국의 후진적인 휴가문화를 다뤘다. 신문은 "산업국가 중 노동시간이 가장 길고 자살률이 가장 높은 나라"인 한국이 "연평균 휴가기간이 11일에 불과하고 그나마 대부분 단기로 나눠서 사용한다"고 전했다. 휴가보다는 보너스 급여나 '근면하다'는 직장 내 평판을 택한다는 것이다.

뉴욕타임스가 최근 한국의 자살실태를 전하면서 전국이 신경쇠약에 걸리기 직전이라고 지적한 데 이어 '쇼킹 코리아(놀라운 한국)'가 잇달아 외신의 주목을 받고 있는 셈이다. 열심히 일하는 한국의 노동문화는 사실 노동생산성과 동떨어진 일이라고 신문은 꼬집었다. 경제협력개발기구(OECD) 통계에 따르면 한국인의 연간 근로시간은 2256시간으로 네덜란드(1389시간)나 독일(1430시간)의 두 배에 가깝다. 하지만 1인당 노동생산성은 독일의 절반에 불과하고 네덜란드의 절반에도 못 미친다.

한국관광공사의 이참 사장은 파이낸셜타임스에 "노동시간과 생산성을 동일하게 여기는 사고방식은 1960~70년대 산업화 시대의 사고방식"이라면서 "이제는 창조성, 혁신, 신기술이 더 중요한 시대"라고 지적했다. 하지만 위계질서가 강한 한국 기업문화에서 상사가 휴가를 제대로 쓰지 않는다면 휴가문화는 바뀌기 어렵다. 실제로 행정안전부가 지난 1월 공무원에게 연간 16일간의 휴가 사용을 의무화했지만, 이명박 대통령은 지난해 휴가를 불과 닷새밖에 사용하지 않았다.

신한은행 등 일부 민간기업이 직원들에게 2주 휴가를 강제하는 조치가 도입되고 있다. 하지만 적절한 인력수급 계획이 없으면 공염불에 그칠 수밖에 없다.

한국 전문가 마이클 브린은 한국인이 자신을 기업과 국가라는 커다란 기계의 작은 부품 정도로 생각하는 사고방식이 장기휴가 도입에 큰 장애라고 지적했다. "2주 동안 자리를 비웠을 때 동료가 자신이 없이도 업무가 잘 굴러간다는 것을 깨닫게 되고, 자신이 대체 가능한 존재라는 점을 알게 되는 것을 두려워한다"는 아픈 지적이다.

출처 <경향신문>, 2011.7.13

이미지로 본 한국경제 >>

고용구조 국제비교(2009년)

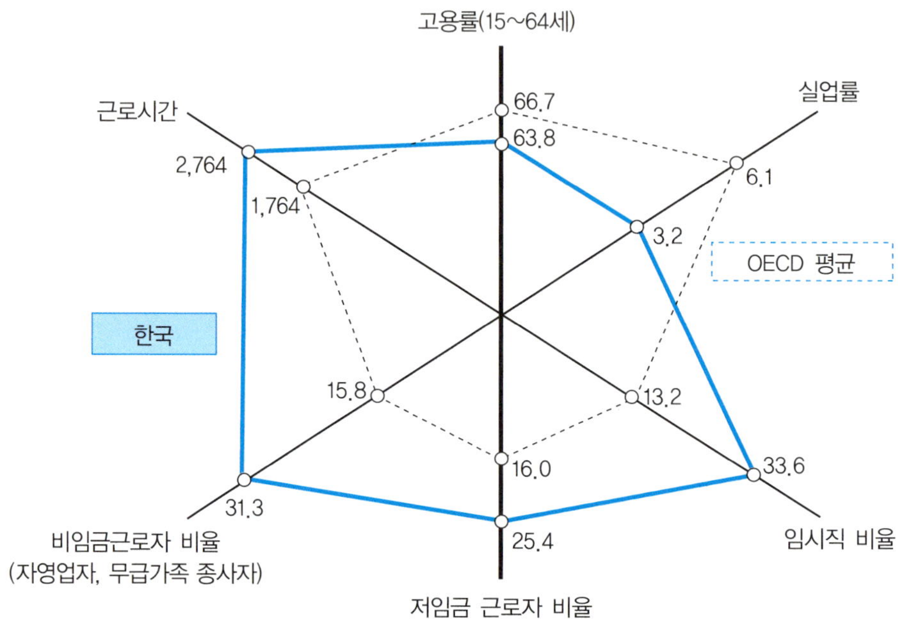

3 계층별 분배이론

자본주의사회의 일반적인 가치판단의 기준은 효율성 또는 수익성에 두고 있다. 또 다른 중요한 기준이 될 수 있는 공평성에는 소홀하면서 말이다. 이는 곧 우리사회에서 인간미를 잃게 만드는 원천이 되고 있다. 경제학은 합리적 경제인을 가정하면서 인간사회를 냉혹한 정글의 사회로 만드는데 일조한 측면이 있다.

앞 절에서 언급한 기능적 분배이론은 생산과정에서 어떤 기능을 하느냐에 따라 분배 몫이 결정되고 또 그렇게 분배되는 것이 가장 공평하다고 판단하고 있다. 그러나 현실은 자신이 소유한 생산요소를 생산과정에 투입할 수 있는 사람들이 있는가 하면 그렇지 못한 사람들도 많다. 우리네 삶이 서로 어울리고 더

불어 사는 사회이고, 생산 또한 사회적 관계를 통해서 이루어진다고 할 때 기능적 분배론만 가지고 현실의 분배문제를 설명할 수는 없다.

특히 최근 우리사회에서는 부나 소득양극화 현상이 심각하게 확대되고 있고, 아직 수많은 사람들이 인간적인 삶의 유지가 불가능할 만큼 빈곤한 경우도 흔한 상태이다. 이런 빈곤문제의 해결을 위한 경제학의 관심이 필요한 때이다.

본 절에서는 소득불평등도를 측정하는 몇 가지 지표와 계층별 소득격차가 발생하는 원인, 재분배정책에 대하여 살펴보고자 한다.

3.1 소득불평등도 측정 지표

소득분배의 불평등도는 일반적으로 공평한 분배에 대비되어 측정되는 상대적 개념이라고 볼 수 있다. 또 공평한 분배는 주관적인 가치판단이 내재하고 있는 것도 사실이지만 지속가능한 사회를 위해서는 꼭 필요한 개념이다.

소득분배의 불평등도를 측정하는 지표로는 다음과 같은 것들이 있다. 첫째, 10분위분배율이다. 한 나라의 전체가계를 소득수준에 따라 저소득에서 고소득으로 줄을 세운다고 할 때, 첫 번째 저소득층 10%를 1분위, 그 다음 10%를 2분위, … 마지막 고소득층 10%를 10분위라고 한다. 10분위분배율은 계층별 소득분포자료에서 빈곤층으로 간주되는 최하위 40% 소득계층의 소득이 고소득층으로 간주되는 최상위 20% 소득계층의 소득에서 차지하는 비율이다.

> 10분위분배율은 계층별 소득분포자료에서 빈곤층으로 간주되는 최하위 40% 소득계층의 소득이 고소득층으로 간주되는 최상위 20% 소득계층의 소득에서 차지하는 비율이다. 10분위분배율의 값은 0과 2사이의 값을 가지며 값이 작을수록 소득분배가 불평등하며 클수록 평등함을 나타낸다.

$$10분위분배율 = \frac{최하위\ 40\%\ 소득계층의\ 소득점유율}{최상위\ 20\%\ 소득계층의\ 소득점유율}$$

10분위분배율의 값은 0과 2사이의 값을 가지며 값이 작을수록 소득분배가 불평등하며 클수록 평등함을 나타낸다. 이는 10분위분배율이 클수록 하위 40% 계층의 소득이 상위 20% 계층의 소득에서 차지하는 비중이 큼을 의미한다. 즉 값이 2면 완전평등, 0이면 완전불평등한 상태를 나타낸다. 10분위분배율은 측정하기가 간단하고 또 소득분배정책의 주대상이 되는 하위 40% 계층의 분배상태를 직접 나타낼 수 있고, 이를 상위계층의 소득분배상태와 비교할 수 있다는 점이 장점이다.

5분위배율은 소득상위 20%의 평균소득을 소득하위 20% 평균소득으로 나눈 값으로, 값이 클수록 소득분배가 불균등해진다는 것을 나타낸다.

최근에는 최하위 소득계층과 최상위 소득계층의 소득격차가 얼마나 되는지를 나타내는 (소득)5분위배율을 사용한다. 5분위배율은 소득상위 20%의 평균소득을 소득하위 20% 평균소득으로 나눈 값으로, 값이 클수록 소득분배가 불균등해진다는 것을 나타낸다. 값이 높아지면 소득양극화가 심화된다고 말 할 수 있다.

$$5분위배율 = \frac{소득상위\ 20\%\ 소득점유율}{소득하위\ 20\%\ 소득점유율}$$

둘째, 로렌츠곡선(Lorenz Curve)이다. 한 사회의 소득구성원을 소득이 가장 낮은 사람부터 높아지는 순서에 따라 누적적으로 배열했을 때, 일정 비율에 속하는 사람들의 소득이 전체 소득에서 차지하는 비율을 나타내는 점들을 연결한 곡선이다. 즉 소득인원의 누적비에 대한 소득액의 누적비를 그림으로 나타낸 곡선을 말한다. 예를 들어 **그림 8-4**에서 A점은 50%의 국민이 전체소득의 20%를 차지하고 있음을 뜻한다. 모든 사람들의 소득이 똑같은 완전균등한 분배상태라면 로렌츠곡선은 $0L$을 잇는 대각선이 되고, 총소득 전체를 한 사람이 차지하는 완전불평등한 분배상태의 로렌츠곡선은 $0ML$이 된다. 결국 로렌츠곡선이 대각선에 접근할수록 소득의 분배상태는 평등해지고, 멀어질수록 소득의 분배는 불평등해 진다. 그러나 로렌츠곡선에 의한 소득의 측정은 단순하고 직관적이라는 장점이 있지만 로렌츠곡선이 불규칙할 때(서로 교차할 때)는 소득의 분배상태를 측정할 수 없는 한계가 있다. 또 소득의 분배상태를 양적으로 비교할 수 없다는 점도 한계이다.

지니계수는 로렌츠곡선과 대각선 사이의 면적을 대각선 아래 삼각형 전체의 면적으로 나눈 것이다. 즉 지니계수$=\alpha/(\alpha+\beta)$가 된다. 지니계수는 0과 1사이의 값을 가지며 값이 작을수록 소득의 분배상태가 평등하며 클수록 불평등하다

로렌츠곡선은 소득인원의 누적비에 대한 소득액의 누적비를 그림으로 나타낸 곡선을 말한다.

셋째, 지니계수(Gini coefficient)이다. 이것은 로렌츠곡선이 다른 경제의 소득분배 상태와 서로 비교하기 어렵다는 점에 착안하여 로렌츠곡선에서의 소득분배 상태를 계수(수량화)로 나타낸 것이다. 지니계수는 로렌츠곡선과 대각선 사이의 면적을 대각선 아래 삼각형 전체의 면적으로 나눈 것이다. **그림 8-4**의 로렌츠곡선에서 완전불평등 분배를 나타내는 $\triangle OML$의 면적$(\alpha+\beta)$에 대해 실제 분배를 나타내는 로렌츠곡선 안쪽의 면적(α)의 비율로 나타낸다. 즉 지니계수$=\alpha/(\alpha+\beta)$가 된다. 지니계수는 0과 1사이의 값을 가지며 값이 작을수록 소득의 분배상태가 평등하며 클수록 불평등하다. 즉 소득분배상태가 완전평등할 때는 0이며 완전불평등할 때는 1이 된다. 그렇지만 전 계층의 소득분

그림 8-4 로렌츠곡선

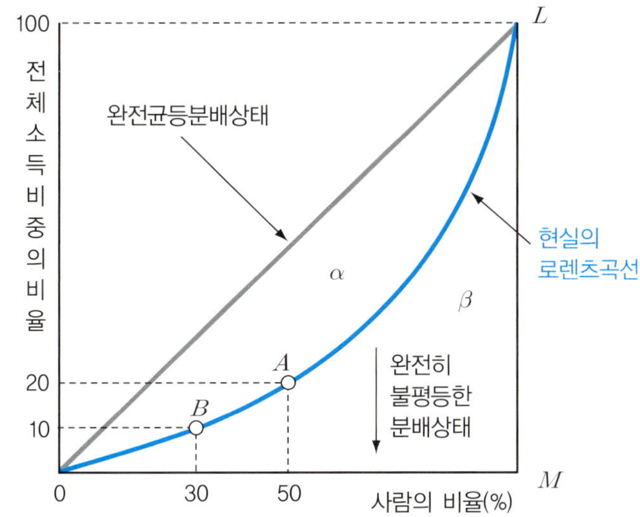

배 상태를 하나의 숫자로 나타내므로 특정 소득계층의 소득분포 상태를 나타내지 못하며, 로렌츠곡선의 형태가 다름에도 동일한 값을 갖게 되는 경우 소득의 분배 상태를 비교할 수 없는 한계가 있다.

표 8.2 우리나라의 지니계수 추이

구분	1997	1998	2000	2005	2010	2012	2013
시장소득	0.264	0.293	0.279	0.298	0.315	0.310	0.307
처분가능소득	0.257	0.285	0.266	0.277	0.289	0.285	0.280

- 시장소득 = 근로소득 + 사업소득 + 재산소득 + 사적 이전소득
- 처분가능소득 = 시장소득 + 공적 이전소득 - 공적 비소비지출
- 도시가계 2인 이상 기준

자료 통계청, 소득분배지표, KOSIS

넷째, 쿠즈네츠의 U자가설이다. 미국의 경제학자 쿠즈네츠(S. Kuznets)는 국별·시계열별 소득통계자료를 이용하여 소득분배균등도가 경제발전 초기단계에는 점점 떨어지다가 경제발전이 성숙단계에 접어들면 다시 높아지는 현상을 발견하였다. 이런 현상을 소득분배의 균등도를 종축에 표시하고, 경제발전

그림 8-5 쿠즈네츠의 *U*자가설

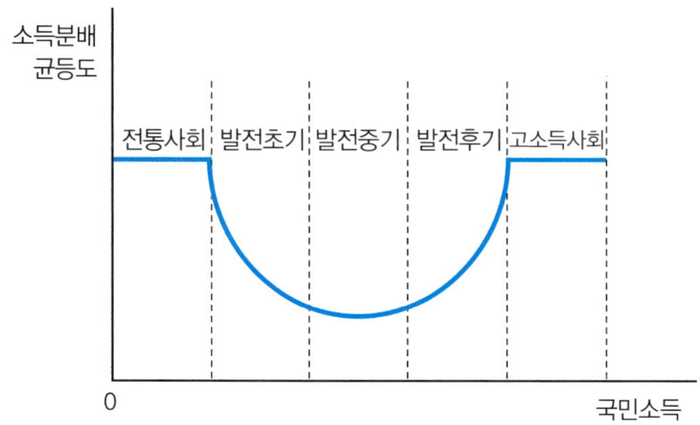

단계 또는 국민소득의 크기를 횡축에 표시하는 직각좌표에 표시하면 *U*자형태가 되는데 이를 쿠즈네츠 *U*자가설이라 한다.

전통사회는 소득분배가 균등한 상태지만 국민들 대부분이 가난해 절대적 빈곤상태에 놓여 있는 것이 문제이다. 경제발전이 진행되면서 절대적 빈곤상태는 극복되어 가지만 소득분배의 불균등이 심화되어 상대적 빈곤감이 확대된다. 경제발전이 진행되면서 소득불균등도가 확대되는 것은 자본축적의 부족 때문에 불균형성장전략에 입각한 경제발전을 추진한 결과라 할 수 있다. 경제발전이 성숙단계(고소득경제)에 이르러 소득분배의 균등도가 높아지는 것은 각종 사회보험의 확대 등 복지제도의 확충에 그 원인이 있다고 한다.

그러나 오늘날 경제현실은 소득분배의 균등도가 높아지는 것이 아니라 오히려 악화되는 소득분배의 양극화 현상이 선진국을 중심으로 확대되는 추세에 있다. 이는 시장의 경쟁논리를 강조하면서 복지문제도 개인의 경쟁력에 내맡기는 신자유주의 정책으로 인한 복지축소 때문이라 할 수 있다.

한편 쿠즈네츠의 *U*자가설은 선성장 후분배를 정당화시키는 논리로 작용할 수 있는 한계점도 있다.

3.2 소득격차 발생의 원인

계층별 소득격차를 설명하는 가설에는 개인의 능력, 우연성, 상속재산 및 개인의 선택 등이 언급되어 왔다. 그러나 제도적인 측면도 무시할 수 없다.

첫째, 빈부의 소득격차는 개인의 능력과 노력의 차이에서 발생한다는 것이다. 각 개인의 정신적, 육체적 능력이 생산성을 결정하고 이 생산성이 소득을 결정한다.

둘째, 개인의 운과 같은 우연적인 요인이 소득격차를 유발한다는 것이다. 우연찮은 로또복권의 당첨 등이 소득격차의 원인이라는 것이다.

셋째, 각 개인의 교육·훈련·기회의 차이가 있기 때문에 소득격차가 발생한다. 보다 많고 좋은 교육과 훈련이나 기회가 있었던 사람과 그렇지 않은 사람 간에 소득격차가 벌어진다는 것이다.

넷째, 상속재산의 차이이다. 상속에는 물질적 재산뿐만 아니라 육체, 교육환경 및 지능 등의 정신적 상속 모두가 포함된다. 그러나 소득분배에 직접 관련되는 것은 주로 상속된 물질적 재산이다. 상속재산이 소득분배와 관련하여 문제되는 것은 한 세대의 불평등이 다음 세대로 이전된다는 점이다.

다섯째, 사회제도·경제체제·경제정책적인 요인에 의해서 소득격차가 발생한다는 것이다. 신분사회의 경우 개개인의 특성과 관계없이 소득격차가 발생하고, 개발도상국과 같은 나라에서 불균형성장전략을 경제발전의 모델로 추진할 때 각 부문 간 소득격차가 발생한다. 또 성·인종·학벌·연령·종교·대기업과 중소기업·정규직과 비정규직 등에 대한 차별이 소득격차를 발생시킨다.

여섯째, 각 개인의 합리적인 경제 선택의 결과가 현실의 소득격차를 발생시킨다는 것이다. 소득격차가 각 개인의 노동과 여가 사이의 선택과 위험에 대한 태도에 기인한다고 한다. 가난한 사람들은 보다 많은 여가를 선택한 결과라거나, 소득이 낮더라도 안정성이 높은 직업을 자기 스스로 선택했기 때문이라는 것이다.

3.3 소득재분배 정책

평등하고 공평한 사회에 대한 지향은 인류가 추구해 왔던 보편적 가치였다고 볼 수 있다. 그러나 현실의 세계는 오히려 빈부격차 해소는 요원해 지고 있지 않나 하는 의구심이 생길 정도로 소득격차가 확대되고 있다. 그렇다고 격차를 줄이기 위한 노력을 포기해서는 안 된다. 그 노력의 일환으로 각국의 정부에서 추진하고 있는 재분배 정책을 살펴보면 다음과 같은 것들이 있다.

누진세제는 부유한 사람일수록 소득에 더 많은 비율을 세금으로 납부하는 것을 말한다.

첫째, 누진세제와 부의 소득세제이다. 누진세제는 부유한 사람일수록 소득에 더 많은 비율을 세금으로 납부하는 것을 말한다. 이는 조세부담이 누진적이면 조세납부 전의 소득격차가 조세납부 후에는 줄어들어 넓은 의미에서 소득의 재분배에 기여한다는 것이다. 또 부의 소득세제는 아주 가난한 사람들에게 세금을 걷는 것이 아니라 오히려 이들에게 정부가 보조금을 지급하는 것을 말한다. 예를 들면 정부가 가난한 사람들에게 보장하는 최소한의 소득이 월 50만원이라면 자신이 벌어들인 소득이 0이라면 이 사람에게는 월 50만원의 보조금을 지급한다. 그리고 자신이 번 소득이 늘어나면 보조금을 점점 줄여 나간다는 것이다.

사회복지제도에는 사회보험제도와 공공부조정책이 있다

둘째, 사회복지제도이다. 사회복지제도에는 사회보험제도와 공공부조정책이 있다. 사회보험제는 국민연금제도, 국민건강보험, 고용보험, 산업재해보험 등이 있다. 이런 사회보험제도는 직접적인 소득재분배 효과가 있다기 보다는 간접적이고 부수적인 재분배 효과가 있다. 직접적인 재분배효과가 있는 정책은 공공부조정책이다. 공공부조는 가난한 사람들에게 생계에 도움이 될 수 있게 직접 보조금을 지급하기 때문에 소득재분배 효과가 크다고 볼 수 있다. 우리나라의 경우 기초생활수급자에게 생계비가 지원된다거나 육아보조금이 지급된다거나 하는 제도이다. 좀 더 넓은 의미로는 최근 일부에서 논의되고 있는 기본소득 개념이 이에 해당한다고 볼 수 있다.

최근 우리사회에서 사회 양극화가 크게 확대되는 중요한 요인은 노동배제적인 신자유주의 정책이 확대 적용된 결과로 보인다.

최근 우리사회에서 사회 양극화가 크게 확대되는 중요한 요인은 노동배제적인 신자유주의 정책이 확대 적용된 결과로 보인다. 이 정책모델은 신자유주의적 시장경제체제를 근간으로 하고 구권위주의의 발전모델로부터 전수된 성장지상주의 이념 및 가치와 노동배제를 핵심내용으로 삼고 있는 것으로, 이것이 우리 사회에 강요된 결과 사회양극화가 오히려 확대되는 계기가 되었다.

따라서 신자유주의를 반대하는 소극적 태도로는 새 시대를 열 수 없다. 사회적 연대를 적극적 가치로 내세워야 한다. 벌거벗은 자본주의 시장을 경험한 우리 국민은 시장과 가족간의 전근대적 '연대'로는 교육, 질병, 실업, 주택, 노후 등 여러 생활불안을 해결할 수 없음을 깨닫고 있다. 노동의 영역에서 차별을 없애기 위한 연대가 중요하다. 또 복지연대에 따른 보편적 복지는 그 자체로 분배를 개선해 경제성장을 촉진할 뿐 아니라 성장정책과 연계시키면 구조조정에 대한 저항을 완화하고 역동적 성장을 가능하게 한다.

시장만능주의는 그 종주국인 미국에서 이미 파산선고를 받았고 많은 권위 있는 학자들이 이런 정책으로는 세계경제가 장기침체에서 헤어나지 못한다고 지적하고 있다. 그래서 선진국들은 이미 다른 길을 모색하고 있다. 이제 한국도 사회적 연대의 정신으로 새 시대를 열어야 한다.

양극화의 해법으로 비정규직 차별해소를 위한 사회적 타협과 노동법제의 개선, 조세체계의 개혁, 사회안전망 확충, 사회적 일자리 공급 확대, 산업정책으로 중소기업의 혁신과 대내적 연관성의 강화, 서비스 산업의 육성 등을 제시하지만 이를 낙관할 수 없는 것은 정부가 이를 추진하려는 정책의지가 없을뿐더러 약자를 배려하고 보호하려는 철학이 부재하기 때문이다.

소득 양극화를 낳는 노동시장의 차별구조를 혁신하는 정책, 자산의 양극화를 시정하는 조세개혁 정책, 불평등을 완화할 수 있는 사회서비스를 전면적으로 확대하는 정책들이 최소한 실현될 때 사회경제적 민주화는 한걸음 더 진전될 수 있을 것이다.

이미지로본한국경제 »

교육과 일자리 불평등

대학교육 1인당 교육비 증가율(2000년 기준, %)

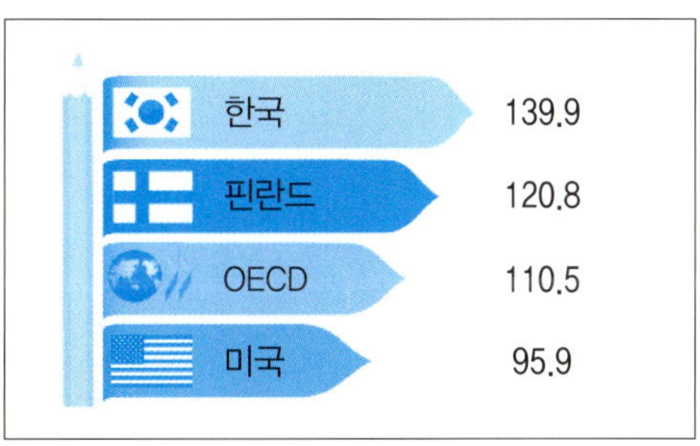

출처 OECD, Education at a Glance 2014.

자료 새로운사회를여는연구원(http://saesayon.org/)

정규직과 비정규직 사이의 임금격차*

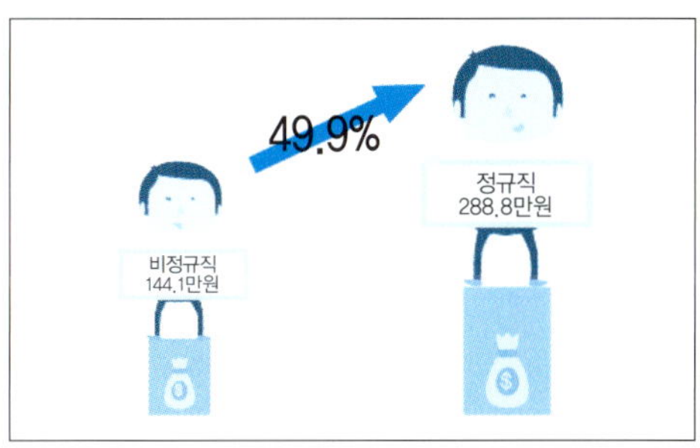

출처 통계청 경제활동인구조사를 이용 추계, 2014.8. 기준

4 시장실패

4.1 시장실패의 정의

우리는 그 동안 모든 경제주체가 합리적인 경제활동을 하고, 시장이 완전경쟁시장이면 자원은 가장 효율적으로 배분된다는 전제에서 경제이론을 설명하였다. 그러나 경제주체 모두가 합리적이지도 않고 완전경쟁시장은 현실의 시장을 설명하는 준거로써의 역할만 할뿐 존재하지 않는 시장이다. 시장이 완전경쟁시장이면 가격의 자동조절 기능을 통해서 자원의 최적배분이 달성된다고 한다. 설사 완전경쟁시장이라 하더라도 자원배분의 효율성이 이루어지지 않을 수도 있다. 이를 시장실패라 한다.

시장실패
시장의 가격기구가 자원의 최적배분에 실패하는 현상

시장실패(Market failure)는 시장의 가격기구가 자원의 최적배분에 실패하는 현상을 말한다. 즉 가격에 의한 자원배분이 희소한 자원을 비효율적으로 배분하는 상태를 의미하는 것으로, 경제활동을 시장에 맡길 경우 효율적인 자원배분과 공평한 소득분배를 실현하지 못하는 경우를 말한다.

시장실패가 나타나는 예로는 먼저, 완전경쟁이 이루어질 수 없는 경우로 규모의 경제와 정보의 불완전성이 존재하는 경우, 둘째, 완전경쟁의 경우에도 자원배분이 효율적이지 못한 경우로 외부효과와 공공재가 존재하는 경우이다. 셋째, 완전경쟁이 사회후생의 극대화를 가져올 수 없는 경우로 소득분배의 불공평성의 문제 등이 있다.

4.2 시장실패의 원인

시장실패의 원인
- 시장의 불완전성과 규모의 경제이다.
- 외부효과의 존재이다.
- 공공재이다.
- 소득의 분배상태가 불공평할 때이다.
- 불확실성과 정보의 비대칭성이다.

시장실패의 원인으로는 첫째, 시장의 불완전성과 규모의 경제이다. 완전경쟁시장과 독점 등 불완전경쟁시장의 경제적 효과를 비교분석해 볼 때 불완전경쟁시장은 가격이 한계비용보다 높다. 즉 불완전경쟁시장은 한계비용가격설정이 이루어지지 않기 때문에 비효율적인 자원배분이 이루어지고 이는 시장실패의 원인이 된다는 것이다. 불완전경쟁(독점)시장은 완전경쟁시장에 비해 가격은 높고 생산량은 적고, 유휴생산설비가 존재하고, 정상이윤이상의 초과이윤을 획득하고, 소비자의 분배 몫이 생산자에게로 이전되는 등 비효율적인 자원배분이 이루어진다.

또 규모의 경제가 작용하는 경우에도 시장실패가 일어나는데, 생산규모가 증가함에 따라 평균비용이 낮아지기 때문에 완전경쟁이 이루어지지 못하고 자연독점이 발생하게 된다. 규모의 경제가 작용하면 평균비용이 낮아지는 이점이 있지만, 불완전경쟁이 초래되어 오히려 비효율적인 자원배분이 이루어질 수 있다는 것이다.

둘째, 외부효과의 존재이다. 외부효과는 어떤 경제주체의 행위가 시장의 가격기구를 통하지 않고 다른 경제주체의 선호나 생산에 영향을 미치는 효과이다. 외부효과는 외부경제(긍정적 외부효과)와 외부불경제(부정적 외부효과)로 구분할 수 있는데, 다른 경제단위에 이득을 주는데도 불구하고 보상을 받지 못하는 경우를 외부경제라 하고, 소비 또는 생산활동의 과정에서 다른 경제주체에 손해를 줌에도 불구하고 보상하지 않는 경우를 외부불경제라 한다.

외부효과가 존재할 때 자원의 효율적 배분이 달성되지 못하는 것의 대표적인 예가 환경오염 문제이다. 환경오염이 발생하는 것은 사회적 관점에서 계산된 비용(편익)과 개인적인 관점에서 계산된 비용(편익)이 서로 일치하지 않기 때문이다. 예를 들면 하천 상류의 염색업체에서 발생시키는 폐수는 하류의 양어장이나 하천을 오염시켜 염색한 옷을 입지 않는 다른 사람에게도 피해를 줄 수 있다. 그러나 염색업체는 한계비용을 계산할 때 하천 오염이라는 사회적 비용을 계산하지 않고 지불하지도 않는다. 이와 같이 사회적 비용을 발생시킨 주체가 부담하지 않는 비용을 외부불경제비용이라 한다. 염색업체의 사적비용인 염색가공하는 데 필요한 생산비와 외부불경제비용을 합한 것이 염색업체의 사회적 비용이다. 외부불경제가 존재하면 사회적 비용이 사적비용보다 크게 된다. 이는 곧 사회적 한계비용이 사적 한계비용보다 큼을 의미한다. 이런 경우 이와과잉생산이 발생하여 사회적 자원의 낭비가 발생하게 된다. 이 경우 조세를 부과해 자원배분의 비효율성을 시정할 수 있다.

이로운 외부효과에도 자원배분이 비효율적으로 이루어질 수 있다. 이때는 사적 편익보다 사회적 편익이 크게 된다. 이럴 때 생산은 사적 편익에 의해 생산이 되기 때문에 사회전체적인 편익을 고려해 생산되는 경우보다 적게 생산된다. 즉 과소생산이 발생한다는 것이다. 이 경우 생산활동의 장려를 위해 정부가 보조금을 지급하는 것은 좋은 방법 중에 하나이다.

셋째, 공공재이다. 공공재(public goods)는 국방, 치안, 도로 등으로 중앙정부나 지방정부가 조세로 생산하는 재화나 서비스를 말하는 것으로, 소비에서의 비배제성, 비경합성의 원칙이 적용되는 상품이다.

비배제성은 공공재의 사용에 따른 비용을 지불하지 않는 경제주체를 소비로부터 배제하기 어렵거나 불가능한 것을 말한다. 사적재는 비용을 지불하지 않은 사람에게는 공급되지 않아 소비에서 배제시킬 수 있다. 예를 들어 조세를 납부하지 않은 사람에게 치안이나 국방서비스를 제외할 수 없는 것과 같다. 비경합성은 공공재가 생산된 이후 다른 경제주체가 추가로 소비해도 이미 소비하고 있던 경제주체들의 소비가능성이 감소하지 않는 것을 말한다. 사적재는 다른 경제주체가 소비를 하면 다른 경제주체의 소비는 줄어들게 된다. 예를 들어 어떤 한 사람이 추가적으로 치안 서비스를 받는다고 해서 다른 사람의 치안서비스의 양은 변하지 않는다는 것이다.

결국 공공재는 사적재와는 달리 수익자 부담의 원칙이 적용되지 않기 때문에 무임승차자(free-rider)가 존재하여 시장실패가 일어난다. 만약 공공재의 생산을 시장에 맡기는 경우 이윤극대화를 추구하는 사기업은 생산에 대한 유인이 없다. 따라서 사회적으로 필요한 만큼의 공공재가 공급될 수 없는 것이다. 이런 경우에는 정부가 조세를 통해 직접생산하든가 아니면 민간에 보조금을 주어 생산을 유인해야 한다.

넷째, 소득의 분배상태가 불공평할 때이다. 자본주의 시장경제에서 소득분배는 생산요소의 소유량과 요소가격에 의해서 결정된다. 즉 각 생산요소의 소유자는 그 생산요소의 한계생산물가치(VMP)만큼 소득으로 분배받는다. 따라서 생산요소의 소유량이 적거나 한계생산물가치가 적은 생산요소를 가지고 있는 경제주체는 소득이 적을 수밖에 없다. 어린이나 노인, 장애인 등 일할 능력이 없는 사람들은 생산과정에서 배제되어 아예 소득을 얻지 못한다. 이런 경우 소득분배는 불균등하게 분배된다. 또 독점시장의 경우 경쟁시장에 비해 소득분배가 불균등하게 이루어지는데 소비자잉여의 일부가 생산자잉여로 전환되는 예에서 확인한 바 있다.

자본주의 시장경제에서는 구매력 있는 사람의 선호를 중요시 한다. 따라서 가난한 사람보다는 부자들이 사회적 영향력이 더 크다. 그렇기 때문에 소득분배의 불균등은 경제적 힘의 불균형으로 나타나게 된다. 오늘날 정부가 누진과

세나 최저임금제 등 소득재분배정책을 실시하는 것은 소득분배에 대한 시장경제의 결함을 보완하기 위한 조치 중에 하나이다.

다섯째, 불확실성과 정보의 비대칭성이다. 현실의 경제는 불확실성이 많다. 소비자의 선호와 생산기술, 예상 등이 수없이 변하여 시장도 변한다면 효율적인 자원배분의 전제인 한계비용가격설정($MC = P$)이 어렵게 되어 비효율적인 자원을 배분하게 된다.

또 정보의 비대칭성의 문제로, 거래 당사자 한쪽은 알고 있고 다른 쪽은 모

생활속경제 ››

정보의 비대칭성과 승자의 저주(Winner's Curse)

프로스포츠에는 자유계약선수(Free Agent)라는 제도가 있다. 이는 특정 팀과의 계약이 만료되는 선수가 자신에게 최선의 조건을 제시하는 팀을 선택하여 계약을 체결할 수 있는 제도를 말한다. 이러한 계약방식은 경쟁적 입찰이 가능한 경매시장에서 물건을 거래하는 것과 유사한 방식이다. 즉, FA선수는 자신(능력)을 경매시장에 올려놓고 가장 높은 가격을 제시하는 입찰자(구단)와 계약을 체결하는 것이다.

한편 우리나라의 경우 1999년 프로야구 FA제도가 도입된 이후 동 제도가 활성화되면서 가끔 미디어 등을 통해 "아무개 선수가 거액으로 모 팀과 3년 계약을 체결하여 FA대박을 터뜨렸다"라는 뉴스를 들을 수 있게 되었다. 그런데 아이러니는 이런 거액의 계약을 맺은 선수중 이듬해 리그 시작 후에 자신의 몸값에 걸맞은 활약을 펼친 선수가 많지 않다는 사실이다. 실제로 일부 통계(스포츠한국, 2004. 11. 10)에 따르면 1999년 FA제도가 시행된 이후 2003년까지 FA 시장에서 34명의 선수에게 지불된 금액은 516억원(1인당 평균 15억원)에 이르고 있으나 이들중 FA 계약후 실질적으로 선수의 성적이 개선된 사람은 단지 2명(5.9%)에 불과한 것으로 나타났다. 다시 말해서 거액의 금액으로 선수와 계약을 체결한 구단일수록 경기력 향상은 기대하지 못하면서 금전적 지출규모만 컸을 뿐임을 의미한다.

이처럼 경매시장에서 승리한 구단이 오히려 실질적으로는 손실을 입게 되는 상황을 "승자의 저주"라고 한다. 이는 물건(또는 서비스)을 팔려는 사람과 구매하려는 사람간에 정보가 비대칭적으로 존재하기 때문에 나타난 문제이다. 예컨대 프로야구 FA를 선언한 선수가 치명적인 부상이나 결함을 가지고 있는 경우 이러한 정보는 입찰에 응한 구단은 알기 어려운 경우가 대부분이다. 따라서 입찰에 응한 구단중 최고가액을 제시하는 구단은 FA선수의 가치를 과대평가할 개연성이 높으며 이로 인해 입찰경쟁에서 승리하였으나 실질적으로는 손실을 보게 되는 상황이 발생하는 것이다.

출처 한국은행 경제교육 홈페이지 (http://youth.bokeducation.or.kr)

르는 경우 정보가 비대칭적이라고 한다. 예를 들어 상품을 판매하는 사람은 그 상품의 품질 등의 정보에 대해서 잘 알고 있지만 소비자는 잘 모르는 경우, 중고차 소유자의 경우 그 차에 대한 정보를 가지고 있지만 중고차를 새로 살 사람은 정보가 부재한 경우 등이 이에 해당한다. 정보의 비대칭성이 문제가 되는 것은 도덕적 해이(moral hazard)와 역선택(adverse selection)이 발생한다는 점이다. 이를 자동차보험제도를 통해 살펴보면, 도덕적 해이란 자동차종합보험에 가입한 사람은 안전운전에 최선을 다해 노력을 기울이지 않는 것이다. 과속과 신호위반 등으로 교통사고를 내더라도 보험회사에서 비용을 지불하기 때문에 안전운전에 소홀할 개연성이 크다는 것이다. 역선택은 상대적으로 안전운전을 하는 사람은 많은 보험료를 지불하고 교통사고를 많이 내는 사람이 상대적으로 적은 보험료를 지불하는 경우를 말한다. 결국 사고를 덜 내는 사람은 보험 가입에 대한 유인이 적고 사고 많이 내는 사람이 오히려 보험가입이 많아져 평균적인 사고위험률과 보험료를 높이는 결과를 초래할 수 있다. 이런 경우 자원배분이 비효율적으로 이루어진다.

5 정부실패

5.1 정부실패의 원인

위에서 살펴본 시장실패의 문제를 보완하기 위해 정부는 시장의 가격기능에 개입하게 되는데, 그 개입이 경제정책으로 나타난다. 정부의 경제정책은 가격기구가 자원을 효율적이고 공평하게 분배하지 못하는 데서 오는 시장실패를 보완하기 위해서 시도하는 것이라고 볼 수 있다.

그런데 이러한 정부의 개입이 오히려 더 나쁜 비효율적인 자원배분과 불공평한 현상을 초래한다는 것이 정부실패이다.

> 정부실패는 정부의 개입이 오히려 더 나쁜 비효율적인 자원배분과 불공평한 현상을 초래한다는 것이다.

정부실패의 원인은 첫째, 제한된 정보와 지식이다. 제약된 정보 때문에 어떤 정부정책을 실행할 때 그 정책의 결과를 완벽하게 예견 할 수 없다는 것이다. 예를 들어 정부가 4대강 살리기라는 명분으로 4대강에 보를 만들고 바닥을 준

설하는 사업을 실시하는데, 이로 인한 생태계의 파괴는 정확하게 예측하는 것이 불가능하다. 이렇게 정보와 지식이 제약된 상태에서 정부의 정책이 의도한 성과를 거두기란 정말 어렵다.

둘째, 민간부문에 대한 반응의 통제 불가능성이다. 정부는 어떤 정책을 수행할 때 민간부문이 정부가 의도하는 반응을 보일 것이라는 기대를 가진다. 그러나 정책집행의 결과 민간은 정부의 기대와 달리 다른 반응을 보일 수 있다. 예를 들어 정부가 가계의 소비촉진이나 기업의 투자의욕을 자극하기 위해 감세정책을 실시했지만 오히려 세수확보에 어려움을 겪게 되고 처음 의도한 성과를 담보하지 못할 수도 있다는 것이다.

셋째, 정치적 과정에서의 제약을 들 수 있다. 상반된 이해관계를 가진 집단들이 정치적 타협을 모색하는 과정에서 정책의 본질이 변질될 가능성이 있다는 것이다. 예를 들어 국가균형발전을 명분으로 건설 중인 세종시가 서울과 지방간의 이해관계의 대립으로 건설이 지연된 바 있는데 이에 해당된다고 볼 수 있다.

넷째, 관료조직의 주인-대리인 문제이다. 관료들은 국민에 봉사해야 하는 도덕적 의무를 지닌다. 그러나 관료들이 공익보다는 사익을 먼저 챙길 가능성이 크다는 것이다. 주인인 국민의 이익보다는 대리인인 관료 자신들의 정치·경제적 이해를 앞세울 개연성이 크다는 것으로, 이런 관료들의 도덕적 해이는 정부가 처음 의도한 성과의 달성을 어렵게 할 수 있다.

> **정부실패의 원인**
> - 제한된 정보와 지식이다.
> - 민간부문에 대한 반응의 통제 불가능성이다.
> - 정치적 과정에서의 제약을 들 수 있다.
> - 관료조직의 주인-대리인 문제이다.

5.2 정부실패의 보완책

정부조직을 개혁한다는 것은 쉬운 일이 아니다. 관료들이 스스로 자신의 기득권을 포기하면서 정부개혁에 매진하기는 사실상 불가능하기 때문이다. 그렇다고 관료조직의 비효율성을 방치할 수는 없지 않은가? 그 보완책은 제도의 개혁과 적절한 유인 제공, 경쟁의 도입 등이 요구된다. 먼저, 제도개혁을 들 수 있는데, 제도의 결함이 비효율성을 낳는 경우가 있다. 관료조직의 비대화, 역할분담의 불명확성, 상호견제기능의 미비 등을 제도적 차원에서의 문제해결이 요구된다.

둘째, 적절한 유인책의 활용이다. 기업은 이윤이라는 기준으로 각 부문을 평가하는 경향이 강하다. 그러나 정부는 성과를 측정할 수 있는 평면적인 조직이 없다. 기업과 달리 관료들이 목표의식을 갖고 어떤 업무에 종사하는 것이 아니기 때문에 효율성을 발휘하기 힘들다. 뿐만 아니라 개별적인 관료들의 성과를 평가하기 힘들어 아무리 열심히 일해도 돌아오는 보상이 크지 않다. 관료의 승진과 보수 등의 처우가 경직적으로 운영되어, 이것이 비효율성의 원인이 되고 있다. 관료들의 자발성을 유인해 열심히 일하는 풍토를 만들기 위해 노력한 사람은 후한 상을 주고, 태만한 사람은 벌을 주는 것이다.

셋째, 경쟁의 도입을 들 수 있다. 민간기업은 이윤수취를 위해 서로 경쟁하지만 관료사회는 업무영역에서 독점적인 지위를 차지하고 있어 경쟁에 대한 부담이 거의 없다. 경쟁이 없어 정부조직의 비효율성이 생긴다고 보는 사람들은 각 부처와 민간부문과의 경쟁체제를 도입해 운영의 효율화를 추구해야 한다고 주장한다.

이상에서 우리는 시장실패와 정부실패에 대해서 살펴보았는데, 시장실패를 보완하기 위해 정부의 가격기능에 대한 개입이 일정정도 필요한 측면이 있다. 하지만 시장지향적인 관점을 가진 사람들은 정부실패의 가능성을 들어 오히려 최소정부론을 주장한다. 그러나 시장의 원활한 운영도 정부의 적절한 조절이 없이는 불가능하다. 시장주의자들이 가정하는 완전경쟁시장은 현실에 존재하지 않기 때문이다.

연 습 문 제

01 주류경제학에서는 각 생산요소가 생산에 기여한 만큼만 보수를 받으면 그 결과로 나타나는 소득분배는 공평하다고 주장한다. 이에 대하여 논평하시오.

02 최근 우리사회는 소득 양극화가 심화확대되는 추세에 있다. 그 원인과 대책에 대하여 설명하시오.

03 우리나라에서 실시하고 있는 국민기초생활보장제도에 대하여 살펴보고, 문제점이 무엇인지 설명해 보시오.

04 정보의 비대칭성에 대하여 설명하고, 정보의 비대칭성이 발생할 경우 나타날 수 있는 문제점은?

05 시장실패의 원인과 대책에 대하여 설명하시오.

06 정부실패의 원인과 그 보완책에 대하여 설명하시오.

Chapter

09

국민경제의 순환과 국내총생산

1. 국민경제의 순환
2. 총생산과 총소득

거시경제학은 국가경제 전체의 관점에서 총체적으로 경제문제를 분석한다. 즉 개별경제주체들로 구성된 경제의 총체적인 현상을 연구대상으로 하며, 국가경제 각 부문 사이의 연관관계를 밝히고 전체 경제활동의 순환적 흐름을 파악하는 것이다. 국가경제 전체의 소득, 고용, 소비, 투자, 정부지출 등의 집계량 사이의 상호관계를 밝히는 학문이다. 다시 말해 거시경제학은 거시경제변수[2)]들이 어떻게 결정되고, 서로 어떤 영향을 주고받으며, 정부의 경제정책이 이 변수들에 어떤 영향을 주는지를 연구하는 학문이다.

이 장에서는 국민경제의 순환을 살펴보고, 국내총생산(GDP), 국민총소득 등의 개념과 새로운 후생지표 등에 대해서 살펴보고자 한다.

1 국민경제의 순환

1.1 거시경제학의 과제

거시경제학은 국가 전체적인 측면에서 물가수준, 총산출량 수준, 고용수준, 해외부문과의 관계 등의 문제가 주요 관심사항이다.

거시경제학은 국가 전체적인 측면에서 크게 다음의 4가지 경제문제가 주요 관심사항이라 할 수 있다. 첫째로 물가수준, 둘째로 총산출량 수준, 셋째로 고용수준, 넷째로 해외부문과의 관계이다.

첫째의 물가수준의 문제이다. 물가가 지속적으로 상승하면 인플레이션이 발생하게 되어 국민들의 경제생활이 어렵게 된다. 둘째의 국가전체의 총산출량의 문제인데, 국가전체의 총생산 수준이 적정하지 못하면 경기가 침체되고 실업이 늘어나는 문제가 발생하기 때문에 경제는 일정한 성장을 유지하는 것이 중요하다. 셋째의 고용의 문제이다. 고용수준이 낮아지면 실업문제가 발생하게 된다. 실업은 소득을 얻을 수 없다는 것을 의미하며, 이는 곧 소비할 수 없다는 것이다. 따라서 실업은 여러 가지 사회문제를 낳게 하는 주요한 요인이 된다. 넷째의 해외부문에 관한 것이다. 국내경제와 외국경제가 어떠한 관계를 유지하느냐 하는 것도 국가경제와 아주 밀접한 관련이 있다. 환율이나 외환보유고 등은 국민의

2) 총생산, 총소득, 총고용, 물가, 통화량, 금리, 재정, 경제성장, 국제수지 등 경제 전체를 묘사하는 총량(집계량)을 뜻한다.

생활수준을 결정하는 주요한 경제변수이며, 또 교역하는 국가 간 경제 여건의 변화나 경제상황은 서로 간에 직간접적인 영향을 많이 미친다.

이상의 네 가지 거시경제 과제가 순조롭게 해결되어야 국가경제의 선순환이 달성될 수 있다. 기업의 수익성이 좋아지거나 가계의 분배 몫이 커지면 경제가 활성화되면서 총생산이 증가하고 실업이 줄어들 것이다. 그러나 과도한 경제 성장은 초과수요를 초래하여 인플레이션을 유발할 수도 있다. 실업이 줄어든다고 할지라도 인플레이션이 발생하면 국민생활은 곤란해 질 수 있다. 결국 경제는 과도한 것이나 과소한 것 모두 문제가 될 수 있다. 그런 측면에서 보면 적당한 것이 최고라 할 수 있다.

1.2 생산과 소비의 순환

우리 사회는 재화와 서비스가 계속 생산되어야 한다. 이 생산된 재화와 서비스는 또한 소비되어야 하고, 이것들이 소비되기 위해서는 소득이 있어야 가능하다. 그런데 사회 전체로 볼 때 생산 그 자체가 국민들의 소득을 만들어 내고, 이 소득으로 국민들이 생산물을 소비함으로써 다시 생산활동이 가능하게 된다. 이러한 제순환과정을 경제활동이라 할 수 있는데, 이는 생산과 소비가 되풀이 되는 현상이다.

국가경제에서 생산활동을 담당하는 주체를 기업(생산자)이라 하고, 소비활동을 담당하는 주체를 가계(소비자)라고 한다. 정부는 생산과 소비가 제대로 수행될 수 있게 적당하게 조절해 주는 주체이고, 해외는 국내에서의 생산과 소비를 해외에서의 생산과 소비와 연결시켜 주는 주체이다. 국가경제는 기업, 가계, 정부, 해외 등 크게 4부문으로 구성된다고 할 수 있다. 이 4부문이 적절히 결합된 국가전체의 경제단위를 거시경제(macro economy)라 하고, 이와 같은 국가경제 전체를 하나의 경제단위로 보고 이를 분석하는 경제학이 거시경제학(macroeconomics)이다.

국가경제는 기업, 가계, 정부, 해외 등 크게 4부문으로 구성된다

그림 9-1은 4부문으로 구성된 국가경제의 순환과정을 나타낸다. 기업은 생산한 재화와 서비스(=상품)를 가계, 정부, 해외부문에 판매하여 그 대가로 생산요소를 구입할 수 있는 수입을 얻는다. 기업은 이 수입으로 노동, 자본 등의 생산요소를 구입한 대가로 가계에 임금, 이자, 배당, 지대 등을 지불하고 정부에 조세(세금)를 납부한다.

그림 9-1 국가경제의 순환 과정

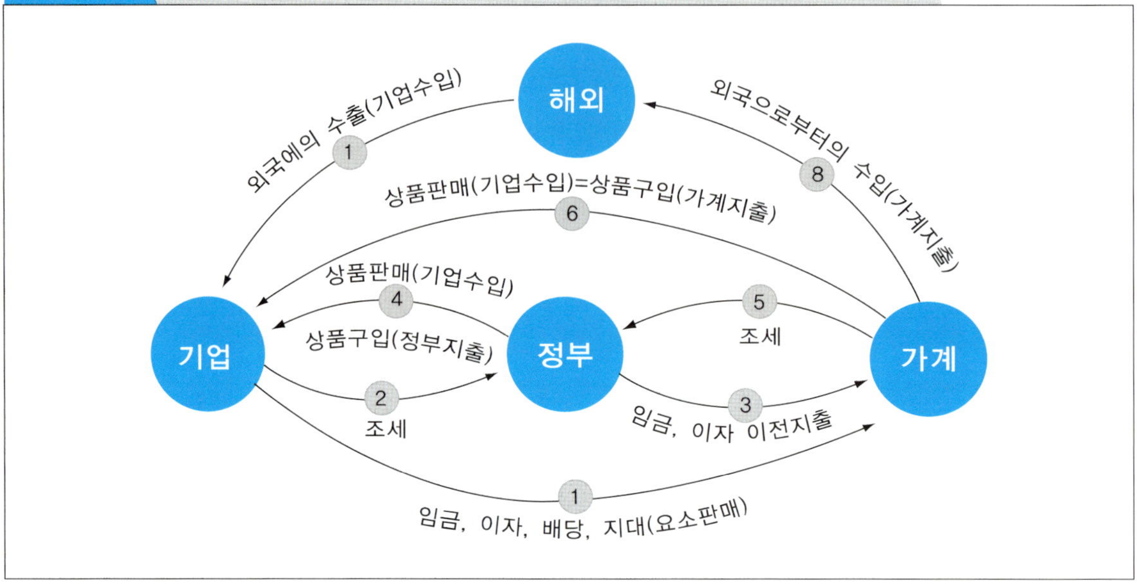

가계는 기업과 정부에 생산요소를 판매하고 그 대가로 임금, 이자, 배당, 지대 등의 형태로 소득을 얻어 기업이 생산한 재화와 서비스를 구매하고, 해외로부터도 재화와 서비스를 구매한다. 그리고 이 소득으로 정부에 조세를 납부한다. 정부는 기업과 가계로부터 조세를 받아 기업으로부터는 상품을 구입하고, 가계로부터는 필요한 생산요소를 구입하여 정부의 역할을 수행하게 된다.

2 총생산과 총소득

2.1 국내총생산 : 생산총량지표

국내총생산(*GDP*)은 일정기간 동안에 한 나라의 국경 내에서 생산된 재화 및 서비스의 최종 생산물의 시장가치를 뜻한다.

국내총생산(*GDP* : Gross Domestic Product)은 일정기간 동안에 한 나라의 국경 내에서 생산된 재화 및 서비스의 최종 생산물의 시장가치를 뜻한다. '일정기간 동안에'라는 것은 유량(flow)의 개념임을 의미한다. 특정기간을 명기해야 한다는 것으로 우리나라의 경우 분기(3개월), 또는 1년 단위로 한국은행에서 측정한다. 일정기간을 나타내는 유량개념은 일정시점을 나타내는 저량(stock)개념과는 차이가 있다. 유량개념은 국내총생산 외에 수요량이나 공급량 등을 측정할 때 사용되며, 저량개념은 통화량, 국부 등을 측정할 때 사용된다.

'한 나라의 국경 내에서'라는 것은 자국민에 의해서 생산된 것이든 외국인에 의해서 생산된 것이든 구분하지 않고 그 나라 국경 안에서 생산된 재화나 서비스 모두가 GDP에 포함된다는 것이다. 속지주의 원칙이 적용되는 것으로 국내에서 생산된 것이면 외국인 및 외국인 소유의 생산요소에 의하여 생산된 것도 GDP에 포함된다. 그 반면에 내국인 또는 내국인 소유의 생산요소에 의하여 생산된 것이라 할지라도 외국에서 생산된 것이면 GDP에 포함되지 않는다.

'생산된'이라는 것은 생산되지 않은 것(주식투자, 복권수입, 증여·상속, 장학금, 이전소득, 국공채수입 등)은 GDP에 제외된다는 뜻이다.

'최종생산물'이라는 것은 다른 생산물을 생산하는 데에 쓰인 원재료, 반제품 같은 중간생산물의 가치는 제외된다는 뜻이다. 중간생산물은 가공 또는 변형되어 재판매되기 때문에 GDP에 포함될 경우 중복계산이 될 수 있다. 또 생산의 각 단계에서 새롭게 창출되는 가치(부가가치)의 합계(= Σ 부가가치)는 최종생산물의 가치와 같다.

'시장가치'라는 것은 시장에서 거래되는 생산물가치만 GDP에 포함되고, 각 생산물이 시장에서 평가되는 화폐액임을 뜻한다. 가정주부는 가사를 돌보는 유용한 서비스를 생산하지만 이것이 시장에서 거래되지 않기 때문에 GDP에 포함되지 않는다. 만일 가정주부가 다른 집의 가사도우미로 일을 하게 되면 일정한 가격으로 거래되기 때문에 GDP에 포함된다. 냉장고 1대와 자동차 5대, 빵 10개 등은 직접 합산할 수 없다. 이는 생산물의 종류와 물리적 단위가 다르기 때문이다. 그렇지만 냉장고 1대, 자동차 5대, 빵 10개의 시장가치를 합산할 수는 있다. 이렇게 GDP는 최종생산물의 시장가치를 합계하여 계산한다.

그림 9-2 국내총생산 · 경제성장율 추이

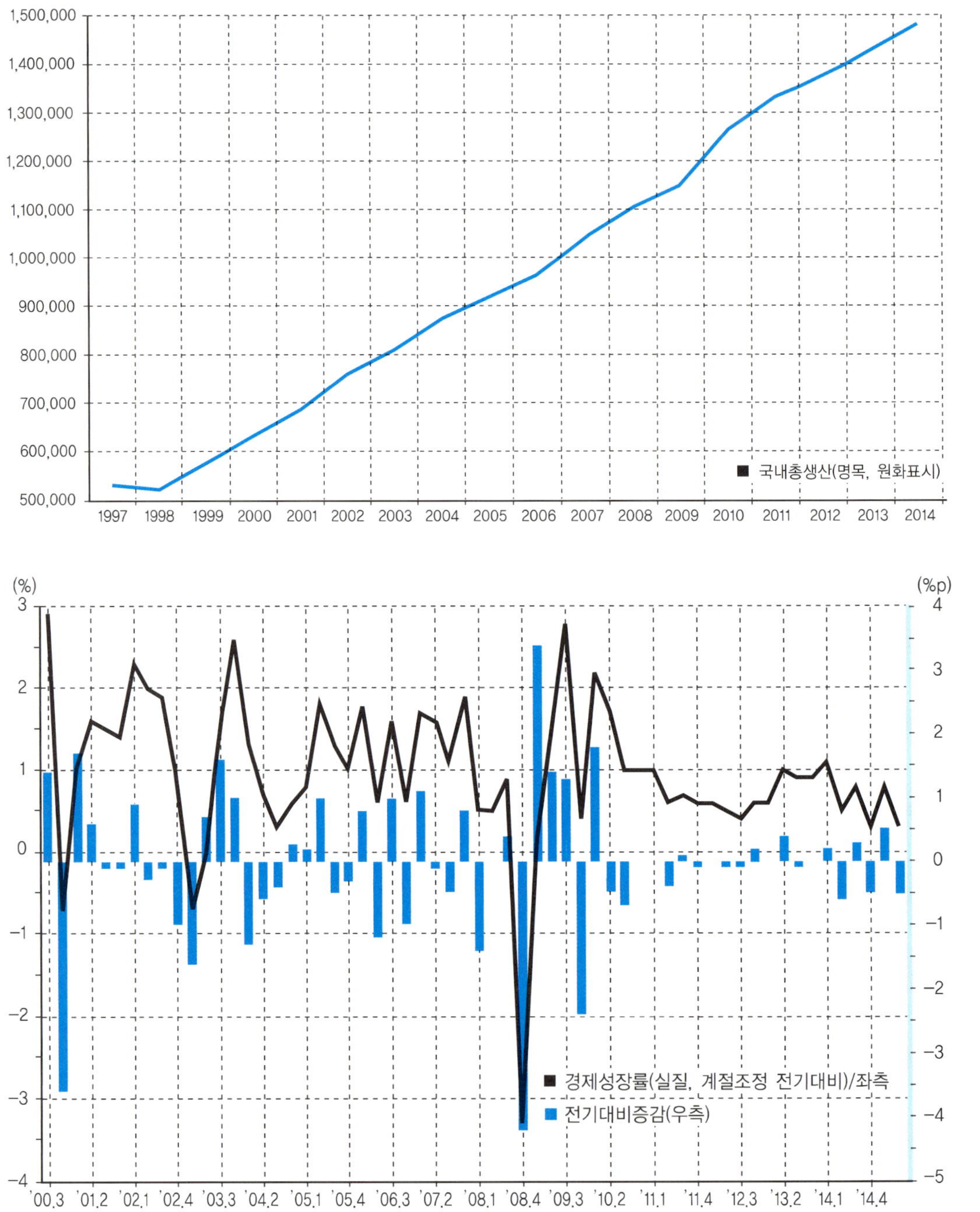

2.2 GDP의 종류

명목GDP(경상가격GDP)는 한 나라의 생산량을 당해 연도의 시장가격으로 평가한 것을 뜻한다. 이는 당해 연도(현재연도)의 시장가격에 당해 연도 최종생산물을 곱하여 얻은 GDP이다.

명목GDP(경상가격GDP)는 한 나라의 생산량을 당해 연도의 시장가격으로 평가한 것을 뜻한다.

$$\text{명목}\,GDP = P_{1t} \cdot Q_{1t} + P_{2t} \cdot Q_{2t} + \cdots + P_{nt} \cdot Q_{nt}$$

명목GDP는 당해 연도 경제활동 규모와 실적을 표시하는데 유용하며 당해 연도 국민경제의 성과와 구조변동 및 GDP구성요소의 변동을 분석하고자 할 때 유용하다.

실질GDP(불변가격GDP)는 한 나라의 생산량을 기준연도의 가격으로 평가한 것을 뜻한다. 이는 당해 연도 최종생산물에 임의의 특정연도를 기준으로 하여 그 기준연도의 시장가격을 곱하여 얻은 GDP이다.

실질GDP(불변가격GDP)는 한 나라의 생산량을 기준연도의 가격으로 평가한 것을 뜻한다.

$$\text{실질}\,GDP = P_{10} \cdot Q_{1t} + P_{20} \cdot Q_{2t} + \cdots + P_{n0} \cdot Q_{nt}$$

실질GDP는 다른 연도와 비교하여 경제가 실제로 변동한 크기를 알고자 할 때, 즉 국민경제가 장기적으로 어떻게 변동하고 있는가 또는 경제성장률은 얼마인가 알아보는데 유용하게 쓰인다.

GDP deflator는 명목GDP(Y)을 실질GDP(y)로 나눈 값으로 종합물가지수이다.

$GDP\ deflator$(환가지수)는 명목GDP(Y)을 실질GDP(y)로 나눈 값을 말하는 종합물가지수로 사후적으로 측정된다.

$$GDP\ deflator = \frac{\text{명목}\,GDP}{\text{실질}\,GDP} \times 100$$

잠재적 산출량(potential output)=잠재적GDP는 한 나라 국경 내에 존재하는 모든 생산요소를 완전히 고용했을 때 생산가능한 최대한의 최종생산물의 시장가치를 말한다. 그렇기 때문에 완전고용국민소득 또는 완전고용GDP라고도 한다. 또는 인플레이션이 없는 상태하의 산출량을 의미하기도 한다.

잠재적 산출량 = 잠재적GDP는 한 나라 국경 내에 존재하는 모든 생산요소를 완전히 고용했을 때 생산가능한 최대한의 최종생산물의 시장가치를 말한다.

그리고 GDP 갭(gap)은 잠재GDP와 실제GDP의 차이를 뜻한다. 즉 GDP갭 = 잠재GDP－실제GDP이다. GDP갭은 모든 생산요소가 완전고용되지 못함으로써 발생하는 것으로 불완전고용의 순손실이라고도 한다. GDP갭은 생산활동이 저조하고 경기가 침체될 때에는 커지고, 생산활동이 활발하고 경기가 호황일 때는 작아진다.

표 9.1 명목GDP와 실질GDP 계산의 예

최종 상품	2015(기준연도)		2016	
	가격(백만원)	수량(만대)	가격(백만원)	수량(만대)
TV	2	150	3	200
자동차	30	100	32	150
명목GDP	(2×150)+(30×100)=3,300		(3×200)+(32×150)=5,400	
실질GDP	(2×150)+(30×100)=3,300		(2×200)+(30×150)=4,900	
GDPdeflator	(3,300/3,300)×100=100		(5,400/4,900)×100=110.2	

이상의 내용을 예를 들어 살펴보자. 표 9.1은 TV와 자동차라는 두 상품만을 생산하는 단순한 경제를 가정한 것으로 2015년과 2016년의 가격과 생산량을 나타내고 있다. 이 나라의 GDP를 계산하기 위해서는 TV와 자동차의 가격에 각각의 생산량을 곱한 결과를 더해야 한다. 2016년 TV 200만 대가 생산되고 가격은 대당 3백만 원이므로 TV 생산은 600백만 원이다. 같은 해 자동차는 150만대 생산되고 대당 가격은 32백만 원이므로 자동차 생산은 4,800만 원이다. 이 나라의 생산은 TV와 자동차 생산을 합한 5,400만 원이다. 이 금액은 두 상품의 생산량을 현재 가격(2016년 가격)으로 계산한 것으로 명목GDP를 나타낸다. 표에는 2년간의 명목GDP가 표시되어 있는데, 2015년 3,300백만 원에서 2016년 5,400백만 원으로 증가한다. 명목GDP의 증가는 TV와 자동차의 가격과 생산량이 증가한 결과이다.

GDP측정의 생산접근방법은 일정기간 동안 생산된 모든 최종생산물의 시장가치를 합하여 측정하는 방법을 말한다.

또 2016년의 실질GDP는 기준년도인 2015년의 TV와 자동차의 가격을 2016년 생산량에 각각 곱해서 더하면 된다. 이 때 기준연도의 명목GDP와 실질GDP는 같다. 표에서와 같이 실질GDP는 2015년 3,300백만 원에서 2016년 4,900백만 원으로 증가했다. 그런데 가격이 기준연도 수준으로 고정되어있으므로 실질GDP의 증가는 전적으로 생산량의 증가에 따른 것이다.

그리고 GDP디플레이터는 표 9.1의 마지막 행에 계산되어 있는데, 2015년 명목GDP는 3,300백만 원이고 실질GDP는 3,300백만 원이므로 GDP디플레이터는 100이다. 하지만 기준연도의 GDP디플레이터는 항상 100이다. 2016년의 경우 명목GDP는 5,400백만 원이고, 실질GDP는 4,900백만 원으로 GDP디플레이터는 110.2이다. 2015년 GDP디플레이터가 100에서 2016년 110.2로 10.2가 증가했다. 이는 2015년보다 2016년의 평균적인 물가수준 또는 인플레이션율이 10.2% 더 높아졌다는 것을 의미한다.

2.3 GDP의 측정과 3면등가 원칙

한국의 GDP는 한국은행에서 작성한 국민소득계정[3]을 이용해 측정한다. 국민소득계정은 GDP를 생산, 지출, 분배의 측면에서 측정할 수 있고, 이렇게 측정한 GDP는 동일하다는 원칙에 근거하고 있다.

이미지로 본 한국경제 ››

경제성장률

▌실질(GDP)성장률과 잠재성장률

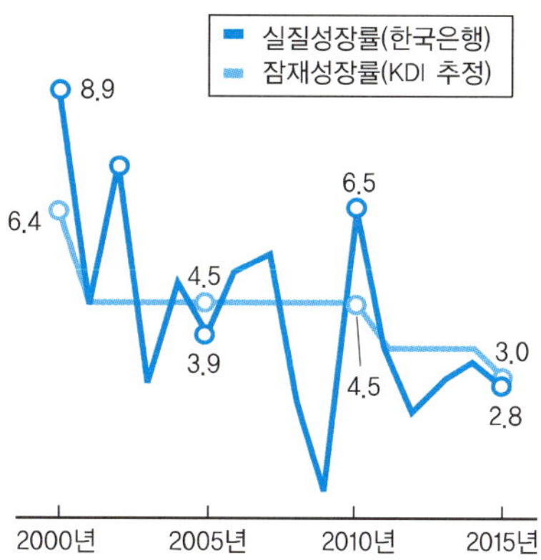

자료 KDI · 한국은행

출처 매일경제, 2015.7.18 A면.

▌수출중심국과 내수중심국 2008년 금융위기 이후 성장률 역전

(단위 : %)

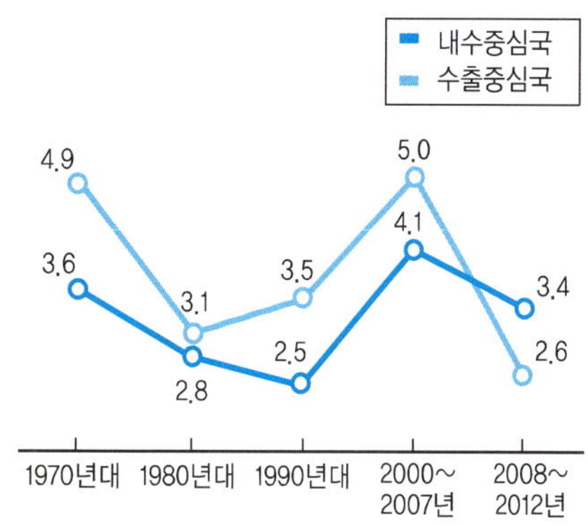

* 연평균 증가율. 수출비용이 세계평균보다 높은 경우 수출중심국 낮은 경우 내수중심국 정의

자료 UN

출처 한겨레, 2014.12.3 19면.

---

3) 국민계정은 국민경제 전체의 관점에서 재화와 서비스의 거래, 그리고 자금의 흐름을 체계적으로 연결해 기록한 통계체계를 말한다.

2.3.1 GDP측정의 생산접근방법

GDP측정의 생산접근방법은 일정기간 동안 생산된 모든 최종생산물의 시장가치를 합하여 측정하는 방법을 말한다. 이는 앞에서 정의한 GDP의 개념과 같다. 이 경우 기업들을 산업별로 분류하여 측정한다. 산업은 농림어업, 광공업, 사회간접자본 및 기타 서비스의 세 부문으로 나누고 각 부문은 세분한다.

농림어업은 농업과 임업, 어업으로 세분한다. 광공업은 제조업, 광업, 채석업으로 나누는데, 제조업에는 음식료품, 섬유, 의류산업 등 경공업과 석유, 화학, 기계, 금속, 전자산업 등 중화학공업이 있다. 사회간접자본(SOC)부문에는 전기·가스·수도사업, 건설업, 운수·창고 및 통신업이 포함된다. 기타 서비스 부문에는 도소매 및 음식 숙박업, 금융·보험·부동산 및 사업서비스업, 공공행정 및 국방, 사회서비스업 및 개인서비스업이 포함된다.

국내총생산은 매 생산과정에서 새롭게 창출되는 부가가치를 이용하여 측정할 수도 있는데, 이를 부가가치에 의한 접근법이라 한다.

2.3.2 GDP측정의 지출접근법

GDP측정의 지출접근법은 국민소득계정 편제규정에 따라 당기에 생산된 최종생산물을 사기 위해 경제주체들이 지출한 화폐액을 합산하는 방법이다.

GDP측정의 지출접근법은 국민소득계정 편제규정에 따라 당기에 생산된 최종생산물을 사기 위해 경제주체들이 지출한 화폐액을 합산하는 방법이다. 이렇게 계산된 GDP를 국내총생산에 대한 지출 또는 국내총지출이라고 하는데, 최종수요부문들이 기업에 지출한 화폐액을 더함으로써 얻을 수 있다. 최종수요부문은 가계, 기업, 정부, 해외부문으로 분류된다.

민간소비지출(C)은 기업이 생산하는 최종생산물에 대한 가계의 소비지출이다. 가계는 일반 소비자와 노동조합, 종교단체 등 민간 비영리단체를 포함하는 개념이다.

국내총투자(I)는 국내민간투자와 정부투자를 합한 것으로 국내총자본형성이라고도 한다. 총자본형성은 총고정자본형성과 재고증감으로 구분된다. 기업부문의 공장·기계 등 자본재에 대한 지출을 국내민간투자 또는 국내민간자본형성이라 한다. 정부투자는 공기업과 정부기관을 통해서 최종생산물을 생산하기 위해 기계, 설비 등을 사들이는데, 정부의 이런 활동을 정부투자라 한다.

정부소비지출(G)은 정부가 외교, 국방, 치안, 교육, 사회복지 등 공익을 위한 고유업무를 수행하기 위해 최종생산물을 구입하는 지출을 말한다.

순수출은 재화의 서비스의 수출(X)과 수입(M)의 차($X-M$)를 말한다. 국내에 있는 기업이 생산한 최종생산물에 대한 외국 소비자들에 의한 수요를 재화와 서비스의 수출이라 한다. 재화와 서비스의 수입은 소비(C), 투자(I), 정부지출(G), 수출(X) 속에 외제품이나 수입 원자재가 들어 있다 하더라도 모두 합계하고 나중에 그 총액에서 재화와 서비스의 수입(M)을 빼는 방법으로 구한다. 수입총액은 무역통계로부터 얻는다.

국내총지출은 민간소비지출(C)+국내총투자(I)+정부소비지출(G)+재화와 서비스의 순수출($X-M$)로 구성된다.

2.3.3 GDP측정의 소득접근법

GDP측정의 소득접근법 또는 분배접근법은 생산요소시장에서 각 생산요소가 받는 요소소득을 전부 합계해서 측정하는 방법이다. 생산물이 판매되면 소득이 생기는데, 이 소득은 생산에 참여한 생산요소의 소유자들에게 임금, 이자, 지대, 이윤 등의 요소소득으로 분배된다. 판매되지 않은 생산물은 기업소득이 되고, 생산물의 시장가치에 세금이 포함되어 있으면 정부의 소득이 된다. 이런 조정을 통해 요소소득을 모두 합하면 국내총소득이 된다.

GDP측정의 소득접근법 또는 분배접근법은 생산요소시장에서 각 생산요소가 받는 요소소득을 전부 합계해서 측정하는 방법이다.

국내총소득 = (임금+이자+지대+이윤)+(간접세－정부의 대기업보조금)
+(고정자본소모) = 국민소득+순간접세+고정자본소모

그러나 상공업자나 변호사, 의사 등 비법인기업의 소득에는 모든 종류의 요소소득이 혼재되어 있다. 따라서 우리나라에서는 국민소득을 임금, 이자, 지대, 이윤의 합계가 아닌 피용자보수(가계에 분배되는 몫)와 영업잉여(기업의 몫)의 합계로 계산한다.

국내총소득 = 피용자보수+영업잉여+순간접세+고정자본소모

표 9.2 우리나라의 명목국내총생산의 구성

항목명	2013		2014	
	금액(천억)	구성비(%)	금액(천억)	구성비(%)
국내총생산	14,294.5	100.0%	14,850.8	100.0%
피용자보수	6,294.0	44.0%	6,631.8	44.7%
영업잉여	3,790.7	26.5%	3,837.3	25.8%
고정자본소모	2,791.0	19.5%	2,906.0	19.6%
생산 및 수입세	1,460.7	10.2%	1,519.8	10.2%
(공제)보조금	42.0	0.3%	44.1	0.3%
국내총생산에 대한 지출	14,294.5	100.0%	14,850.8	100.0%
민간최종소비지출	7,278.0	50.9%	7,489.1	50.4%
정부최종소비지출	2,144.7	15.0%	2,240.5	15.1%
총고정자본형성	4,182.9	29.3%	4,322.5	29.1%
재고증감및귀중품순취득	−22.9	−0.2%	8.2	0.1%
재화와서비스의 수출	7,701.1	53.9%	7,520.6	50.6%
(공제)재화와서비스의수입	6,989.4	48.9%	6,728.2	45.3%
통계상불일치	0.0	0.0%	−1.8	0.0%
국외순수취요소소득	102.0	0.7%	115.2	0.8%
국민총소득	14,396.4	100.7%	14,965.9	100.8%

자료 한국은행(http://ecos.bok.or.kr)

단순화를 위해 해외부문을 제외하고 국가경제의 순환과정을 살펴보면, 국가경제가 생산한 재화와 서비스는 가계의 소비, 기업의 투자, 정부의 지출을 통해 모두 사용된다. 이때 일정기간 동안 국민경제가 생산한 생산물의 총가치를 측정한 것을 생산국민소득(국내총생산=부가가치의 합)이라 한다. 가계, 기업, 정부 등 경제주체가 구입하여 사용한 생산물의 총가치를 지출국민소득(소비지출+투자지출+정부지출)이라 한다. 결국 경제주체들이 지출한 금액의 총합(지출국민소득)은 국가경제가 생산한 생산물의 총가치(생산국민소득)와 그 크기는 같다. 그리고 가계가 벌어들인 요소소득을 분배국민소득(임금+이자+지대+이윤)이라고 하는데, 이는 기업이 생산활동 과정에서 지불하는 생산요소의 대가(임금, 이자, 지대, 이윤)를 뜻한다. 그런데 생산물의 총가치는 생산과정에서 지불한 생산요소비용과 같게 된다. 그렇기 때문에 분배국민소득과 생산국민소득 또한 같게 된다.

따라서 국민소득은 순환의 어느 한 측면, 즉 생산측면, 지출측면, 분배측면에서 모두 파악할 수 있다. 이 세 측면에서의 국민소득은 모두 같다고 볼 수 있다. 즉 생산국민소득(GDP)≒지출국민소득(GNE)≒분배국민소득(GNI)이 같게 되며, 이를 국민소득의 3면등가의 법칙이라고 한다. 이는 만들어서(생산), 나누어 갖고(분배), 쓰는(지출)양이 모두 같다는 것을 의미한다.

물론 생산과 분배, 지출이 동시에 이루어지지 않는다. 그렇기 때문에 이들 값이 항상 동일할 수는 없고 항등적으로 같을 뿐이다. 왜냐 하면 생산, 분배, 지출 사이에 시차가 존재하기 때문이다. 또 통계작성의 부정확성이 작용한다. 그러나 통계작성의 시차와 부정확성을 통계상 불일치 혹은 오차 및 누락으로 처리하면 세 측면에서 측정한 GDP는 같게 된다. 이를 GDP 3면등가 법칙이라 한다.

2.4 국민총소득 : 소득총량지표

국민총소득(GNI : Gross National Income)은 내국민에 의해 국내나 해외를 불문하고 취득한 소득의 합계를 뜻하는 것으로, 한 나라 국민이 1년 동안 벌어들인 임금, 이자, 이윤, 지대 등의 소득을 분배측면에서 합산한 것이다. 다른 나라와 무역이나 자본의 유출입 거래가 없는 폐쇄경제에서는 이론상 GDP와 GNI는 동일하다.

>> 국민총소득(GNI)은 내국민에 의해 국내나 해외를 불문하고 취득한 소득의 합계를 뜻하는 것으로, 한 나라 국민이 1년 동안 벌어들인 임금, 이자, 이윤, 지대 등의 소득을 분배측면에서 합산한 것이다.

외국인의 투자가 많은 나라는 외국인이 취득한 소득이 많기 때문에 GDP가 GNI보다 크지만, 해외투자가 많은 나라는 외국에서 벌어들이는 소득이 많게 되어 GNI가 GDP보다 크게 된다.

$$
\begin{aligned}
GNI &= GDP + (\text{국외수취요소소득} - \text{국외지급요소소득}) \\
&= GDP + \text{국외순수취요소소득}
\end{aligned}
$$

2.5 GDP의 유용성과 한계

2.5.1 GDP의 유용성

GDP는 크게 3가지 측면에서 유용하게 쓰이는데,
- GDP는 한 나라의 경제성장지표로 사용된다.
- 국민소득을 나타내는 지표로 사용된다.
- 불완전하지만 국민후생 지표로도 사용된다.

GDP개념은 크게 3가지 측면에서 유용하게 쓰인다. 첫째, GDP는 한 나라의 경제성장지표로 사용된다. GDP는 일정기간 동안 한 나라의 경제활동 수준과 경제성장률을 측정하는 지표가 된다. 한 나라의 경제활동수준은 생산과 고용에 의하여 측정될 수 있는데, GDP가 증가한다는 것은 생산과 고용이 증가하는 것을 의미한다.

둘째, 국민소득을 나타내는 지표로 사용된다. 이는 생산액은 생산에 참여한 국민들의 소득이 된다.

셋째, 불완전하지만 국민후생지표로도 사용된다. 국민후생수준은 물질적 풍요와 밀접한 관련이 있으며 물질적 풍요는 GDP로 측정가능하기 때문이다.

2.5.2 GDP의 한계

GDP의 한계
- 후생지표로서의 한계가 있다.
- 측정방법상의 한계이다.
- 생산과정에서 파생되는 외부불경제 효과를 고려하지 않는다.
- 지하경제의 규모를 반영하지 못한다.

GDP는 개념상의 여러 가지 문제로 경제활동수준의 지표로나, 사회후생수준을 측정하는 지표로 다음과 같은 한계가 있다. 첫째로, 후생지표로서의 한계가 있다. 한 나라의 후생지표로 여가를 들 수 있으나 GDP에는 여가 개념이 포함되지 않는다. 또 소득분배의 공평성 정도는 후생에 중요한 영향을 미침에도 불구하고 GDP에는 소득분배의 공평성의 개념이 포함되어 있지 않다.

둘째로, 측정방법상의 한계이다. GDP는 당해연도에 생산된 모든 재화나 서비스 전체를 포함하고 있지 않다. 주부의 가사 노동처럼 시장에서 거래되지 않는 재화는 당해연도에 생산되었다 하더라도 제외된다. 반면에 가사 도우미의 가사노동은 GDP에 포함된다.

셋째로, GDP는 물질적 생산의 결과만을 계상하고 생산과정에서 파생되는 외부불경제(오염, 공해, 교통체증 등)효과가 경제주체의 후생에 미치는 영향은 고려하고 있지 않다.

넷째로, GDP는 상품의 질의 변화를 제대로 반영하지 못한다. 소비자의 만족도에 영향을 미치는 품질의 변화를 제대로 평가하지 못한다.

다섯째로, GDP는 사채, 부동산투기, 밀수, 마약, 탈세 등 지하경제의 규모를 반영하지 못한다. 지하경제란 어떤 경제에서 당사자들 사이에 은밀하게 거래가 이루어지는 부분을 가리킨다. 불법적인 거래나 세금부담을 회피할 목적으로 거래되는 경우가 많다. 은밀하게 거래가 이루어지기 때문에 조세당국이 거래사실을 알 수 없게 된다.

생활속경제 ››

가사노동의 경제적 가치

지난 21일 '부부의 날'을 맞아 2800여명의 기혼자를 대상으로 가장 부러운 부부에 대해 물었더니 '가사노동, 육아 공동분담'이 28%로 1위, '배우자가 돈 많이 벌어오는 부부'는 21%로 2위로 나왔다. 돈벌이보다 가사노동을 더 중요하게 생각함은 놀라운 결과다.

지난달 서울가정법원에서는 전업주부가 제기한 이혼소송에서 가사노동의 재산형성 기여도를 50%로 인정하는 판결이 나왔다. 과거에는 재산분할 시 전업주부의 재산형성 기여도는 30% 정도를 인정받았으며, 맞벌이 주부처럼 재산형성에 크게 기여한 경우에만 50%를 인정받았는데 이번 판결은 전업주부에게 처음으로 50%를 인정한 획기적 판결이다.

흔히 가사노동은 '일 같지 않은 일'로 취급된다. 가사노동은 '해도 안 보이고, 안 하면 금방 보이는 일'이라는 말이 있다. 매일 똑같은 일의 반복인데 생색도 나지 않고 해도 해도 끝이 없다. 가사노동만큼 '시시포스의 형벌'을 닮은 노동도 없다. 20세기 초 독일에서 4인 가족을 위해 주부가 1년간 하는 일을 조사한 결과를 보자. '접시 닦기 1만3000개, 사발 닦기 3000개, 포크와 나이프 씻기 1만 8000개, 컵 씻기 6000개, 빵 썰기 9만번, 마루 청소 3만평방미터, 침대 시트 갈기 1500번, 식품 운반 7t, 집안 물건 나르기 5t, 집안 걷기 5000km.' 어휴! 생각만 해도 한숨이 절로 나온다.

미국의 유명한 경제학자 갤브레이스는 이렇게 말했다. "오늘날 봉건사회에서 착취받던 머슴과 노비는 사라졌으나 뒷바라지와 봉사에 전념하는 주부들은 매우 민주적 방식으로 남성에 의해 노동력이 혹사되고 있다." 그래서 주부를 가리켜 '보이지 않는 봉사계급'이라고 이름 붙였다.

한국 주부의 가사노동은 다른 나라보다 더하면 더했지 조금도 덜하지 않다. 한국 가사노동의 경제적 가치를 계산한 연구를 보면 국민총생산의 30~40% 정도로 다른 나라의 10~40%에 견주어 높은 편이다. 갤브레이스에 의하면 미국은 25% 정도다.

한편 통계청이 지난 3월 발표한 '2009년 생활시간조사'에 따르면 우리나라 성인 남성의 가사노동 시간은 하루 42분으로 5년 전보다 6분 증가했다. 그러나 여전히 세계 최하 수준이다. 스웨덴, 중국에서는 남성의 가사노동 시간이 3시간을 넘는다. 스페인에서는 2시간인데 너무 짧다고 정부가 남편들에게 가사노동 더하기 캠페인을 벌인 적도 있다. 한국 남성을 위해 변명을 해준다면 회사의 과중한 업무, 늦은 퇴근, 잦은 술자리 때문에 파김치가 되어 귀가한다는 점이다.

한국의 세계 최저 출산율도 여성들이 애 키우기 어려운 것이 큰 요인이니 남성의 분발이 요구된다. 최근 영국 런던경제대학의 연구에 의하면 남편의 가사 및 육아 공동분담이 이혼 확률을 현저히 감소시킨다고 한다. 꼭 이혼이 두려워서가 아니라 나라와 후손을 생각해서라도 이제 한국 남성도 생각을 바꾸고, 회사도 일하는 방식을 바꿀 때가 되지 않았을까.

출처 *이정우, <한겨레>, 2010.5.23*

2.6 새로운 후생지표

GDP개념이 국민소득수준이나 사회후생수준을 나타내는 유용한 지표로 활용될 수 있으나, 측정상의 한계나 후생지표로서 갖는 한계를 보완하여 진정한 의미에서의 경제적인 후생을 측정하기 위해 미국의 경제학자인 토빈(J. Tobin)과 노드하우스(W. Nordhaus)가 경제후생지표(*MEW* : Measure of Economic Welfare)라는 개념을 만들었다. 경제후생지표는 GDP에 주부의 가사노동과 여가를 더하고 공해비용을 뺀 것이다. 즉 *MEW* = *GDP*+여가+주부의 가사노동－외부불경제비용이다.

MEW 또는 *NEW* = *GDP*+여가+주부의 가사노동－외부불경제비용

한편 경제후생지표라는 개념을 새뮤얼슨(P. Samuleson)은 순경제후생(*NEW* : Net Economic Welfare)이라 표현하였다.

또 최근에는 녹색GDP(Green GDP)라는 용어가 사용되고 있는데, 이는 GDP에서 공해비용을 뺀 것이다.

GDP의 한계점을 극복하려는 많은 노력이 MEW나 NEW라는 지표를 개발했지만, 여가, 공해, 주부의 가사노동 가치 등을 객관적으로 수량화하기가 어렵다는 측정상의 문제점으로 인하여 국민의 후생수준을 정확히 반영하고 있다고 할 수 없다.

결국 GDP는 직접적으로 후생의 지표로서 역할은 못하지만 간접적으로 후생지표로서의 역할을 한다라고 보기 때문에 MEW나 NEW라는 개념보다 더 유용하게 사용되고 있다.

생활속경제 »

GDP는 틀렸다.

무슨 소리인가. 지금까지 우리는 GDP는 무조건 옳다고 배웠다. 내 나라를 자랑스러워할 때는 GDP 숫자를 따져 1인당 2만 달러가 넘었다느니, 세계 10위권에 들었다느니 하면서 가슴 벅차했다. 미국을 부러워할 때도 그 GDP를 부러워했고, 미국과 중국이 세계 양대 경제대국이 됐다고 말할 때도 두 나라 GDP를 말했다.

그런데 무슨 소리인가? 그것도 노벨경제학상 수상자인 조세프 스티글리츠 콜롬비아대 교수가 이끄는 연구팀에서 하는 이야기다. 이 팀에는 역시 노벨경제학상 수상자인 아마티아 센을 비롯해 쟁쟁한 경제학자들이 즐비하다. 프랑스 사르코지 대통령이 요청한 연구 프로젝트의 결과물, <GDP는 틀렸다>에 나오는 이야기다.

요약하면 이런 이야기다. A라는 나라가 있다. 이 나라에서는 모든 가사일을 자기 가족이 전담한다. 돈을 주고 외부에 일을 맡긴다는 것은 상상할 수조차 없다. 보육도, 빨래도, 설거지, 요리도도 모두 마찬가지다. 그리고 B라는 나라가 있다. 이 나라에서는 거꾸로다. 누구도 자기 집 가사일을 스스로 하지 않는다. 모든 가사일

은 아웃소싱이 원칙이다. 내가 다른 집에 가서 가사도우미로 일하며 보수를 받고, 그 돈을 고스란히 다른 사람에게 우리 집 가사일을 맡기는 데 쓰는 한이 있더라도, 우리 집 일은 외부에 맡겨야만 하는 나라다.

다른 조건이 모두 같을 때, A라는 나라와 B라는 나라의 국내총생산(GDP)은 어느 쪽이 더 높을까? 지금 우리가 사용하고 있는 국민총생산(GDP) 개념으로 계산하면, 분명 B라는 나라가 A나라보다 국내총생산(GDP)가 크다.

질문을 바꿔 보자. 두 나라 중 어느 나라 경제가 더 큰가? 경제 규모는 국민이 결과적으로 얻는 제품과 서비스를 중심으로 계산하는 게 실질적이다. 사실 두 사회의 경제 규모는 같다. 사회 전체적으로 제공되는 제품과 서비스의 총량이 같다면, 국민이 결과적으로 얻는 경제적 혜택은 같은 것이다. 다만 자기 집안 일을 자기가 하는 것은 측정되고 계산되지 않을 뿐이다.

게다가, 질문을 조금 더 바꿔 보면 어떨까? '두 나라 국민 중 어느 쪽이 더 행복할까?'라고 말이다. 자기 집안 일을 하는 것이 아마도 남의 집안 일을 하는 것보다는 더 힘이 나는 일일 것이다. 내 아이의 밥을 해 먹이는 일은 다른 집 아이의 밥을 해 먹이는 일보다 기쁘고 더 정성을 들이게 마련이다. 당연히 A나라 국민의 행복도가 더 높을 가능성이 크다.

그러나 이 모든 것은 GDP에 계산되지 않는다. 불합리한 일이다. 스티글리츠 연구팀의 질문은 여기서 시작된다. 정부가 국민총생산을 기준으로 다른 나라와 비교되고 평가 받다 보니, 자꾸 전체 사회가 비교되고 평가될 수 있는 방향으로 움직인다. 예를 들면 전업주부는 다른 집에 가서 서비스를 제공하는 방향으로 움직인다. 그 쪽으로 정책 인센티브가 주어지기 때문이다. 개인도 기업도 그런 방향으로 움직이게 된다.

그러다 보면 경제는 자꾸만 왜곡되는데, 측정되는 성과는 좋아지는 역설이 나타난다. 나는 행복해지지 않는데, 국민소득은 자꾸 올라가고 경제가 좋아진다는 보도가 많아진다. 소외감은 더 깊어지고, 불행은 더 커진다.

사실 <GDP는 틀렸다>에서 지적하는 문제점은 매우 근본적이다. 이들의 지적대로 가치체계가 바뀐다면, 우리 사회에는 근본적 변화가 올 것이다. 기업 경영에, 개인 소비생활에, 투자활동 패턴에 매우 큰 변화가 일어날 것이다. 그 모든 활동의 '성과 평가' 기준이 바뀔 것이기 때문이다.

우리 삶의 행복 지표로 여겨지는 GDP의 대안을 만들겠다는 <GDP는 틀렸다> 내용은 매우 방대하지만, 핵심은 몇 가지 평가 기준 변화로 추릴 수 있다.

첫째,'비시장'영역에 대한 인정이다. 지금은 아기에게 이유식을 사다 먹이는 행위는 생산을 유발하므로 경제 성과를 내는 행위이지만, 이유식을 만들어 먹이는 행위는 그렇지 않다. 정규직으로 채용되어 직장생활만 하는 사람이 아르바이트하며 자원봉사하는 사람보다 경제에 더 기여하는 것으로 여겨지는 문화도 여기서 나온다. 시장에서 거래해야만 가치있다고 여기는 문화가 팽배한 것이다. 그러나 스티글리츠 보고서는 가정 내 노동이나 자원봉사 같은 '비시장적인' 활동도 경제적 가치를 인정받아야 한다고 명시하고 있다.

둘째, 양에서 질로의 전환이다. 지금까지는 휴대전화 통화품질을 높이는 행위는 그 자체로는 국민소득에 기여하지 못하는 것으로 평가됐다. 요금을 올려 받아야만 기업 매출이 올라가고 국민총생산이 늘어나기 때문이다. 그러나 앞으로는 이런 제품 및 서비스 품질 향상 노력도 가치를 인정받아야 한다고 보고서는 명시한다.

셋째, 평가 기준을 투입에서 성과로 바꾸는 것이다. 지금도 정부는 몇 조원을 들여서 사업을 시작한다고 발표하면서 자랑스러워한다. 공공서비스 성과 측정 구조가 투입 위주이기 때문이다. 그러나 투입한 만큼 성과가 나는지, 그만큼 국민이 만족하는지를 측정해야 한다는 게 보고서의 입장이다.

넷째, 생산에서 생활로의 전환이다. 현재는 궁극적 평가 지표의 이름부터가 '국민총생산'인데, 앞으로는 생산도 중요하지만 그 결과인 삶의 질을 평가해야 한다는 입장을 보고서는 밝혔다.

다섯째, 평균에서 평등으로의 전환이다. '1인당 국민소득'과 같은 평균적 지표가 성과를 얼마나 왜곡시키는지 보고서는 지적한다. 앞으로는 분배가 얼마나 되어 있는지, 특히 하위층의 삶의 질 개선이 얼마나 되었는지에 평가의 초점이 맞춰져야 한다고 보고서는 밝히고 있다.

영혼이 있는 기업, 이웃을 생각하는 소비자, 기업의 사회적 책임을 고려하는 투자자. 이들이 이끄는 경제가 다가오고 있다. <GDP는 틀렸다>는 그 시대를 예감하게 하는 새 경제학 교과서다.

출처 이원재, 한겨레경제연구소(HERI)의 착한경제 (http://goodeconomy.hani.co.kr)

연 습 문 제

01 한국은행의 경제통계시스템 활용하여 다음 질문에 답하라.

1) 최근 3년 우리나라 명목GDP와 1인당 GDP는 각각 얼마인가?(원화와 달러표시 금액 모두)

2) 최근 3년 GDP에서 민간소비지출, 투자지출, 정부소비지출, 순수출 등의 금액과 그 비중은 각각 얼마인가?

3) 최근 3년 GDP에서 산업별(농림어업, 광공업, 사회간접자본 및 기타 서비스) 생산량과 그 비중은 얼마인가?

02 GDP의 개념과 유용성, 한계에 대하여 설명하라.

03 GDP에 포함되는 항목과 배제되는 항목에는 어떤 것들이 있는지 조사해 보라.

04 새로운 후생지표(NEW, MEW, Green GDP 등)에 대하여 설명하라.

Chapter

10

국민소득의 결정

1. 개요
2. 고전파의 이론
3. 케인즈의 이론
4. 총수요와 총공급 모형

본 장에서는 국내총생산(GDP)의 크기가 어떤 수준으로 어떠한 과정을 거쳐 결정되는가를 살펴본다. 국내총생산 결정모형에는 고전학파모형과 케인즈학파모형으로 대별된다. 고전학파모형은 GDP가 경제의 공급측면에서 결정된다고 주장한다. 반면에 케인즈학파모형은 수요측면에서 GDP가 결정된다고 주장한다. 본장에서는 이 두 모형을 비교 설명한다. 그리고 총수요와 총공급에 의해 균형국민소득과 균형물가가 형성되는 과정을 설명한다.

1 개 요

1930년대 세계적 대공황(Great Depression)이 발발하기 이전에는 고전학파의 경제이론이 주류를 이루고 있었다. 특히 대부분의 경제학자들이 "공급은 스스로 수요를 창출한다."라는 세이의 법칙(Say's law) 또는 판로의 법칙을 우상처럼 받아들이고 있었다. 세이(J. B. Say, 1767~1832, 프랑스)는 모든 사람들이 생산자인 동시에 소비자의 성격을 가지고 있으므로 생산을 통해 얻은 소득은 결국 다른 상품의 구입에 쓸 수밖에 없다는 점을 들어 공급이 스스로 수요를 창출하게 된다고 주장했다.

세이의 법칙에 따르면 수요부족이나 이에 따른 실업은 존재할 수 없는 것이다. 그 이유는 공급이 수요를 결정하기 때문에 시장 전체로 보면 항상 수요와 공급이 일치한다는 것이다. 일시적으로 시장가격이 균형가격보다 높거나 수요와 공급의 불균형이 초래되어, 초과수요나 초과공급이 발생할 수 있으나 물가와 임금이 상하방 신축성을 갖고 있기 때문에 불균형은 자연스럽게 해소된다고 믿었다. 결국 생산된 모든 상품은 시장에서 모두 팔리게 되고 완전고용이 달성되어 실업은 존재할 수 없게 된다.

그러나 1930년대 대공황의 발생을 계기로 세이의 법칙은 현실 설명력을 잃게 된다. 경제학의 위기가 도래한 셈이었다. 극심한 경기침체로 인한 높은 실업률이 유지되면서 만성적인 수요부족이 존재하는 상황을 고전학파의 입장에서 보면 상상할 수 없는 것이었다. 현실을 설명할 수 없는 이론은 무의미한 것이 되었다.

이러한 현실에 직면하여 케인즈(J. M. Keynes, 1883~1946, 영국)는 물가와 임금이 신축적으로 조정되어 경기가 회복될 것이라고 믿는 사람들을 비판하였다. 그는 1936년에 출판된 『고용, 이자 및 화폐의 일반이론(The General Theory of Employment, Interest, and Money』에서 문제의 핵심은 수요부족에 있다고 주장하였다. 그는 물가와 임금은 여러 제도적 요인에 의해 경직성을 갖는다고 보았다. 즉 독점이나 임금의 장기계약, 노동조합의 영향력 등의 요인에 의해 임금의 신축성이 제약을 받을 수밖에 없다는 것이다. 물가와 임금이 신축적이지 못하면 총수요가 부족한 상황이 계속되면서 만성적인 경기침체 상태인 불황이 발생할 가능성이 존재하게 된다.

케인즈는 불황의 문제를 해결하기 위해 정부지출을 늘리거나 조세감면을 통한 인위적인 총수요를 늘리는 총수요관리정책을 수행해야 한다고 주장하였다. 구매력을 가진 수요, 즉 유효수요를 정부가 적극적으로 창출해야 한다는 것이다. 이러한 케인즈의 유효수요이론은 당시 혁명적이라 할 만큼 커다란 충격을 주었고, 이를 케인즈혁명이라고 표현하기도 하였다. 사실 케인즈의 『일반이론』으로부터 거시경제학이 시작되었다고 볼 수 있다.

> 케인즈는 불황의 문제를 해결하기 위해 정부지출을 늘리거나 조세감면을 통한 인위적인 총수요를 늘리는 총수요관리정책을 수행해야 한다고 주장하였다. 구매력을 가진 수요, 즉 유효수요를 정부가 적극적으로 창출해야 한다는 것이다.

거시경제변수들 중 국내총생산이 가장 중요하다. 거시경제변수들은 국내총생산(GDP)의 크기와 일정한 관계를 맺고 움직이기 때문이다. 한 나라의 국내총생산(GDP) 규모를 알면 그 나라의 총소비, 총투자, 정부지출 등의 규모를 짐작할 수 있을 뿐만 아니라 국민소득이 증가하면 고용이 증가하고 실업이 감소하게 된다. 경제성장은 실질GDP가 증가하는 것이고, 경기순환도 GDP와 관계가 있다. 또 물가상승은 명목GDP의 증가와 결부되어 일어나기 때문이다. 이렇게 중요한 GDP가 어떻게 결정되는가를 케인즈의 모형은 경제주체들이 생산물을 얼마나 수요하는가 하는 수요측면에서 실질국민소득이 결정된다고 한다.

그러나 현실에서 GDP는 수요측면과 공급측면의 상호작용에 의해서 결정된다. 또 다른 경제변수들의 크기와 관계없이 GDP가 결정되는 것이 아니고 물가, 이자율 등 주요 거시경제변수들과의 상호 연관되어 경제 전체적으로 동시에 결정되는 것이 일반적이다.

2 고전학파의 이론

일반적으로 고전학파는 케인즈 이전 영국의 경제학자, 즉 아담 스미스, 데이비드 리카도, 존 스튜어트 밀, 알프레드 마샬 등을 지칭하여 부르는 표현이다. 고전학파는 정부가 시장의 가격기구에 개입하고 규제하는 것을 부정하는 입장에 있다. 정부가 경제에 인위적인 개입과 규제하는 것을 없애 시장의 가격기능에 맡기면 시장의 자동적인 조정능력(보이지 않는 손)에 의해 최적의 효율성이 달성된다고 본다. 따라서 고전학파는 국방과 치안에 국한하는 작은 정부가 최상의 정부라는 입장에 있고, 이것이 국가의 역할에 대한 고전학파의 일반적인 시각이다.

2.1 가정

첫째, 이론적 토대로 세이의 법칙을 수용한다. 세이의 법칙(Say's Law)은 단순물물교환경제를 상정하는 것으로, "공급은 그 스스로 수요를 창출한다."는 명제로 표시된다. 공급이 되면 생산물의 가치만큼 소득이 창출되고, 이 소득이 수요로 연결되어 항상 공급과 수요가 일치하게 된다는 것이다.

둘째, 모든 생산물가격과 요소가격은 상하방 완전신축적이다. 특히 물가와 명목임금이 시장의 수급상황에 따라 상하방 신축적으로 결정된다는 것이다.

셋째, 노동에 대한 수요와 공급은 실질임금[4]의 함수이며 노동시장은 완전경쟁시장이다.

넷째, 노동시장은 완전고용수준이다. 노동시장은 항상 균형으로, 노동시장에서 결정되는 고용량은 균형고용량이며 이는 시장에서 결정된 균형임금수준에서 일하고자 하는 모든 사람들이 정상적으로 고용된 상태임을 뜻한다.

다섯째, 화폐는 유통수단에 불과하다. 화폐는 가치저장 기능이 없이 교환을 매개하는 기능만 담당한다는 것이다. 단순한 물물교환경제를 가정하는 것이나 다름없다.

4) 실질임금(w)은 명목임금(W)을 상품의 가격(P)으로 나눈 값을 뜻한다. $w = W/P$.

2.2 총생산함수

생산함수란 생산요소의 투입량과 산출량 사이에 존재하는 기술적 관계이다. 총생산함수는 총자본, 총노동 등의 총요소투입량과 총생산(GDP), 즉 실질국민소득(Y)과의 기술적 관계를 말한다. 이를 $Y=f(L,K)$로 표시할 수 있으며, 한 경제의 생산능력은 총노동량(L)과 총자본량(K)의 결합수준에 의존한다는 것이다.

여기서는 단기총생산함수를 가정하는데, 이는 자본량과 생산기술 등이 일정하게 고정된 상태에서 국민경제의 노동의 총고용수준이 변함에 따라 총생산, 즉 실질국민소득이 어떻게 변하는가를 보여주는 기술적 관계이다. 단기총생산함수는 $Y=f(L)$로 표시할 수 있다. 결국 Y=총생산(GDP)=실질국민소득은 노동의 총고용량(L)의 변화에 따라 증감한다.

그림 10-1의 (a)는 단기총생산함수를 보여주는 그림이다. 노동투입량이 증가할수록 단기총생산함수의 기울기는 점점 작아진다. 이유는 노동의 한계생산물이 체감하는 현상을 반영하기 때문이다.

그림 10-1 단기총생산함수와 노동의 한계생산물

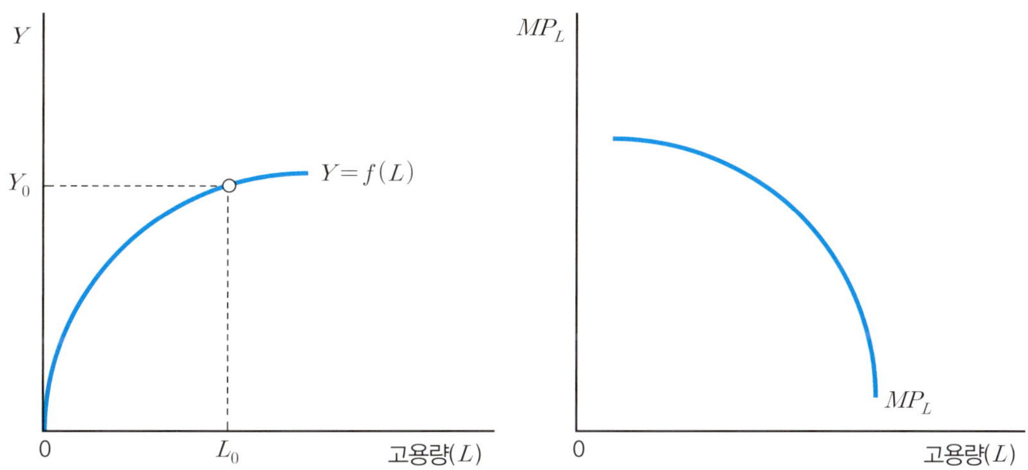

(a) 단기총생산함수 (b) 노동의 한계생산물

2.3 노동시장

2.3.1 노동의 총수요곡선

노동수요의 주체는 기업이다. 개별기업들의 노동수요를 모두 합하면 국민경제 전체의 노동에 대한 총수요가 된다. 고전학파의 거시경제모형에서 생산물시장은 완전경쟁시장이다. 따라서 완전경쟁기업들은 이윤극대화를 위하여 노동의 한계생산물가치(VMP_L)와 노동에 대한 가격(명목임금)이 일치하는 수준까지 노동을 고용한다.

$$VMP_L = MP_L \cdot P = w, \quad W/P = MP_L$$

이는 경쟁기업이 이윤을 극대화하기 위해 실질임금과 노동의 한계생산물이 같게 되는 수준까지 노동을 고용한다는 것을 의미한다. 이는 노동의 한계생산물곡선이 개별기업의 노동수요곡선임을 알 수 있다. 결국 우하향하는 노동수요곡선이 도출된다는 것이다.

국민경제의 노동에 대한 총수요는 개별기업들의 노동수요를 수평적으로 합하여 도출함에 따라 노동의 총수요곡선은 우하향 한다. 노동총수요함수(D_L)를 식으로 표시하면, $D_L = f(W/P)$이다. 그림 10-2에서 우하향하는 노동총수요곡선을 확인할 수 있다.

2.3.2 노동의 총공급곡선

노동의 공급은 노동자들에 의해서 이루어진다. 노동공급량은 실질임금(W/P)의 증가함수이다. 이는 임금이 인상됨에 따라 노동공급량이 점차 증가한다는 것으로 노동의 공급곡선은 우상향하는 형태를 나타낸다.

그러나 임금이 일정수준 이상으로 상승할 경우 노동의 공급은 오히려 감소할 수도 있다. 그 이유는 시간당 임금이 상승할 때 소득효과와 대체효과가 동시에 나타남에 따라 노동의 공급에 상반된 영향을 미칠 수 있기 때문이다. 시간당 임금이 상승할 경우 그 만큼 여가의 기회비용이 증가하기 때문에 소비자는 상대적으로 비싸진 여가의 소비를 줄이는 대신 노동공급을 늘리려 한다. 이처럼 임금이 상승함에 따라 여가의 일부를 노동으로 대체하는 것을 대체효과라 한

그림 10-2 노동시장의 균형

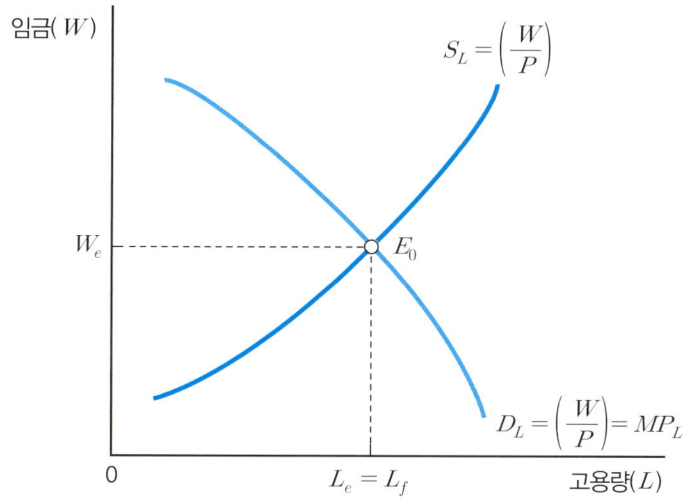

다. 한편 시간당 임금이 상승하는 것은 소비자의 실질소득이 증가하는 것을 의미하기 때문에 소비자가 보다 많은 여가를 즐기려고 함에 따라 노동공급이 오히려 감소할 수 있는데, 이를 소득효과라 한다.

따라서 임금이 상승할 때 노동공급량의 변화는 대체효과와 소득효과의 크기에 따라 다르게 나타난다. 일반적으로 임금이 낮을 때 임금이 상승하면 대체효과가 소득효과보다 크게 나타나 노동공급량은 증가하고, 반대로 임금이 높을 때 임금이 상승하면 소득효과가 대체효과보다 크게 나타나 노동공급량은 감소하게 된다. 따라서 개별노동공급곡선은 후방굴절형이 된다.

국민경제 전체의 노동의 총공급은 개별노동자의 노동공급을 수평으로 합계하면 노동총공급(S_L)이 된다. 개별노동자의 노동공급은 실질임금(W/P)의 증가함수이며 이를 수평적으로 합계한 총노동공급곡선도 우상향한다. 총노동공급함수를 식으로 표시하면, $S_L = g(W/P)$이다. 그림 10-2에서 우상향하는 총노동공급곡선을 확인할 수 있다.

2.3.3 노동시장의 균형

노동시장이 완전경쟁일 때 노동시장의 균형은 노동총수요와 노동총공급이 일치하는 수준에서 이루어진다. 이를 식으로 표현하면 다음과 같다.

$$D_L = S_L,\ D_L = f(W/P),\ S_L = g(W/P)$$

그림 10-2는 노동시장의 균형상태를 E점으로 균형실질임금은 W_e, 균형총고용량은 L_e이다. 노동시장에서 초과수요나 초과공급이 발생하면 임금의 상하방 신축성에 의해 곧바로 균형을 회복하게 된다. 균형총고용량 L_e는 완전고용량 또는 완전고용수준이라고 한다.

2.4 균형국민소득의 결정

고전학파의 모형에서 균형국민소득의 결정은 노동시장과 총생산함수의 결합을 통하여 이루어진다. 그림 10-3을 통해 살펴보면, 먼저, 노동시장에서 노동에 대한 총수요와 총공급이 일치하는 수준에서 균형총고용량(L_e)이 결정된다. 노동시장에서 결정된 균형총고용량은 총생산함수(Y)와 결합하여 균형총생산 또는 균형국민소득(Y_e)을 결정한다. 이때 고전학파모형에서 균형총고용량은 완전고용량이기 때문에 균형총생산(균형국민소득)도 완전고용국민소득(Y_f)이 되며, 이는 잠재적 산출량 또는 잠재적GDP 수준과도 같다.

그림 10-3 균형국민소득수준의 결정

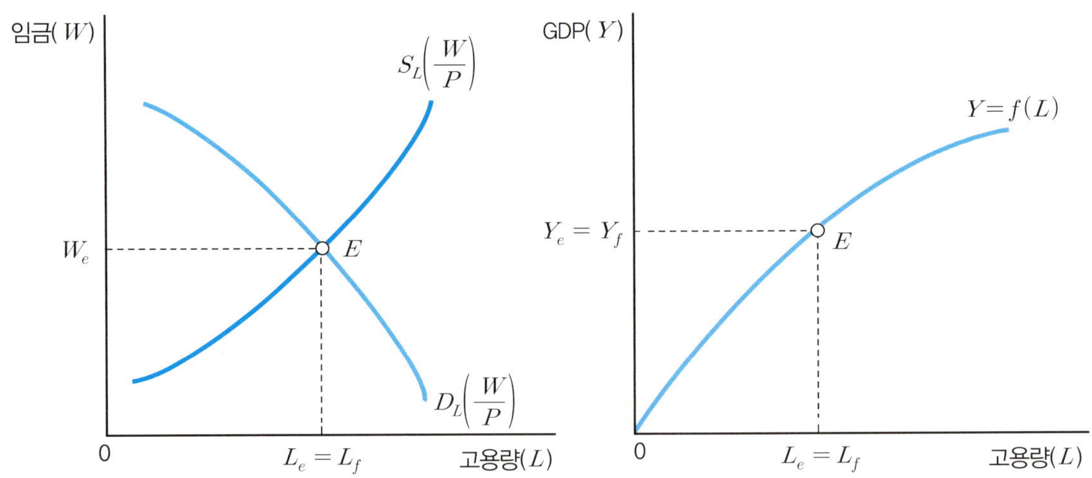

(a) 노동시장 (b) 총생산함수

고전학파의 국민소득결정모형에 대해서 정리해 보면 다음과 같다.

첫째, 고전학파의 모형에서 균형국민소득은 공급측면에서 결정된다.

둘째, 세이의 법칙에 따르면 노동은 항상 고용되어 노동시장은 완전고용상태에 있다. 따라서 완전고용상태에서 결정되는 균형국민소득은 잠재적 산출량(=잠재적GDP)과 일치한다.

셋째, 고전학파에서는 고용량의 크기가 균형국민소득 수준을 결정한다.

넷째, 균형국민소득의 변동은 장기적으로 기술수준 향상, 자본량 증가 등으로 총생산함수가 이동함으로써 증가한다. 즉 국민소득을 증가시키기 위해서는 공급능력을 향상시켜야 한다.

3 케인즈의 이론

앞에서 살펴본 바와 같이 고전학파의 경제이론은 완전고용을 가정하고 있어 불황기에 일반적으로 발생하는 실업문제를 설명할 수 없다. 따라서 1930년대 대공황시기 발생했던 실업문제를 고전학파경제학은 설명을 못했다. 이에 케인즈는 대공황기 영국이나 미국 등 거의 모든 나라에 대규모로 발생하였던 실업은 총공급이 부족해서 발생한 문제가 아니라 총수요가 부족해서 일어난 현상이라고 설명하였다. 생산물에 대한 총수요의 부족은 생산물(상품) 재고의 발생을 가져와 생산과 고용을 감소시켜, 실업을 늘리고, 이는 소비와 투자수요를 위축시켜 총수요를 더욱 감소시키는 악순환이 반복된다고 보았다.

케인즈는 실업을 줄이고 경기회복을 위해서는 정부의 시장개입을 통해 생산물에 대한 총수요를 늘리는 정책을 집행해야 된다고 주장하였다. 한마디로 시장의 가격기능에 대한 불신으로 작은 정부보다는 오히려 큰 정부가 더 바람직하다는 입장이다.

3.1 가정

케인즈의 국민소득결정 모형의 기본 가정
- 총수요가 국민경제의 생산량과 고용량을 결정한다.
- 물가는 단기에 불변이며 임금은 하방경직적이다.
- 소비와 저축은 소득의 증가함수이며, 투자는 독립투자만 존재한다.
- 가계와 기업만으로 구성된 봉쇄경제를 가정한다.
- 감가상각이나 사내유보이윤과 같은 기업저축은 없다.

케인즈의 국민소득결정 모형의 기본 가정은 다음과 같다. 첫째, 총수요가 국민경제의 생산량과 고용량을 결정한다. 이는 Say's law을 부정하는 것으로 총공급 능력은 충분한데 총수요가 부족해 생산설비가 남아도는 잉여생산능력이 존재하는 경제를 가정하고 있다. 유휴생산설비가 많기 때문에 수요가 늘면 곧바로 생산이 가능하게 된다. 즉 공급이 수요를 창출하는 것이 아니라 수요가 공급을 창출한다는 것이다.

둘째, 물가는 단기에 불변이며 임금은 하방경직적이다. 잉여생산능력이 존재하기 때문에 총수요가 증가할 때 물가상승 없이 총생산(GDP)을 늘릴 수 있다. 또 임금은 제도적 요인(장기 임금계약, 최저임금제 등)이나 노동조합의 역할 등으로 한번 결정된 임금은 좀처럼 하락하지 않는다는 것이다.

셋째, 소비와 저축은 소득의 증가함수이며, 투자는 소득수준이나 이자율과 관계없이 일정하게 주어지는 독립투자만 존재한다.

넷째, 국민경제는 가계와 기업만으로 구성된 봉쇄경제를 가정하고, 감가상각이나 사내유보이윤과 같은 기업저축은 없다.

3.2 총수요 : 소비수요와 투자수요

수요(AD)는 가계, 기업, 정부, 해외부문의 최종생산물에 대한 수요를 모두 합한 것으로, 소비(C), 투자(I), 정부지출(G), 수출(X)로 구성된다.

한 나라 경제의 총수요(AD)는 가계, 기업, 정부, 해외부문의 최종생산물에 대한 수요를 모두 합한 것이다. 즉, 가계의 민간소비수요(C), 기업의 투자수요(I), 정부의 정부소비지출(G), 해외(외국)부문의 순수출(NX)로 구성된다.

그러나 여기서는 가계와 기업만 존재하는 2부문 경제를 가정하고 있기 때문에 소비수요와 투자수요만 살펴보고자 한다.

소비수요는 사전적으로 계획된 소비 또는 의도된 소비를 뜻한다. 원래 수요는 구매력을 가진, 다시 말해 소득이 뒷받침된 소비이다. 구매력이 없는 계획이나 의도는 실현될 수 없기 때문에 수요에서 제외된다. 소비는 상대적으로 안정적인 경제변수이다. 노동력 재생산에 필수적인 것으로 소득수준의 높고 낮음에 상관없이 급격히 줄거나 늘어나지 않는다.

소비에 영향을 미치는 요인들로는 소득수준, 이자율, 재산, 장래 경기에 대한 전망, 소비자 선호, 정부 정책 등이 있다. 일반적으로 소득수준이 높을수록 소비는 증가한다. 이를 함수식으로 표현한 것이 소비함수이다. 소비함수는 소비에 영향을 미치는 요인(독립변수)들과 소비수준(종속변수)사이의 함수관계를 말하는 것으로 소비수준을 소비함수로 나타낸다.

케인즈는 다른 요인들이 일정불변하다고 가정할 때 소비함수를 다음과 같이 표시한다.

$$C = C(Y)$$

여기서 C는 소비수요, Y는 당기의 실질국민소득이다. 즉 소비함수는 소득의 증가함수이다.

소비함수는 소득의 증가함수이다.
$C = C(Y)$

케인즈는 소비수요분석에서 평균소비성향(APC,, average propensity to consume)과 한계소비성향(MPC, marginal propensity to consume)이라는 개념을 도입하였다. 평균소비성향은 민간소비를 국민소득으로 나눈 값을 말한다.

평균소비성향은 민간소비를 국민소득으로 나눈 값을 말한다.
한계소비성향은 소비의 변화분을 국민소득의 변화분으로 나눈 값으로서 소득증가분의 몇 %를 소비하는가를 나타낸다.

$$\text{평균소비성향}(APC) = \frac{\text{소비}(C)}{\text{국민소득}(Y)}$$

한계소비성향은 소비의 변화분을 국민소득의 변화분으로 나눈 값으로서 소득증가분의 몇 %를 소비하는가를 나타낸다.

$$\text{한계소비성향}(MPC) = \frac{\text{소비의 변화분}(\triangle C)}{\text{국민소득의 변화분}(\triangle Y)}$$

소비는 국민소득의 증가함수이지만 소득이 증가한 만큼 소비는 증가하지 않는다. 즉 한계소비성향은 0보다 크고 1보다 작다는 것으로, $0 < MPC < 1$이다.

케인즈의 소비함수를 국민소득에 관한 일차방정식으로 표시하면 다음과 같다.

$$C = a + bY, \quad a > 0, \quad 0 < b < 1$$

위의 식에서 a는 기초소비로 소득이 없어도 소비해야 하는 최소한의 소비수준을 나타내고, b는 한계소비성향을 나타낸다.

그림 10-4에서 횡축은 국민소득(Y), 종축은 소비(C)를 나타낸다. 케인즈의 소비함수는 기초소비(a)를 수직절편으로 하여 우상향하는 직선이다.

소비곡선의 기울기는 한계소비성향을 나타낸다. 따라서 소비곡선은 45°선($C = Y$)보다 작은 기울기를 갖도록 그려졌다. 원점에서 출발한 45°선의 기울기는 1이다. 결국 한계소비성향은 0보다 크고 1보다 작다.

그림 10-4 소비함수

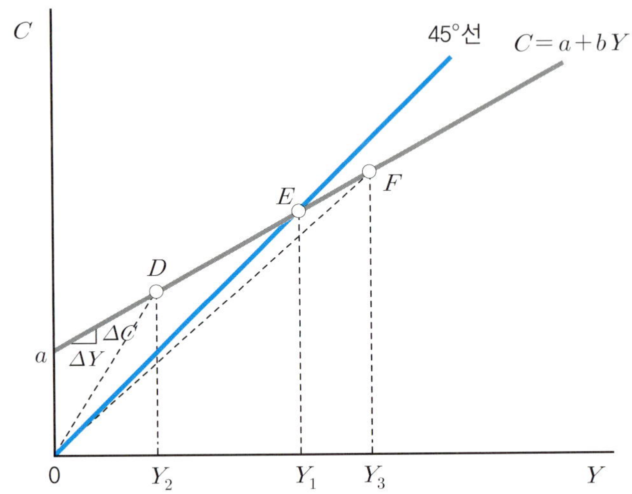

평균소비성향은 주어진 국민소득수준에 대응하는 소비곡선상의 한 점과 원점을 연결한 직선의 기울기로 표시한다. 따라서 국민소득이 증가함에 따라 평균소비성향은 감소한다. 예를 들어 국민소득수준이 Y_2일 때 평균소비성향은 직선 OD의 기울기이다. 즉 $DY_2/0Y_2 > 1$이다. 국민소득수준이 Y_1일 때는 직선 $0E$의 기울기 $= EY_1/0Y_1 = 1$이고, 국민소득수준이 Y_3일 때는 직선 $0F$의 기울기$= FY_3/0Y_3 < 1$이다. 직선 $0D$보다 $0E$의 기울기가 작고 $0E$보다 $0F$의 기울기가 작다. 이는 소득이 증가할수록 평균소비성향은 감소한다는 것이다. 또 그림에서 한계소비성향을 나타내는 소비곡선의 기울기는 원점에서 출발한 어떤 직선의 기울기보다 작다. 이것은 평균소비성향이 한계소비성향보다 크다는 것을 의미한다.

한편, 케인즈의 국민소득결정모형에서 투자수요는 실질국민소득이나 이자율과는 상관없이 이루어지는 독립투자를 가정한다.

> 독립투자수요는 생산능력을 향상시키기 위해 장기적으로 계획된 투자수요, 새로운 상품개발을 위한 투자수요, 새로운 생산기술 도입을 위한 투자수요 등을 포함한다.

$$I^D = I_0, \quad I_0 = \text{상수}$$

독립투자수요는 생산능력을 향상시키기 위해 장기적으로 계획된 투자수요, 새로운 상품개발을 위한 투자수요, 새로운 생산기술 도입을 위한 투자수요 등을 포함한다. 독립투자수요는 국민소득수준과 관계없이 결정되는 것이기 때문에 그림 10-5에서와 같이 국민소득수준을 나타내는 횡축(수평축)에 대하여 평행선으로 그려진다.

3.3 총수요 · 총공급에 의한 국민소득수준의 결정

케인즈는 총수요가 국민소득수준을 결정한다고 주장하였다. 이에 케인즈의 국민소득결정 모형은 다음과 같은 4개의 방정식으로 구성된다.

>> 케인즈는 소비(C)와 투자(I)를 구매력을 가진 총수요라는 점에서 유효수요라 하였다.

>> 케인즈는 총수요가 국민소득수준을 결정한다고 주장하였다.

$$Y^D = C + I^D \quad \text{(국민소득창출방정식)}$$

$$C = a + bY \quad \text{(소비수요)}$$

$$I^D = I_0 \quad \text{(투자수요)}$$

$$Y^D = Y \quad \text{(균형조건)}$$

가계와 기업만 존재하는 2부문 경제에서의 총수요는 소비수요와 투자수요의 합계에 의해 구성된다. 케인즈는 소비(C)와 투자(I)를 구매력을 가진 총수요라는 점에서 유효수요라 하였다.

케인즈의 국민소득결정모형에서는 국민경제에 항상 잉여생산능력(유휴생산설비)이 존재하기 때문에 수요만 있으면 생산은 언제든지 가능하다. 그러나 문제는 총수요의 크기이다. 기업들은 총수요(Y^D)에 맞춰 국내총생산($GDP = Y$)을 조정한다.

위의 방정식 모형에서 처음의 세 방정식은 $Y^D = C + I^D = a + bY + I_0$로 정리할 수 있다. 즉 $Y^D = (a + I_0) + bY$로 표시할 수 있다. 다시 이를 균형조건식 $Y^D = Y$를 결합하면 균형국민소득을 구할 수 있다.

$$Y_e = \frac{1}{1-b}(a + I_0)$$

그림 10-5 균형국민소득수준의 결정

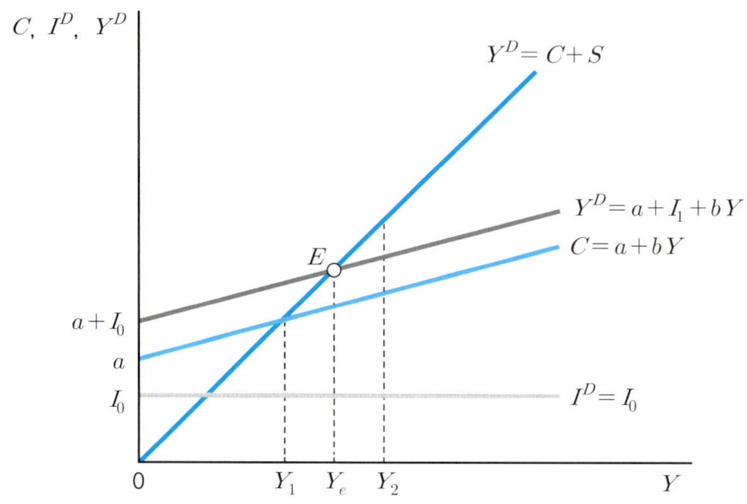

이상의 내용을 그림 10-5를 통해 균형국민소득이 어떻게 결정되는가를 살펴보자. 총수요는 종축, 국민소득(Y)을 횡축에 나타낼 때, 총수요(Y^D)는 수직절편이 $a+I_0$, 기울기는 b인 직선으로 그려지고, 이 총수요선은 소비함수를 상방으로 독립투자수요만큼 평행이동한 직선이다.

45°선은 총공급곡선으로 "수요는 공급을 창출한다"라는 의미가 된다.

균형조건식 $Y^D = Y$는 원점을 지나는 45°선으로 표시된다. 45°선은 총공급곡선으로 "수요는 공급을 창출한다"라는 의미가 된다. 기업은 노동, 자본 등 충분한 잉여생산능력을 갖고 있어서 수요가 있으면 곧바로 그에 해당하는 만큼 공급이 가능하다는 것이다. 총수요곡선과 총공급곡선(45°선)이 만나는 점(E)에서 균형국민소득(Y_e)이 결정된다. 그림 10-5에서 실질GDP(Y) 또는 국민소득과 총지출을 각각 가로축과 세로축에 나타내면, 총지출과 실질GDP가 같은 수준에서 결정되는 거시경제균형은 원점을 지나는 45도선 상에서 이루어지게 된다. 이 45도선은 수요가 증가하면 수요증가만큼 곧바로 공급의 증가가 이루어진다는 '케인즈의 법칙'을 뜻하기도 한다. 또한 이 45도선 위의 모든 점은 총지출이 실질 GDP보다 더 많은 초과수요 상태를 나타내며, 반대로 45도선 아래의 모든 점은 총지출이 실질GDP보다 더 적은 초과공급 상태를 나타낸다.

만약 국민소득수준이 Y_e보다 높은 Y_2의 수준이라면, 총수요가 총공급보다 아래에 있으므로 $Y^D < Y$가 되어 $I^D < I$가 성립한다. 이는 총수요보다 더 많

이 생산된 것으로 계획된 재고증가보다 실현된 재고증가가 더 커 의도하지 않은 재고가 발생했음을 의미한다. 따라서 생산이 축소되고 실질국민소득은 Y_e 방향으로 감소하게 된다.

반대로 국민소득수준이 Y_e보다 낮은 Y_1의 수준이라면, 총수요가 총공급보다 위에 있으므로 $Y = C + I < C + I^D = Y^D$, 즉 $Y < Y^D$, $I < I^D$가 성립한다. 이는 총수요가 총공급보다 더 많아, 의도하지 않은 재고감소가 발생했음을 의미한다. 따라서 생산이 증가되고 실질국민소득은 Y_e 방향으로 증가한다.

그리고 국민소득수준이 Y_e 수준이라면, 총수요와 총공급이 같다는 것으로 $Y = C + I = C + I^D = Y^D$, 즉 $I = I^D$가 성립한다. 이는 생산조정의 유인이 사라짐을 의미한다. 기업들은 총공급선(45°선)을 따라 Y_e 이상으로 생산할 능력은 있지만 총수요가 Y_e 밖에 없으므로 Y_e의 생산에 만족해야 한다. 이상의 내용을 정리해 보면 다음과 같이 나타낼 수 있다.

> 국민소득수준이 Y_e 수준이라면, 총수요와 총공급이 같다는 것으로 $Y = C + I$ $= C + I^D = Y^D$ 즉 $I = I^D$가 성립한다.

총공급$(C+S)$ > 총수요$(C+I) = S > I$: 국민소득 감소
총공급$(C+S) <$ 총수요$(C+I) = S < I$: 국민소득 증가
총공급$(C+S) =$ 총수요$(C+I) = S = I$: 국민소득 균형

케인즈모형에서 국민소득의 균형조건은 투자(I)=저축(S)으로 나타낼 수 있다. 총수요 $Y_D = C + I_D$이고, 국민소득 $Y = C + S$일 때 $Y_D = Y$는 $I_D = S$로 표시할 수 있다. 이때 $I_D = I_0$이고 $S = a + (1-b)Y$가 된다. 저축함수는 소비함수를 응용해서 얻어진다. 즉 $Y = C + S$에서 $S = Y - C = Y - (a+b)Y$ $= a + (1-b)Y$가 된다. 결국 $I_D = S$(균형조건)가 된다.

케인즈의 국민소득결정모형에 대해서 정리해 보면 다음과 같다. 첫째, 소비와 투자수요로 표시되는 유효수요의 크기가 균형국민소득을 결정한다.

둘째, 불완전고용상태에서 균형이 이루어져 균형국민소득(Y_e)과 완전고용국민소득(Y_f)이 일치하지 않는다. 이는 불황으로 실업이 존재함을 의미한다. 이는 불완전고용이 발생할 때나 완전고용이 달성될 때 모두를 설명할 수 있다는 것으로 케인즈가 1930년대의 대공황을 유효수요이론으로 설명 가능하게 하였다는 것을 의미한다.

셋째, 균형국민소득은 수요측면에서 결정된다. 이는 총수요의 크기가 국민소득수준을 결정한다는 것이다. 케인즈이론은 생산설비와 공급능력은 많은데 유효수요가 부족한 불황인 상태를 설명하는데 적합한 이론이다. 또 정부는 국민소득의 증대를 위해 총수요관리정책을 통해 가격 메카니즘에 개입해야 한다는 것으로, 오히려 큰 정부가 바람직하다는 것이다.

4 총수요와 총공급 모형

어떤 한 재화의 가격과 생산량의 결정 과정을 분석하는 것을 미시경제적 분석이라 한다. 또 한 나라 경제에서 생산되는 모든 재화의 가격수준과 생산량(GDP)의 결정 과정을 분석하는 것은 거시경제적 분석이라 한다.

개별시장을 분석할 때 어떤 재화의 균형가격과 균형수급량을 나타내기 위해 수요와 공급의 원리를 사용한다. 이 같은 수요·공급의 원리는 한 나라 전체에서 생산되는 모든 재화의 가격수준을 결정하는 데에도 이용된다. 한 나라 경제에서 생산되는 모든 재화에 대한 수요를 총수요(AD, aggregate demand)라 하고, 한 나라 경제에서 생산되는 모든 재화에 대한 공급을 총공급(AS, aggregate supply)이라 한다. 총수요와 총공급이 같을 때 결정되는 균형가격을 물가(P)라고 말하며, 이때의 생산량을 GDP 또는 균형국민소득(Y)이라고 한다.

한 나라 경제에서 생산되는 모든 재화에 대한 수요를 총수요(AD)라 하고, 한 나라 경제에서 생산되는 모든 재화에 대한 공급을 총공급(AS)이라 한다. 총수요와 총공급이 같을 때 결정되는 균형가격을 물가(P)라고 말하며, 이때의 생산량을 GDP 또는 균형국민소득(Y)이라고 한다.

한 나라 경제에서 생산되는 모든 재화에 대한 수요를 총수요(AD)라 하고, 한 나라 경제에서 생산되는 모든 재화에 대한 공급을 총공급(AS)이라 한다. 총수요와 총공급이 같을 때 결정되는 균형가격을 물가(P)라고 말하며, 이때의 생산량을 GDP 또는 균형국민소득(Y)이라고 한다.

4.1 총수요

4.1.1 총수요곡선의 도출

총수요(AD)란 여러 물가수준에 대응하여 가계, 기업, 정부, 해외부문이 구매력을 갖춘 국내총생산량을 의미한다. 따라서 총수요는 가계의 소비(C), 기업의 투자(I), 정부의 지출(G), 해외부문의 순수출($X-M$)의 총합을 뜻한다. 즉 총수요(AD) = $C+I+G+(X-M)$으로 표시할 수 있다.

그 동안 물가는 일정한 수준에 고정되어 있다는 가정하에 논의를 전개해 왔다. 그러나 물가수준의 상승 또는 하락은 총지출에 변화를 가져와 국민소득에 영향을 미친다. 물가수준의 변화가 총지출 항목인 소비, 투자, 순수출에 미치는 영향을 각각 살펴보고, 물가수준과 총지출의 관계를 총수요곡선으로 도출해 보자.

> 총수요(AD)란 여러 물가수준에 대응하여 가계, 기업, 정부, 해외부문이 구매력을 갖춘 국내총생산량을 의미한다.

물가수준의 하락은 가계소비자 부의 실질가치를 상승시킴으로 부富의 효과에 의해 소비를 늘릴 것이며, 반대로 물가수준의 상승은 부의 실질가치를 감소시켜 소비를 줄어들게 한다. 또한 자국의 물가수준의 하락은 자국 상품 가격이 다른 나라들보다 낮다는 것을 의미하므로 다른 나라 상품에 비해 자국 상품에 대한 수요가 늘어난다. 따라서 국제무역 효과에 의해 수출이 증가하고 수입은 감소하므로 순수출이 증가한다. 한편 물가수준이 하락하면 기업과 가계소비자들은 이전보다 더 적은 돈으로 상품을 구입할 수 있다. 이때 중앙은행이 화폐공급을 줄이지 않는다면, 이자율이 하락한다. 이 이자율 하락은 기업이 투자를 위해 차입하는 자금의 이자비용을 하락시켜 투자 증가를 가져온다. 따라서 물가수준의 하락은 이자율효과에 의해 투자의 증가를 가져오는 반면 물가상승은 투자 감소를 가져올 것이다.

그림 10-6 물가수준의 변화와 총수요곡선의 도출

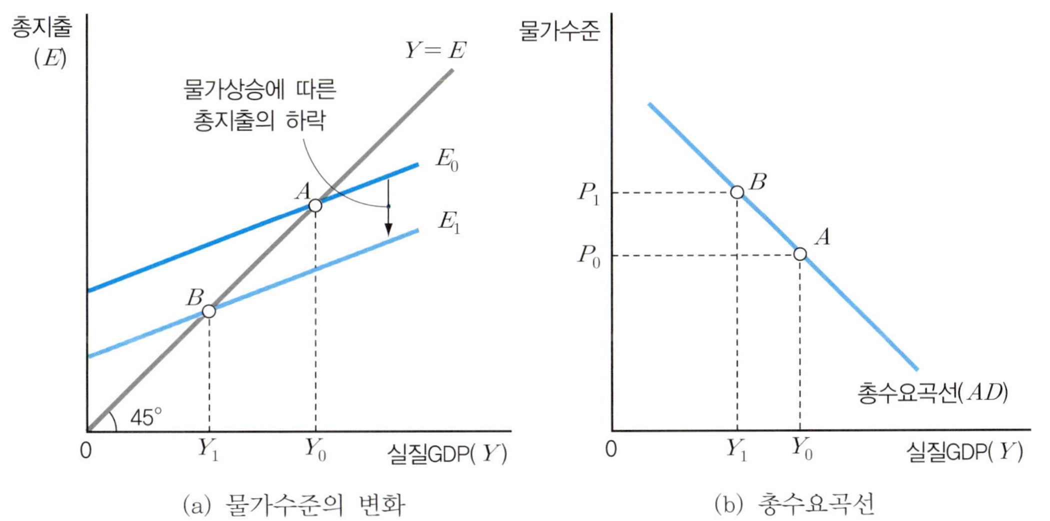

(a) 물가수준의 변화 (b) 총수요곡선

이러한 물가수준의 변화가 총지출에 미치는 효과를 그림 10-6을 통해 살펴보자. 만약 물가가 상승하면 주어진 실질GDP 수준에서 소비와 투자, 순수출이 감소하면서 총지출곡선이 그림 10-6의 (a)와 같이 E_0에서 E_1으로 하방이동하여 균형국민소득은 감소한다. 반대로 물가가 하락하면 총지출곡선은 위로 이동하고 균형국민소득은 증가할 것이다.

모든 경제주체는 상품의 가격이 하락하면 지출을 증가시키고, 가격이 상승하면 지출을 감소시키기 때문에 물가(P)와 실질 GDP(Y)의 관계를 나타내는 총수요곡선은 우하향하는 형태를 보인다.

물가가 P_0로 주어져 있을 때 총수요의 크기는 Y_0인데, 물가가 P_1으로 올라가면 총수요가 Y_1으로 줄어들고, 물가가 P_2으로 떨어지면 총수요는 Y_2로 늘어난다. 이와 같이 각 물가수준에 대응하는 총수요의 크기를 알아낼 수 있다. 물가수준과 총수요 사이의 관계를 보여주는 곡선(또는 직선)이 총수요곡선이다. 그림 10-6의 (b)는 이러한 물가수준과 국민소득수준간의 음(−)의 관계를 나타내는 총수요곡선을 보여주고 있다. 사실 모든 경제주체는 상품의 가격이 하락하면 지출을 증가시키고, 가격이 상승하면 지출을 감소시키기 때문에 물가(P)와 실질GDP(Y)의 관계를 나타내는 총수요곡선은 우하향하는 형태를 보인다.

4.1.2 총수요곡선의 이동

보통 소비, 투자, 정부지출은 물가수준뿐만 아니라 여러 다른 변수들의 영향을 받는다. 총수요곡선은 다른 변수들이 일정한 상태에서 물가와 실질GDP 간의 관계를 나타내는 것으로 주어진 총수요곡선 위의 한 점(A)에서 다른 점(B)으로의 이동을 뜻한다.

총수요곡선은 물가 이외의 일정불변하다고 가정했던 여러 경제 여건이 변하면 좌우로 이동한다.

총수요곡선은 물가 이외의 여러 경제 여건이 변하면 좌우로 이동한다. 가계의 저축이 감소하고 소비가 증가할 때, 가계나 기업이 미래의 경기를 낙관적으로 내다봄에 따라 현재의 소비나 투자가 증가할 때, 정부지출이 증가할 때, 정부가 가계나 기업의 소득에 대해 세금을 감소시켜 줄 때 등은 실질GDP를 증가시키기 때문에 그림 10-7에서와 같이 총수요곡선은 우측($AD_0 \rightarrow AD_1$)으로 이동한다. 반대로 가계의 저축이 증가하고 소비가 감소할 때, 기업의 투자와 정부지출이 감소할 때, 정부가 세금을 더 많이 걷을 때 등은 총수요곡선이 좌측($AD_1 \rightarrow AD_0$)으로 이동한다.

그림 10-7 총수요곡선의 이동

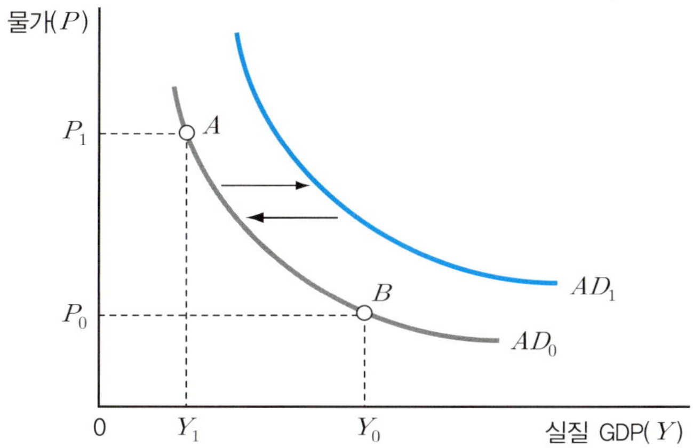

4.2 총공급

4.2.1 총공급곡선의 도출

총공급은 한 나라 안에 존재하는 모든 기업의 상품 공급량을 더한 것이다. 다시 말해 개별기업의 공급곡선을 수평으로 더해 구한 것이 총공급곡선이나 단지 개념적으로 그렇게 할 수 있다는 것일 뿐 실제로 총공급곡선이 도출되는 과정은 이와 다르다.

한 나라 경제에서 일정기간 동안 기업들이 생산하는 재화나 서비스의 최종생산물의 시장가치를 모두 합한 것이 *GDP*이다. 이 *GDP*가 곧 한 나라 경제의 총공급(*AS*)을 나타낸다. 결국 *GDP*=총공급으로 나타낼 수 있게 된다.

> 한 나라 경제에서 일정기간 동안 기업들이 생산하는 재화나 서비스의 최종 생산물의 시장가치를 모두 합한 것이 GDP이다. 이 GDP가 곧 한 나라 경제의 총공급(*AS*)을 나타낸다.

총공급곡선은 다른 요인들이 일정불변할 때 각 물가수준에서 기업들이 생산하는 상품의 총공급량을 나타내는 곡선이다. 다른 요인들이 일정불변하다는 것은 생산비용에 영향을 주는 요인들, 즉 임금, 지대, 원자재 가격, 기술수준 등이 아무 변화가 없다는 뜻이다. 다시 말해 상품 한 단위를 추가로 생산하기 위해 필요한 비용이 항상 일정한 수준에 머물러 있다는 것이다. 그러므로 기업은 상품 가격이 올라가면 상품 한 단위를 더 생산함으로써 얻는 이윤이 더 커지기 때문에 상품 생산량을 늘리게 된다. 이처럼 상품 가격의 전반적인 상승, 즉 물가 상승이 나타날 때 기업들은 생산량을 증가시킬 유인이 발생하므로 총공급곡선은 우상향한다.

이를 정리하면 한 나라 경제에서 생산되는 모든 상품의 가격, 즉 물가(P)가 상승하면 총공급(GDP)은 증가하고, 물가가 하락하면 총공급은 감소한다. 따라서 물가(P)와 실질GDP의 관계를 나타내는 총공급곡선은 우상향하는 형태를 보인다.

만약 상품 가격이 올라 간 만큼 생산비용도 늘어나 이윤에 아무 변화가 없다면 기업들은 굳이 공급량을 늘릴 필요를 느끼지 않을 것이고, 이 경우 총공급곡선은 수직선이 될 것이다.

총공급곡선은 국민소득 수준이 낮을 때는 완만한 기울기를 갖다가, 국민소득 수준이 점차 올라가면서 가파른 기울기를 가진다.

그림 10-8에서 볼 수 있듯이 총공급곡선은 국민소득 수준이 낮을 때는 완만한 기울기를 갖다가, 국민소득 수준이 점차 올라가면서 가파른 기울기를 가진다. 총공급곡선상의 점 AB구간, 즉 케인즈영역으로 불리는데, 이 구간이 수평선으로 나타나는 것은 경제가 극심한 불황상태에 있을 때 노동과 같은 자원이 남아돌기 때문에 물가에 영향을 미치지 않고도 실질$GDP(Y)$를 증가시킬 수 있다. 총공급선상의 점 BC구간, 즉 신고전학파영역(중간영역)으로 불리는 구간에서 GDP를 증가시키려면 노동과 같은 자원을 추가로 고용하기 위해 기업들 간에 경쟁을 해야 하고, 그 결과 생산비가 증가함에 따라 물가(P)가 상승하고, 또 실질GDP도 동시에 상승하기 때문에 총공급곡선은 우상향하는 형태를 보인다. 총공급곡선상의 점 CD구간, 즉 총공급곡선이 수직인 고전학파영역에서는 총수요가 증가하여 물가가 상승한다고 하더라도 실질GDP가 증가하지는 않는다. 왜냐하면 모든 경제는 생산에 투입할 수 있는 자원이 유한하기 때문이다. 다시 말해 한 나라에서 사용 가능한 모든 자원이 생산에 투입되는 완전고용상태(잠재적GDP)에서는 물가가 상승하더라도 더 이상 생산을 늘릴 수 없기 때문에 실질GDP는 증가하지 않고 물가만 올리기 때문이다. 결국 총공급곡선은 수직이 된다.

한 나라 경제에서 생산되는 모든 상품의 가격, 즉 물가(P)가 상승하면 총공급(GDP)은 증가하고, 물가가 하락하면 총공급은 감소한다. 따라서 물가(P)와 실질GDP의 관계를 나타내는 총공급곡선은 우상향하는 형태를 보인다.

4.2.2 총공급곡선의 이동

총공급곡선의 변화에서 총공급곡선상의 움직임과 총공급곡선 자체의 이동은 구분되어야 한다. 일반적으로 총공급은 물가수준뿐만 아니라 여러 다른 변수들의 영향을 받는다. 총공급곡선은 다른 변수가 일정불변할 때 물가수준과 기업들이 공급하는 상품의 산출량간의 관계를 나타낸다. 이 경우 총공급에 영향을 미치는 다른 모든 변수는 일정불변하고 물가만 변화하는 경우 우상향하는

그림 10-8 총공급곡선

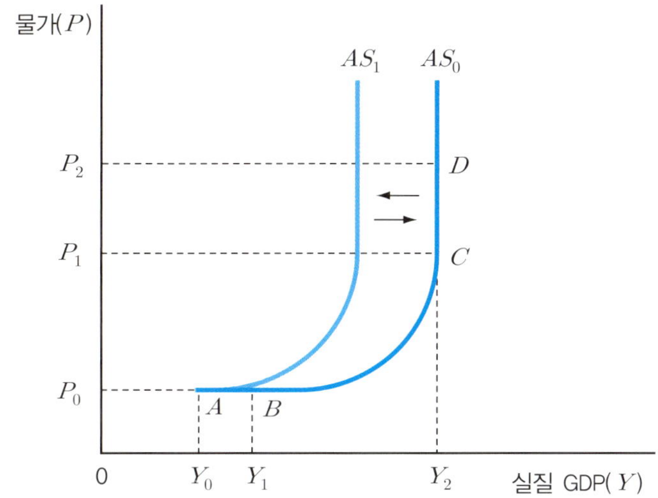

총공급곡선 상에서 이동한다. 반면에 물가는 변하지 않고 총공급에 영향 미치는 다른 변수가 변화한다면 총공급곡선 자체가 이동한다. 즉 총공급곡선은 물가 이외의 다른 경제여건이 변하면 오른쪽 또는 왼쪽으로 이동한다.

총공급곡선의 이동에 큰 영향을 미치는 것은 생산비이다. 보통 원유 등과 같은 원자재 가격의 상승, 금리 인상, 노동생산성의 하락, 세금의 인상 등의 요인들은 기업의 생산비를 증가시키고 이윤하락을 가져 온다. 이윤하락으로 총생산량이 감소하면 실질 GDP도 감소하므로 총공급곡선은 왼쪽으로($AS_0 \rightarrow AS_1$) 이동한다. 반대로 원유 등 원자재 가격의 하락이나 금리 인하, 노동생산성의 증대, 신기술의 개발, 세금 인하 등은 생산비를 감소시켜 이윤을 늘린다. 이윤이 늘어남에 따라 총생산량이 증가하면 실질 GDP가 증가하므로 총공급곡선은 오른쪽으로($AS_1 \rightarrow AS_0$) 이동한다.

어떤 한 나라의 경제에서 총수요와 총공급이 같을 때 거시경제적 균형 상태에 있다고 정의한다.

4.3 총수요 · 총공급의 균형 : 거시경제적 균형

총공급곡선은 물가 이외의 다른 경제여건이 변하면 오른쪽 또는 왼쪽으로 이동한다.

어떤 한 나라의 경제에서 총수요와 총공급이 같을 때 거시경제적 균형 상태에 있다고 정의한다.

즉 총수요(AD)=총공급(AS) 또는 $GDP = C + I + G + (X - M)$로 나타낼 수 있다.

그림 10-9는 총수요와 총공급이 일치하는 E_0점에서 물가와 실질GDP가 각각 P_0와 Y_0로 균형이 달성된다. 총수요와 총공급이 일치하는 균형점 E_0에서 결정되는 GDP를 균형GDP 또는 균형국민소득(Y_e)이라 한다.

총수요가 증가하면 총수요곡선은 오른쪽으로 이동하며 새로운 균형점(E_1)에서 물가와 실질GDP가 모두 증가하게 된다. 반대로 총수요곡선이 왼쪽으로 이동하면 물가와 실질GDP가 모두 감소한다. 만약 총공급곡선이 왼쪽으로 이동하면 물가는 상승하고 실질GDP는 감소하며, 반대로 공급곡선이 오른쪽으로 이동하면 물가는 하락하고 실질GDP는 증가한다.

그림 10-9 총수요와 총공급의 균형

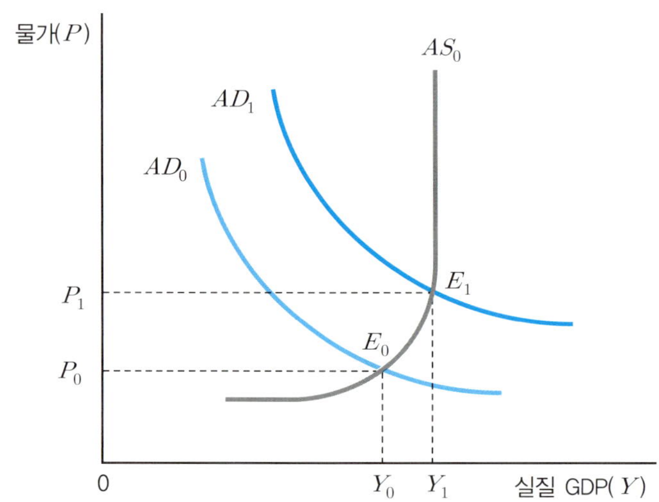

연 습 문 제

01 세이의 법칙에 대하여 설명하시오.

02 유효수요원리에 대하여 설명하시오.

03 고전학파 경제학은 왜 1930년대 공황을 설명할 수 없었는지 그 이유에 대하여 설명하시오.

04 고전학파와 케인즈의 균형국민소득결정모형을 비교하여 설명하라.

05 균형국민소득창출방정식 $Y = C + I$에서 $C = 350 + 0.8Y$, $I = 650$일 때 다음 물음에 답하라. (단위: 억원)

1) 균형국민소득(Y_e)은 얼마인가?

2) 만약 투자가 150억 증가할 때 균형국민소득은 얼마나 더 증가하는가?

06 총수요곡선이 우하향하는 이유를 열거하라.

07 총수요곡선을 왼쪽으로 이동시키는 요인을 열거하라.

08 거시경제의 총공급곡선은 어느 시장에서 도출되는가?

09 고전학파가 가정하는 수직의 총공급곡선의 의미는 무엇인가?

10 총공급곡선이 우상향하는 이유를 열거하라.

11 직접적으로 총공급곡선을 우측으로 이동시키는 요인을 열거하라.

Chapter

11

실업, 인플레이션과 필립스곡선

1 실 업

1.1 실업의 정의

실업이란 사람들이 일할 능력과 일하려는 의사를 가지고 있음에도 불구하고 취업의 기회가 주어지지 않은 상태를 말한다. 한 나라에서 15세 이상의 인구(생산가능연령인구) 중 일할 의사와 능력을 가진 사람들 전체를 경제활동인구라 정의하며, 우리나라의 경우 15세 이상의 인구 중에서 일할 의사가 없는 학생, 주부, 환자, 교도소 수감자 등을 뺀 인구를 말한다. 경제활동인구의 15세 이상 인구에 대한 비율을 경제활동참가율이라 한다.

경제활동인구는 취업자와 실업자로 구분한다. 일자리를 갖고 있는 사람을 취업자라 하는데, 이는 수입을 목적으로 1주당 1시간 이상 일하는 사람이나, 자기에게 직접 수입이 들어오지 않더라도 가구주의 사업을 도와 1주당 18시간 이상 일하는 가족종사자로 정의한다. 실업자는 일자리를 찾고 있으나 취업이 안 된 사람을 말하는데, 경제활동인구에서 취업자 수를 빼면 실업자 수가 된다. 실업률은 실업자 수가 경제활동인구에서 차지하는 비율이다.

> 실업률은 실업자 수가 경제활동인구에서 차지하는 비율이다.

> 실업이란 사람들이 일할 능력과 일하려는 의사를 가지고 있음에도 불구하고 취업의 기회가 주어지지 않은 상태를 말한다.

이러한 취업 및 실업을 구분하는 기준은 몇 가지 문제점이 있다. 첫째는 임시 고용이나 파트타임, 아르바이트 등으로 일하면서 정규직(상용직) 고용을 바라는 사람들도 취업자로 계산되어 실업통계에서 빠지는 문제가 있다. 둘째로 일자리를 찾다 지쳐 구직활동을 포기한 실망실업자도 일할 의사가 없는 사람으로 보아 경제활동인구에서 제외되기 때문에 실업통계에서 누락된다는 점이다. 이는 실제 실업률이 낮게 계산되는 결과를 가져오게 되어 정부의 실효성 있는 고용정책을 수행하는데 장애요인이 되기도 한다.

우리나라의 경제활동인구 통계는 통계청에서 작성하는데, 매월 15일이 있는 1주간을 조사기간으로 삼아, 32,000세대에 대한 표본조사방법으로 조사한다. 표 11.1은 우리나라의 경제활동인구 및 취업자, 실업자를 나타내고 있다. 2015년 6월 현재 15세 이상 인구는 43,025천 명이며 이중 경제활동인구는 27,255천명으로 경제활동참가율은 63.3%이다. 경제활동인구 중 취업자는 26,205천명이고 실업자는 1,050천명으로 실업률은 3.9%이다.

표 11.1 우리나라의 경제활동인구

	15세 이상 인구					경제활동참가율(%)	고용률(%)	실업률(%)
		경제활동인구			비경제활동인구			
			취업자	실업자				
2010	40,590	24,748	23,829	920	15,841	61.0	58.7	3.7
2011	41,052	25,099	24,244	855	15,953	61.1	59.1	3.4
2012	41,582	25,501	24,681	820	16,081	61.3	59.4	3.2
2013	42,096	25,873	25,066	807	16,223	61.5	59.5	3.1
2014	42,513	26,536	25,599	937	15,977	62.4	60.2	3.5
2015.6	43,025	27,255	26,205	1,050	15,770	63.3	60.9	3.9

(단위 : 천명, %)

자료 통계청, 2015년 6월 고용동향

1.2 실업의 유형과 대책

1.2.1 마찰적 실업

마찰적 실업은 최적 고용기회 획득을 위한 일종의 자발적 실업으로 노동시장에서의 정보 부족, 노동이동의 불완전성 등에 기인하는 실업이다. 다시 말해 전직을 위한 일시적 실업을 말한다. 한 경제에 마찰적 실업만 존재하고 있을 때 완전고용이 이루어진 상태로 정의할 수 있다. 경제학에서 말하는 완전고용은 실업자가 하나도 없는 상태를 의미하는 것이 아니고 마찰적 실업이 존재하는 정도를 의미한다. 이 상태의 실업률을 완전고용실업률 또는 자연실업률이라고 부른다. 또 대부분 지금까지 얻을 수 있었던 일자리보다 더 나은 일자리를 탐색한다는 의미에서 탐색적 실업이라고도 한다.

> 마찰적 실업은 최적 고용기회 획득을 위한 일종의 자발적 실업으로 노동시장에서의 정보 부족, 노동이동의 불완전성 등에 기인하는 실업이다.

마찰적 실업은 개인의 선택에 의한 것이라는 점에서 보면 큰 사회적인 문제가 발생하지 않는다. 노동시장이 자유롭게 기능하기 위해서 어느 정도의 마찰적 실업은 바람직하다는 의견도 있다.

마찰적 실업에 대한 대책으로 정부는 구인·구직 정보의 흐름을 원활이 할 수 있는 제도 마련과 고용기회와 직업전망에 관한 정보의 흐름을 원활하게 하는 대책이 필요하다. 기업은 경영계획 안정화를 통한 이직욕구 방지 등이 필요하다.

1.2.2 경기적 실업

경기적 실업은 경기의 일시적 후퇴로 인한 유효수요 부족으로 발생하는 실업으로 Keynes적 실업이라고 부르기도 한다.

경기적 실업은 경기의 일시적 후퇴로 인한 유효수요 부족으로 발생하는 실업으로 Keynes적 실업이라고 부르기도 한다. 일반적으로 실업은 불황기에는 늘어나고 호황기에는 줄어드는데, 이 같이 경기순환과 결부되어 경기가 좋지 않기 때문에 발생하는 실업이 경기적 실업이다.

경기적 실업은 경기가 회복되어 일자리가 늘어나면 해소된다. 때문에 경기가 침체할 때 정부가 확장적 재정정책이나 금융정책, 즉 총수요확대정책으로 생산을 촉진하여 고용을 증가시키고자 하는 대책이 필요하다.

1.2.3 구조적 실업

구조적 실업은 국민경제 전체적으로 노동에 대한 수요와 공급이 일치하더라도 특정산업의 불균등 발전에 따라 발생하는 실업을 말한다.

구조적 실업은 국민경제 전체적으로 노동에 대한 수요와 공급이 일치하더라도 특정산업의 불균등 발전에 따라 발생(전직의 곤란성, 기능·기술 습득의 장기화, 노동이동의 애로)하는 실업을 말한다. 또 기술혁신으로 기술이 아무 쓸모없게 되거나 어떤 산업이 사양화되거나 고용을 해치는 노동시장의 구조적 특성 때문에 발생하는 실업이다. 예를 들어 신발산업이나 가발산업이 사양화되면서 신발제조나 가발제조에 관련된 기술을 갖고 있는 사람들이 직장을 잃는 경우 발생하는 실업이 구조적 실업이다.

구조적 실업은 경제구조가 급격히 변하는 사회에서 불가피하게 발생하는 경우가 있는데, 경쟁력이 상실된 산업이 더 큰 경쟁력을 갖춘 산업으로 대체되는 과정에서 발생한다. 만약 새로운 산업이 사양산업으로부터 방출된 노동자들을 모두 고용할 수 있다면 구조적 실업은 발생하지 않는다. 그러나 산업구조의 변화에 맞추어 새로운 기술을 곧바로 습득하는 일은 쉽지 않기 때문에 실업이 장기화 될 가능성이 크다. 또 비자발적 실업이라는 점에서 많은 사회적 비용을 초래할 수 있다.

구조적 실업은 총수요를 증가시키는 정책만으로는 해결될 수 없기 때문에 산업구조를 재편하는 정책, 인력 정책(재교육 훈련) 등의 대책이 필요하다.

1.2.4 기술적 실업

기술적 실업은 기술이 진보함에 따라 노동력이 기계로 대체되어 발생하는 실업으로 마르크스적 실업이라고도 한다. 상대적으로 기술력이나 재능, 교육수준이 떨어지는 노동자들이 자동화 설비에 의해 대체됨으로써 발생하는 실업이다. 예를 들어 과거 자동차를 조립하기 위해서는 많은 노동자들이 생산라인에 투입되었으나, 최근에는 로봇이 이들 노동자들과 대체됨으로써 노동자들의 일자리가 갈수록 줄어드는 경우에 해당된다.

>> 기술적 실업은 기술이 진보함에 따라 노동력이 기계로 대체되어 발생하는 실업으로 마르크스적 실업이라고도 한다.

기술적 실업은 외견상 구조적 실업과 비슷해 보이지만 차이가 크다. 기술적 실업은 보다 효율적인 생산방식을 도입하는 과정에서 실업이 발생하지만, 구조적 실업은 해당산업의 사양화 과정에서 발생한다.

기술적 실업의 대책은 새로운 기술습득을 위한 재교육, 재훈련 등으로 새로운 기술에 적응력을 높이는 대책이 요구된다.

이 외에도 계절적 실업과 위장실업이 있다. 계절적 실업은 어떤 재화나 서비스에 대한 수요가 날씨와 같은 계절적 요인에 의해 발생하는 실업으로, 노동수요의 계절적 변동에 따른 일시적 실업을 말한다. 예를 들어 농한기의 농부들, 여름 해수욕장의 종사자들, 겨울 스키장 종사자들 등이다. 이들은 제철이 돌아오면 언제든지 고용이 가능하기 때문에 비수기의 고용대책만 수립된다면 큰 실업문제는 야기되지 않는다고 볼 수 있다.

>> 계절적 실업은 어떤 재화나 서비스에 대한 수요가 날씨와 같은 계절적 요인에 의해 발생하는 실업으로, 노동수요의 계절적 변동에 따른 일시적 실업을 말한다.

위장실업(잠재적 실업)은 표면상으로는 취업상태에 있지만 노동의 한계생산성(MP_L)이 거의 0에 가까운데도 일하는 것처럼 보이는 상태로 불완전한 취업상태에 놓여 있는 사람들을 말한다. 예를 들어 직장에 다니면서도 새로운 직장으로 옮겨가기 위해 기존의 직장 일에 소홀히 하는 경우, 농촌 거주자로 영농규모에 비해 가족노동 종사자가 수가 많은 경우가 이에 해당된다고 볼 수 있다.

>> 위장실업(잠재적 실업)은 표면상으로는 취업상태에 있지만 노동의 한계생산성(MP_L)이 거의 0에 가까운데도 일하는 것처럼 보이는 상태로 불완전한 취업상태에 놓여 있는 사람들을 말한다.

1.3 고전학파와 케인즈학파의 실업이론

1.3.1 고전학파 - 자발적 실업

고전학파 실업이론의 이론적 토대는 세이의 법칙(Say's law)에 있다. 재화 및 서비스의 생산자들이 요소소유자들에게 지불한 총액은 재화 및 서비스의 생산액과 같게 된다. 따라서 요소소유자들이 받은 소득을 모두 소비하면 생산된 재화와 서비스를 구매하기에 충분한 것이 된다. 결국 공급은 그 스스로 수요를 창출하는 것이 된다.

고전학파에서 실업의 원인은 현재의 실질임금이 균형임금보다 높을 때 실업이 발생한다. 일할 능력을 가지고 있으면서도 현재의 임금수준에서 일할 의사가 없고 임금이 더 높아야 일할 의사가 있는 실업상태를 말한다.

고전학파에서 실업의 원인은 현재의 실질임금이 균형임금보다 높을 때 실업이 발생한다.

그림 11-1에서 보는 바와 같이 고용량은 노동의 수요와 공급의 균형에 의해 결정된다. 균형점 E에서 노동의 수요와 공급곡선이 서로 교차하여 임금 W_0에서 L_0 만큼 고용되어 실업이 존재하지 않는다.

그림 11-1 고전학파의 자발적 실업

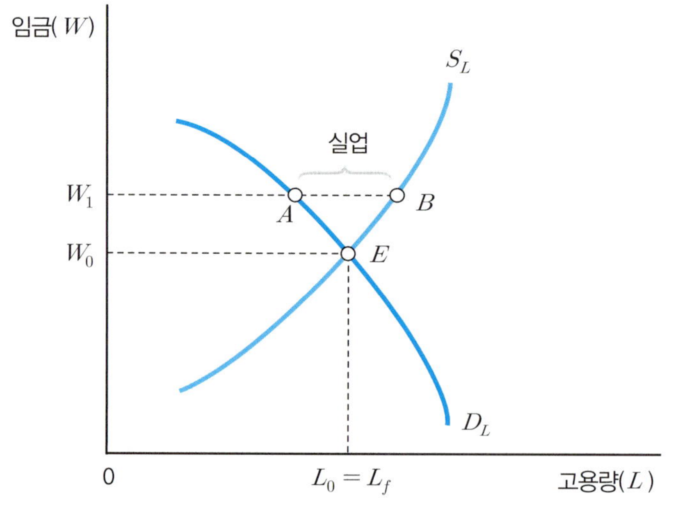

만약 임금수준이 시장의 균형임금 W_0보다 높은 W_1이 되면 일시적으로 노동의 초과공급(A−B)이 발생하여 실업(A−B)이 발생할 수 있다. 그러나 고전학파의 노동시장에서는 임금의 상하방 신축성으로 인해, 기업의 노동수요가 감소하여 임금은 다시 원래의 균형임금(W_0)에서 균형을 이루게 되면서 실업은 자연스럽게 해소된다.

결국 고전학파에서의 실업은 노동시장에서 일시적으로 소량이 존재하지만 이것도 노동의 수요와 공급에 의한 임금의 신축성에 의해 자연스럽게 해결된다.

고전학파에서의 실업은 노동시장에서 일시적으로 소량이 존재하지만 이것도 노동의 수요와 공급에 의한 임금의 신축성에 의해 자연스럽게 해결된다.

고전학파의 모형에서 발생 가능한 실업의 유형은 대부분 자발적 실업이다. 가격의 신축성에 따른 시장기구에 의해 고용량과 임금수준이 결정되고 이는 완전고용수준이 되므로 비자발적 실업은 존재할 수 없고 자발적·마찰적 실업만이 존재한다.

따라서 실업 대책도 노동시장에서의 불완전경쟁적인 요소만 제거해 주면 된다. 노동조합에 의해 높은 임금수준이 지속될 때 실업이 존재하나 임금인하를 통해 실업을 조정할 수 있으며 노동시장에서 임금이 상하방 신축적이면 임금의 자동조절기능에 의해 자연적으로 실업이 해소된다.

고전학파에 의하면 실업은 개인적 측면에서 보면 자발적인 선택일 수 있다. 그러나 인플레이션은 개인의 선택과는 상관없이 주어지기 때문에 소득과 자원배분을 왜곡시킬 수 있다. 따라서 고전학파는 실업보다 인플레이션을 더 큰 문제로 인식하기 때문에 실업축소를 위한 정부정책은 오히려 인플레이션을 동반한다고 보아 반대한다.

1.3.2 케인즈학파 – 비자발적 실업

케인즈학파의 실업이론의 이론적 토대는 유효수요원리에 있다. 한 나라의 경제에서 유효수요의 크기가 국민소득수준을 결정하고, 유효수요가 많으면 인플레이션이 발생하고, 부족하면 실업이 발생한다는 원리이다.

케인즈학파의 실업이론의 이론적 토대는 유효수요원리에 있다. 한 나라의 경제에서 유효수요의 크기가 국민소득수준을 결정하고, 유효수요가 많으면 인플레이션이 발생하고, 부족하면 실업이 발생한다는 원리이다.

케인즈학파의 실업은 산출물시장에서 유효수요가 완전고용산출량에 비해 부족한 것에 원인이 있다. 즉 유효수요의 부족 때문에 실업이 발생한다는 것이다.

노동의 수요는 실질임금의 감소함수이며, 노동의 공급은 명목임금의 증가함수이다. 특히 노동시장에서 임금의 하방경직성, 상방신축성으로 인해 비자발적 실업이 발생한다. 임금의 하방경직성은 노동계약기간의 장기성, 최저임금제, 노사관계에서 노동조합의 교섭력이 클 때 나타날 수 있다.

그림 11-2에서 보는 바와 같이 노동시장에서의 균형은 노동의 수요와 공급이 만나는 E_0점에서 균형이 이루어져 $L_0 - L_f$만큼의 실업이 발생한다. 이는 완전고용산출량 수준에서의 노동수요 D_{L1}보다 적은 D_{L0}의 노동수요 때문이다. 산출물시장의 유효수요 부족이 생산량 감소를 가져와 노동시장에서도 고용을 줄이는 결과를 가져온 것이다.

케인즈학파의 모형에서 실업(불완전고용)은 일반적이고 산출물시장, 노동시장에서 나타나는 대규모의 장기적 현상이며 완전고용이 예외적이다.

실업의 유형은 유효수요 부족으로 인한 경기적 실업과 장기간 생산요소의 이동 제약이나 자본부족으로 인한 구조적 불황일 때 발생하는 구조적 실업이 있다.

이러한 실업 대책으로 경기적 실업일 때는 유효수요를 증대시키는 총수요관리정책을 사용하고, 구조적 실업이 존재할 때는 총수요관리정책은 효과가 없고 전직훈련, 재교육 등 인력정책을 사용해야 한다.

또 실질임금의 경직성을 설명하는 이론으로 효율성임금이론과 내부자-외부

그림 11-2 케인즈학파의 비자발적 실업

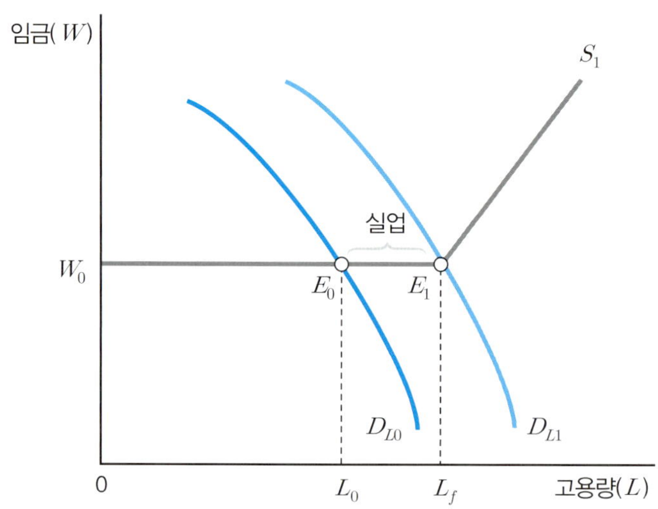

자이론이 있다. 먼저, 효율성임금이론은 독과점기업들이 노동자의 생산성과 충성심을 고취시키기 위하여 시장평균임금보다 높은 임금을 지불한다는 것이다. 시장임금보다 높은 임금을 지급하면 노동자가 태만하다 해고당할 때의 기회비용이 크므로 열심히 일할 유인이 생긴다는 것이다. 기업의 입장에서도 노동자의 이직률이 낮아져 노동력의 안정적 고용으로 채용, 훈련비용과 생산라인의 비효율성을 줄일 수 있어 유리하다고 본다. 나아가 경기가 나쁘다고 임금을 낮춘다면 우수한 인력이 먼저 회사를 그만 두고 능력이 떨어지는 노동자만 남기 쉽다. 이런 역선택을 방지하기 위해서라도 시장평균임금보다 높은 수준의 임금을 지급한다는 것이다.

> 실업 대책으로 경기적 실업일 때는 유효수요를 증대시키는 총수요관리정책을 사용하고, 구조적 실업이 존재할 때는 전직훈련, 재교육 등 인력정책을 사용해야 한다.

내부자-외부자이론은 노동조합이 임금협상 과정에서 외부자(노조비가입자와 실업자)를 고려하지 않고 내부자(조합원)의 복리만 고려하는 집단이기주의에 이끌려 높은 임금을 고집하기 때문에 임금이 균형임금보다 높은 수준에서 결정된다는 것이다. 실질임금이 하락하는 것을 노동자들이 받아들이지 않기 때문에 실질임금의 경직성이 생긴다는 것이다.

케인즈학파에 따르면 노동시장에서의 실질임금의 경직성 때문에 비자발적 실업이 존재하고, 비자발적 실업은 인플레이션보다 더 큰 문제를 유발한다고 본다. 따라서 경기침체시 비자발적 실업의 규모가 클 때는 인플레이션의 위험이 있더라도 정부가 적극적인 총수요관리정책을 써야 한다고 주장한다.

1.4 실업의 폐해

실업은 어느 유형에 관계없이 개인적으로나 사회적으로 큰 해악이 발생한다. 첫째, 개인적으로 볼 때 실업은 노동자의 물질적 생존기반을 박탈할 뿐만 아니라 가정생활과 사회생활을 파탄으로 내몰 수 있다. 자본주의 사회는 모든 재화나 서비스가 시장에서 사고 팔리기 때문에 일정한 소득이 없으면 이 상품을 구매할 수가 없다. 결국 실업이 된 당사자는 물론 가족의 생계와 관련된 생존의 문제에 직면할 수밖에 없게 된다.

둘째, 사회적으로 볼 때 실업은 유용한 생산자원의 유휴 또는 낭비를 초래한다. 많은 인적자원이 생산활동에서 배제되기 때문에 국가경제의 생산과 소비가 그만큼 줄어들 수밖에 없다.

셋째, 실업은 사회불안 요인이 되기도 한다. 실업률이 높아지면 범죄율도 높아지면서 사회분위기가 열악해 진다. 또 분배의 불균등도가 높아져 사회양극화의 심화나 사회정의의 실현에 역행하게 된다.

넷째, 사회적 비용의 지출이 많아진다. 고용이 유지되면 지불하지 않아도 될 비용이 실업으로 인해 실업보험 등의 공적 지출비용이 증가하게 된다.

이미지로 본 한국경제 »

청년실업

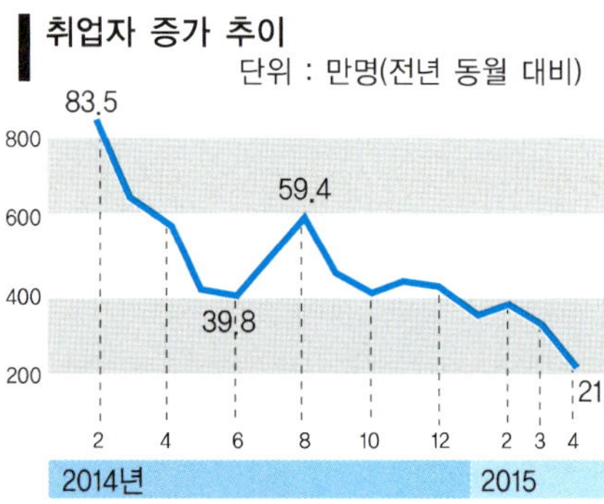

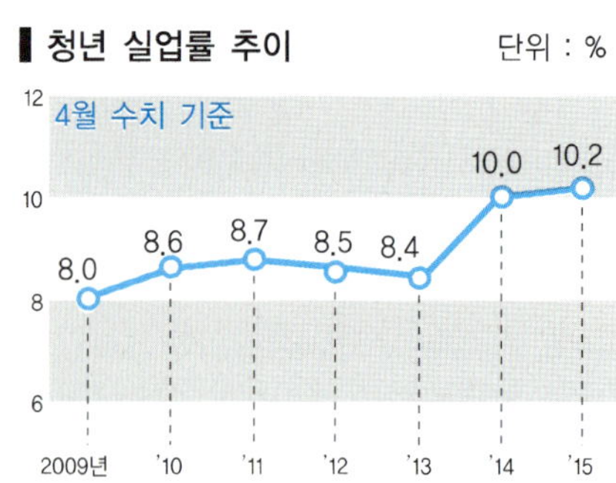

출처 오마이뉴스(http://www.ohmynews.com), 2015.7.27

자료 통계청

2 물가와 인플레이션

2.1 물가와 물가지수

현실 세계에는 수많은 재화와 서비스, 즉 상품들이 있다. 각 상품은 우리 생활에서 차지하는 중요도가 다르고 그 값의 오르내림도 다르다. 이런 수많은 상품들의 가격변동을 종합하여 일반적인 가격 동향을 파악하기 위한 개념이 물가이다. 즉 물가는 시장에서 거래되는 모든 상품의 가격을 중요도에 따라 가중평균한 종합적인 가격수준이다. 거래되는 상품의 평균가격수준을 의미한다고 볼 수도 있다.

물가지수는 물가의 움직임을 측정하기 위하여 작성되는 것으로, 상품의 종류와 수량을 고정시켜 놓고 기준연도의 물가수준을 100으로 하여 비교연도(비교시점)의 물가를 하나의 숫자로 나타낸 지표를 말한다. 즉 물가지수는 다음과 같이 나타낼 수 있다.

> 물가는 시장에서 거래되는 모든 상품의 가격을 중요도에 따라 가중평균한 종합적인 가격수준이다. 물가지수는 물가의 움직임을 측정하기 위하여 작성되는 것으로, 상품의 종류와 수량을 고정시켜 놓고 기준연도의 물가수준을 100으로 하여 비교연도(비교시점)의 물가를 하나의 숫자로 나타낸 지표를 말한다.

$$\text{물가지수} = \frac{\text{비교년도물가}}{\text{기준년도물가}} \times 100$$

현재 우리나라에서 흔히 사용하는 물가지수의 종류로는 생산자물가지수, 소비자물가지수, GDP디플레이터 등이 있다. 생산자물가지수는 한국은행이, 소비자물가지수는 통계청이 매월 작성하며, 기준연도는 끝자리가 0이나 5인 연도가 되는데 5년마다 바뀐다. GDP디플레이터는 한국은행에서 분기별로 작성된다.

생산자물가지수(producer price index, *PPI*)는 국내생산자가 출하할 때 매기는 가격의 변동을 측정하기 위해 작성하는 물가지수이다. 실제추계는 전국 16개 주요 도시지역에서 거래되는 중요 품목 884개(재화 801개, 기업서비스 83개)의 생산자판매가격을 중요도에 따라 가중치를 달리하여 기준연도 대비 산술평균하여 구한다.

소비자물가지수(consumer price index, *CPI*)는 소비자가 일상 소비생활에 쓸 용도로 구입한 상품의 가격변동을 조사하기 위해 작성되는 물가지수이다.

도시가계의 평균적인 생계비 내지 구매력의 변동을 측정하기 위한 특수목적지수로서 한 나라의 대표적인 인플레이션의 지표로 이용되고 있다. 실제추계는 전국 36개 주요 도시지역에서 거래되는 일반소비재 516개(2005년기준)의 소매가격을 시장거래액 비중에 따라 가중치를 달리하여 기준연도 대비 산술평균한다. 통계청은 소비자물가지수의 보조지수로 생활물가지수를 작성하고 있는데, 소비자물가 조사대상 품목 중에서 일반소비자들이 자주 구입하는 기본 생필품 152개를 선정하여 이들 품목의 평균적인 가격동향을 조사한다. 소비자물가지수는 재화와 서비스만을 포함하고 중간재, 자본재, 원자재의 가격변동은 포함하지 않는 한계가 있다.

근원인플레이션
소비자물가를 구성하는 품목 중에서 식료품이나 에너지처럼 가격이 급변동하는 품목들을 제외한 후 구한 물가상승률

통화정책의 운용에 있어서 인플레이션 지표로 이용하는 근원인플레이션(underlying inflation 또는 core inflation)이 있다. 이는 전체 소비자물가의 변동 중에서 식료품과 에너지처럼 이상기후 석유파동 등 일시적인 외부충격에 의해 가격이 급변동하는 품목들의 물가변동을 제외한 기조적인 물가상승률을 말한다. 우리나라의 근원인플레이션은 2005년 기준 516개 소비자물가 조사대상품목 중에서 채소류나 과실류 등의 농산물(42개, 단 곡물은 제외)과 휘발유, 등유, 경유 등 석유류(7개) 품목들을 제외한 467개 품목들의 가격변동을 집계한 '농산물 및 석유류제외 지수'를 말하며 통계청이 소비자물가지수와 함께 매월 발표하고 있다.

GDP 디플레이터(deflator)는 가격변동을 직접 조사하여 작성하는 것이 아닌 국민소득 추계 결과 사후적으로 계산되는 종합물가지수로서 명목GDP(Y)를 실질GDP(y)로 나누어 백분비로 나타낸 것이다.

$$GDP\ 디플레이터 = \frac{명목\,GDP}{실질\,GDP} \times 100,$$

$$y = \frac{Y}{GDP\ 디플레이터}, \quad P = \frac{Y}{y}$$

GDP 추계시 각종 가격지수가 종합적으로 이용되기 때문에 GDP 디플레이터는 국민소득에 영향을 주는 모든 물가요인을 포괄하는 종합적인 물가지수로, GDP라는 상품의 가격수준을 나타낸다고 할 수 있다.

GDP 디플레이터의 한계는 첫째, 수입상품의 가격변동을 나타낼 수 없다. 왜냐하면 GDP에는 수입이 빠지기 때문이다. 둘째, 부동산투기 등에 의한 물가변동은 나타낼 수 없는데, 부동산투기를 투자로 보지 않기 때문이다.

물가지수를 측정하는 방법에는 라스파이레스지수와 파셰지수가 있다. 우리나라에서는 주로 라스파이레스지수를 사용하고 있는데, 기준연도의 거래량을 기준으로 하여 작성한다. 기준연도와 동일한 거래량이 있다고 할 때 비교연도에 있어서의 물가를 기준연도에 비해서 얼마나 변했는가를 측정하는 것으로, 기준연도의 거래량이 기준연도와 비교연도의 시장에서 평가되는 것을 비교하여 물가의 변동을 포착하는 방법이다. 기준연도를 0, 비교년도를 t, 기준연도

생활속경제 »

체감물가와 지수물가

우리는 일상생활 속에서 물가가 오르고 내리는 것을 피부로 느끼며 살고 있다. 주부는 가계부를 쓸 때, 직장인은 점심값과 교통비에서, 학생들은 책과 학용품을 살 때 물가의 움직임을 피부로 느끼게 된다. 그런데 우리는 일상생활에서 피부로 느끼는 물가의 상승률보다 물가지수 작성기관에서 발표하는 물가지수의 상승률이 낮다는 느낌을 자주 갖게 된다. 그러면 왜 체감물가와 지수물가가 다르게 느껴질까?

첫째로 가계마다 소비하는 품목들이 다르기 때문이다. 예를 들면 어떤 시점에 대학등록금이 많이 올랐으나 가전제품 가격은 하락하여 전체 소비자물가지수가 변동하지 않았다고 가정할 경우 대학생 자녀를 둔 부모들은 교육비 부담 증가로 물가가 올랐다고 느끼는 반면 전자제품을 구입한 가계에서는 물가가 내렸다고 느낄 것이다. 이는 지수물가가 여러 가지 상품을 일정한 기준에 따라 종합한 평균적인 가격수준을 나타낸 반면 체감물가는 소비자가 구입했던 상품가격에 대한 주관적 느낌을 나타내므로 서로 상당히 다를 수 있다.

둘째로 생활수준의 향상이나 자녀의 성장 등에 따라 소비지출이 늘어난 것을 물가가 오른 것으로 착각하기도 한다.

셋째로 사람들의 자기중심적 심리도 주요한 요인이 된다. 사람들은 적게 오르거나 하락한 품목보다는 많이 오른 품목을 중심으로 물가변동을 생각하는 경향이 있어 전체 물가가 거의 변동하지 않는 경우에도 상승한 것으로 느낄 수 있다. 또 물가가 안정되어 있더라도 부동산 가격이나 증권시세가 급격하게 오른 경우 심리적으로 물가가 상당히 상승한 것으로 느끼는 경우가 많다.

마지막으로 물가지수 작성방법의 구조적 한계에 의해서도 체감물가와 지수물가의 차이가 발생한다. 통상 물가지수는 5년마다 기준년을 개편하고 품목별 가중치를 조정하기 때문에 일상생활의 소비구조가 급격하게 바뀔 경우 이를 제때에 반영하지 못하기 때문에 차이가 발생하기도 한다.

이러한 이유들로 인해 체감물가와 지수물가는 차이를 날 수 밖에 없다. 이에 따라 우리나라에서는 소비자물가지수를 작성하면서 일반 서민들의 장바구니 물가에 보다 근접한 생활물가지수와 신선식품지수를 보조지표로 함께 만들어 발표하고 있다.

출처 한국은행 경제교육 홈페이지 (http://youth.bokeducation.or.kr)

의 i상품의 가격과 수량을 각각 p_i^0, q_i^0라 하고 비교연도의 i상품의 가격과 수량을 각각 p_i^t, q_i^t라 하면, 다음과 같은 식으로 나타낼 수 있다.

$$\text{라스파이레스지수}(LPI) = \frac{\sum p_i^t q_i^0}{\sum p_i^0 q_i^0} \times 100$$

라스파이레스지수는 기준연도의 거래량을 가중치로 사용함으로써 계산이 간편하다는 장점이 있으나, 기준연도와 비교연도 사이에 거래되는 상품의 품목들이 크게 변화하면 비교연도의 물가변동을 제대로 나타낼 수 없는 단점도 있다.

2.2 인플레이션의 정의와 유형

인플레이션(Inflation)은 보통 일반적인 물가수준이 지속적으로 상승하는 현상을 말한다. 물가수준은 여러 가지 재화와 서비스의 가격을 일정한 방법으로 평균하여 산출하는 물가지수로 측정한다. 결국 물가지수의 지속적 상승을 인플레이션이라 한다. 또 물가의 상승으로 인해 화폐의 상품구매력이 떨어지는 현상을 의미하기도 한다. 예를 들어 소비자물가가 10% 오른다면 예전에 100원 주고 샀던 상품을 이제는 110원을 지불해야 살 수 있다는 의미가 된다.

인플레이션의 유형은 정부통제 여부에 따라 억압형 인플레이션과 개방형 인플레이션으로 구분한다. 억압형 인플레이션(repressed inflation)은 정부당국이 물가상승을 억제하기 위하여 가격통제를 실시하고 있는 상태의 인플레이션(잠재적 인플레이션)을 의미하고, 개방형 인플레이션(open inflation)은 정부의 간섭이 없어서 인플레이션이 가시화 된 상태를 나타낸다.

진행속도에 따라 분류할 수 있는데, 서행성 인플레이션(creeping inflation)은 연간 2~3% 정도의 물가상승률이 지속되는 현상이고, 주행성 인플레이션(galloping inflation)은 연간 10% 내외에서 수십 %까지의 물가상승률이 지속되는 현상을 뜻한다. 또 초인플레이션(hyper inflation)은 연간 몇 100%이상의 물가상승률이 지속되는 현상을 말한다.

또 경기상태에 따라 분류해 보면, 진정인플레이션(true inflation)은 완전고용상태에서 총수요가 증가할 때 생산량은 증가하지 않은 상태에서 물가만 지속적으로 상승하는 현상이다. 반(半)인플레이션(semi-inflation)은 완전고용 이전의 상태에서 총수요가 증가할 때 생산량도 증대되지만 물가도 지속적으로 상승하는 현상을 뜻하고, 스태그플레이션(Stagflation=Inflagnation)은 경기침체기에 실업률과 인플레이션이 함께 상승하는 현상, 즉 저성장 고물가 현상을 의미한다.

마지막으로 발생 원인에 따라 분류해 보면, 수요견인 인플레이션, 비용인상 인플레이션, 혼합형 인플레이션으로 구분해 볼 수 있다. 수요견인 인플레이션(demand-pull inflation)은 총수요의 증가에 의해서 발생하는 인플레이션이다. **그림 11-3** (a)와 같이 총수요곡선이 오른쪽으로 이동($AD_0 \rightarrow AD_1$)하여 발생하는 인플레이션으로 균형국민소득(Y)이 증가($Y_0 \rightarrow Y_1$)하고 물가도 상승($P_0 \rightarrow P_1$)한다. 총수요곡선을 오른쪽으로 이동시키는 요인은 과도한 통화공급의 증가나 확대재정정책, 과소비풍조가 나타나는 경우, 기업의 투자의욕이 고취되는 경우, 해외경기가 좋아 수출이 수입에 비해 많은 경우, 사람들이 앞으로 인플레이션이 발생할 것으로 예상하는 경우 등이다.

비용인상 인플레이션(cost-push inflation)은 임금률, 이자율, 원재료가격 등과 같은 생산요소의 가격인상으로 인해서 발생하는 인플레이션으로, 생산비용을 반영하는 총공급측 요인에 의해 발생하는 물가상승 현상을 의미한다. **그림 11-3** (b)와 같이 총공급이 감소($AS_0 \rightarrow AS_1$)하면 균형국민소득(Y)이 감소($Y_0 \rightarrow Y_1$)하고 균형물가(P)가 상승($P_0 \rightarrow P_1$)한다. 총공급곡선을 왼쪽으로 이동시키는 공급측 요인으로는 임금, 원자재가격 등 생산요소 가격이 상승하는 경우, 노동조합의 과도한 임금인상이나 기업가의 높은 이윤상승률, 사람들이 앞으로 인플레이션이 일어날 것이라고 예상하는 경우 등이다.

인플레이션을 발생 원인에 따라 분류해 보면 수요견인 인플레이션, 비용인상인플레이션, 혼합형 인플레이션으로 구분해 볼 수 있다.

혼합형 인플레이션은 총수요측 요인과 총공급측 요인이 동시에 물가상승을 일으키는 것으로 수요견인 인플레이션과 비용인상 인플레이션이 혼합되어 일어나는 인플레이션이다. **그림 11-3** (c)에서 보는 바와 같이 총수요가 증가($AD_0 \rightarrow AD_1$)하면서 동시에 총공급이 감소($AS_0 \rightarrow AS_1$)하면 균형국민소득은 변동하지 않으면서(Y_0) 균형물가만 크게 상승($P_0 \rightarrow P_1$)한다.

그림 11-3 발생 원인에 따른 인플레이션의 유형

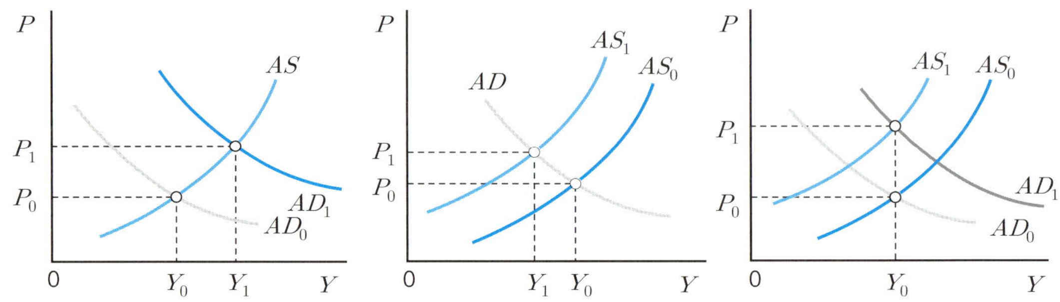

2.3 인플레이션 대책

인플레이션의 주요 대책
- 총수요억제와 안정적인 통화관리 정책
- 소득정책
- 경쟁촉진정책

초인플레이션이나 주행성 인플레이션의 경우 국민경제에 심각한 문제를 야기하지만 서행성 인플레이션의 경우에는 가계에는 소비를 자극하고, 기업의 투자 증진에 바람직한 측면도 있다. 인플레이션이 높은 상승률로 진행된다면 그 원인에 따라 적정한 대책을 세우는 것이 바람직하다. 큰 틀에서는 총수요곡선이 너무 오른쪽으로 이동하지 않게 하는 한편 총공급곡선을 오른쪽으로 이동시키는 정책을 수행하는 것이 인플레이션의 주요 대책이 된다.

첫째, 총수요억제와 안정적인 통화관리 정책이 필요하다. 과도한 통화공급은 인플레이션의 주요한 원인이기 때문에 안정적인 통화공급은 중요한 물가상승 억제책이 된다. 프리드만은 k%의 준칙을 주장하였다. 통화의 유통속도 증가율이 0일 때 인플레이션 없는 경제성장을 위해서는 실질GDP 성장률과 동일하게 통화공급의 증가율도 고정하라는 의미이다.

정부의 재정적자가 누적되면 국채발행에 따른 이자 부담의 증가로 재정에 압박을 주게 되므로 정부의 통화공급 확대로 연결될 수 있다. 때문에 재정적자가 누적되지 않도록 건전재정을 추구하는 것도 인플레이션 대책의 하나이다. 또 부득이 확장적 재정정책을 실시하면서 급격한 인플레이션을 억제하기 위해서는 그 재원을 중앙은행 차입이 아니라 국공채발행 증가와 민간매각을 통해 조달하는 것이 바람직하다.

그리고 총수요억제책의 일환으로 사치와 소비를 과도하게 하는 계층과 부문에 중과세하여 과소비 풍조를 억제하는 것도 수요견인 인플레이션 대책이 될 수 있다.

둘째, 소득정책이다. 총공급곡선을 왼쪽으로 이동시키는 비용인상 인플레이션은 임금, 이자율 등 생산요소가격의 인상이나 원자재가격의 상승에 기인한다. 이 경우 소득정책을 실시해야 한다고 하는데, 소득정책은 임금과 물가상승을 규제하여 각종 요소소득에 직접적으로 영향을 미치고자 하는 정책을 뜻한다. 예를 들면 정부가 매년 임금상승율의 상한선을 정하는 임금가이드라인 정책, 임금과 물가 인상을 자제하거나 동결시키는 임금물가통제 정책 등이 있다.

또 총공급곡선을 오른쪽으로 이동(총공급 증가)시키기 위해서는 저축과 투자에 대한 세금감면, 노동생산성을 증가시킬 수 있는 기술향상, 연구개발, 교육훈련 등이 필요하다.

셋째, 경쟁촉진정책이다. 독과점품목의 경우 경쟁품목보다 가격이 높게 책정되는 경우가 있다. 독과점기업의 불공정거래행위를 규제하고 가격담합을 금지하여 기업간 자유로운 경쟁을 유도함으로써 독과점가격이 인플레이션을 조장하는 것을 억제하는 것도 바람직하다.

기타 수입자유화와 관세율인하 정책, 상품 유통구조의 혁신, 전기·수도·가스 등 공공요금의 인상을 자제하는 것도 인플레이션 억제책이 될 수 있다.

2.4 인플레이션의 경제적 효과

인플레이션의 경제적 효과에 중요한 것은 부와 소득의 재분배, 생산과 저축에 미치는 효과이다. 인플레이션은 각 경제주체가 예상을 하느냐, 못하느냐가 중요하다. 사람들의 물가상승의 정도나 시기를 정확하게 예상하는 경우 각 경제주체가 물가상승에 대응해 경제적 부담을 줄이려는 전략적 행동을 통해 그 손실을 최소화 할 수 있기 때문이다. 문제는 예상하지 못한 인플레이션이다.

첫째, 자산의 재분배효과이다. 물가상승을 완전히 예상할 때는 자산의 재분배 효과가 나타나지 않으나 예상하지 못했을 때는 실물자산 보유자와 채무자 유리하다. 화폐자산은 현금, 예금, 사채, 공채, 어음 등과 같이 일정액의 화폐에 대한 청구권으로 그 명목가치가 물가의 등락과 관계없이 고정되어 있는 자산이다. 이런 화폐자산의 배후에는 채무자가 있기 마련이고, 인플레이션이 발

인플레이션의 경제적 효과
- 자산의 재분배효과
- 소득의 불공평한 재분배 효과
- 부동산 등 현물에 대한 투기가 성행
- 기업의 투자를 위축
- 국제수지 악화
- 일반의 구매력 수준이 감소
- 메뉴비용과 구두창비용이 발생

생할 경우 채무자(정부, 은행, 사채·어음 발행자)는 유리하고 채권자(화폐자산 보유자)는 불리하게 된다. 실물자산은 주택, 자동차 등과 같이 가격이 일정하게 고정된 것이 아니라 인플레이션 하에서는 가격이 상승하고, 디플레이션 하에서는 가격이 하락하는 자산을 말한다.

인플레이션은 가계에 손해를 끼치고 기업에 이익을 준다. 가계는 흑자지출부문이고 기업은 적자지출부문이기 때문이다. 또 부채를 많이 가지고 있는 기업일수록 인플레이션의 혜택을 많이 본다. 우리나라의 경우 빚내서 기업하는 경우가 대부분인 것은 이를 반영한 현상이다.

또 인플레이션은 민간의 부를 정부로 이전시키는 효과가 있다. 일반적으로 민간은 채권자, 정부는 채무자이기 때문이다. 현금과 공채는 민간의 화폐자산인 반면에 정부의 화폐부채이다. 현금과 공채를 보유한 민간에게서 발행자인 정부로 부가 이전된다. 이는 곧 화폐에 의한 조세, 즉 준조세(인플레이션세)의 성격을 가진다. 또 인플레이션으로 인해 실질소득은 줄어들지만 정부의 과세는 명목소득을 기준으로 부과된다. 이것은 오히려 소득 중 더 많은 부분을 세금으로 납부하게 만드는 결과가 된다.

둘째, 소득의 불공평한 재분배 효과이다. 인플레이션은 소극적 소득집단(봉급생활자, 금리생활자, 배당연금생활자 등)으로부터 적극적 소득집단(기업)으로 소득을 재분배한다. 소극적 소득집단은 물가가 상승할 때 대응 수단이 부재한 소득집단을 말하고, 적극적 소득집단은 물가상승시 상쇄할 만한 대응수단을 가진 집단을 의미한다.

셋째, 환물심리를 자극하여 부동산 등 현물에 대한 투기가 성행할 수 있다. 투기는 미래시장가격을 미리 예상하여 매매함으로써 이득을 보려는 행위를 말한다. 투기의 대상이 되는 상품에는 화폐의 흐름이 증가하고 그 재화의 생산이 비정상적으로 증가하게 된다. 이것은 생산구조를 비정상적으로 만들며, 물가상승의 속도가 하락할 경우 실업이 야기될 수도 있다.

또 인플레이션은 사람들의 금융저축에 대한 의욕을 저하시키며 나아가 금융기관의 발전을 저해하기도 한다.

넷째, 기업의 투자를 위축시킨다. 명목이자율은 실질이자율에 예상인플레이션율을 합한 것이다. 인플레이션이 발생할 경우 명목이자율이 상승하게 되고 명목이자율 상승은 기업의 투자를 줄여 결국 생산 감소에 이르게 할뿐만 아니라 경제성장을 저해할 수 있다.

다섯째, 국제수지 악화를 가져온다. 국내에 인플레이션이 발생하면 수입품에 비해 국산품의 가격이 상대적으로 상승하는 결과를 가져온다. 그러면 사람들은 상대적으로 싸진 수입품을 더 수요하므로 수입이 증가하고, 상대적으로 비싸진 국산품은 해외에 덜 팔리게 되므로 수출이 감소한다. 인플레이션은 수입을 증가시키고 수출을 감소시켜 국제수지를 악화시키는 효과를 가져 올 수 있다.

여섯째, 일반의 구매력 수준이 감소할 수 있다. 물가가 상승하면 실질소득이 감소하는 효과를 가져와 구매력이 떨어질 수 있다. 그러나 물가상승은 구매력을 감소시키는 것만은 아니다. 왜냐하면 물가가 상승함에 따라 명목소득도 상승하기 때문이다. 물가상승률과 임금상승률이 같다면 구매력 감소는 발생하지 않을 수 있다.

일곱째, 예상된 인플레이션의 경우 메뉴표를 바꾸는 데 따르는 메뉴비용과 화폐를 가급적 적게 보유하면서 은행을 자주 드나드는데 따른 구두바닥이 닳아지는 구두창비용이 발생한다. 높은 인플레이션에 의한 구두창비용은 현금보유를 회피하면서 발생하는 추가적 비용이다.

생활속경제 »

인플레이션과 스태그플레이션

인플레이션은 화폐가치가 하락하고 물가는 지속적으로 상승하는 현상이다. 경제가 발전함에 따라 발생하는 자연스런 현상이지만 전쟁이나 경제위기 등으로 상상을 초월한 인플레이션이 발생하기도 한다. 이를 초인플레이션 또는 하이퍼인플레이션이라고 한다. 최근 가장 살인적인 인플레이션은 2008년 짐바브웨에서 발생했다. 대통령의 포퓰리즘과 경제정책 실패로 연간 물가상승률이 2억 퍼센트를 기록했다. 100조 짐바브웨 달러로 달걀 3개밖에 사지 못하는 상황이 벌어진 것이다. 결국 짐바브웨는 자국 화폐 대신 외국화폐로 통화를 대체하는 것으로 마무리했지만 여전히 사회적·경제적 여파는 남아 있다. 스태그플레이션은 경기침체를 뜻하는 스태그네이션(stagnation)과 물가상승을 뜻하는 인플레이션(inflation)의 합성어로 경기후퇴와 물가상승이 동시에 나타나는 현상을 의미한다. 불황기에는 소비가 줄어 물가가 하락하는 것이 일반적이지만, 스태그플레이션은 주로 경기침체 중에 원자재 가격이 급등하여 물가상승이 동시에 일어난다. 1970년대 중동국가들이 석유를 감산하면서 원자재 가격이 폭등하여 스태그플레이션이 일어난 적이 있다. 이는 국가정책으로는 해결하기 어렵고 뾰족한 대책이 없기 때문에 일각에서는 'S공포'라고 불리기도 한다. 한편, 인플레이션과 반대되는 개념으로 물가가 지속적으로 하락하는 현상을 의미하는 디플레이션(deflation)이 있다.

출처 하노 벡 지음/배명자 옮김, 『경제학자의 생각법』, 웅진씽크빅, 2015, p.168.)

3 필립스곡선

3.1 필립스곡선의 의의와 정의

일반적으로 거시경제학에서 실업과 인플레이션은 역의 관계에 있는 것으로 알려져 있으나, 1970년대 스태그플레이션의 발생으로 이런 예전의 관계는 무의미해졌다. 스태그플레이션과 필립스곡선을 통해 이를 확인해 보고, 각 학파별 필립스곡선의 형태, 그 정책적 함의에 대해서 살펴본다.

케인즈학파의 경우 실업과 인플레이션의 관계는 단기나 장기에 구분 없이 안정적인 역의 관계가 존재하는 것으로 보았다. 인플레이션을 억제하려면 어느 정도 실업은 감수해야 하고, 반대로 실업을 줄이려면 어느 정도의 인플레이션을 감수해야 한다는 것이다. 실업과 인플레이션 중 둘 모두 잡을 수는 없지만 둘 중 하나는 잡을 수 있다는 것이다. 즉 이 둘 가운데 어느 한쪽을 달성하기 위해서는 다른 한쪽을 포기해야 함을 의미한다. 그러나 1970년대 고물가 고실업 상태인 스태그플레이션에 직면하여 케인즈학파의 이와 같은 논리로는 설명

그림 11-4 필립스곡선

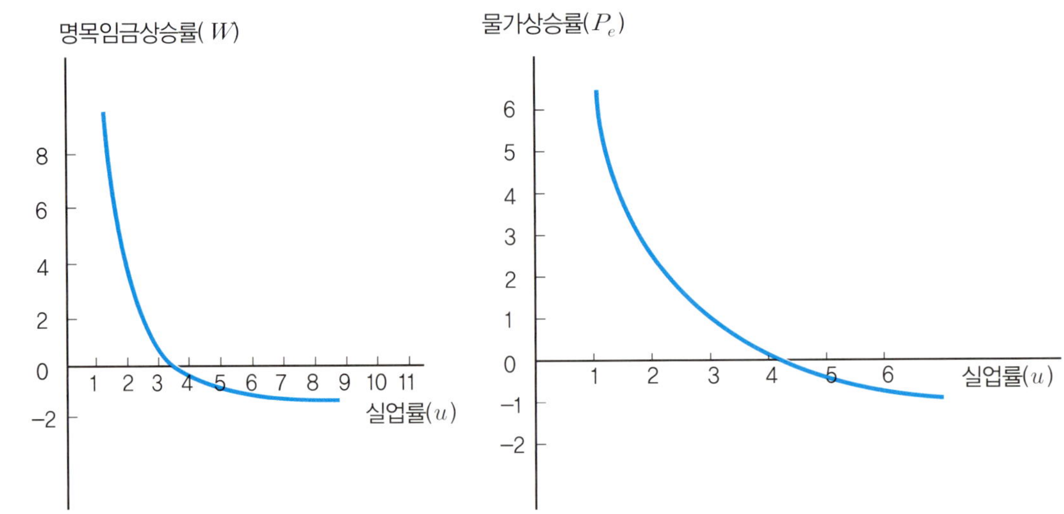

(a) 영국의 실업률과 명목임금 변동률(1861~1957) (b) 실업률과 물가상승률

할 수 없는 현실의 경제상황이 전개되었고, 연구 결과 실업과 인플레이션 간에 단기에는 역의 관계에 있지만 장기에는 아무런 관계가 없다는 것이 일반적 견해로 자리 잡고 있다.

이 절에서는 실업과 인플레이션 간의 안정적인 역의 상관관계가 있는 케인즈학파의 필립스곡선과 정책적 시사점, 1970년대 스태그플레이션 상황 이후 대안적으로 제시된 프리드만-펠프스의 자연실업률가설과 그 정책적 시사점, 그리고 새고전학파(합리적기대론자)의 필립스곡선과 정책적 시사점에 대해서 살펴보고자 한다.

영국의 경제학자 필립스(A. W. Phillips, 1914~1975)는 1958년 논문에서 1861~1957년까지 약 100년에 걸친 영국의 시계열자료를 토대로 명목임금상승률과 실업률 간에 안정적인 상충관계가 있다는 점을 발견하였고, 이를 그래프로 나타낸 것을 필립스곡선(Phillips Curve)이라 한다. 즉 명목임금상승률이 클수록 실업률은 낮아지며 명목임금상승률이 낮아질수록 실업률은 커진다는 것이다.

새뮤엘슨(P. Samuelson)과 솔로우(R. Solow)는 명목임금상승률 대신에 물가상승률(인플레이션율)로 대체하여 필립스곡선을 인플레이션율(P_e)과 실업률(u)의 상충관계를 나타내는 것으로 수정하여 일반화하였다.

케인즈학파, 통화주의자, 합리적기대론자들 간의 논쟁은 주로 필립스곡선의 우하향성, 유일성, 안정성에 관한 것이었다. 즉 필립스곡선은 유일하게 존재하고 인플레이션과 실업률 간의 역의 상충관계가 안정적으로 나타나면서 비선형의 볼록하고 우하향하는 곡선인가에 대한 논쟁이라 할 수 있다. Keynes학파는 필립스곡선이 유일하고 안정적이며 우하향하는 형태로 이해했다. 그러나 1973년 석유파동 이후 필립스곡선의 논쟁은 ① 필립스곡선이 존재여부, ② 필립스곡선의 형태, ③ 경제정책적 시사점은 무엇인가에 집중되었다.

3.2 케인즈학파의 필립스곡선

케인즈학파는 일반적으로 경제주체들이 경제행위를 하는데 있어 화폐환상을 갖는다고 가정한다. 따라서 경제주체들은 명목임금수준이 변화하면 실질임금수준도 변화하는 것으로 생각하여 오직 명목임금수준에만 관심을 갖는다는 것

그림 11-5 케인즈학파의 필립스곡선과 총수요관리정책

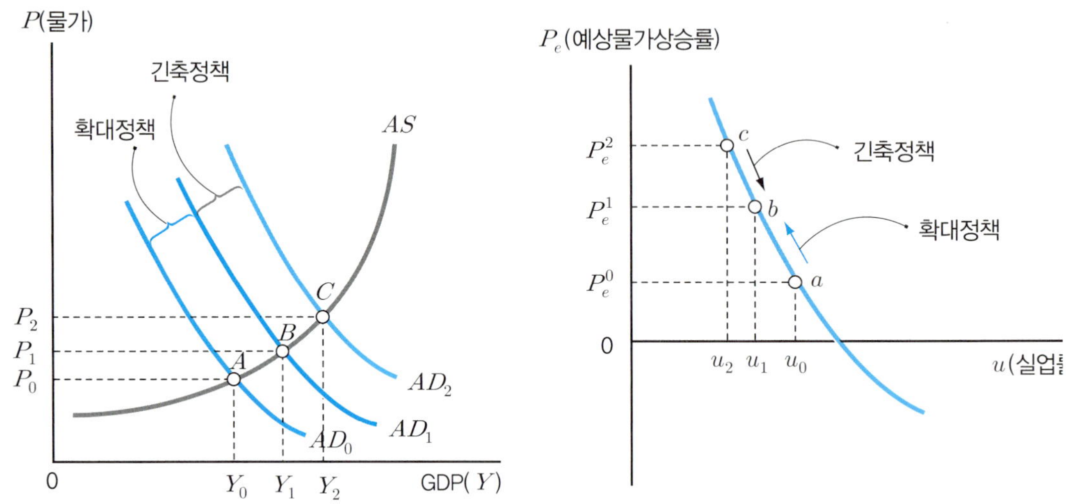

(a) AD-AS곡선과 총수요관리정책 (b) 필립스곡선과 총수요관리정책

이다. 이는 명목임금상승률과 실업률사이의 안정적인 상충관계를 나타내는 전통적인 필립스곡선을 도출할 수 있게 하였고, 케인즈학파의 총수요관리정책[5] 에 대한 타당성을 부여할 수 있게 되었다.

> 케인즈학파의 필립스곡선은 물가상승율과 실업률간의 역의 상충관계를 안정적으로 나타낸 곡선으로 이해한다. 불황시에는 확장적 총수요관리정책을, 호황시에는 긴축적 총수요관리정책을 시행하는 재량적 총수요관리정책을 통해 경기의 조절과 경제의 안정화를 달성할 수 있다.

케인즈학파에서 필립스곡선은 물가상승율과 실업률간의 역의 상충관계를 안정적으로 나타낸 곡선으로 이해한다.

이는 결국 불황시에는 확장적 총수요관리정책을, 호황시에는 긴축적 총수요관리정책을 시행하는 재량적 총수요관리정책을 통해 경기의 조절과 경제의 안정화를 달성할 수 있다는 것이다.

이를 **그림 11-5**를 통해 분석해 보자. 국민산출량(GDP)수준은 Y_1, 물가는 P_1, 인플레이션율은 P_e^1, 실업률은 u_1이라 할 때, **그림 11-5**의 (a)에서는 B점, 그림 (b)에서는 b점으로 나타난다. 먼저, 현재의 경제상태가 A, a점에 있다고 가정할 때 이는 실업률을 낮추는 것이 정책과제가 된다. 실업을 해소하기 위해 확장적

5) 케인즈의 총수요관리정책은 적자예산을 통한 확대재정정책을 의미하나, 통상적인 총수요관리정책은 완전고용과 물가안정을 달성할 수 있도록 경기변동을 억제하거나 경제안정화를 추구하는 정책이다. 이런 의미에서 총수요관리정책을 안정화정책이라고 하며, 그 정책수단을 정부지출, 조세, 통화량 등을 활용하기 때문에 재정·금융정책이라고도 한다.

총수요관리정책을 실시하면 그림 (a)에서 총수요곡선이 이동($AD_0 \rightarrow AD_1$)하며 그림 (b)에서는 경제의 균형상태가 필립스곡선상에서 a점에서 b점으로 이동한다. 따라서 국민산출량수준은 Y_0에서 Y_1으로 늘어나고, 물가는 P_0에서 P_1으로 상승한다. 실업률은 u_0에서 u_1으로 낮아지며, 인플레이션율이 P_e^0에서 P_e^1으로 높아져 정책당국이 의도하는 실업률을 낮출 수 있게 된다.

한편 현재의 경제상태가 C, c점에 있다면 인플레이션을 억제하는 것이 정책과제가 된다. 이는 긴축적 총수요관리정책을 통해 총수요곡선을 AD_2에서 AD_1으로 이동시키며, 필립스곡선을 따라 c점에서 b점으로 균형점을 이동시킨다. 그러면 인플레이션율은 하락하고 실업률은 다시 증가하게 된다. 또 국민산출량수준은 감소하고 물가도 하락한다.

3.3 통화주의자의 필립스곡선

통화주의자인 프리드만과 펠프스는 케인즈학파가 상정하는 필립스곡선의 인플레이션율과 실업률간의 안정적인 상충관계에 의문을 제기하였다. 필립스곡선의 분석에 적응적 기대(adaptive expectation)를 도입하여 단기와 장기의 필립스곡선을 구분한다. 필립스곡선이 단기에는 우하향하지만 장기에는 수직선의 형태를 띤다는 것이다.

적응적 기대는 경제주체들이 전기의 인플레이션율에 기초하여 금기의 인플레이션율을 예상하는 것을 말한다. 만일 금기의 실제인플레이션율이 기대된 인플레이션율보다 크거나 작을 경우 차기의 기대인플레이션율은 기대오차만큼 조정된다. 이런 조정과정에서 경제주체들은 적응적 기대를 형성하게 된다. 실제인플레이션율과 기대인플레이션율간의 괴리는 경제주체들이 인플레이션율의 상승에 대해 아직 정확한 정보를 갖지 못했거나, 이에 적응하는데 시차가 존재하여 부분적으로 화폐환상을 가지고 있기 때문이다.

결국 통화주의자의 적응적 기대이론에 따르면 장기적으로는 실제인플레이션과 기대인플레이션이 일치하기 때문에 실업율과 인플레이션율 사이에는 더 이상 상충관계를 갖지 않으며, 장기필립스곡선은 자연실업률 수준에서 수직선이 된다는 것이다.

> 통화주의자들은 장·단기 주요정책 처방으로 단기적으로 금융정책을, 장기적으로는 금융정책도 무력하다고 주장한다. 뿐만 아니라 재정정책은 장·단기 모두 안정화정책수단으로는 무용하다고 주장한다.

적응적 기대는 경제주체들이 전기의 인플레이션율에 기초하여 금기의 인플레이션율을 예상하는 것을 말한다.

통화주의자들의 필립스곡선은 단기에는 우하향하지만 장기에는 수직선의 형태를 띤다.

자연실업률은 실제인플레이션율과 기대(예상)인플레이션율이 일치할 때의 실업률을 말한다.

자연실업률은 실제인플레이션율과 기대(예상)인플레이션율이 일치할 때의 실업률을 말한다. 즉 마찰적 실업과 같은 자발적 실업만 존재하는 완전고용실업률로서 인플레이션의 영향을 받지 않는 장기실업률이다.

통화주의자들은 장·단기 주요정책 처방으로 단기적으로 금융정책을, 장기적으로는 금융정책도 무력하다고 주장한다. 뿐만 아니라 재정정책은 장·단기 모두 안정화정책수단으로는 무용하다고 주장한다.

이를 총수요(AD)와 총공급(AS)곡선, 장단기 필립스곡선을 통해 분석해 보자. **그림 11-6** (a)는 통화주의자의 총수요, 총공급곡선을 나타내는데, 총수요곡선은 우하향하고 총공급곡선은 단기적으로는 우하향하고 장기적으로는 수직이다. 총공급곡선이 장단기에 다른 이유는 노동자들이 단기에 화폐환상에 빠져 있기 때문이다. (b)는 장·단기 필립스곡선을 나타내는데, 단기는 우하향하는 형태이고, 장기는 자연실업률 수준에서 수직이다. 이 또한 단기에 우하향하는 것은 노동자들이 화폐환상에 직면에 있음을 의미하고, 장기에 수직인 것은 적응적 기대에 의한 조정 때문이다.

먼저 경제상태가 **그림 11-6**에서 A, a에 있다고 가정할 때 정부가 실업률을 낮추기 위해 확장적 통화정책을 실시한다고 하자. 통화량이 증대하면 (a)에서 총수요곡선이 이동($AD_0 \rightarrow AD_1$)하고 단기총공급곡선 SAS_0와 만나는 B점에서 새로운 균형이 이루어진다. 또한 (b)에서는 SPC_0의 필립스곡선 상을 따라 균형점이 이동($a \rightarrow b$)한다. 그러면 실업률은 U_1, 인플레이션율은 P_e^0이 되고, 이에 대응한 국민총생산은 Y_1, 물가수준은 P_1이 되어 실업률을 줄이려는 정책은 효과가 있다.

그렇지만 (a)에서 물가수준이 상승($P_0 \rightarrow P_1$)함에 따라 경제주체들의 예상물가수준도 상승하게 되고, 단기총공급곡선도 상방이동($SAS_0 \rightarrow SAS_1$) 한다. (b)에서 단기필립스곡선도 이동($SPC_0 \rightarrow SPC_1$)하는 것으로 나타난다. 이에 따라 장기적으로는 완전고용산출량수준과 자연실업률수준에 대응하는 C, c에서 새로운 균형이 이루어진다. 만약 정부가 자연실업률(U_n)보다 더 낮은 실업률을 유지하고자 확장적 금융정책을 실시할 경우 (a)에서는 $A \rightarrow B \rightarrow C \rightarrow D \rightarrow E$, (b)에서는 $a \rightarrow b \rightarrow c \rightarrow d \rightarrow e$의 경로를 거쳐 이동할 것이다.

위와 같은 내용을 정리해 보면 다음과 같다. 첫째, 단기 필립스곡선은 우하향하지만 장기 필립스곡선은 수직이다($a \rightarrow c \rightarrow e$ 연결).

그림 11-6 통화주의자의 필립스곡선과 총수요관리정책

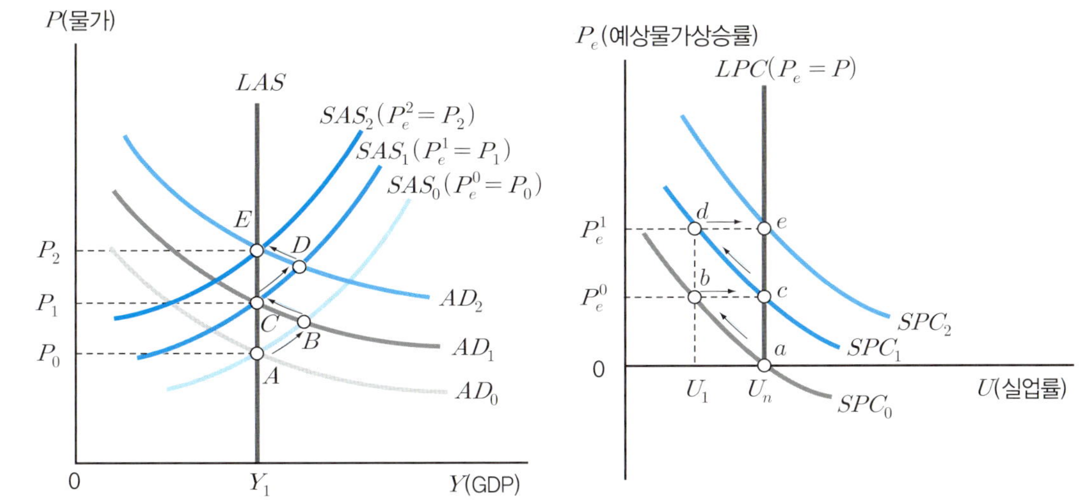

(a) AD-AS곡선과 안정화정책 (b) 필립스곡선과 안정화정책

둘째, 케인즈의 총수요관리정책은 단기에는 일시적으로 노동자의 화폐환상 때문에 효과가 있지만, 장기에서는 실업률을 자연실업률수준 이하로 줄 일 수 없다. 만약 정부가 계속해서 확장적 총수요관리정책을 사용하면 물가만 상승시킬 뿐이다. 통화량 변화가 장기적으로는 국내총생산, 실업률에는 전혀 영향을 못 미치고 물가만 올리는 금융정책의 장기적인 정책무력성을 '자연실업률가설'이라고도 한다.

셋째, 단기 필립스곡선이 우하향하고 장기 필립스곡선이 수직이기 때문에 통화주의자의 단기 총공급곡은 우상향하고 장기 총공급곡선은 수직이다.

넷째, 필립스곡선은 유일하지 않고 안정적이지 못하여 장기에는 필립스곡선이 수직이어서 케인즈학파처럼 우하향하지 않는다. 단기 필립스곡선이 우하향하고 장기 필립스곡선이 수직이기 때문에 화폐환상은 단기적으로 존재하고 장기적으로 존재하지 않는다.

다섯째, 경제안정화정책의 내용과 정책 제안을 보면, 단기적으로는 통화량 변화를 통한 재량적인 금융정책을, 장기적으로는 일정한 준칙(k% rule)에 따라 호황과 불황에 관계없이 통화량 공급을 일정률로 변화시킬 것을 요구한다.

3.4 합리적기대와 필립스곡선

합리적 기대(rational expectation)라는 개념은 미국의 경제학자 무스(J. F. Muth)가 처음 제기한 이후 루카스(R. E. Lucas), 사전트(T. J. Sargent) 등과 같은 학자들에 의해 확립되었다. 이들 학자들을 보통 합리적 기대론 또는 새고전학파(new classical school)라 부른다.

합리적 기대론자들은 통화주의자들이 도입한 적응적 기대 개념을 비판하면서 그 대안으로 합리적 기대라는 개념을 도입하였다. 그 비판의 내용은 첫째, 경제주체들의 예상형성에서 적응적 기대를 할 경우 인플레이션의 진행이 확대 또는 축소될 때 기대인플레이션율과 실제인플레이션율의 차이인 기대오차가 지속적으로 발생할 수 있다는 점이다. 둘째, 경제주체들이 예측하고자 하는 해당변수의 전기 관측치 이외에 또 다른 정보가 있을 때 적응적 기대를 이용하면 전기 관측치 이외의 정보를 낭비하게 된다는 것이다.

> 합리적 기대 개념은 경제주체들이 미래의 경제변수를 예측할 때 이용가능한 정보를 최대한 활용하여 합리적으로 예측하는 것을 말한다.

합리적 기대론자들은 이 같은 비판을 토대로 다음의 가정 하에 합리적 기대라는 개념을 도입하였다. 첫째, 모든 경제주체들은 합리적으로 기대한다. 즉 경제주체들은 정부정책이나 관련변수 등 이용할 수 있는 모든 정보를 가장 효율적으로 활용하여 기대를 형성한다는 것이다. 둘째, 물가와 임금은 완전 신축적이다. 어떤 시장이라도 불균형이 발생하면 가격의 자동조절기능에 의하여 신속하게 균형이 달성된다는 것이다.

결국 합리적 기대 개념은 경제주체들이 미래의 경제변수를 예측할 때 이용가능한 정보를 최대한 활용하여 합리적으로 예측하는 것을 말한다. 경제주체들이 합리적 기대를 한다는 것은 기대(예상)치와 실제치 간의 기대오차가 발생하지 않는 것이다.

> 정책무력성명제는 경제주체들이 그들의 경제행위에 대해서 합리적 기대를 하면 장기는 물론 단기에서 조차도 인지된 정부의 경제안정화 정책은 무력하다는 것이다.

합리적 기대론자들은 합리적 기대라는 개념을 가지고 실업률과 인플레이션율 간의 안정적인 상충관계를 갖는 필립스곡선을 부정한다. 즉 이들은 장기는 물론 단기에서 조차도 필립스곡선은 자연실업률수준에서 수직의 형태를 가진다고 주장한다. 이는 실제인플레이션율과 기대인플레이션율이 항상 일치한다는 합리적 기대에 근거하여 인플레이션율과 실업률 간의 상충관계는 성립하지 않으며 인플레이션율이 변화해도 실업률은 자연실업률수준에서 일정하다는 것이다.

이는 결국 경제주체들이 그들의 경제행위에 대해서 합리적 기대를 하면 장기는 물론 단기에서 조차도 인지된 정부의 경제안정화 정책은 무력하다는 것으로, 이를 '정책무력성명제'라고 한다.

> 합리적 기대론자들은 장기는 물론 단기에서 조차도 필립스곡선은 자연실업률수준에서 수직의 형태를 가진다고 주장한다.

위의 내용을 그림 11-7을 통해 분석해 보자. (a)는 합리적 기대론자들이 상정하는 총수요와 총공급곡선이다. (b)는 합리적 기대론자의 필립스곡선이다. 현재의 경제상태가 그림 (a)와 (b)에서 보는바와 같이 A, a라 할 때 정부당국이 실업률을 줄이고자 확장적 금융정책을 실시하였다고 가정하자. 통화량 증대는 (a)에서 총수요곡선을 이동($AD_0 \rightarrow AD_1$)시킨다.

또 경제주체들은 정부당국의 확장적 금융정책을 정확하고 신속하게 예상하고, 이로 인해 물가가 상승할 것이라고 예상한다. 이에 노동자들은 그들의 실질임금이 하락하는 것을 억제하기 위해 임금인상을 요구하고, 기업은 임금인상에 따른 이윤감소를 보전하기 위해 상품가격을 인상시키게 된다. 이렇게 되면 결국 총공급곡선이 이동($AS_0 \rightarrow AS_1$)하고, 경제는 B점에서 새로운 균형이 이루어진다. 또 (b)에서는 통화량의 증대로 균형점이 필립스곡선상에서 이동($a \rightarrow b$)하게 된다.

> 경제주체들이 인지한 확장적 금융정책은 장기는 물론 단기에도 인플레이션만 가속화시킬 뿐 실질변수인 국내총생산량수준이나 실업률에는 전혀 영향을 미치지 못한다.

그림 11-7 합리적기대론자의 필립스곡선과 정책무력성명제

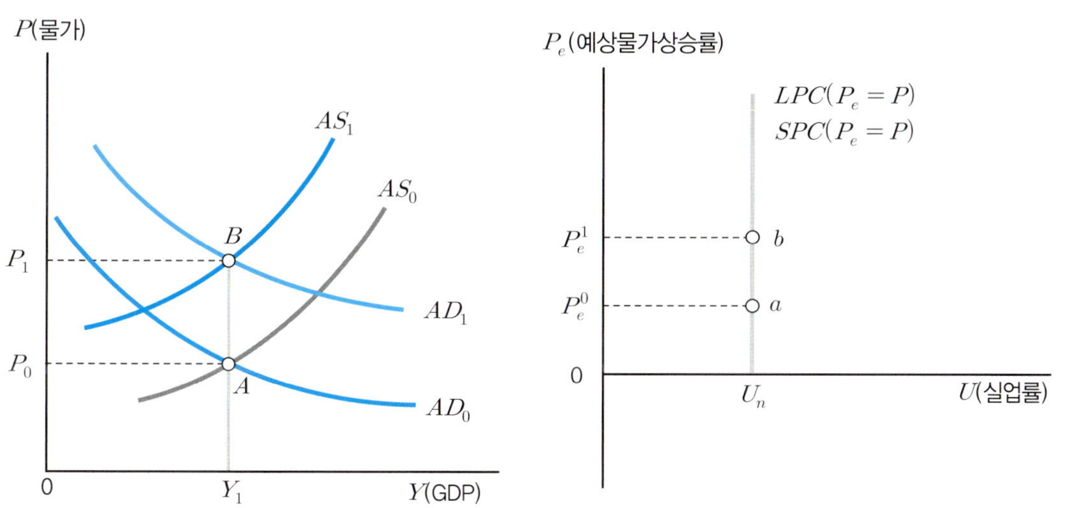

(a) AD-AS곡선과 정책무력성명제 (b) 필립스곡선과 정책무력성명제

이를 정리해 보면, 경제주체들이 인지한 확장적 금융정책은 장기는 물론 단기에도 인플레이션만 가속화시킬 뿐 실질변수인 국내총생산량수준이나 실업률에는 전혀 영향을 미치지 못한다는 것이다. 다만 경제주체들이 정부당국의 경제안정화정책 실시에 대한 인지가 불충분하거나 또는 전혀 예상하지 못했을 때는 금융정책으로 인한 총수요의 변화가 국내총생산과 고용량에 영향을 미칠 수 있다고 보았다.

합리적 기대론자들의 필립스곡선이 갖는 경제적 의미는 다음과 같다. 첫째, 경제주체의 예상이 합리적이면 단기필립스곡선과 장기필립스곡선이 수직이라는 것이다.

둘째, 합리적 기대론자에 의하면 필립스곡선은 유일하지도 않고 안정적이지 못하다. 즉 장기는 물론 단기에서 조차도 실업률과 인플레이션의 관계는 역의 상관관계가 존재하지 않는다.

셋째, 케인즈학파의 총수요관리정책은 장기에서는 물론 단기에서도 효과가 없다.

넷째, 장기필립스곡선과 단기필립스곡선이 수직이므로 합리적 기대론자의 장·단기 총공급곡선은 수직이 된다.

마지막으로 합리적 기대론자들이 제기하는 안정화정책에 대한 처방으로, 재정정책은 적자재정에 의한 재량적 재정정책보다 균형재정 유지가 필요하며, 통화정책도 준칙에 따라 통화증가율을 일정하게 유지해야 한다고 제안하였다.

참고로 그 동안 논의되었던 실업률과 인플레이션율 간의 상충관계를 표시한 필립스곡선에 각 학파별 입장을 정리하면 표 11.2와 같다.

표 11.2 필립스곡선에 대한 각 학파의 견해

	케인즈학파	통화주의자	합리적 기대론자
단기 필립스곡선	원점에 대해 볼록한 우하향하는 곡선	원점에 대해 볼록한 우하향하는 곡선	합리적 기대하에 모든 가격변수가 신축적이기 때문에 수직
장기 필립스곡선	존재하지 않음	자연실업률 수준에서 수직	자연실업률 수준에서 수직
경제적 의미	필립스곡선은 유일하고 실업률과 물가상승률간의 안정적인 역의 상충관계	필립스곡선은 불안정적이고 유일하지 않음 장기에는 물가상승률과 실업률사이에 역의 상충관계 존재하지 않음	우하향하는 필립스곡선은 존재하지 않음. 기대가 합리적이더라도 예측할 수 없는 정부정책 및 공급측면의 충격발생시 일시적으로 우하향 가능
정책적 시사점	장기는 모르지만 최소한 단기에는 경제안정화정책 유효	경제정책은 단기에만 유효	장단기 모두 정부정책은 효과 없음(정책무력성명제) 예측할 수 없는 정책은 일시적인 효과 있으나 장기적으로 없음

연 습 문 제

01 실업의 유형과 그 대책에 대하여 설명하시오.

02 통계청이 발표한 자료(2015년 6월 고용동향)에 따르면 2015년 6월 전체 실업률은 3.9% 청년실업률은 10.2%이다. 청년실업률이 상대적으로 높은 원인과 대책에 대하여 서술하시오.

03 인플레이션의 발생원인별 유형과 대책, 경제적 효과에 대하여 설명하시오.

04 단기 필립스곡선이 우하향하는 이유와 장기 필립스곡선이 수직인 이유를 설명하시오.

05 필립스곡선에 대한 각 학파별(케인즈학파, 통화주의자, 합리적기대론자)견해를 비교하여 설명하시오.

Chapter

12

화폐와 국민경제

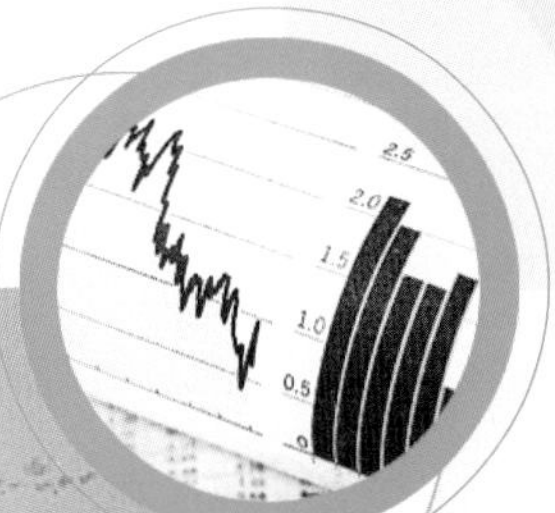

1 화폐의 기능과 측정

1.1 화폐의 기능

오늘날 돈(화폐)이 없는 경제를 상상할 수 없을 만큼 돈은 일상생활을 매개하고 있어 의식주와 같은 생필품이 되었다. 돈 때문에 빚어지는 우여곡절도 많으며 돈으로 행복이나 권력을 살 수 있다고 생각하는 사람이 있는가 하면 돈이 불행과 죄악의 근원이라고까지 생각하는 사람도 있다. 이처럼 돈에 대한 생각은 사람마다 다르지만 모든 사람에게 돈은 매우 중요하게 여겨지고 있다. 돈이 그 기능적 차원을 넘어서서 사람들의 행동에 많은 영향을 미치고 있기 때문이다. 사실 화폐(돈, 소득)가 있어야만 그것으로 다른 사람이 만들어 놓은 상품을 살 수 있고, 상품을 소비해야만 삶을 영위할 수 있는 사회가 현실의 자본주의 사회이기 때문이다.

어쨌든, 우리는 적건 많건 돈을 매일 사용하고 있다. 지하철을 타고, 점심을 먹고, 휴대폰을 사용하는 것 등에는 끊임없이 돈이 들어간다. 또한 소득 중에서 쓰고 남은 돈을 금융기관에 저축하게 되는데 금융기관은 이 돈을 필요로 하는 기업에 빌려준다. 기업은 그 빌린 돈으로 재화나 서비스를 생산하는 데 쓴다. 이처럼 돈은 여러 사람의 손을 거치면서 경제활동을 원활하게 해 주기 때문에 흔히 인체에 있어 혈액의 역할에 비유되기도 한다.

돈은 일상생활에서 여러 가지 뜻으로 사용되고 있다. 개인이나 기업에게 사용되어 '돈을 많이 번다'라고 할 때의 돈은 소득이나 매출액을 뜻한다. 또 '그는 돈이 많다'라고 할 경우의 돈은 재산이나 부(富)로서 주식, 부동산 등을 포함하여 갖고 있는 순자산을 의미한다. 돈은 사람들이 상품과 서비스를 구입하고 그 대가를 지불하는 데 통상적으로 사용되는 몇 가지 형태의 자산을 뜻하는 말로도 쓰인다. 이 경우 지갑에 들어있는 현금은 돈이지만 주식은 돈으로 간주하지 않는다. 주식을 점심 값이나 휴대폰 사용료로 낼 수 없기 때문이다.

국민경제에서는 이러한 돈을 화폐라고 부른다. 엄밀한 의미로 현재 사용 가능한 현금, 예금 등의 지불수단을 뜻하는 통화도 돈과 화폐의 또 다른 표현으로서 같이 사용된다. 그럼 돈, 즉 화폐의 기능을 먼저 알아보도록 하자.

첫째, 화폐는 기본적으로 **교환의 매개수단**으로서 **지불수단**의 기능을 한다. 화폐가 갖는 **교환매개 기능**의 중요성은 화폐 없이 물건과 물건을 맞바꾸던 물물교환 경제를 상상해 보면 쉽게 이해할 수 있다. 예를 들어 쌀을 가지고 생선과 교환하려고 할 경우를 생각해 보자. 우선 이 사람은 쌀을 필요로 하면서 그 대가로 생선을 지불하려는 사람을 찾아야 할 것이다. 두 사람이 운 좋게 만날 수 있다면 쌀과 생선을 교환함으로써 각자 원하는 것을 손에 넣을 수 있지만 현실에서 거래하려는 두 사람의 욕구가 정확히 일치하는 경우란 매우 드물 것이다. 이를 욕망의 이중적 일치라 한다.

> **교환매개 기능**
> 재화와 서비스를 사는 사람이 파는 사람에게 주는 지불수단

그러나 화폐를 매개수단으로 하여 자신이 가지고 있는 물건과 교환한다면 거래 상대를 찾기 위해 시간과 노력을 들일 필요가 없어지게 된다. 화폐의 사용이 탐색비용 등 여러 가지 거래비용을 줄여주기 때문에 사람들은 자기가 가장 저렴하고 질 좋게 생산할 수 있는 재화나 서비스의 생산에 전문화할 수 있게 된다. 그 결과 나라 전체로는 생산량과 소비량이 증가하여 보다 풍요로운 생활을 할 수 있게 된다.

둘째, 화폐에는 **가치척도** 즉 상품의 가치를 표시하고 계산과 회계의 단위가 되는 기능이 있다. 각 상품의 경제적 가치는 화폐, 즉 화폐의 단위로 표시된다는 뜻이다. 예를 들어 디지털 카메라의 가격을 10만원, 노트북 컴퓨터의 가격을 100만원으로 표시한다. 이 경우 디지털 카메라 1대의 가격을 노트북 컴퓨터 10분의 1대라고 말할 수도 있으니 물건 값을 모두 이런 식으로 표시하면 사회적으로 많은 불편과 비용이 뒤따른다. 따라서 화폐를 상품의 가치를 나타내고 계산과 회계를 하는 단위로 사용한다.

> **가치척도 기능**
> 상품의 가치를 표시하고 계산과 회계의 단위가 되는 기능

셋째, 화폐는 **가치저장 기능**도 갖고 있다. 가치저장 기능이란 시간이 지나더라도 물건을 살 수 있는 능력, 즉 구매력을 보관해 주는 역할을 말한다. 물론 화폐만이 유일한 가치의 저장 기능을 갖고 있는 것은 아니다. 주식, 채권 등 금융자산이나 귀금속, 건물, 쌀 등 실물자산도 가치를 저장하는 기능이 있다. 농민은 가을에 거둔 쌀을 저장해 두었다가 다음 해에 팔아 생활비, 자녀 학비 등에 사용할 수 있다. 그러나 쌀을 가을에 바로 팔아 돈으로 보관해 두었다가 사용하는 편이 편리할 것이다. 쌀을 저장하기 위해서는 창고를 지어야 하는 등 많은 비용을 부담하여야 하지만 화폐를 보관하는 데는 조그만 금고만 있으면 되기 때문이다. 아울러 다른 금융자산은 단기에도 경제여건에 따라 그 자체의

> **가치저장 기능**
> 현재의 구매력을 미래로 이전시키는 기능

가격변동이 큰 반면 화폐는 물가가 안정된 정상적인 경우 가치변동이 미미하여 상대적으로 유리하다.

1.2 화폐의 발달

역사적으로 볼 때 화폐, 즉 교환의 매개물로 사용된 재화에는 여러 가지가 있다. 고대에서부터 금본위제시대에 이르기까지 갖가지 실물이 화폐로 사용되었다. 이들 화폐는 은행권이나 수표와는 달리 화폐로서만 가치가 있는 것이 아니라 실물 그 자체로서도 사용가치가 있는 상품화폐(commodity money)가 대부분이었다. 돌 혹은 조개껍질 등이 사용되었고, 또 곡물이나 금속이 사용된 적도 있었다. 그러나 어떤 실물이든지 다 화폐로 사용되기에 알맞은 것은 아니다. 화폐로 사용되기 위해서는 상당한 정도의 내구성이 있고, 액수에 비하여 크기가 작아서 운반에 편리해야 한다. 동시에 소액으로 세분될 수 있어서 소액거래에 편리해야 하고 그것을 위조할 가능성이 적어야 한다. 한 마디로 화폐는 유동성이 높아야 한다. 예를 들어 생선은 화폐가 되기에 알맞은 재화가 아니다. 내구성도 없고 운반이 불편하기 때문이다. 이런 측면에서 금속(특히 은이나 금)은 화폐가 되기에 훨씬 더 알맞은 재화라 볼 수 있다. 특히 주화(minted coin)형태로 만들어진 금속은 그 속에 금속 일정량이 함유되어 있어 가치가 균일하며 누구나 손쉽게 분간할 수 있고 또 위조가 어렵기 때문에 화폐로서 아주 적합한 것이 된다.

화폐가 그 기능을 제대로 발휘하려면 공급량이 너무 적어도 곤란하며(이 경우 경제성장에 비례하여 증가하는 거래량을 감당할 수가 없다), 또 그 공급량이 한꺼번에 과도하게 증가해도 곤란하다(이 경우에는 화폐가치를 유지하기가 어렵다). 역사적으로 볼 때 금속, 특히 금이 화폐로 많이 사용되었지만 그 공급이 충분하지 못하여 금의 사용을 절약하지 않으면 안 되는 처지에 직면하게 되었다.

이러한 문제를 해결하기 위하여 등장한 것이 지폐이다. 지폐는 주화가 가지고 있는 화폐로서의 여러 가지 장점(내구성, 운반의 편의, 형태의 통일성, 위조의 곤란 등)을 주화 이상으로 가지고 있을 뿐만 아니라 그 공급량이 필요에 따라서 얼마든지 증가할 수 있다는 장점이 있다. 또한 상품화폐는 생산비가 상당히 높은 것이 상례인 데 비하여, 지폐의 생산비는 매우 낮다(사실 그 한계생산비는 거의 0에 가깝다). 따라서 공급에 대한 적당한 통제가 없다면 공급량이 과다해져서 화폐가치가 하락할 우려가 있다. 이러한 이유 때문에 지폐의 생산은 점차 정부가 중앙은행을 통하여 독점적으로 관리하게 되었다. 사실 공급량을 적절하게 제한할 수 있다면 지폐야말로 화폐로 사용하기에 매우 적절한 것이며, 모든 국가에서 대부분 지폐가 사용되고 있는 이유도 여기에 있다. 그러나 과거의 경험을 보면 정부가 지폐발행을 관장하는 경우 거의 예외없이 지폐가 남발되어 심각한 물가상승의 해악이 나타났다. 이것이 현대 지폐체계의 딜레마이다.

한편 경제가 발전하면서 거래량이 증가하고 그 단위도 커짐에 따라 지폐 역시 여러 가지 불편함을 드러냈다. 이에 은행의 요구불예금(demand deposits)에 기반을 둔 수표가 등장하여 이러한 불편을 완화시켜 주었다. 수표에 의한 지불은 거액거래에 편리하고 도난의 우려가 적을 뿐더러 사용 후 지불증거도 남는 이점을 지니고 있다. 그런데 수표가 화폐로 사용되면서 발생되는 하나의 문제점은 은행의 공신력이다. 요구불예금은 은행의 부채이므로 은행이 충분한 지불능력을 유지하고 있을 때에만 수표에 의한 지불체계가 안정적으로 유지되는 것이기 때문이다. 19세기 후반부터 20세기 초까지 주기적으로 발생한 경제공황시에 은행이 대규모로 파산하고 화폐경제가 위협받았던 사실은 자본주의 경제에서 은행의 공신력이 가지는 중요성을 단적으로 보여준다.

은행의 공신력을 유지하고 수표거래의 안전을 보장하기 위하여 현대 국가는 여러 가지 법적·제도적 장치를 마련하고 있다. 그러나 수표는 소지자가 은행을 통하여 대금을 회수하는 데 시간이 걸리고, 발행자가 예금잔고 없이 발행할 경우(부도수표) 대금을 회수하지 못할 수도 있다. 또한 법화가 아니어서 통용지역이 제한되기도 한다.

최근에는 정보통신기술이 발달하여 신용카드와 전자화폐가 등장함에 따라 현금과 수표거래가 대부분 대체되고 있다. 물건을 사고 신용카드로 결제를 하면 신용카드회사가 대금을 먼저 갚아주고 나중에 대금에 대한 이자를 더해 받는다. 신용카드회사라는 금융기관이 있음으로써 신용카드가 현금이나 수표를 대신하는 지불수단의 역할을 하는 것이다.

1.3 통화지표 : 통화량의 측정

돈은 시중에 필요 이상으로 많이 유통되어도 경제에 나쁜 영향을 주고 반대로 너무 적게 유통되어도 경제에 어려움을 주게 된다. 각 나라의 중앙은행들이 경제 내에 유통되는 돈, 즉 통화의 총량을 적정한 수준으로 유지할 수 있도록 최선의 노력을 기울이고 있는 것도 이 때문이다.

통화의 총량을 효과적으로 조절하기 위해서는 먼저 유통되는 돈의 총량을 파악하여야 하는데 이를 가늠하는 척도가 바로 통화지표이다. 즉 시중에 통용되고 있는 화폐를 어느 시점에서 측정한 총액을 통화량 또는 통화라고 한다. 통화량은 특정시점에서 측정하는 저량(stock)이다. 여기서 돈이라고 할 때는 흔히 현금을 떠올리게 되나 현금화가 용이한 은행예금 등도 포함되어 그 포괄범위가 다양하게 정의되고 있다. 따라서 한 가지 지표만으로는 돈의 양을 제대로 파악하기는 어렵기 때문에 각국은 여러 종류의 통화지표를 편제하여 활용하고 있다.

현재 우리나라의 통화지표로는 협의통화(M_1), 광의통화(M_2), 금융기관유동성(L_f), 광의유동성(L)이 사용되고 있다. 이들 통화지표의 개념은 다음과 같다.

첫째, 협의통화(M_1)는 민간보유 현금과 예금취급기관의 결제성예금을 합한 것으로 정의되며, 이는 화폐의 지급결제수단으로서의 기능에 초점을 맞춘 지표로서 단기금융시장의 유동성 수준을 파악하는 데 적합하다. 현금은 교환의 매개수단으로 직접 사용되는 지폐와 동전으로 현금통화라고도 한다. 예금취급기관은 중앙은행과 기타예금취급기관을 말한다. 결제성예금은 요구불예금과 수시입출식예금으로 구성된다. 요구불예금은 당좌예금, 보통예금과 같이 고객이 요구할 때 즉시 지불해 주어야 하는 예금이다. 수시입출식예금은 저축예금과 등과 같이 입금과 출금이 자유로운 금융상품을 말한다. 결제성예금은 수표발행을 통해 지불수단으로 사용되거나 바로 현금과 교환될 수 있으며 기능면에서 현금과 거의 같기 때문에 협의통화에 포함되며, 예금통화라고도 한다.

둘째, 광의통화(M_2)는 협의통화(M_1)에 예금취급기관의 정기예금, 적금 등 기간물 정기예·적금 및 부금, CD, RP, 표지어음 등 시장형 상품, 금전신탁, 수익증권 등 실적배당형 상품, 금융채, 투신사 증권저축, 종금사 발행어음 등을 추가하여 정의한다. 다만 유동성이 낮은 장기(만기 2년 이상) 금융자산은 제외한다. M_2는 유동성이 약간 떨어지나 M_1 금융상품과 대체성이 높은 예금취급기관의 금융상품을 추가한 것으로, 이들 금융상품은 주로 자산증식이나 일정 기간 동안의 저축수단으로 사용됨에도 약간의 수익만 포기하면 언제든지 결제성 예금과 같은 유동화가 가능하다는 특징이 있다. 광의통화(M_2)는 금융상품의 유동성을 기준으로 작성되었기 때문에 금융권 간의 단순 자금이동으로 지표가 왜곡되는 현상이 해결되는 등 시중의 유동성을 보다 더 적절하게 반영하고 있다.

셋째, 금융기관유동성(L_f)은 전 금융기관의 유동성 수준을 파악하기 위해 편제된 지표로서 광의통화(M_2)에 예금취급기관의 장기(만기 2년 이상) 정기예·적금 및 금융채, 유가증권 청약증거금, 장기 금전신탁 등과 기타 금융기관(생명보험사, 증권금융회사 등)의 보험계약준비금, RP 매도, 장·단기 금융채, 고객예탁금 등이 추가된다.

마지막으로, 광의유동성(L)은 금융기관유동성(L_f)에 국채, 지방채, 회사채와 같은 채권, 기업어음 같은 유동성 금융상품을 포괄한 가장 광의의 지표이다. 광의유동성(L) 지표는 거시경제변수와의 안정적인 관계를 갖고 있고, 설명력 또한 안정적인 것으로 드러나고 있다. 또 금융기관은 물론 정부와 기업이 발행한 유동성 상품까지 포괄해 국민경제 전체 유동성의 크기를 측정하는 지표이기도 하다.

표 12.1 통화 및 유동성 지표별 구성내역(2014년 12월 말, 단위 : 조원)

			L(광의유동성) (3,635.5)
		L_f(금융기관유동성) (2,841.8)	정부, 기업 발행 유동성상품 등
	M_2(광의통화) (2,077.2)	예금은행 및 비은행금융기관 기타예수금 등	(좌동)
M_1(협의통화) (585.8)	준결제성예금	(좌동)	(좌동)
결제성예금	(좌동)	(좌동)	(좌동)
현금통화	(좌동)	(좌동)	(좌동)

출처 한국은행

이미지로 본 한국경제 »

통화승수와 통화유통속도

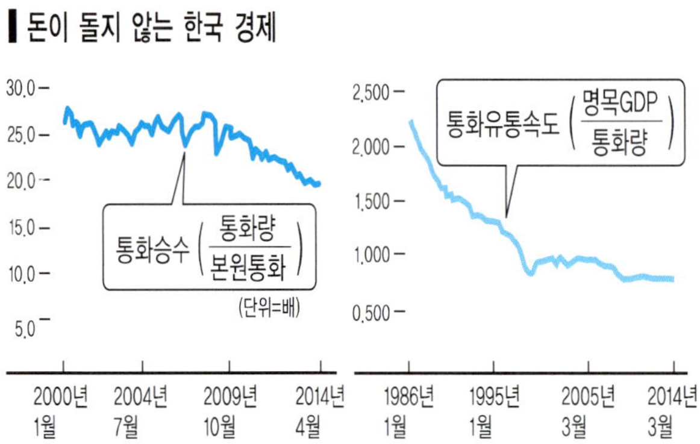

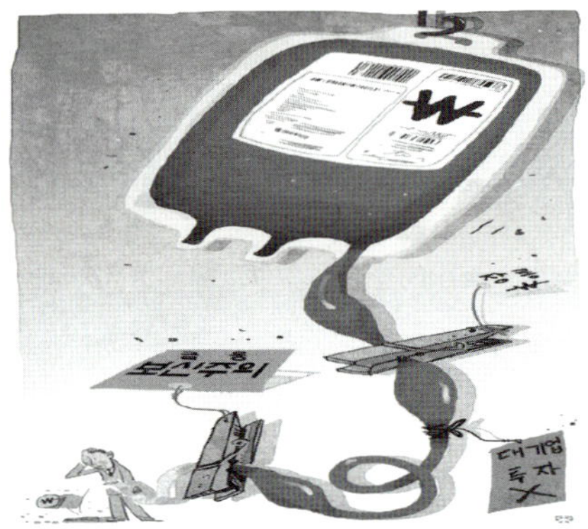

자료 현대경제연구원

출처 매일경제, 2015.3.6 A면.

2 금융과 금융제도

2.1 금융과 금리

금융이란 돈을 빌리고 빌려주는 것, 즉 자금을 융통하는 것을 말한다. 실물거래에서는 상품과 화폐가 교환되지만 금융거래에서는 화폐와 증권 또는 채무증서가 교환된다. 예를 들어 은행에 예금을 하면 은행은 예금주에게 통장을 내어 준다. 이와 같은 금융거래의 결과, 당사자 간에는 금융자산과 금융부채가 발생하게 된다. 예금은 고객의 입장에서 보면 금융자산이고, 은행의 입장에서 보면 금융부채이다. 국민경제 내에는 수입이 지출보다 더 큰 흑자 경제주체가 있는가 하면, 반대로 지출보다 수입이 더 적은 적자 경제주체도 있다. 이렇듯 경제주체 사이에, 즉 흑자 경제주체와 적자 경제주체 사이에 화폐가 융통되는 것이 곧 금융이다.

돈의 융통과 관련된 금융시장과 금융기관 그리고 이들을 운영하는 법규 등을 포괄하여 금융제도(financial system)라고 한다. 금융제도의 중요한 역할은 자금을 잉여 부문에서 부족 부문으로 원활히 흐르도록 하는 데 있다. 금융제도가 제대로 작동하지 않으면 사회 전체적으로 후생이 감소한다. 예를 들어 기업이 돈을 원활히 조달할 수 없으면 투자활동이 위축되어 재화와 서비스의 생산이 위축된다. 흑자 경제주체인 가계도 마땅한 저축이나 보험 수단이 없으면 미래의 소비나 노후, 재해 등 위험에 적절히 대비할 수 없을 것이다.

금융제도
금융시장과 금융기관 그리고 이들을 운영하는 법규 등을 포괄하는 개념

우리들이 일상생활을 하다 보면 남는 돈을 은행에 예금하거나 다른 사람에게 빌려줄 때도 있지만 돈이 부족해 빌려야 하는 경우도 있다. 돈을 빌린 사람은 일정기간 돈을 빌려 쓴 것에 대한 대가를 지급하는데 이를 이자라 하며, 이자의 원금에 대한 비율을 금리 또는 이자율이라고 한다. 이자는 은행에 예금하는 경우에도 생긴다. 이는 은행이 예금주의 돈을 빌려 쓴 대가를 지급하는 것이라고 할 수 있다. 예를 들어 은행에 100만 원을 예금하고 1년 뒤에 110만 원을 받는다고 한다면, 돈을 예금한 대가로 받는 10만 원이 이자이다. 이 경우 예금 금리는 이자 10만원의 원금 100만 원에 대한 비율, 즉 10%이다. 이러한 이자율은 현재의 소비를 희생한 대가라고도 볼 수 있다. 즉 100만 원을 예금하지 않으면 누릴 수 있는 영화관람, 외식, 옷 구입 등 현재 소비의 만족을 포기한 대가라고 할 수 있다. 또한 이자는 금융거래를 하고 일정기간이 지나야 발생하므로 이자를 돈의 시간가치라고도 한다.

그러면 금리는 어떻게 결정될까? 금리가 어떻게 결정되는가는 학자에 따라 여러 가지고 설명되고 있으나 기본적으로 시장의 수요와 공급 원리에 의해 결정된다고 할 수 있다. 시장에서 상품을 사고자 하는 수요와 팔고자 하는 공급이 변동함에 따라 상품 가격이 달라지는 것과 마찬가지이다. 화폐의 가격인 금리도 돈을 빌리려는 수요가 공급보다 많으면 올라가게 되고 반대로 돈을 빌려주려는 공급보다 수요가 적으면 떨어지게 된다.

먼저 자금의 수요는 주로 생산활동을 하는 기업의 투자에 의해 좌우된다. 즉 경기 전망이 좋아지면 이익 증가를 예상한 기업의 투자가 늘어나 화폐에 대한 수요가 증가하고 금리는 올라가게 된다. 한편 화폐의 공급은 주로 가계에 의해 이루어지는데 가계의 소득이 적어지거나 소비가 늘면 화폐의 공급이 줄어들어 금리가 오르게 된다. 또한 물가가 오를 것으로 예상되면 화폐를 빌려주는 사람

은 같은 금액의 이자를 받는다 하더라고 그 실질자치가 떨어지므로 더 높은 금리를 요구하게 되어 금리는 상승하게 된다. 이밖에 금리는 차입자의 신용과 돈을 빌리는 기간 등에 따라 그 수준이 달라지는데 빌려준 돈을 못 받을 위험이 클수록, 그리고 차입기간이 길수록 금리가 높은 것이 일반적이다.

금리에는 여러 가지 종류가 있다. 먼저 계산하는 방법에 따라 단리와 복리로 나눌 수 있다. 단리는 단순히 원금에 대한 이자를 계산하는 방법이며 복리는 이자에 대한 이자도 함께 감안하여 계산하는 방법이다. 예를 들어 100만 원을 연 10%의 금리로 은행에 2년간 예금할 경우 만기에 받게 되는 원금과 이자의 합계액은 단리 방식으로는 120만원[100만원×(1+0.1×2)]이 되지만 복리 방식으로는 121만원[100만원×$(1+0.1)^2$]이 된다.

금리는 화폐의 가치 변동, 즉 물가 변동을 고려하느냐 안 하느냐에 따라 실질금리와 명목금리로 구분할 수 있다. 명목금리는 물가상승에 따른 구매력의 변화를 감안하지 않은 금리이며 실질금리는 명목금리에서 물가상승률을 뺀 금리이다. 우리가 돈을 빌리고 빌려줄 때에는 보통 명목금리로 이자를 계산하지만 실제로 기업이 투자를 하거나 개인이 예금을 하려고 할 때에는 실질금리가 얼마인가에 관심을 갖게 된다. 예를 들어 1년 만기 정기예금의 금리가 연 3%이고 물가상승률이 연 3%라고 하면 실질금리는 0(零)인 결과가 초래된다. 따라서 예금 가입자가 받는 실질 이자소득은 같은 금리 수준에서 물가상승률이 낮을수록 늘어나게 된다.

금리는 표면금리와 실효금리로도 구분되어진다. 표면금리는 겉으로 나타난 금리를 말하며 실효금리는 실제로 지급받거나 부담하게 되는 금리를 뜻한다. 표면금리가 동일한 예금일지라도 복리 단리 등의 이자 계산 방법이나 이자에 대한 세금의 부과 여부 등에 따라 실효금리는 달라진다. 대출의 경우에도 이자 계산방법 등에 따라 실효금리는 달라진다.

금융거래에서 많이 접하게 되는 금리의 또 다른 개념 중 수익률과 할인율이란 말이 있다. 100만 원짜리 채권을 지금 산 뒤 1년 후 원금 100만 원과 이자금액 10만 원을 받는다면 이 경우 수익률은 10%이다. 즉 수익률은 투자수익, 여기서는 이자금액을 투자원금으로 나눈 비율을 말한다. 수익률 = 이자금액/채권가격 = 100,000/1,000,000 = 0.1, 즉 10%가 된다.

100만 원짜리 채권을 지금 10만 원 할인된 90만 원에 사고 1년 후 100만 원을 받는 경우에 할인율이 10%라 한다. 이를 수익률로 바꾸어 보면 현재 90만 원짜리 채권에 투자하고 1년 후에 원금 90만 원과 이자금액 10만 원을 받는 것과 같다. 식으로 나타내면 다음과 같다. 금융시장에서 일반적으로 사용하는 이자율 또는 금리는 수익률 개념이다. 따라서 할인율로 표기된 경우에는 정확한 금리 비교를 위하여 수익률로 전환하여 사용할 필요가 있다. 즉 **할인율** = 할인금액/채권가격 = 100,000/1,000,000 = 0.100 혹은 10.0%를 수익률 개념으로 전환하면 **수익률** = 이자금액/채권가격 = 100,000/900,000 = 0.111 혹은 11.1%이다.

한편 금리는 거래되는 금융시장을 기준으로 구분할 수도 있다. 금융기관 사이에 단기 자금거래가 주로 이루어지는 콜시장에서 형성되는 금리를 콜금리라고 한다. 또한 채권시장에서 형성되는 금리는 채권수익률이라고 한다. 채권수익률은 채권의 종류나 만기에 따라 국고채, 회사채수익률 등 매우 다양하게 존재한다. 채권수익률은 채권 가격의 변동과 반대방향으로 움직인다. 채권 가격이 오르면 채권수익률은 떨어지고 반대로 채권 가격이 떨어지면 채권수익률은 올라가게 된다.

또한 금리의 움직임은 소비, 투자나 물가는 물론 국가 간의 자본이동 등 여러 분야에 영향을 미친다. 즉 금리 변동이 경제에 미치는 영향은 다음과 같다.

첫째, 가계의 소비는 기본적으로 소득수준에 영향을 받아 결정되지만 금리에도 영향을 받는다. 대체적으로 금리가 오르면 은행 등 금융기관에 같은 금액의 돈을 맡기더라도 더 많은 이자를 받을 수 있기 때문에 저축을 늘리고 소비를 줄이게 되며 반대로 금리가 떨어지면 소비를 늘리게 된다.

둘째, 기업의 투자에 영향을 미친다. 금리는 자금을 조달하는 데 드는 비용이기 때문에 금리가 오르면 기업의 투자에 따른 비용 부담이 늘어나게 되어 투자가 줄어들고 반대로 금리가 낮아지면 투자는 늘어나게 된다.

셋째, 금리 변동은 물가에도 영향을 미친다. 금리가 오르면 기업의 투자활동이 위축되고 개인도 소비보다는 저축을 많이 하는 등 전체적으로 상품을 사는 수요가 줄어들어 물가를 하락시키게 된다. 그러나 이자가 상품의 생산원가에 포함되기 때문에 금리가 오르는 경우 제품 가격을 올리는 요인이 될 수도 있다. 이와 같이 금리가 물가에 미치는 영향은 서로 상반된 두 가지 요인 중 어느 쪽 영향이 더 큰가에 따라 달라지는데 원가상승 효과보다 수요감소 효과가 더 크기 때문에 물가가 떨어진다는 것이 일반적인 견해이다.

넷째, 금리의 변동은 나라와 나라 사이 화폐의 움직임, 즉 자본이동에도 영향을 미친다. 환율 등 다른 여건이 같은 경우에 우리나라 금리가 올라 외국 금리보다 높아지면, 외국 사람은 우리나라에서 돈을 운용하는 것이 자기나라에서보다 더 많은 이익을 얻을 수 있기 때문에 국내로 자금을 유입하게 된다. 반대로 외국의 금리보다 우리나라 금리가 낮아지면 보다 높은 이익을 찾아 돈이 해외로 빠져나가게 된다.

금리는 금리의 변동을 가져오는 요인과 영향을 서로 주고받으면서 이처럼 투자, 소비, 물가 등 실물부문으로 파급된다. 금리는 국민경제에 미치는 영향이 폭 넓고 다양하므로 한국은행을 비롯한 세계 각국의 중앙은행은 금리가 바람직한 수준을 유지할 수 있도록 하고 있다. 즉 금리를 수단으로 하여 과열된 경기를 진정시키거나 침체된 경기를 부양시킨다. 또 금리 변동이 너무 심하면 불확실성을 키워 기업의 투자 등 경제주체들이 각종 경제활동에 대한 의사결정을 어렵게 하므로 급격하게 변동되지 않도록 관리하고 있다.

2.2 금융시장

경제주체 사이에 돈의 융통, 즉 금융거래가 이루어지는 장소를 금융시장이라 하고, 그 매개수단인 증권 또는 채무증서를 금융상품이라고 한다.

금융시장의 역할은 다음과 같이 정리할 수 있다. 금융시장은 자금의 수요자와 공급자를 연결시켜 주는 자금중개 기능을 수행하여 자금이 효율적으로 배분되고 나아가 경제 전체의 후생이 늘어나게 한다. 경제주체들이 금융거래를 하는 데 들어가는 탐색비용과 정보비용 등 각종 비용과 시간을 줄여 주는 한편 적절한 자금운용 및 차입기회를 제공한다. 투자자에게는 금융상품을 언제라도 다시 팔아 현금화할 수 있도록 높은 유동성을 제공한다.

또한 금융시장은 금융상품의 가격, 즉 금리나 주가 등을 결정함은 물론 가격을 통해 자금 수요자의 신용과 수익성 등에 관한 각종 정보를 전달한다. 각종 정보는 시장참가자들에게 위험을 잘 관리할 수 있도록 도와준다. 금융시장은 시장참가자를 감시하고 평가하는 규율 기능도 하고 있다. 기업이 사업 확장에 필요한 돈을 주식이나 채권을 발행하여 조달하고자 할 경우 시장의 반응을 고려해야 하는데, 금융시장이 이러한 계획을 부정적으로 여긴다면 기업의 자금조달 비용이 높아지고 주가가 하락할 것이기 때문에 계획을 축소하거나 포기해야 하는 경우가 생길 수 있다.

그림 12-1 우리나라 금융시장의 구조

자료 한국은행, <한국의 금융제도>, 2011, p.32.

이러한 금융시장은 거래 단계, 형태 그리고 상품 등에 따라 여러 가지 유형으로 구분된다. 먼저 거래 단계에 따라서는 발행시장(primary market)과 유통시장(secondary market)으로 나뉜다. 발행시장은 자금의 수요자가 주식, 채권 등을 새로 발행하여 자금을 조달하는 시장이며, 유통시장은 이미 발행된 금융상품이 거래되는 시장이다. 유통시장은 보유하고 있던 주식이나 채권 등을 손쉽게 현금화할 수 있게 해 준다.

자본시장
주식, 채권 등 장기 금융상품이 거래되는 금융시장

다음으로 금융시장은 금융거래가 어떤 형태로 이루어지느냐에 따라 직접금융과 간접금융으로 구분된다. 직접금융은 자금공급자가 자금의 최종수요자가 발행한 채무증서나 주식 등의 직접증권 또는 본원적 증권을 자기 위험부담 하에 직접 매입하는 형태로 금융거래가 이루어진다. 직접금융은 주로 증권회사를 통해 이루어지는데 증권회사는 자금 공급자의 위탁에 의해 증권매매를 대행해 주고 수수료를 받거나 자신이 자금공급자로서 직접 금융시장에 참가한다. 이와 달리 간접금융은 은행이나 자산운용회사가 예금증서나 수익증권과 같은 간접증권을 발행하여 자금공급자로부터 자금을 조달하고 이 자금으로 자금수요자가 발행한 직접증권을 매입하는 방식, 즉 자금의 수요자와 공급자 사이를 금융기관이 중개하는 형태로 금융이 이루어진다.

금융시장은 또한 거래되는 금융상품의 성격에 따라 단기금융시장, 자본시장, 파생금융상품시장, 예금·대출시장, 외환시장 등으로 구분된다. 여기에서는 단기금융시장과 자본시장에 대해서 좀 더 살펴보자.

주식
주식회사가 투자자에게 자금을 투자한 대가로 발행해 준 증서

단기금융시장은 만기 1년 미만인 단기 금융상품이 거래되는 시장으로서 자금시장(money market)이라고도 한다. 가계, 기업, 금융기관 등이 일시적으로 여유 있는 자금을 운용하거나 부족한 자금을 조달하는 시장이다. 사람들은 미래에 어떤 일이 발생할지 몰라서 현금을 갖고 있으려고 하는데 이 경우 해당 자금의 이자 수입을 포기하는 셈이다. 그러나 단기금융시장이 발달하여 있으면 여유 현금이 생길 경우 안전성과 유동성이 높은 단기 금융상품에 운용하고, 자금이 일시 부족한 경우 단기 채무증서를 발행하여 조달함으로써 현금보유에 따른 기회비용을 줄일 수 있다.

또한 단기 금융상품은 장기 상품에 비하여 금리변동에 따른 가격변동 폭이 크지 않아 원금 손실의 위험이 적으며 유통시장에서 해당 상품을 팔아 쉽게 자금을 회수할 수 있어 유동성 위험도 크지 않다. 일반적으로 단기금융시장 참가

자들은 대부분 위험을 회피하려는 경향이 높고 금융상품의 수익성보다는 안전성과 유동성을 중시한다고 할 수 있다. 단기 금융시장은 중앙은행이 통화정책을 수행하는 장이기도 하다. 한국은행은 기준금리 조정하여 단기금리를 바람직한 방향으로 유도하고 있다.

우리나라의 단기금융시장으로는 콜(call)시장, 환매조건부채권매매(RP : repurchase agreement)시장, 양도성예금증서(CD : negotiable certificate of deposit)시장, 기업어음(CP : commercial paper)시장, 표지어음시장, 통화안정증권시장 등이 있다.

자본시장(capital market)은 주식과 채권이 거래되는 시장이다. 자본시장은 기업과 정부 등이 장기적으로 필요한 자금을 조달하는 시장이라는 넓은 의미로 은행의 시설자금 대출 등 장기 대출시장을 포함하기도 하지만 일반적으로는 주식과 채권이 발행되고 유통되는 증권시장을 말한다.

이 가운데 주식시장은 주주권을 표시하는 주식이 거래되는 시장이다. 주식시장에서 기업은 장기자금을 조달하고 투자자는 자금을 운용한다. 주식을 발행하여 조달한 자금은 기업의 자기가본으로 전환되어 기업 활동의 기초가 되며, 주식의 소유자는 주주로서 지분만큼 소유권을 갖는다. 기업이 주식을 발행시장에서 매각하고 나면 이 주식들은 조직화된 증권시장에서 거래된다. 우리나라의 증권시장은 한국증권선물거래소가 개설한 유가증권시장과 코스닥시장(KOSDAQ), 장외주식호가중개시장(제3시장)이 있다.

단기금융시장
만기 1년 미만인 금융상품이 거래되는 금융시장

주식의 가격은 일반 상품의 가격처럼 주식시장에서 주식의 수요와 공급에 의해 결정된다. 수요와 공급에 영향을 미치는 요인은 수없이 많고 각 요인이 주가에 어떤 방향으로 어느 정도 영향을 미치는지에 대한 투자자의 판단 또한 다양해 주가의 움직임을 예측하는 것은 매우 어렵다. 주가에 영향을 미치는 요인은 크게 기업 내부요인과 외부요인으로 나누어 볼 수 있다. 가장 중요한 내부요인은 기업의 장래 수익성이다. 그 기업이 속한 산업이 성장산업인가 정체산업인가는 장래 수익성을 예상할 때 고려되는 중요한 요소 중 하나이다. 외부요인으로는 경기, 금리, 환율, 물가, 국제원자재 가격 등을 들 수 있다. 국내외 정치상황 등 비경제적 요인에 의해서도 영향을 받는다.

채권이란 기업과 정부 금융기관 등이 자금을 자금공급자로부터 직접 빌리기 위해 발행하는 채무증서의 일종이다. 즉 돈을 빌리는 사람이 이 증서를 소유한

채권
채무자가 채권자에게 미래의 정해진 시점에 일정한 이자와 원금을 지급하기로 약속한 채무증서

사람에게 정해진 이자와 원금을 갚아야 할 의무가 있음을 명시한 것으로서 차용증과 같다. 채권에는 빌린 자금을 갚는 시기, 즉 만기와 만기가 되기까지 정기적으로 지급되는 이자율(금리), 만기일에 지급되는 금액 등이 적혀 있다. 만기일까지 정기적으로 지급되는 이자를 표면이자(coupon rate), 만기일에 지급될 금액은 액면가(face value)라고 한다. 예를 들어 만기가 5년이고 100만원이라고 쓰여 있고 1년 단위로 10%의 이자를 지급하는 채권이 있다면 그 채권의 소유자에게 매년 10만원씩 5년간 지급하고 5년 후에는 원금을 돌려주게 된다. 채권도 주식처럼 산 사람이 그 채권을 만기까지 보유할 수도 있고 만기 이전에 유통시장에서 팔수도 있다.

채권은 누가 발행하느냐에 따라 정부가 발행하는 국채, 한국은행이 발행하는 통화안정증권, 지방자치단체가 발행하는 지방채, 일반 기업이 발행하는 회사채, 은행·신용카드회사·증권회사 등 금융기관이 발행하는 금융채, 예금보험공사·토지공사·한국전력 등 특별법에 의해 설립된 공공법인이 발행하는 특수채 등으로 구분한다. 또한 이자 지급과 원금상환에 대한 제3자의 보증여부에 따라 보증채와 무보증채로 나누어 볼 수 있으며 이자지급 방법에 따라 할인채, 이표채, 복리채 등으로 구분할 수 있다.

최근 들어서는 회사채, 은행대출채권, 카드매출채권, 주택저당채권 등과 같은 자산을 기초로 발행하는 자산유동화증권(ARS : asset-backed securities)이 금융기관과 기업의 새로운 자금조달 수단으로 자리 잡아 가고 있다. 이처럼 우리나라에서 발행되는 채권의 종류는 매우 다양하며 금융이 발달하면서 채권의 종류가 더욱 늘어나고 있다. 기업은 주식이나 채권을 발행하여 장기자금을 조달할 수 있다. 그러나 주식과 채권의 성격은 크게 다르다. 주식은 기업의 소유권을 나타내는 증서로서 자산에 대한 청구권을 갖는다. 어떤 회사가 주식시장에서 100만 주를 발행했다면 주식 1주당 그 회사 이익 중 100만 분의 1의 지분을 보장해 줄 뿐만 아니라 기업의 청산 시 부채를 뺀 잔여 재산에 대해 청구권을 가진다. 즉 주식을 보유한 사람은 해당 지분만큼 그 기업의 소유자인 것이다. 그러나 채권을 보유한 사람은 그 기업에 대한 채권자일 뿐이다. 따라서 기업이 많은 이익을 낼 경우 주주는 배당금을 많이 받을 수 있지만 채권을 가지고 있는 사람들은 정해진 이자만을 받는다. 손실이 나더라도 채권 보유자는 정해진 이자를 받지만 주식 보유자는 회사에 돈이 남지 않아 배당금을 받지

못할 수도 있다. 투자자의 입장에서 보면 일반적으로 주식은 채권보다 위험 부담이 더 크며 자산자체의 가격의 변동이 심하다.

2.3 파생금융상품

투자자들은 다양한 금융상품을 분산하여 보유함으로써 가격 변동에서 오는 위험을 어느 정도 줄일 수 있다. 그러나 현실적으로 투자의 다양화만으로 위험을 줄이는 데 한계가 있다. 우선 다양한 금융상품을 보유하기 위해서는 충분한 돈이 있어야 한다는 제약이 있다. 또한 어떤 방식으로 자산을 분산시켜야 위험이 줄어드는지 알아내는 것도 그리 쉽지 않다. 이런 한계를 극복하고 좀 더 효율적으로 위험을 줄이기 위해 고안된 것이 **파생금융상품**(financial derivatives)이다.

파생금융상품의 가격은 채권, 주식, 외환 등 기초가 되는 상품의 가격 변동에 따라 파생적으로 결정되는 특성이 있다. 그렇기 때문에 파생이란 말이 붙은 것인데, 대표적인 파생금융상품에는 선물(futures), 옵션(option), 스왑(swap)이 있다.

먼저 **선물**은 기초가 되는 금융상품을 미래의 정해진 시점에 특정한 가격으로 사고팔기로 미리 약속하는 거래이다. 예를 들어 기업이 3개월 후에 수출대금으로 달러를 받을 계획인데 환율이 변동하는 데서 오는 위험을 회피하기 위해 은행과 1달러당 1,150원인 현재 환율에 팔기로 계약을 맺을 수 있을 것이다.

다음으로 **옵션**은 미래의 일정한 시점 또는 기간 동안 미리 약속한 가격으로 주식 채권 환율 등을 사거나 팔 수 있는 권리만 부여하는 계약이다. 따라서 반드시 이를 이행해야 할 의무까지 갖는 것은 아니라는 점에서 선물과는 차이가 있다.

스왑은 두 개의 금융자산 또는 부채에서 파생되는 미래의 현금흐름을 교환하기로 하는 계약을 말한다. 스왑은 교환하는 대상에 따라 통화스왑과 금리스왑으로 다시 크게 구분할 수 있다.

생활속경제 >>

밭떼기와 선물시장

투자든 투기든 일반적으로 수익이 높으면 그만큼 위험이 높다. 높은 수익에 초점을 맞추면 높은 위험을 부담해야 한다. 반대로 낮은 위험 즉 안정성에 초점을 맞추면 낮은 수익에 만족해야 한다. 파생상품은 이 양자의 요구가 동시에 맞아떨어지는 지점에서 탄생했다.

시장은 현물 시장과 파생상품 시장으로 나눌 수 있는데, 현물 시장에서는 상품과 서비스의 거래가 특정한 시간과 공간에서 직접 이루어진다. 하지만 파생상품 시장에서는 미래의 특정한 시간과 공간에서 실행될 특정 상품 거래의 가격과 물량을 거래한다.

배추 농사를 짓는 농부 P씨를 놓고 생각해보자. 봄에 밭에 씨를 뿌리는 농부는 올해 농사가 잘되어 튼실한 배추가 자라주길 기대한다. 하지만 나뿐만 아니라 전국의 모든 배추 농가가 모두 배추 농사를 잘 지어 시장에 공급될 배추 물량이 예년보다 늘어난다면 배추 값이 형편없이 떨어지고 말 것이다. 그런데 홍수 피해를 입거나 냉해 피해를 입어서 김장철의 출하될 전국의 배추 공급량이 예년에 비해서 턱없이 부족하다면 배추 값은 엄청나게 뛰어오르고, 김치는 '금치'가 될 것이다. (2010년 가을에는 배추 한 포기의 소매가격이 무려 18,000원까지 오르지 않았던가.) 그러면 P씨는 올해 배추 농사에 성공하게 된다. 그런데 여기에는 P씨의 배추는 홍수 피해나 냉해 피해를 입지 말아야 한다는 전제 조건이 붙는다. 과연 그럴 수 있을까? 확률적으로 보자면 100퍼센트도 아니고 0퍼센트도 아니다. 그러니 머리가 복잡해질 수밖에 없다. 아무 걱정 없이 농사일만 열심히 해서 자기가 들인 노력만큼 성과를 얻을 수 있으면 좋겠는데, 하고 P씨는 생각한다.

이때 농산물 유통 상인 K씨가 P씨에게 P씨가 재배하는 배추를 밭떼기로 미리 사겠다고 제안한다. P씨가 포기당 비용 250원을 들여서 농사를 잘 지어 가장 많이 받을 수 있는 가격이 한 포기에 500원이고, 반대로 극단적인 공급 과잉으로 수확에 드는 비용조차 건질 수가 없어서 경운기로 배추밭을 갈아엎어야 할 경우에는 배추 값이 0원인데, K씨는 포기당 300원으로 계산한 값을 P씨에게 제시한다. P씨는 흥정 끝에 포기당 320원으로 계산해서 K씨와 밭떼기 계약을 맺는다. 이것이 배추 파생상품 거래이다. 두 사람 사이에서 이루어진 거래는 배추라는 현물의 자산 거래에서 파생된 거래이기 때문에 파생상품 거래이고, 이 거래가 이루어지는 시장은 파생상품 시장이다.

P씨로서는 애써 농사를 지은 배추를 제값을 받지 못하고 팔아야 하거나, 혹은 최악의 상황에는 수확도 하지 못하고 배추밭을 갈아엎어야 하는 위험을 회피하고 안정적인 수익을 확보할 수 있어서 이 거래가 매력적이다. 한편 K씨로서는 고수익을 노리기 위해서 고위험을 부담할 의지를 가지고 있기 때문에, 즉 다른 사람들이 꺼리는 위험에 '베팅'을 해서 성공을 하면 짜릿한 대박의 수익을 거둘 수 있기 때문에, 위험이 존재하는 이 거래가 매력적이다. 이렇게 해서 파생상품 시장에서는 저위험 저수익을 추구하는 욕구와 고위험 고수익을 추구하는 욕구가 하나로 맞물려 끊임없이 서로를 자극하며 시장의 범위와 규모를 키워나간다.

그리고 이 범위는 금융시장으로까지 확대되었다.

세상의 돈은 이윤율 및 절대이윤 극대화를 목적으로 '투자'라는 이름으로 금융권에 몰려들고, 이 자본은 보험업, 은행업, 투자사업 등에서 계속 새로운 상품을 만들어낸다. 그리고 실물상품이 바닥나자 파생상품을 만들어낸다. 선물(先物), 옵션(option), 스왑(swap)이 그런 것들이다.

예를 들어 어떤 연예인이 10만 원을 내고 특급 미용사의 서비스를 받는다면 현물거래, 한 달 뒤에 10만 원에 서비스를 받기로 하고 돈도 그때 가서 지불하기로 약속한다면 선물거래, 한 달 뒤에 10만 원에 서비스를 받을 수 있는 쿠폰을 5천 원을 주고 샀다면 옵션거래, 이 연예인이 녹화를 하는 날에는 무조건 그 미용사의 서비스를 받고 돈은 그때마다 10만 원을 내기로 약속한다면 스왑거래. 그런데 이 미용사가 연예인들 사이에서 인기가 치솟아 서비스 비용이 10만 원에서 20만 원으로 오른다면, 옵션거래를 예로 들자면 5천 원짜리 쿠폰(옵션)의 거래 가격은 10만 원 혹은 그 이상으로 오를 수도 있다. 그런데 반대 상황에서 쿠폰의 거래 가격은 최저 0원이 된다. 한편, 옵션의 매도자 승률은 매수자 승률보다 훨씬 높지만 매수자에게는 낮은 승률과 함께 대박의 가능성이 따라오기 때문에, 제로섬 게임인 이런 옵션거래가 형성된다.

2.4 금융기관

금융기관이란 자금의 수요와 공급을 중개하는 기관을 말한다. 금융기관과 자금의 수급자가 만나면 앞에서 설명한 금융시장이 열린다. 자금의 수급과정에서 금융기관이 능동적인 역할을 수행하므로 금융기관 자체를 금융시장으로 볼 수도 있다. 한 금융기관이 장기금융과 단기금융을 취급하면 장기금융시장이 되기도 하고 단기금융시장이 되기도 한다.

우리나라의 금융기관은 크게 예금취급기관과 기타금융기관으로 구분된다. 예금취급기관은 협의통화(M_1)와 광의통화(M_2)를 공급하는 금융기관으로서 중앙은행과 기타예금취급기관으로 구성된다. 기타금융기관은 예금취급기관을 제외한 모든 금융기관을 말한다. 기타금융기관은 기타금융중개기관, 보험회사 및 연금기금, 금융보조기관으로 나누어진다. 기타금융기관 중 기타금융중개기관과 보험회사 및 연금기금은 협의통화와 광의통화에 속하지 않는 광의유동성을 공급할 수 있다.

> **한국은행**
> 우리나라의 중앙은행으로서 법화를 발행하고 통화정책 등을 수행

중앙은행은 통화가치의 안정과 지급결제제도의 원활한 운영을 위하여 설립된 은행의 은행이다. 중앙은행의 기능은 크게 다섯 가지로 분류된다. 첫째, 지폐와 주화를 발행하는 발권은행으로서의 기능을 수행한다. 둘째, 은행에 대해 여신과 수신을 행하는 '은행의 은행'으로서의 기능을 가진다. 셋째, 통화정책을 수립하고 집행하는 기능을 수행한다. 넷째, 국고금의 출납을 담당하고 정부에

대해 여신과 수신을 행하는 '정부의 은행'으로서의 기능을 수행한다. 다섯째, 외환관리업무를 수행한다. 국제수지 불균형을 조절하고 자국통화의 대외가치인 환율을 안정시키기 위해 외환을 부유하고 외환시장에 개입한다.

이상의 중앙은행의 기능을 간략히 정리하면 다음과 같다. 첫째는 미시적 측면에서 **금융제도의 안정성**을 도모한다. 화폐시장과 자본시장에서는 불확실성과 정보의 비대칭성이 많이 있기 때문에 자칫하면 파산 등 금융제도상의 불안정이 발생할 수 있다. 따라서 중앙은행은 최종 대부 등을 통하여 금융제도의 안정을 위해 힘쓴다. 은행의 은행으로서의 역할이나 화폐·자본시장의 조정적 역할이 여기에 해당한다.

둘째, 거시적 측면에서 통화가치의 안정을 유지하기 위해 노력한다. 국내적으로는 **물가안정**을, 대외적으로는 **환율안정**을 유지시켜 이를 달성한다. 중앙은행이 발권은행으로서 통화량을 조절하거나 외화를 관리하는 등의 역할이 여기에 포함된다.

결국 중앙은행의 가장 중요한 임무는 통화가치의 안정을 도모하는 것이다. 통화가치의 안정을 위하여 중앙은행은 각종 통화정책을 수립·집행할 권한을 가지고 있다. 이런 뜻에서 중앙은행을 통화당국이라고도 부른다.

표 12.2 우리나라의 금융기관 현황(2011년 9월말, 단위 : 개)

			기관수[1]	비고
은행	일반은행	시중은행	7	
		지방은행	6	
		외은은행	38	지점 기준 54
	특수은행	한국산업은행	1	
		한국수출입은행	1	
		중소기업은행	1	
		농업협동조합중앙회	1	
		수산업협동조합중앙회	1	
비은행 예금취급기관	상호저축은행		106	
	신용협동기구	신용협동조합	957	
		새마을금고	1,463	
		상호금융	1,389	
	우체국예금		1	
	종합금융회사		1	금호

보험사	생명보험회사		23	외국사 9 포함
	손해보험회사	손해보험회사	20	외국사 지점 6 포함
		재보험회사	9	외국사 지점 8 포함
		보증보험회사	1	
	우체국보험		1	
	공제기관[4)]		4	
기타 금융기관	금융지주회사	은행지주 비은행지주	9 3	지방은행지주포함 중간지주회사포함
	여신전문금융회사	리스회사/카드회사 /할부금융회사 /신기술사업금융회사	64	27/7/18/12
	벤처캐피탈회사		108	
	증권금융회사		1	
	한국무역보험공사		1	
	한국주택보험공사		1	
	한국자산관리공사		1	
	한국투자공사		1	
	한국정책금융공사		1	
금융 보조기관	금융감독원		1	
	예금보험공사		1	
	금융결제원		1	
	한국예탁결제원		1	
	한국거래소		1	
	신용보증기관		2	
	신용정보회사		36	
	자금중개회사		9	외국사 6 포함

주 : 1) 인가 및 전업 기준
2) 하위 구분은 자본시장법 시행 이전의 규제체계에 따른 기관별 분류
3) 겸업사 포함
4) 농협공제, 새마을공제, 수협공제, 신협공제

자료 한국은행, <한국의 금융제도>, 2011, p.29.

3 화폐의 수요와 공급

3.1 화폐의 수요

가계와 기업은 경제활동을 위해 일정량의 화폐를 보유하려고 한다. 부(wealth)의 일부를 화폐형태로 소지하려는 이러한 경향을 화폐수요(demand for money)라고 한다. 케인즈는 화폐수요를 유동성선호라 하였다. 사람들이 유동성을 확보하기 위하여 유동성이 가장 큰 화폐를 선호한다는 것이다. 여기서 유동성이란 자산이 가치의 손실 없이 얼마나 빨리 교환의 매개수단으로 교환될 수 있는가 하는 정도를 말한다.

케인즈는 화폐수요, 즉 유동성선호의 동기를 거래적 동기(transaction motive), 예비적 동기(precautionary motive), 투기적 동기(speculation motive)로 구분하였다. 첫째, 거래적 동기란 나날의 일상적 경제활동에서 일정한 양의 화폐가 필요하다는 의미이다. 내일 시장에 가서 물건을 살 계획이 있는 가계나 생산원료를 구매할 계획이 있는 기업은 이러한 거래를 위해 일정량의 화폐를 가지고 있어야 한다. 이러한 동기에 의해 화폐를 가지는 것을 거래적 동기에 의한 화폐수요라고 하는데, 소득수준에 의해 영향을 받는다. 소득수준이 높으면 거래규모가 증가하여 거래적 동기에 의한 화폐수요도 높아지고, 소득이 낮아지면 거래적 동기의 화폐수요도 감소하게 된다. 따라서 거래적 동기의 화폐수요는 소득의 증가함수이다.

둘째, 예비적 동기란 가계나 기업이 장래에 돌발적으로 일어날지도 모르는 질병이나 뜻밖의 사고에 대비하기 위하여 어느 정도의 화폐를 예비적으로 보유하고자 하는데, 이를 예비적 동기의 화폐수요라고 한다. 일반적으로 소득이 증가하면 더 많은 화폐를 예비적으로 보유하는 경향이 있게 되는데, 예비적 동기의 화폐수요도 소득의 증가함수이다.

셋째, 투기적 동기란 미래의 수익을 위한 투기 목적으로 화폐를 수요하는 것을 말한다. 이러한 화폐수요는 이자율의 함수이다. 지금 이자율이 낮으면 일단 화폐형태로 가지고 있다가 이자율이 높아지는 미래에 수익증권을 사려고 한다. 그러므로 이자율이 낮으면 화폐수요가 많아진다. 이자율이 높아지면 그 반대

현상이 나타난다. 또 이자율이 낮으면 화폐수요의 비용이 낮다. 부를 화폐형태로 가진다는 것은 이자수익을 포기한 것인데 이것은 화폐수요의 한 비용이라고 볼 수 있다. 이자율이 낮으면 이러한 화폐수요의 비용이 낮기 때문에 화폐를 더 많이 수요하려고 한다. 이자율이 높을 때는 그 반대현상이 나타난다. 그러므로 투기적 동기에 있어서는 화폐수요가 이자율과 반대방향으로 변한다.

종합하면 거래적 동기와 예비적 동기의 화폐수요는 소득과 같은 방향으로 변하고 투기적 동기에서는 화폐수요가 이자율과 반대방향으로 변한다. 따라서 총화폐수요는 이자율과 소득의 함수가 된다. 만약 수평축에 화폐수요를 나타내고, 수직축에 이자율을 나타내면 화폐수요곡선은 그림 12-2에서처럼 우하향하는 곡선으로 그려진다. 이자율과 화폐수요는 반대방향으로 변하기 때문이다. 그런데 소득이 증가하면 화폐수요가 증가한다. 이런 변화를 그림 12-2에 표시하면 소득이 Y_1에서 Y_2로 증가함에 따라 화폐수요곡선은 오른쪽으로 이동한다.

지금까지의 논의는 물가수준이 일정하다는 전제하에서 이루어진 것이다. 그런데 물가가 변하면 화폐수요도 변할 수밖에 없다. 예컨대 모든 상품의 물가가 2배로 증가했다고 가정해 보자. 이렇게 되면 경제 내에서 똑같은 양의 산출량을 거래시키기 위해서는 2배의 화폐량이 필요할 것이다. 즉, 화폐수요도 2배로 증

그림 12-2 화폐수요곡선

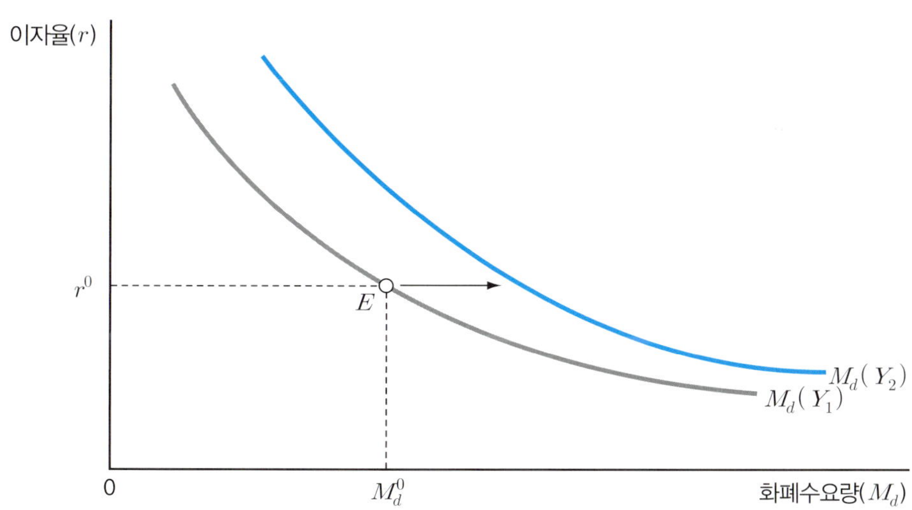

가할 수밖에 없다. 물가가 5일 때 화폐량이 100이 필요했다면 물가가 10으로 올라가면 똑같은 거래를 수행시키기 위해 화폐량은 200이 필요하다. 따라서 물가수준이 올라가면 그림 12-2에서 화폐수요곡선은 오른쪽으로 이동할 것이다.

3.2 화폐의 공급

어느 나라 경제든 법화제도를 운영하려면 그 제도를 책임지고 운영하는 중앙은행이 있어야 한다. 우리나라는 중앙은행인 한국은행이 이 역할을 담당하고 있다. 세계 주요 국가의 중앙은행, 즉 미국의 연방준비제도이사회, 영국의 영란은행, 일본의 일본은행, 유럽중앙은행 등도 법화제도를 운영하는 기관이다.

금융통화위원회
통화정책을 수립하고 한국은행의 운영에 관한 주요사항을 결정하는 기구로서 한국은행 총재 및 부총재, 국민경제 각 분야를 대표하는 5인 등 총 7인의 위원으로 구성

한국은행은 한국은행의 최고 의사결정기구인 금융통화위원회의 결정에 따라 국공채 매매 등을 통해 통화량을 줄이거나 늘리고 있다. 예를 들어 한국은행이 금융시장에서 금융기관을 상대로 국공채를 매입하면 그에 따라 새로운 화폐가 금융기관으로 유입되어 통화량이 증가한다. 반대로 한국은행이 금융시장에서 국공채를 매각하면 그 대금이 금융기관에서 한국은행으로 지급됨에 따라 시중의 화폐가 줄어든다.

화폐의 공급 과정을 좀 더 구체적으로 살펴보자. 첫째로 중앙은행은 법화 발행의 독점적 권한을 통해서 지폐와 주화의 형태로 화폐를 공급한다. 이를 **본원통화**라 하는데 민간 화폐보유액과 예금은행 지급준비금의 합으로 측정된다. 지급준비금은 은행이 고객의 예금 인출에 대비하여 예금 가운데 일부를 중앙은행에 예치하거나 자신의 금고에 남겨 놓은 화폐를 말한다.

본원통화는 중앙은행이 금융시장에서 국공채를 매입할 때, 은행이 대출할 때, 외환을 매입할 때, 정부가 중앙은행에 보유하고 있는 정부 예금을 인출할 때 등에 각각 공급된다. 한국은행이 공급한 화폐는 시중에 그 일부가 남고 나머지는 다시 은행에 예금된다. 은행으로 들어온 예금은 또다시 예금자가 찾아갈 것에 대비하여 일정 비율을 지급준비금으로 남기고 나머지는 대출 등으로 시중에 공급한다. 이러한 은행의 대출과 예금자의 예금 과정이 되풀이되면 결과적으로 한국은행이 당초 은행에 공급하였던 화폐는 몇 배로 늘어나게 된다. 이를 통화승수라 한다.

둘째로 은행의 신용창출을 통한 화폐의 공급이다. 앞에서 언급한 과정을 예를 들어 설명하기 위해 사람들은 현금을 지갑에 남기지 않고 모두 은행에 예금

그림 12-3 본원통화와 협의통화(M_1)

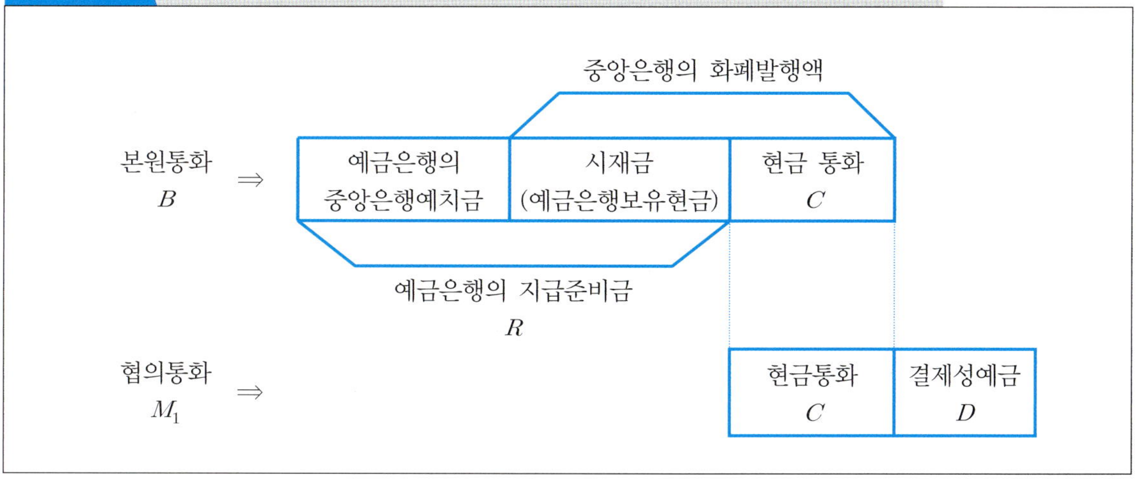

하며, 은행은 예금 가운데 10%를 지급준비금으로 남겨놓고 나머지를 대출한다고 가정한다. 한국은행은 은행을 통해 정부공사대금 100만원을 갑에게 지급하고, 갑은 A은행에 100만원 예금하며, A은행은 이중 10%의 지급준비금을 남겨두고 90%를 대출한다. 이 경우 통화량을 책정해 보면 A은행이 대출하기 전에는 100만원이었으나 A은행이 다른 사람에게 대출하면서 융자받은 사람은 현금 90만원을 갖게 되었으므로 현금과 예금의 합인 통화량은 190만원이 된다.

표 12.3 은행의 신용창출

은 행	본원통화	예금통화	지급준비금	대 출
한국은행	100			
A		100	10	90
B		90	9	81
C		81	8.1	72.9
⋮		⋮	⋮	⋮
합 계	100	1,000	100	900

이처럼 은행이 예금의 일부를 지급준비금으로 보유하고 그 나머지를 대출하게 되면 예금통화를 창출하게 되고 이러한 과정을 계속 반복하면서 예금통화는 늘어나게 된다. 이를 은행의 신용창출이라고 한다. 한국은행에서 100만원을 공급하고, 지급준비율이 10%라면 예금통화는 최대 1,000만원까지 늘어나게 된다.

셋째로 민간, 정부, 해외부문 등을 통한 화폐공급이다. 한국은행은 지폐나 주화 형태로 시중에 본원통화를 공급하고, 은행은 이를 바탕으로 예금통화를 창출한다. 이러한 돈의 공급을 정부, 민간, 해외, 그리고 기타 부문으로 나누어 파악할 수 있다. 여기서 민간은 가계와 기업을 말한다. 시중에 유통되는 통화량은 통화정책 이외에 정부활동과 해외거래 등 다양한 요인에 따라 크게 영향을 받기 때문에 그 변동요인을 각 부문별로 분석해 보아야 한다. 정부 부분을 통한 화폐의 공급은 정부의 수입과 지출활동에 따라 변동한다. 세금을 거두어 들이는 경우 화폐는 정부의 은행인 한국은행으로 들어와 통화량이 줄고 반대로 정부가 재정지출을 집행하면 시중에 화폐가 늘어나게 된다. 민간 부문을 통한 화폐의 공급은 은행이 개인이나 기업과 금융거래를 하면서 일어난다. 은행이 대출을 증가시키면 화폐의 양이 증가하고, 회수하면 화폐의 양이 감소하게 된다. 해외 부문을 통한 화폐의 공급은 외국과의 거래에서 화폐를 주고받은 결과로 나타난다. 수출대금을 받거나 외국 돈을 들여와 국내은행에서 우리 화폐와 바꾸면 화폐의 양이 늘어나고 반대로 수입대금을 지급하면 화폐의 양이 줄어들게 된다. 규모가 크지는 않으나 기타 부문을 통한 화폐의 공급도 여러 가지 예가 있다. 대표적인 것으로 한국은행이 건물을 구입하거나 매각하는 경우가 있다. 한국은행이 건물을 매각하면 시중의 화폐가 한국은행으로 들어와 통화량이 감소하고, 그 반대로 건물을 매입하면 한국은행의 화폐가 시중으로 나가 화폐의 양이 늘어나게 된다.

결국 화폐의 공급, 즉 통화량을 결정하는 것은 현금통화와 예금통화에 직간접으로 영향을 미치는 중앙은행의 본원통화라 할 수 있다. 다시 말해 본원통화와 협의통화(M_1, 현금통화+예금통화)사이의 관계에 의해서 통화량이 결정된다. 통화량은 본원통화, 예금지급준비율(필요지급준비율+초과지급준비율), 민간의 현금보유비율이 서로 어떻게 의존하는지에 따라 그 공급량은 달라진다. 본원통화의 공급과 필요지급준비율을 결정하는 중앙은행, 초과지급준비율을 결정하는 예금은행, 그리고 현금보유비율을 결정하는 민간(일반대중)이 모두 함께 결정한다. 그러나 실제로 민간의 현금보유비율은 경제사회의 관습에 의해서 결정되고, 초과지급준비율은 일정한 수준으로 예금은행의 관행으로 결정되기 때문에 통화량은 주로 본원통화와 필요지급준비율의 크기에 따라 변한다고 할 수 있다. 따라서 통화량의 공급은 중앙은행의 정책에 따라 외생적으로

그림 12-4 화폐공급곡선

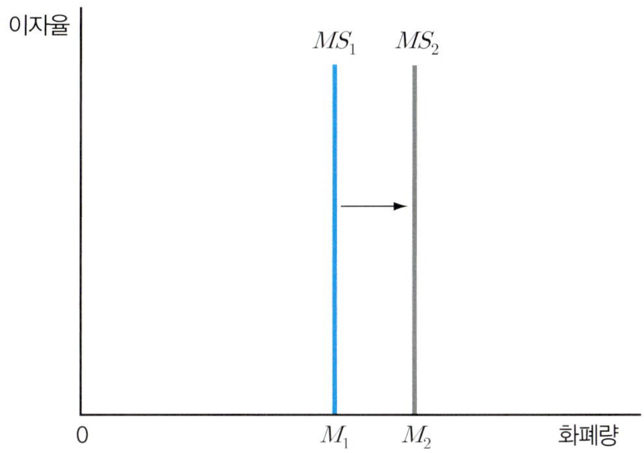

정해진다고 할 수 있다. 이를 그림 12-4와 같이 나타낼 수 있다. 만약 수평축에 화폐공급을 나타내고, 수직축에 이자율을 나타내면 화폐공급곡선은 그림 12-4에서처럼 중앙은행에 의해서 외생적으로 결정되기 때문에 수직이 된다. 그런데 통화량이 증가하면 화폐공급은 증가한다. 이런 변화를 그림 12-4에 표시하면 통화량이 M_1에서 M_2로 증가함에 따라 화폐공급곡선도 MS_1에서 MS_2로, 다시 말해 오른쪽으로 이동한다.

3.3 이자율 결정이론

거래적, 예비적 동기의 화폐수요와 투기적 동기의 화폐수요를 총괄하여 총화폐수요라고 하자. 총화폐수요는 거래적, 예비적 동기의 화폐수요와 투기적 동기의 화폐수요의 단순한 합이 아니다. 어떤 목적으로 보유된 화폐가 다른 목적으로 쓰일 수도 있기 때문이다. 앞에서 살펴본 것처럼 거래적, 예비적 동기의 화폐수요는 소득의 증가함수이고, 투기적 동기의 화폐수요는 이자율의 감소함수이므로 총화폐수요는 소득(Y)과 이자율(r)의 함수이다. 케인즈의 화폐수요함수에 의하면 소득이 증가할수록 화폐수요가 증가하고, 이자율이 상승할수록 화폐수요는 감소한다.

이제 균형이자율은 사람들이 보유하는 화폐수요(화폐량)와 화폐공급(통화량)이 일치하는 수준에서 결정된다. 그림 12-5의 M_d곡선은 소득을 일정수준(Y_1)으로 고정시킨 상태에서 화폐수요가 이자율의 감소함수임을 나타내고 있다. 그러나 소득이 증가하면 화폐수요곡선은 우측으로 이동한다. 같은 이자율에서 소득이 증가하면 화폐수요가 증가하기 때문이다. 한편 M_s는 화폐공급량을 표시한다. 화폐공급이 중앙은행에 의하여 또는 다른 요인에 의하여 외생적으로 결정된다면 화폐공급곡선 M_s는 수직선이 된다. 이 M_d와 M_s곡선이 교차하는 수준에서 이자율이 r_0로 결정된다. 이처럼 이자율이 화폐시장에서 화폐수요(유동성선호)와 화폐공급(유동성공급)에 의하여 결정된다는 이론이 유동성 선호설(liquidity preference theory)이다.

그림 12-6은 중앙은행이 화폐공급을 감소시킬 때 균형이자율이 변화되는 것을 보여주고 있다. 화폐시장이 원래 이자율 4%와 통화량 500조원에서 균형이었다고 가정하자. 이때 중앙은행이 화폐공급을 400조원으로 감소시키면, 가계 소비자와 기업들은 4% 이자율 수준에서 다른 금융자산에 비해 자신들이 원하는 것보다 더 적은 화폐를 보유하게 될 것이다. 따라서 소비자와 기업들은 화폐보유를 늘리기 위해 채권과 다른 금융자산을 매각할 것이며, 이에 따른 채권공급의 증가는 채권가격을 떨어뜨리고 이자율을 상승시킬 것이다. 이는 곧 화

그림 12-5 균형이자율의 결정

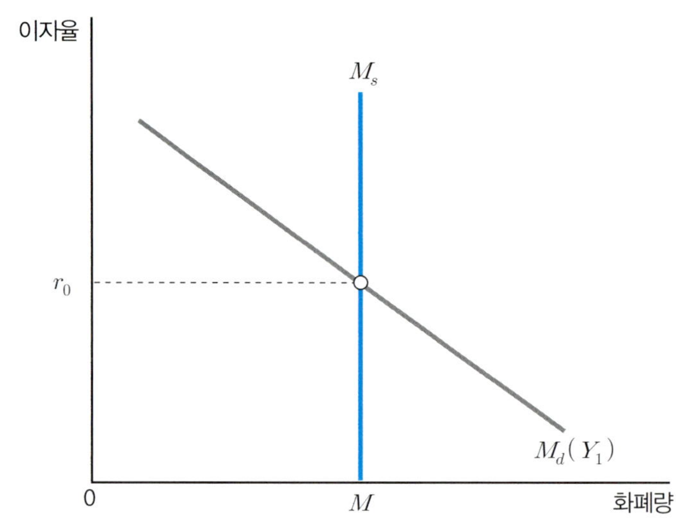

그림 12-6 통화량 감소와 이자율

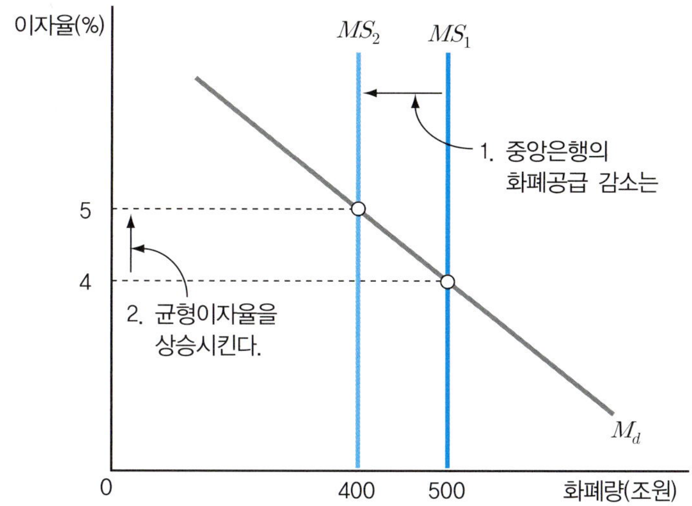

폐보유의 기회비용 상승을 의미하므로 소비자와 기업들의 화폐수요량은 화폐수요곡선을 따라 상방으로 이동하면서 줄어들 것이다. 결국 화폐시장의 균형은 전보다 높은 5% 수준에서 결정될 것이다.

4 통화정책

4.1 통화정책의 의의와 목적

통화정책은 중앙은행, 즉 통화정책당국이 통화량이나 이자율을 조절하여 국민경제의 안정적인 성장을 실현하고자 하는 정책을 말하는 것으로 금융정책, 통화신용정책, 통화금융정책이라고도 한다. 통화정책의 체계는 보통 최종목표, 운용목표, 정책수단으로 구성된다.

통화정책의 최종목표는 통화정책이 실현하고자 하는 국민경제상의 목표로, 오늘날 대부분의 나라는 물가안정, 완전고용, 국제수지균형, 경제성장 등을 최종목표로 삼고 있는데 국민경제의 안정적인 성장을 달성하기 위한 것이다.

그림 12-7 통화정책의 파급경로

통화정책수단
- 공개시장조작
- 재할인율정책
- 지급준비율 정책

⇨

통화정책수단
- 단기금리
- 본원통화

⇨

통화정책의 최종목표
- 물가안정
- 완전고용
- 국제수지균형
- 경제성장

통화정책의 운용목표는 통화정책의 최종목표를 달성하기 위하여 통화정책당국이 어느 정도 조정이나 통제할 수 있고 최종목표와 밀접한 관계를 가지고 있는 지표를 말한다. 이 지표에는 가격지표인 단기이자율과 수량지표인 본원통화가 있다.

통화정책 수단은 통화정책의 운용목표인 단기이자율과 본원통화를 조절하기 위하여 통화정책당국이 직접 사용할 수 있는 정책도구를 말한다. 이 정책수단으로는 공개시장조작, 재할인율정책, 지급준비율정책, 대출한도제 등이 있다.

결국 통화정책을 실시한다는 것은 통화정책당국이 통화정책수단을 사용하여 통화정책의 운용목표를 변화시킨 다음 이 변화를 통하여 통화정책의 최종목표를 달성하고자하는 것을 말한다. 이러한 일련의 과정을 통화정책의 파급경로라고 한다. 그림 12-7은 이러한 통화정책의 파급경로를 보여주고 있다.

한국은행은 화폐의 양을 조절하는 책임을 지고 있다. 한국은행은 통화량을 적정 수준으로 유지하기 위해서 통화량의 규모를 나타내는 통화지표를 작성하고 그 움직임을 항상 지켜보고 있다가 필요한 경우 통화량을 적절히 조절하기 위한 여러 가지 수단을 강구하고 있다. 더욱이 준비된 금의 양에 맞추어 화폐를 발행하던 과거의 금본위제도와 달리 중앙은행이 별도의 금 준비 없이 화폐를 발행하는 오늘날의 관리통화제도 하에서는 중앙은행의 역할이 더욱 중요해지고 있다.

4.2 통화정책의 수단

중앙은행이 화폐의 양을 조절하기 위해 사용할 수 있는 주요 수단은 크게 공개시장조작정책, 대출정책, 지급준비율정책 등이 있다.

먼저, 공개시장조작 정책이다. 이 정책은 1830년대 영국의 영란은행에 의해 최초로 시행되었다고 한다. 이후 미국에서는 1913년 연방준비제도의 설립과 함께 공개시장조작에 관한 사항을 입법화하였으며 미국 중앙은행의 가장 핵심적인 정책수단으로 발전하였다. 대다수 국가에서도 1980년대 이후 금융자유화가 진전되고 금융시장에 발달함에 따라 공개시장조작은 화폐의 양을 조절하는 주된 수단이 되었다. 공개시장조작이 핵심적인 통화정책수단으로 자리 잡게 된 것은 지급준비정책 또는 대출정책과 달리 은행과 비은행금융기관 등 다양한 경제주체가 참여하는 금융시장에서 시장메커니즘에 의해 이루어지기 때문에 경제 원리에 부합되는 정책수단인 데다 그 효과가 금융시장을 통해 광범위하고 무차별적으로 파급되는 특성이 있기 때문이다. 또한 공개시장조작은 실시 시기나 조작 규모 및 조건 등을 필요에 따라 수시로 조정할 수 있어 신축적인 정책 운용이 가능하다.

공개시장조작정책은 중앙은행이 국공채와 통화안정증권 등을 금융시장에서 사거나 팔아 단기 시장금리와 화폐의 양을 조절하는 수단이다. 한국은행이 금융시장에서 국공채를 사들이면 국채매입 대금으로 지급한 돈이 시중에 유통되어 통화량이 증가하고, 반대로 한국은행이 시중의 돈을 줄일 필요가 있을 때는 금융시장에 국공채를 매각하여 국공채를 매입한 금융기관이 현금이나 은행예금으로 구입대금을 지급하게 되어 시중에 유통되는 화폐의 양이 줄어들게 된다.

둘째, 대출정책이다. 이 정책은 일반은행이 기업이나 개인에게 자금을 대출해 주는 것과 마찬가지고 중앙은행이 금융기관에 돈을 대출해 주는 정책이다. 중앙은행이 은행에 빌려주는 화폐의 양이나 금리를 변동시킴으로써 시중의 화폐의 양을 조절한다. 이 제도는 중앙은행제도 초기에 은행이 기업에 할인해 준 어음을 다시 할인・매입하는 형식으로 자금을 지원했기 때문에 재할인제도라고도 한다. 또한 중앙은행의 대출 금리는 재할인금리라고도 한다.

각국의 중앙은행은 대출정책을 통해 시중에서 유통되는 화폐의 양을 조절하고 곤경에 처한 금융기관을 지원하기도 한다. 한국은행은 1997년 말 경 외환위기로 금융시장이 크게 불안해지자 최종대부자로서 일부 은행, 종합금융회사, 증권회사 등에 대하여 10조원 규모의 특별대출을 실시한 바 있다. 미국의 경우 1984년 Continental Illinois National Bank의 대출자산이 대량으로 부실화되고 이 소문이 퍼지면서 많은 예금자들이 예금을 인출함에 따라 연방준비제도가 76억 달러를 대출하고 1991년에는 부실경영으로 파산 위기에 처한 Bank of New England에 예금보험공사와 공동으로 23억 달러를 지원한 사례도 있다.

셋째, 지급준비율정책이다. 이는 은행이 고객의 예금인출 요구에 대비하여 예금액의 일정 비율, 즉 지급준비율만큼 의무적으로 중앙은행에 예치하거나 현금으로 보유하도록 하는 것으로 중앙은행이 지급준비율을 올리면 은행들은 더 많은 지급준비금을 보유해야 하므로 예금 중에서 대출할 수 있는 금액이 줄어들고 따라서 시중에 유통되는 화폐의 양이 줄어들게 된다. 반대로 지급준비율을 내리면 은행이 대출할 수 있는 금액이 커지고 시중의 돈은 늘어난다. 지급준비율은 조금만 조정되더라도 국가 전체의 화폐의 양이나 은행 경영에 영향을 크게 미치므로 일반적으로 중앙은행이 지급준비율을 자주 조정하지는 않고 있다.

넷째, 직접규제방식이다. 이상에서 설명한 세 가지 통화관리방식은 중앙은행이 시중은행의 행동에 직접 제약을 가하지 않는다는 점에서 간접규제방식이라고 부를 수 있다. 이에 비해 직접규제(direct control)방식은 은행별로 여신한도를 정하는 등 은행이 제공하는 대출의 양뿐 아니라 그 용도까지 직접 통제한다는 점에서 대조를 이룬다. 통화량을 줄이기 위해 시중은행에 앞으로 일정기간 동안 대출을 자제하라는 지침을 내리는 것이 직접규제의 한 예가 된다. 어떤 산업에는 대출을 많이 해주고 다른 산업에는 대출을 많이 해주지 말라는 식으로 간섭하는 경우도 있다. 이 방식은 '창구지도'라는 말로 더욱 널리 알려져 있는데, 바로 얼마 전까지만 해도 우리나라에서는 이 방식이 앞에서 설명한 세 방식보다 더 많이 사용되고 있었다.

우리 정부가 직접규제방식을 자주 써온 데는 여러 가지 이유가 있겠지만, 금융정책이 경제발전을 위한 산업정책의 하위정책으로 사용되어 왔다는 사실이 가장 중요한 이유가 되리라고 생각한다. 정부는 특정 산업을 육성할 목적으로 그들에게 충분한 자금이 좋은 조건으로 공급될 수 있도록 자금의 흐름에 간섭해 왔다. 우리가 흔히 듣는 '정책금융'이라는 말은 바로 이와 같은 관점에서 제공되는 대출을 뜻한다. 정부는 자금의 흐름에 직접 개입함으로써 자금이 원하는 방향으로 흘러가게 만들려는 목적에서 직접규제방식을 많이 활용해 왔던 것이다.

생활속경제 »

거품을 제조하는 금융공학, 프로젝트 파이낸싱

프로젝트 파이낸싱(Project Financing)이란 은행 등 금융기관이 별다른 보증 없이 어떤 프로젝트의 사업성을 담보로 자금을 지원하는 것이다. 금융기관은 사업 종료 후 해당 프로젝트에서 나오는 수익으로 대출금을 상환 받는다. 대출의 위험성이 크지만, 그만큼 금리가 높기 때문에 금융기관으로서는 매력적인 사업이다.

1971년 9월, 정주영은 한국에 조선소를 짓고 싶었지만 돈이 없었다. 그래서 영국 바클레이스은행을 찾아가서 돈을 빌려달라고 했다. 그러자 은행에서는 그 조선소에서 배를 사겠다고 계약하는 사람이 있으면 돈을 빌려주겠다고 했다. 그러자 정주영은 전 세계를 돌아다니면서, '나에게 배를 주문한다는 계약서를 써주면, 그 계약서를 가지고 돈을 빌려서 조선소를 짓고, 이 조선소에서 배를 만들어서 인도하겠다.'고 말하며 배를 주문할 사람을 찾았다. 마침내 그리스 리바노스 사(社)가 원유 운반선 두 척을 주문했다. 정주영은 이 계약서를 가지고 바클레이스은행에 가서 돈을 빌려 울산에 조선소를 지었다. 정주영이 지레대로 활용한 것이 바로, 무에서 유를 창조하는 금융공학 프로젝트 파이낸싱이었던 셈이었다.

하지만 프로젝트 파이낸싱이 언제나 성공하는 것은 아니다.

이요산 씨의 장모가 서울시 응봉동의 응봉산 약수터에서 만나 인사를 하고 지낸 할머니 한 분이 있었다. 젊어서 남편과 사별하고 하나 있던 자식까지 먼저 저세상으로 보낸 이 할머니는 40년 동안 시장에서 젓갈을 팔아 많은 돈을 모았고, 이 돈으로 오랜 꿈이던 대지 150평의 널찍한 집을 사서 살았다. 비록 오래되고 낡은 집이라 불편하긴 했지만, 할머니는 이 넓은 집에 텃밭을 만들어 철마다 온갖 채소들을 심었고, 꽃밭도 예쁘게 가꾸었다. 그렇게 살다가 나중에 세상을 떠날 때가 되그 땅을 사회에 기부할 생각이었다. 그런데 어느 날 부동산 개발업자라는 사람이 찾아와서 이렇게 좋은 땅을 왜 바보처럼 놀리느냐면서 빌딩을 지으라고 했다. 그게 비극의 시작이었다.

처음에 할머니는 빌딩씩이나 지을 돈이 어디 있느냐며 거절했다. 그런데 개발업자는 돈은 자기가 대겠다고 했다. 그러면서 자세한 계획을 설명했다. 빌딩을 지어서 사무실을 분양하면 건축비가 충분히 빠지며, 또 남는 사무실을 임대하면 다달이 수백만 원이 저절로 들어오는데 왜 구차하게 그렇게 사느냐고 했다. 나중에 재산을 사회에 기부할 때도 훨씬 더 많은 돈을 기부할 수 있다고 했다. 그 말이 맞는 것 같았다. 그 방면에는 도가 텄던 이 개발업자는 지분을 자기에게 조금만 떼어주면 이 개발 사업을 자기가 알아서 진행하겠다고 했다. 결코 나쁜 조건이 아니었다. 그래서 할머니는 텃밭과 꽃밭을 뭉개고 빌딩을 짓기로 했다.

그런데 문제가 생겼다. 5층짜리 건물의 뼈대가 거의 드러날 즈음에 아이엠에프 사태가 터졌다. 이 사업뿐만 아니라 다른 사업도 여러 개 동시에 진행하던 그 개발업자는, 할머니의 건물을 짓는 데 들여야 할 돈을 다른 데로 급하게 돌리다가 결국은 부도를 내고 사라져 버렸고, 공사는 중단되었으며, 공사를 하던 사람들은 할머니에게 돈을 내놓으라고 들들볶았고, 은행에서는 건물을 지어봤자 제대로 분양이 될 것 같지도 않자 담보로 잡았던 할머니의 토지를 경매에 붙였다. 하지만 경매는 계속 유찰이 되었고……. 올라가다가 만 이 흉물스런 건물은 그 뒤 몇 년 동안 방치되다가 나중에 어떤 교회가 사들여서 교회 건물로 새로 지었다. 할머니는 어떻게 되었을까? 정신병원에 입원했다는 소문도 있고 자살했다는 소문도 있다고 한다. 프로젝트 파이낸싱으로 진행되는 사업은 단일 건물이든 아파트든 혹은 대단위 복합단지든 간에 부동산 가격 상승이라는 조건을 전제로 한다. 토지 매입 등 초기자본은 금융기관이 대고, 분양권을 미리 팔아 사업자금을 확보할 수 있기 때문에 건설사는 자기 돈을 들이지 않고 아파트를 지을 수 있다. 하지만 부동산 가격 상승이라는 전제 조건이 어그러지면 모든 게 엉망이 된다. 분양이 제대로 되지 않을 뿐더러 분양권을 받은 개인들은 중도금과 잔금을 치를 수가 없으니, 건설사는 사업비를 확보할 수 없다. 망할 게 뻔하므로 은행은 추가 대출을 해주기는커녕 기존 대출을 회수하려 들고, 결국 사업은 중단되고, 모두가 손해를 본다.

출처 이경식, 『깡통경제학』, Human & Books, 2011, pp.157~158.)

연 습 문 제

01 화폐가 수행하는 주요 기능이 무엇인지 설명하고, 이 중 가장 본원적인 기능은 무엇이라고 생각하는가?

02 통화지표 M_1, M_2, Lf, L의 차이를 설명하고, 한국은행의 경제통계시스템(ECOS)에서 이들 통화지표의 크기를 검색해 보시오.

03 화폐에 대한 수요를 결정하는 요인들은 무엇이며, 이들과 화폐수요 사이에는 어떤 관계가 있는지 설명하시오.

04 본원통화 공급경로와 은행의 신용창출에 대해서 설명하시오.

05 케인즈의 유동성선호설에 대해서 설명하시오.

06 통화정책 수단인 공개시장조작, 대출정책, 재할인율 정책 등이 통화정책의 최종목표와 어떤 관계가 있는지 그 파급경로에 대하여 설명하시오.

Chapter

13

경제안정화정책

❶ 경제안정화정책

❷ 재정정책

❸ 금융정책

❹ 경제안정화정책의 성공요건

1 경제안정화정책

1.1 경제안정화정책의 의의

현실경제에서는 물가상승이나 실업과 같은 문제가 종종 발생한다. 이러한 문제는 자본주의 경제에서 회피할 수 없는 일로 받아들여지고 있으나 외부충격에 적절히 대응하지 않거나 지나친 경기변동을 그냥 방치해 두면 경제는 더욱 불안정해질 수 있다. 경기가 호황일 때는 물가가 불안해지고, 불황일 때는 실직자들이 생겨난다. 우리나라의 경우 과거 1980년대 후반 3저호황 때 경기과열로 물가가 급등했다든가, 1997년 말 외환위기 직후 경기침체로 실업률이 크게 증가했던 상황은 경제불안의 대표적인 예라고 할 수 있다.

3저호황
1980년대 후반부터 90년대 초반에 이르는 기간 동안 국제적인 '저금리'와 '저유가' 그리고 '저원화가치'의 영향으로 경제가 크게 호조를 보였던 상황을 가리킨다.

물가가 장기간 상승하거나 실업률이 계속 높아지는 등 경제가 불안정해지면 국민들은 고통을 겪게 마련이다. 그래서 정부는 여러 가지 정책수단을 써서 경제를 안정시키고자 노력한다. 이러한 정부의 정책적 노력을 경제안정화정책이라고 한다.

경제안정화정책
물가안정, 고용안정, 국제수지의 균형 등 경제안정을 위해 정부가 단기에 적극적으로 구사하는 재정정책이나 통화정책을 말한다.

경제안정화정책은 단기적인 정책으로서 장기적인 경제성장정책과 구별된다. 경제성장정책은 기술혁신, 생산성 향상, 투자증대 등으로 경제성장을 촉진시키고자 하는 정책이다. 이는 효과가 금방 나타나는 것이 아니기 때문에 장기적인 정책이다. 반면에 경제안정화정책은 총수요를 조절하여 경기순환의 진폭을 줄이고자 하는 단기적인 정책이고, 주로 총공급곡선을 오른쪽으로 이동시키고자 하는 정책이다.

경제안정화정책의 수행이 정부의 중요한 역할로 여겨지게 된 계기는 1930년대 세계경제가 혹독한 공황을 경험하고 나서부터이다. 이때 사람들은 시장의 가격기능이 경제불안정을 자율적으로 해결할 수 없을 알게 되었다. 경기가 과열되어 물가가 오를 때 정부는 통화량 축소, 금리 인상, 정부지출 축소 등 총수요를 줄이는 방법으로 경기를 억제시키려고 한다. 반대로 경기가 침체되어 실업자가 늘어날 때에는 통화량 확대, 금리 인하, 정부지출 확대 등 총수요를 늘리는 방법으로 경기를 부양하려고 한다.

이처럼 경제안정화정책은 총수요를 잠재생산능력에 가깝게 조절하여 경기변동의 진폭을 완화하려는 정책이라는 점에서 흔히 총수요관리정책 또는 경기조절정책으로도 불린다. 총공급 면에서의 안정화정책도 생각해 볼 수 있으나 단기적으로 총공급을 조절하는 정책수단을 찾는 것은 현실적으로 쉬운 일이 아니다. 왜냐하면 총공급은 기본적으로 노동, 자본, 교육·기술수준 등 구조적인 요인에 의해 결정되어 단기적인 정부정책으로 쉽게 조절하기 어렵기 때문이다. 그래서 대부분의 경우 경제안정화정책은 총수요를 조절하는 정책이라고 할 수 있다.

경제안정화정책은 크게 재정정책과 금융정책으로 구분한다. 재정정책은 정부가 재정지출이나 세금의 조정 등을 통하여 경제를 안정시키고자 하는 정책이며, 금융정책은 중앙은행이 통화량이나 금리를 조절하여 경제를 안정시키고자 하는 정책이다.

1.2 경제안정화정책에 관한 논쟁

정부는 경제안정화정책을 쓸 때 정책의 기본방향, 경제상황에 대한 판단, 여론의 향방 등 여러 가지 요인들을 종합적으로 고려한다. 그런데 이러한 요인들은 시대와 나라에 따라 다를 수 있고, 각 요인별 중요도도 다르기 마련이다. 또한 어떤 정책이 경제안정을 위해 더 효과적인지 또 어떠한 기준으로 경제안정 여부를 가릴 지에 대해 명확한 해답을 내리기란 쉽지 않다. 이는 현실적으로 총수요와 총공급 규모를 정확하게 파악하기 힘들고, 그것을 실질적으로 조절할 수 있는 수단도 충분하지 않으며 무엇보다 예상하지 못한 외부충격의 가능성이 항상 존재하기 때문이다. 따라서 경제의 안정 여부는 경제성장률, 실업률, 물가상승률 등 거시경제지표의 움직임을 통해 간접적으로 판단할 수밖에 없다.

경제안정화정책은 실시 시기·정도·방법 등에 관해서는 다양한 의견이 있다. 안정화정책 실시와 관련하여 정부가 택할 수 있는 정형화된 기준은 없으며, 특히 그 시행 시기에 대해서는 더욱 그렇다. 있다면 안정화정책의 실시 정도와 방법 등에 대한 상방된 입장이 있을 수 있다. 우선 경제안정을 위해 정부가 어느 정도 개입할 것인지에 대한 입장차이가 있다. 안정화정책을 찬성하는 사람들은 경기변동이 지나칠 경우 정부가 직접 나서서 총수요를 조절해야 한다고 주문한다. 특히 예기치 않은 충격으로 경기침체가 계속될 때에는 금융정책이나 재정정책은 총수요를 늘리는 데 매우 효과적이라고 주장한다.

반면 안정화정책을 반대하는 사람들은 경제를 안정시킬 목적으로 금융정책과 재정정책을 사용해서는 안 된다고 주장한다. 이러한 정책은 성장기반 마련, 물가안정 등과 같은 장기적인 목표를 달성하기 위해서만 사용되어져야 하며 단기적인 경기변동은 스스로 해결되도록 놓아두어야 한다는 것이다. 이들은 금융정책과 재정정책이 이론적으로는 경제를 안정시킬 수 있다고 인정하지만, 현실적으로 가능한지에 대하여 강한 의문을 품고 있다. 이들은 안정화정책이 경제에 영향을 미치기까지는 적지 않은 시일이 걸리며, 재정이 자동안정화장치의 특성상 정부가 별도의 조치를 취하지 않아도 경기변동이 자동적으로 조절된다는 점 등을 들어 안정화정책을 쓰는 것을 반대하기도 한다.

다음으로 경제안정을 도모하기 위한 정부의 개입방법에 대한 입장 차이도 논란거리 이다. 한편에서는 경제불안을 시장실패의 하나로 여기기도 한다. 이 실패를 보완하기 위해 정부는 장기는 물론 단기에도 경제에 적극적으로 개입해야 한다고 말한다. 정부가 재량적으로 정책을 펼 때 정부실패가 발생할 수도 있지만 이는 시장실패에 비하면 큰 문제가 아니라고 주장한다. 다른 한편에서는 시장경제가 효율적이어서 외부충격에 대하여 자율적인 조정 능력을 가지고 있으며 경제에 개입할 때 생기는 정부실패가 시장실패보다 더 큰 문제라고 주장한다. 그래서 이들은 경제상황에 관계없이 미리 정한 준칙(rule)에 따라 정책을 일관성 있게 밀고 나갈 것을 주문하고 있다.

> **재량**
> 경제의 상황에 따라 정부가 적절하다고 판단하는 정책을 시행하는 방식

> **준칙**
> 정책에 대한 규칙을 미리 정하고 경제의 상황과 관계없이 그 규칙을 지키는 방식

지금까지 안정화 정책의 운용방식에 대해 살펴보았으나 어떤 방식이 우월하다고 단정하기는 어렵다. 안정화정책을 반대하는 사람들의 의견도 일리는 있다. 그런데 국가경제의 운용을 책임지고 있는 정부가 눈앞에 나타나고 있는 대량 실업 또는 물가불안을 외면할 수 있을까? 재정의 자동안정화장치만으로도 충분히 경기변동을 완화할 수 있다면 정부가 구태여 추가로 개입할 필요가 없을 것이다.

자동안정화장치는 경기변동을 완화시키는 긍정적인 면과 부정적인 측면을 동시에 가지고 있다. 예를 들어 경제가 불황에서 벗어나 회복국면에 접어들면 세금도 함께 늘어난다. 그러나 이는 경기회복을 지연시키는 요인으로 작용할

수 있다. 이와 같이 자동안정화장치는 경제불안을 완전히 해결할 정도로 강력하지 못하다. 따라서 오늘날 자본주의시장경제를 채택하고 있는 대부분의 나라에서는 정부가 직접 나서서 경제안정을 도모하고자 노력한다.

2 재정정책

2.1 재정정책과 그 수단

오늘날 정부는 경제성장과 물가안정, 국제수지 균형 등과 같은 거시경제의 안정은 물론 소득불균형 개선, 사회복지 증진 등을 위한 여러 가지 기능을 수행하고 있다. 이러한 목표를 달성하기 위해 정부지출과 조세를 정책수단으로 사용하는 정부의 제반 정책을 통틀어 재정정책이라 한다. 그러나 일반적으로는 소득불균형 개선과 사회복지 증진을 위한 정책은 제외하고 정부지출과 조세수입의 양과 구조를 의도적으로 변화시켜 총수요를 조절함으로써 경제안정을 도모하려는 긴축적 또는 확장적 재정활동을 재정정책이라고 말한다.

재정정책
정부가 재정지출이나 세금의 조정 등을 통하여 경제를 안정시키고자 하는 정책

정부 재정의 세출 항목은 매우 다양하지만, 크게 지출 대상을 기준으로 재화와 용역을 구입하기 위한 지출과 특정 개인이나 부문에 대한 보조금 및 융자금으로 나누어 볼 수 있다. 모든 재정지출은 총수요를 증가시키지만 경제안정화와 관련해 우리가 관심을 갖는 것은 바로 전자이다. 전자의 지출은 공무원 급여, 비품구입 등을 위한 소비지출과 도로, 항만, 통신, 운수 등 유무형의 사회간접자본 형성을 위한 투자지출로 구성되어 있다. 경제가 불황일 때 정부는 공공투자 사업을 벌이는 등의 방법으로 재정지출을 확대하여 총수요의 증가를 유도한다.

정부가 다양한 재정활동을 수행하는데 필요한 재원인 세입은 일부는 공기업 운영 수입과 국공채 발행 등으로 채우지만 대부분은 민간 부문으로부터 거두어들이는 세금으로 조달한다. 조세는 그 구조와 세율의 조정을 통하여 경제안정, 소득분배 등에 영향을 미칠 수 있다. 특히 경기가 침체된 경우 정부는 세금 감면이나 세율 인하를 통해 민간부문의 생산 및 소비활동을 촉진하여 경제안정을

도모한다. 경우에 따라서는 재정정책의 효과를 높이기 위하여 정부지출과 조세의 두 가지 수단을 동시에 사용하기도 한다. 예를 들어 정부지출을 늘리는 동시에 세율을 낮추면 총수요를 보다 쉽게 늘릴 수 있다.

총수요의 부족으로 인하여 경제가 침체되어 있다고 판단된다면 정부는 총수요를 증가시키고자 하는 경제안정정책을 시행할 것이다. 여기에서는 정부가 정부지출(G)을 증가시키는 경우, 즉 확장적 재정정책을 시행하면 균형국민소득과 물가수준이 어떤 영향을 받는지 살펴보자. 단, 정부지출의 증가에 필요한 재원은 전액 국채발행을 통하여 마련한다고 가정한다.

적자재정
재정지출이 조세수입 등으로 마련된 재정수입을 초과하는 상태

정부지출은 총수요를 구성하는 항목 중 하나이므로 정부지출의 증가는 직접적으로 총수요 수준을 증가시켜, 총수요곡선을 오른쪽으로 이동시키게 된다. 즉 그림 13-1의 총수요·총공급 모형에서 보는 바와 같이 정부지출의 증가는 총수요곡선을 AD에서 AD_2로 이동시키고, 정부지출이 증가한 결과 국민소득 수준은 Y_0에서 Y_2로 증가하고, 물가수준은 P_0에서 P_2로 상승한다.

한편 국민소득 수준과 물가수준의 상승은 거래적 동기에 의한 화폐수요를 증가시켜 화폐시장에서 화폐에 대한 수요곡선을 오른쪽으로 이동시킨다. 화폐수요곡선이 오른쪽으로 이동한 결과 그림 13-1의 (b)화폐시장에서 보는 바와 같이 화폐시장에서 균형이자율이 r_0에서 r_1으로 상승하게 된다.

그림 13-1 정부지출 증가 효과

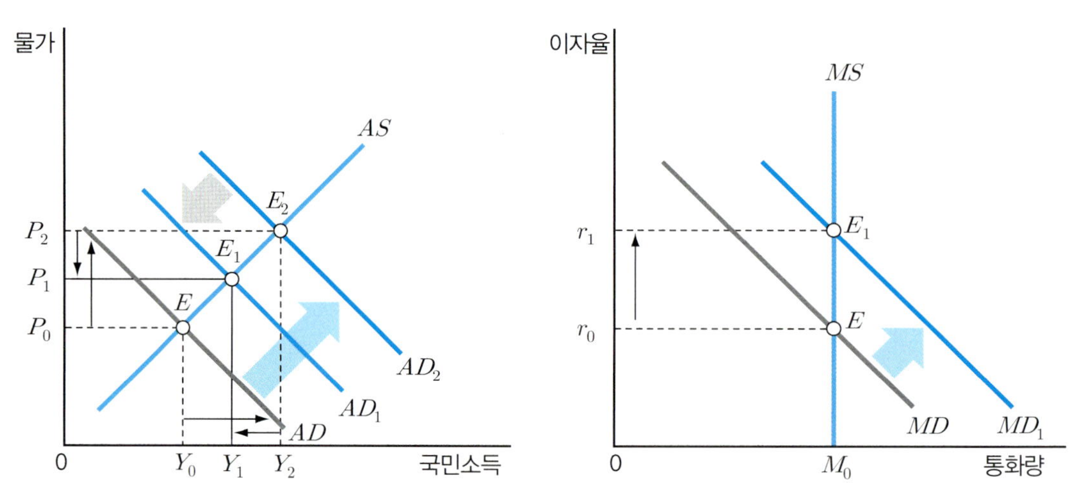

(a) 총수요·총공급모형 (b) 화폐시장

그림 13-2 재정정책의 파급효과

경기과열	→	재정지출 축소 · 세율인상 (긴축재정정책)	→	가계의 가처분소득 감소 투자의 기대수익 감소	→	총수요 감소	→	경기 진정
경기 침체	→	재정지출 확대 · 세율인하 (확장 재정정책)	→	가계의 차처분소득 증가 투자의 기대수익 증가	→	총수요 증가	→	경기 회복

균형이자율의 상승은 투자지출을 감소시키므로, 총수요가 감소하여 그림 13-1의 (a)총수요 · 총공급 모형에서 보는 바와 같이 총수요곡선은 다시 왼쪽으로 이동($AD_2 \rightarrow AD_1$)하지만 정부지출 증가에 의한 이동 폭보다는 작다. 이와 같이 정부지출의 증가로 인해 균형이자율이 상승($r_0 \rightarrow r_1$)하게 되고, 균형이자율의 상승이 투자지출을 감소시키는 현상을 구축효과(crowding-out effect)라고 한다.

결론적으로 정부지출의 증가는 총수요곡선의 오른쪽 이동, 국민소득의 증가와 물가수준의 상승, 화폐시장에서 화폐수요곡선의 오른쪽 이동, 균형이자율 상승, 투자지출 감소, 총수요곡선 왼쪽 이동의 메커니즘을 거쳐 국민소득 수준의 증가와 물가상승이라는 효과를 나타내게 된다. 위와 같은 방법으로 정부지출의 감소, 조세징수액의 증가, 조세징수액의 감소에 따라 국민소득과 물가수준이 어떤 영향을 받는지도 분석할 수 있다.

2.2 재정적자를 해결하는 방법

>> **균형재정**
재정지출이 재정수입과 일치하는 상태

경제안정을 위한 정부의 개입 그 자체를 반대하는 사람도 있지만 현실에서는 거의 모든 나라들이 경제안정을 도모하기 위해 적극적인 재정정책을 활용하고 있다. 그런데 정부가 경제안정화를 위해 재정정책을 자주 쓰면 적자재정를 경험하게 된다. 왜냐하면 현실에서 정부의 정책적 대응은 경기과열보다는 경기침체일 때 더 자주 발생하는데 대부분 정부지출의 증가로 나타나기 때문이다. 한번 늘어난 정부지출을 다시 줄이기는 매우 어려워 정책과 관련된 예산과 이를 담당하는 인력이 늘어나고 다시 지출규모가 확대되는 악순환이 반복되기도 한다.

정부의 재정적자를 해결하는 방법은 크게 세 가지가 있다. 먼저 국민들로부터 세금을 더 거두어들이는 방법이 있다. 그렇지만 세금 징수는 강제성을 띤 것으로 국회의 동의를 얻어 세법을 고쳐야 가능하기 때문에 생각처럼 간단한 문제가 아니다. 그것이 가능하다 하더라도 증세는 국민들의 조세저항에 직면할 가능성이 높다. 특히 재정적자가 발생했을 때에는 이미 경기가 부진한 상황이기 때문에 혹시 조세감면이라면 모를까 세금을 늘리는 것이 오히려 경기를 침체상태로 떨어뜨릴 수 있어 집행하는 데 신중을 기해야 한다.

둘째, 중앙은행으로부터 자금을 빌리는 것도 하나의 방법이다. 중앙은행차입을 통해 재정적자를 보전하는 것이 정부 입장에서는 훨씬 쉬운 방법일 수 있다. 중앙은행이 발행한 화폐를 갖다 쓰면 되기 때문이다. 그러나 이 방법은 고스란히 통화량 증가로 나타나 물가불안을 초래한다.

셋째, 정부가 국채를 발행하여 필요한 자금을 마련하는 방법이 있다. 그러나 국채 발행에 따른 이자부담은 결국 국민의 몫으로 조세부담과 크게 다를 바 없다. 더욱이 국채의 만기가 도래하면 정부는 조세수입이나 또 다른 국채 발행을 통해 이를 상환해야 하는데 조세수입을 통한 채무상환의 경우 후손들이 그 부담을 지게 된다. 다시 국채를 발행해 상환하는 경우에도 국채 보유자에게 계속 이자를 지급해야 하므로 부담이 후손들에게 떠넘겨지는 것은 마찬가지이다.

경제안정화를 위한 확장적 재정정책 때문에 적자재정이 필요한 경우도 있지만 균형재정은 여전히 재정 운용의 중요한 기본원칙이다. 국가채무가 지나치게 늘어나지 않도록 해야 하기 때문이다. 균형재정의 달성을 위한 기간을 어느 정도로 할 것인지는 정부의 정책 의지에 달려 있다고 할 수 있다. 회계연도가 1년이므로 정부가 매년 균형재정에 집착할 경우 경제상황과 동떨어진 재정지출로 인해 경기 진폭이 더욱 커질 수 있다. 즉 경제가 호황일 때는 재정수입이 늘어나는 가운데 물가가 오르는 경향이 있으므로 정부가 인플레이션 억제를 위해서는 지출을 줄여야겠지만 균형재정원칙을 지키려 한다면 늘어난 재정수입만큼 지출을 오히려 늘려야 한다. 그렇게 되면 인플레이션의 억제가 더욱 어려워질 것이다. 따라서 균형재정 원칙을 매 1년 단위마다 지키려고 노력하는 것보다는 3~5년 정도의 중기 단위로 신축성 있게 운용하는 것이 재정정책의 경

이미지로본한국경제 »

국가부채

산출기준에 따른 국가총부채(2013년)〉

(단위 : 조 원, %)

유형	규모(13년 기준) (對GDP)	포괄범위
국가채무 (d1)	489.8조원 (34.3%)	중앙 및 지방정부의 회계·기금
일반정부 부채 (d2)	565.6조원 (39.6%)	d1+ 비영리 공공기관
공공부문 부채 (d3)	898.7조원 (62.9%)	d2+ 비금융 공기업
군인·공무원연금 충당부채 (d4)	1495.0조원 (104.6%)	d3+ 연금충당부채
금융공기업 부채 포함[주1)] (d5)	1658.5조원(116.0%) 1958.9조원(137.0%)[주2)]	d4+ 금융 공기업
가계부채 포함 (d6)	2621.4조원(183.4%) 2921.8조원(304.4%)[주2)]	d5+ 가계부채
기업부채 포함 (d7)	4534.9조원(317.2%) 4835.3조원(338.3%)[주2)]	d6+ 기업부채

* 중복계상 부채 상계처리 전 수치이며, 구성항목별 합계과정에서 소수점이라 단수조정으로 상이할 수 있음.
주1) 금융공기업은 박진 외(2012)를 참고하여 신청함. 예수부채를 제외한 수치이며, 한국산업은행과 중소기업은행 부채 포함여부에 따라 달라짐.
주2) 한국산업은행과 중소기업은행 부채를 포함할 경우

출처 김영신 외, 「국가총부채의 변동에 따른 위험 요인 점검」, 한국경제연구원, 2015.

제안정화 효과를 높이는 데 도움이 될 수 있다. 우리나라 정부는 2005년부터 5년 단위의 국가재정운용계획을 매년 수립하고, 단일 연도의 예산을 중장기 틀 안에서 운용해 나간다는 계획을 갖고 있다.

3 금융정책

3.1 금융정책과 그 수단

금융정책
중앙은행이 통화량이나 금리를 조절하여 경제를 안정시키고자 하는 정책

중앙은행이 경제가 안정적으로 발전하는 것을 돕기 위해 화폐(통화)의 양이나 금리를 조절하는 정책을 금융정책이라고 한다. 국민들의 경제활동에 있어 필요한 화폐보다 너무 많은 화폐가 공급되거나 금리가 지나치게 낮을 경우 경기과열과 이에 따른 물가불안이 나타나기 쉽다. 반대로 화폐가 지나치게 적게 공급되거나 금리가 너무 높으면 경기가 침체되고 실업이 늘어나게 된다. 따라서 경기의 과열이나 침체 없이 경제가 안정적으로 성장하기 위해서는 화폐의 양이나 금리를 적정한 수준으로 조절하는 것이 매우 중요하다. 금융정책은 물가안정, 경제성장, 국제수지 균형, 고용 및 금융안정 등을 달성하는 것을 목표로 한다. 이 중에서도 특히 물가안정에 초점을 맞추는데 이는 물가가 안정되지 않고서는 경제 내의 불확실성을 줄일 수 없고 장기적인 경제성장과 국제수지 균형 등 다른 목표도 달성할 수 없기 때문이다.

중앙은행이 활용하는 금융정책 수단은 직접조절수단과 간접조절수단으로 구분된다. 직접조절수단은 시장원리보다 정책당국의 행정적 권한에 의해 이루어지는 정책으로 은행여수신금리 규제, 대출규모 통제 등이 있다. 간접조절수단은 중앙은행이 시중에 공급하는 화폐의 양이나 금리를 변경함으로써 간접적으로 시중의 통화량을 조절하는 것으로 공개시장조작정책, 대출정책 그리고 지급준비율정책 등이 있다. 현재 우리나라에서는 한국은행이 간접조절수단을 주로 이용하여 금융정책을 수행하고 있다.

통화당국인 중앙은행이 화폐의 공급량을 늘리는 확장적 금융정책을 시행하는 경우 국민소득과 물가수준에 어떻게 영향을 미치는지 살펴보자. 중앙은행이 통화량을 증가시키면 그림 13-3의 (a)화폐시장에서 화폐공급곡선은 오른쪽으로 이동($MS_0 \rightarrow MS_1$)하고, 그 결과 균형이자율은 하락($r_1 \rightarrow r_0$)한다. 균형이자율의 하락은 총수요 구성항목 중의 하나인 투자지출을 증가시키고, 이는 총수요의 증가($AD_0 \rightarrow AD_1$)로 이어져 그림 13-3의 (b)와 같이 국민소득은 Y_0에서 Y_1로 증가하고, 물가수준은 P_0에서 P_1로 상승한다.

그림 13-3 통화량 증가의 효과

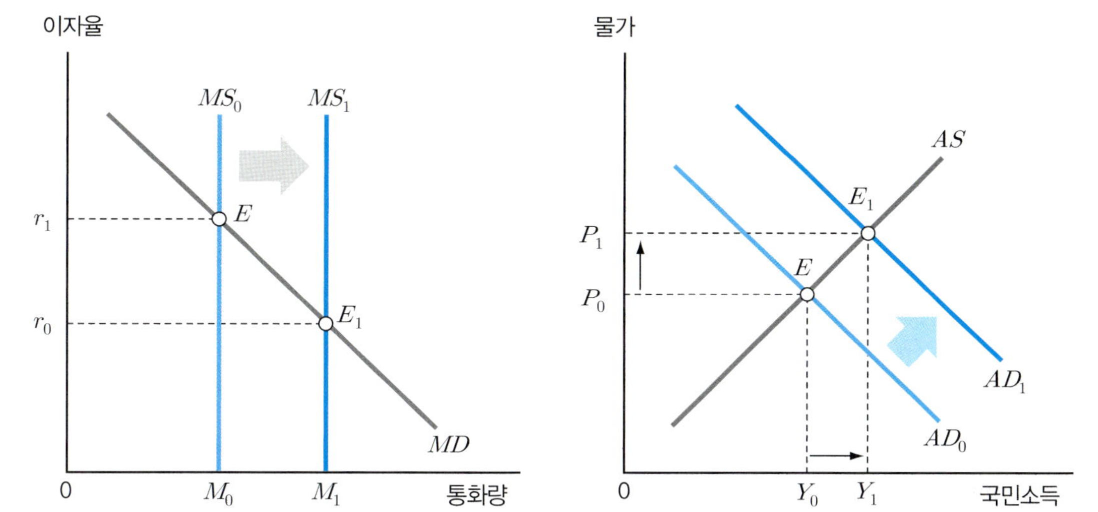

결국 정부지출을 증가시키는 확장적 재정정책과 통화량을 증가시키는 확장적 금융정책은 모두 국민소득을 증가시키는 동일한 효과를 나타낸다. 하지만 두 경제안정정책이 국민소득의 구성에 미치는 영향은 서로 다른 점에 주의해야 한다. 즉 정부지출의 증가는 투자지출을 감소시키고 통화량의 증가는 투자지출을 증가시켜, 어떤 정책을 시행하느냐에 따라 국민소득에서 투자지출이 차지하는 비중이 다르게 된다.

3.2 금융정책의 파급경로

금융정책은 길고 복잡한 경로를 거쳐 실물경제에 영향을 준다. 금융정책의 파급경로에는 금리경로, 자산가격경로, 환율경로, 신용경로 등이 있다.

먼저, 금리경로이다. 중앙은행이 공개시장조작 등으로 통화량을 조절하면 콜금리가 곧바로 반응한다. 그러면 양도성예금증서 금리, 기업어음 금리와 같은 90일 이내 만기의 단기 금리도 콜금리와 거의 같은 방향으로 움직인다. 이에 따라 장기 금리, 은행 여수신 금리도 차례로 변화한다. 이러한 금리 수준의

> **금리경로**
> 정책금리의 조정이 장단기 시장금리와 금융기관 여수신금리를 변동시키고, 나아가 소비와 투자 등 총수요와 물가에 영향을 미치는 경로

그림 13-4 금융정책 파급경로

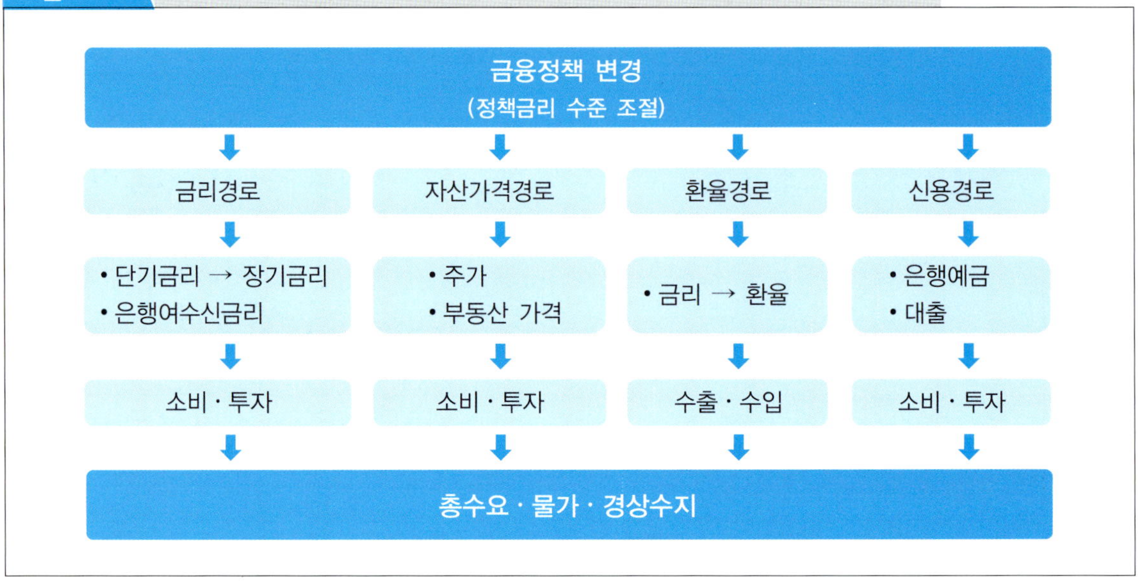

변화는 가계의 소비나 기업의 생산과 투자활동에 영향을 미치고 이 과정에서 총수요와 물가도 변화하게 된다.

> **자산가격경로**
> 정책금리의 조정이 주식과 부동산 등 자산가치를 변동시키고 이로 인해 총수요와 물가가 영향을 받는 경로

둘째, 자산가격경로이다. 중앙은행의 금융정책은 주식이나 부동산과 같은 자산의 가치를 변화시켜 총수요와 물가에 영향을 미칠 수 있다. 이러한 자산가격경로는 가계의 주식이나 부동산 보유가 증가하고 주식 발행을 통한 기업의 자금조달이 늘어나면서 더욱 중요해졌다. 예를 들어 중앙은행의 금리 인하로 채권수익률이 낮아지면 주식과 부동산에 대한 수요가 늘어나고, 그 결과 이들 자산의 가격이 상승한다. 이렇게 되면 그만큼 가계의 부(富)가 커져 소비를 늘릴 수 있는 여력이 늘어날 것이다. 또한 금리 인하로 주가가 오르면 기업의 시장가치가 커진다. 이에 따라 기업들은 높은 가격으로 주식을 발행할 수 있고, 그 결과 상대적으로 더 적은 비용으로 더 많은 투자를 할 수 있게 된다.

> **환율경로**
> 정책금리의 조정에 따른 내외금리차 변화가 자본유출입에 영향을 미쳐 환율이 변동함으로써 수출입과 물가 등이 변하는 경로

셋째, 환율경로이다. 정책금리를 조정하면 내외금리 차(差)가 변하며 이는 자본유출입에 영향을 미쳐 환율을 변동시킨다. 환율 변동은 다시 수출입, 경상수지, 물가 등에 영향을 준다. 이러한 환율경로는 국제화가 진전되고 자유변동환율제도를 채택하는 나라들이 많아지면서 관심이 높아졌다. 정책금리 인하로 국내금리가 하락하면 원화로 표시된 금융자산의 수익률이 떨어지게 된다. 그러면 사람들은 상대적으로 수익률이 높아진 달러화 표시금융자산을 사려고 하

는데, 그렇게 하기 위해서는 원화를 팔고 달러화를 사야 한다. 이는 원화의 초과공급과 달러화의 초과수요를 가져와 원화가치를 떨어뜨리게 된다(원화환율 상승). 원화환율의 상승은 달러화로 표시한 수출품 가격을 낮추는 반면 원화로 표시한 수입품 가격을 상승시킨다. 이러한 가격 변화로 수입은 줄어들고 수출은 늘어 경상수지가 개선된다. 또한 환율 상승은 수입가격을 높여 국내물가를 오르게 한다.

넷째, 신용경로이다. 이는 금융정책이 양적인 측면, 즉 은행대출 규모에 영향을 미쳐 정책효과가 경제에 전달되는 경로이다. 금융정책의 방향이 바뀌면 기업이나 가계에 대한 금융기관의 대출태도가 달라지는데, 이 과정에서 소비와 투자가 변하고 물가가 영향을 받게 된다. 예를 들어 중앙은행이 통화량을 늘리면 금융기관은 대출할 수 있는 여력이 커진다. 이를 이용해 금융기관이 대출을 늘리면 기업들은 이 돈으로 기계 설비를 사거나 공장을 짓는 등 투자를 더 많이 하고 가계도 소비를 늘리게 된다. 그 결과 경제활동이 활발해지고 물가가 상승압력을 받게 된다.

신용경로
통화정책의 방향이 바뀔 경우 기업과 가계에 대한 금융기관의 대출재초가 변하고, 이에 따라 소비와 투자가 변하고 물가가 영향을 받게 되는 경로

이와 같이 금융정책은 다양한 경로를 거쳐 경제전반에 영향을 미치는데 경제상황에 따라 경로별로 영향의 크기가 달라질 수 있다.

3.3 금융정책의 운용체계

금융정책이 결정되고 집행되는 제도적 장치를 금융정책 운용체계라고 하는데 구체적으로 다음과 같은 네 가지 요소를 포함하고 있다.

첫째, 금융정책의 최종목표이다. 일반적으로 금융정책은 물가 및 고용안정, 경제성장, 국제수지 균형, 금융안정 등의 여러 가지 목표를 달성하고자 한다. 이 중에서도 가장 중요한 목표는 물가안정이라고 할 수 있다.

둘째, 명목기준지표이다. 중앙은행이 최종목표인 물가안정을 달성하기 위해 특히 관심을 갖고 관리하는 변수를 명목기준지표라고 한다. 예를 들면 통화량, 환율, 인플레이션 등이 있다.

셋째, 금융정책의 제도에 관한 것이다. 중앙은행이 어느 정도의 독립성, 그리고 투명성과 책임성을 갖고 있는지와 같은 제도적 요소들을 말한다.

넷째, 금융정책의 수단이다. 중앙은행은 공개시장조작정책, 대출정책, 지급준비율정책 등의 정책수단을 갖고 있다. 또한 금융정책을 성공적으로 수행하기 위해 다양한 정보와 분석수단을 활용하고 있다.

금융정책 운용체계의 구성요소 가운데 첫 번째인 최종목표나 셋째·넷째 요소인 중앙은행의 독립성, 투명성, 책임감과 정책수단의 종류 등은 본질적인 면에서는 나라마다 비슷하다. 차이가 있다면 정도의 차이라고 할 수 있다. 그러나 두 번째 요소인 명목기준지표의 선택은 나라마다 확실한 차별성이 있다. 그래서 금융정책 운용체계의 형태는 보통 어떤 명목기준지표를 활용하느냐에 따라 달라진다. 즉 특정 통화량지표를 목표로 하는 통화량목표제, 환율을 목표로 하는 환율목표제, 그리고 특정물가수준을 목표로 하는 물가안정목표제 등으로 구분된다.

물가안정목표제
중앙은행이 일정기간 동안 달성해야 할 물가 목표치를 제시하고 이를 달성하기 위해 콜금리를 운용목표로 삼아 정책을 펴는 방식

우리나라는 1997년 말 외환위기 이전에는 통화지표를 중간목표로 하는 통화량목표제를 채택하였으나 1998년부터 물가안정목표제를 도입하여 운용하고 있다. 우리나라의 운용체계는 ① 최종목표 면에서는 물가안정, ② 명목기준지표 면에서는 근원인플레이션율, ③ 제도 면에서는 독립성·투명성·책임성의 강조, ④ 정책수단 면에서는 보다 선진화되고 시장기능에 초점을 맞춘 수단과 분석기법의 활용 등으로 특징지을 수 있다.

우리나라가 채택하고 있는 물가안정목표제는 중앙은행이 일정기간 동안 달성해야 할 물가목표치를 미리 제시하고, 이를 달성하기 위해 단기금리(기준금리)를 운용목표로 정하여 금융정책을 펴는 방식이다. 중앙은행은 통화량, 금리, 환율 등 여러 정보변수를 활용하여 앞으로의 인플레이션을 예측하고, 실제 물가상승률이 목표치에 도달할 수 있도록 정책을 편다. 그리고 정책 운용 성과를 평가하고, 시장의 기대와 반응을 반영하면서 정책을 수정해 나간다.

또한 한국은행은 금융시장의 발달로 금리의 기능이 활성화됨에 따라 통화량보다 금리를 중시하는 정책을 펴고 있다. 즉 기준금리를 운용목표로 하여 통화정책을 시행하고 있다. 한국은행은 매월 물가변동, 실물경기의 움직임, 금융·외환시장 동향 등을 종합적으로 검토하여 기준금리 목표수준을 결정하여 공표하고 있다.

4 경제안정화정책의 성공요건

4.1 경제안정화정책의 한계

일반적으로 사람들은 경기변동을 계절의 변화와 같이 자본주의시장에서 발생하는 자연스러운 현상이라고 생각하는 경향이 있다. 자본주의시장은 효율적이며 외부 충격에 대해 자율적인 조정 능력을 갖고 있다고 믿기 때문이다. 그러나 현실의 자본주의시장은 완벽하지 않다. 과도한 물가상승이나 대규모 실업과 같은 경제불안이 거듭되는 것은 자본주의시장의 불완전성을 증명하는 것이다. 이에 따라 정보가 경제안정을 도모하기 위해 경제에 깊숙이 개입하고 있지만 안정화정책의 효과가 제때에 나타나도록 한다는 것은 쉬운 일이 아니다. 그러면 정부가 경제안정화정책을 펼 때 어려움을 겪게 되는 이유를 살펴보자.

첫째, 정책시차가 존재한다는 점이다. 정책당국이 경제안정화정책의 필요성을 느끼고 구체적인 정책을 수립·시행하는 데 적지 않은 시간이 소요된다. 그리고 정책효과가 실제 나타나는 데에도 많은 시간이 걸린다. 일반적으로 통화정책은 정책의 수립·집행이 비교적 간단한 반면 그 효과가 나타나기까지 최소 6개월의 기간이 걸린다고 알려져 있다. 반대로 재정정책은 그 효과가 통화정책에 비해 빨리 나타나지만 정책의 수립과 집행에 긴 시간이 걸린다. 이처럼 경제문제를 인식하고 정책을 수립·시행해 그 효과가 나타나기까지 걸리는 시간이 가변적이기 때문에 안정화정책 자체가 오히려 경제의 불안을 더욱 심화시킬 수 있다.

> **정책시차**
> 정부가 경제안정화 정책의 필요성을 느끼고(인식시차), 구체적인 정책을 펴고(실행시차), 이에 따른 정책효과가 실제 나타나기까지 걸리는 시간

> **구축효과**
> 확장적 재정정책의 효과가 금리 상승에 따른 민간부문의 투자와 소비감소로 인해 장기적으로 줄어드는 현상을 말한다.

둘째, 정책목표의 상충(trade-off)도 안정화정책의 시행을 어렵게 한다. 금융정책과 재정정책은 생산, 물가, 고용 등 경제 전체에 영향을 미친다. 그런데 개별적인 정책이 의도하고 있는 정책목표는 서로 다른 경우가 많다. 어느 나라든지 물가상승률과 실업률을 낮게 유지하는 것을 정책목표로 하고 있다. 그렇지만 일반적으로 실업률과 물가상승률은 서로 반대방향으로 움직이는 경향이 있다. 즉 실업률이 높아지면 물가상승률이 낮아지고, 실업률이 낮아지면 물가상승률이 올라간다. 따라서 정부가 실업문제를 해결하기 위해 확장적 재정정책을 쓰면 실업률은 낮출 수 있지만 그 대가로 물가상승이라는 희생을 치르게

된다. 반대로 물가상승을 억제하기 위해 긴축적 재정정책을 펴면 물가상승률을 낮추는 데는 성공할 수 있겠지만 실업자가 늘어날 수 있다. 이와 같이 물가안정과 완전고용은 현실적으로 동시에 잡기는 어렵다고 할 수 있다. 또한 정부지출을 증가시키거나 조세수입을 감소시키는 확장적 재정정책은 단기적으로 고용과 생산 증대에 도움이 되지만 장기적으로는 물가나 금리를 상승시킬 수 있다. 확장적 재정정책에도 불구하고 금리가 상승하는 경우에는 처음에 늘 것으로 예상했던 민간투자나 소비가 오히려 줄어드는 구축효과(crowding-out effect)가 발생할 수도 있다.

셋째, 정책수단들이 서로 영향을 주고받는다는 점이다. 금융정책과 재정정책은 정부의 예산제약에 의해 서로 연결되어 있다. 이러한 정책수단의 제약은 정책의 선택과 강도에 관한 의사결정을 어렵게 할 수 있다. 예를 들어 경기 과열을 방지하기 위하여 금융긴축이 요구되는 상황이 발생했다고 가정할 때, 재정적자가 계속 누적되고 있는 상황이라면 중앙은행은 강력한 긴축정책을 펴기 어렵다. 왜냐하면 이 경우 금융긴축으로 경기가 위축되면 정부의 조세수입이 감소하여 재정적자가 더욱 확대될 것이기 때문이다. 더욱이 재정적자가 지속될 경우에는 보통 시장금리가 오르는데 이러한 상황에서 중앙은행이 금융긴축을 실시하기는 더욱 어려워질 것이다.

4.2 정책의 조화

정책담당자들은 경제안정화정책을 시행할 때 여러 가지 문제에 직면하게 된다. 정책시차 문제를 어떻게 해결하고 상반된 정책 목표와 수단을 어떻게 조화시키는가 하는 것이 바로 정책담당자들의 과제인 것이다.

금융정책과 재정정책은 기본적으로 국민경제의 안정적 성장을 도모하기 위한 정책수단이라는 점에서 유사하다. 그러나 정책의 주체와 시행절차, 시차 등에서 차이가 있다. 이처럼 두 정책은 유사한 기능을 가지고 있지만 나름대로 다른 특성을 갖고 있으므로 이를 잘 감안하여 조화롭게 운용할 필요가 있다.

예를 들어 물가불안이 우려되는 시기에는 선제적으로 금리를 인상하여 강력한 긴축 신호를 보냄으로써 경기가 과열로 이어지지 않게 하고 재정도 건전한 방향으로 운용하는 것이 좋을 것이다. 반대로 극심한 경기침체기에는 효과가 빨리 나타나는 확장적 재정정책을 우선 사용하고 금융정책을 보완적인 수단으로 활용하는 정책조합(policy mix)을 고려해 볼 수 있다.

이들 두 정책수단은 서로 영향을 미치기도 한다. 만약 중앙은행이 금융정책을 긴축적으로 운용하여 금리가 상승하면, 국채 이자부담이 늘어나 정부의 재정운용에 영향을 미치게 된다. 만약 정부가 지출을 확대하고 그 재원을 국채 발행으로 마련하는 경우 시장에 국채 공급이 늘어나 금리가 상승하게 된다. 이는 중앙은행이 적절하다고 판단하는 금리 수준보다 높을 수 있어 금융정책의 교란 요인으로 작용할 수 있다. 따라서 금융정책과 재정정책은 서로의 특성과 상호연관성 등을 감안하여 긴밀한 협조관계를 유지함으로써 국민경제 전체의 효율을 극대화하는 방향으로 조화롭게 운용되어야 한다.

4.3 정책의 일관성, 신뢰성, 투명성

과거 경제정책을 추진할 때는 빠르고 신속하게 의사결정을 하고 한번 결정한 정책은 과감하게 추진하는 것을 중요시하였다. 그러나 최근에는 경제상황이 가변적이고 정책담당자도 불확실성을 늘 안고 있기 때문에 경제정책의 집행방식이 달라질 필요가 있다. 즉 정책 결정은 장기적 관점에서 신중하게 내려야 하고 정책 방향은 일관성을 유지하여야 한다. 그 이유는 경제정책이 국민경제에 미치는 영향은 매우 클 뿐만 아니라 오랜 기간 지속되기 때문이다.

많은 경제정책은 국민들이 일정한 방식으로 반응할 것이라는 예상 아래 시행되고 있다. 그런데 정책은 그 대상이 되는 민간 경제주체나 시장이 정책입안자의 의도대로 따라 줄 때에만 효과가 제대로 발휘될 수 있다. 정부가 일관되지 못하고 투명하지 않은 방식으로 정책을 수행할 경우 정책에 대한 시장참가자의 신뢰가 사라지고 예상한 것과 다른 반응이 나타나게 된다.

경제안정화정책이 성공하려면 첫째, 정부는 정책의 일관성을 유지하여 시장으로부터 정책에 대한 신뢰를 얻어야 한다. 정부는 시장의 속성과 행태를 보다 면밀히 주시하여 시장 움직임에 반하지 않는 정책을 펼 때 정부 자신 또는 정책의 신뢰성을 얻을 수 있다는 점을 인식해야 한다. 민간 경제주체들이 정부정책을 믿고 따를 수 있게 하려면 경제정책의 수립과 집행이 수미일관(首尾一貫)해야 한다. 특히 세계화된 자본주의시장에서 일관성을 잃게 되면 각 경제주체

> **정책조합**
> 보다 바람직한 정책효과를 얻기 위해 재정정책과 통화정책을 상호 보완적으로 혼합해 사용하려는 시도

들은 시장의 움직임에 적응하기 어려워지고 때로는 시장 불확실성이 높아져 예기치 않은 시장동요를 초래할 수 있다.

둘째, 정부는 정책의 투명성을 높이는 노력을 기울여야 한다. 경제 자유화와 자율화가 진행될수록 정책효과의 파급경로가 복잡해지기 때문에 정책의 효과가 눈에 띄게 잘 나타나지 않을 수 있다. 그러므로 경제문제의 인식, 정책수단의 동원, 그리고 집행에 이르는 일련의 과정을 투명하게 해야 하고, 정부 정책의 영향을 받는 이해관계자들로부터 가능한 한 많은 이해와 협조를 구해야 한다.

생활속경제 »

경제양극화 현상의 해결방안은?

우리는 경제양극화라는 말을 자주 듣고 있다. 내수와 수출경기간, 산업간, 기업간, 계층간에 양극화 현상이 뚜렷하다고 한다. 수출은 큰 폭의 신장세를 보이고 있는데 비해 내수가 부진하며, 자동차・조선・철강・IT 산업 등은 호조인데 다른 업종들은 그렇지 못하다. 대기업은 막대한 이익을 올리고 있지만 중소기업은 그렇지 못하다. 정규직은 안정된 일자리와 소득이 보장된 반면 비정규직의 일자리와 소득은 불안정하다.

이러한 경제양극화 현상은 왜 발생할까? 양극화 현상은 기본적으로 성숙단계 진입, 세계화, 기술진보 등 경제환경 변화에 대한 경제주체들의 적응능력 차이에 따라 불가피하게 발생한다. 이 밖에 소재부품 산업의 미발달로 인한 수출과 내수의 연관성 미약, 중소기업 성장기반의 취약성, 그리고 고용구조 악화 등도 발생 원인으로 작용한다.

이처럼 여러 부문에서 경제양극화 현상이 지속되거나 그 정도가 심화될 경우에는 단기적으로 경제의 변동성이 커질 수 있다. 또한 장기적으로는 인적 또는 물적 자본의 축적이 약화되어 성장잠재력이 훼손될 수 있다.

경제안정화정책은 총수요를 잠재 생산능력 수준에 근접시켜 경기변동의 진폭을 줄이려는 정책으로서 국민경제 전반에 여향을 미친다. 그러나 경제안정화정책으로는 부문간 양극화 문제를 해결하기 힘들어 별도의 미시적인 정책 처방이 필요하다. 그리고 소비 증가로 이어지는 선순환(善循環) 구조를 정착시켜야 한다. 이러한 메커니즘이 원활하게 작동할 수 있도록 불확실성을 제거하고 경제구조를 개선하여야 한다. 또한 중소기업의 기술개발 촉진, 대기업과 중소기업 간의 공정경쟁 체제 구축 등을 통한 산업의 경쟁력을 높여야 한다. 이 밖에 사회안전망을 확충해야 한다. 특히 구조적 요인으로 노동시장에서 탈락한 근로자가 노동시장에 빨리 재진입할 수 있도록 대책을 강화할 필요가 있다.

연 습 문 제

01 "준칙(rule)에 의한 경제정책이 경제안정화정책의 측면에서 볼 때 소극적인 경제정책이라고 할 수 있다."라는 말에 대해서 논평하시오.

02 한 나라 경제가 침체되어 있다고 판단될 때, 정부가 정부지출(G)을 증가시키는 확장적 재정정책을 시행하면 균형국민소득과 물가수준이 어떤 영향을 받는지 설명하시오.

03 중앙은행이 화폐의 공급량을 늘리는 확장적 금융정책을 시행하는 경우 국민소득과 물가수준에 어떻게 영향을 미치는지 설명하시오.

04 금융정책은 길고 복잡한 경로를 거쳐 실물경제에 영향을 준다. 금융정책의 파급경로에 대하여 설명하시오.

05 경제안정화정책의 한계와 성공요건에 대하여 설명하시오.

Chapter

14

국제경제의 이해

1. 국제무역
2. 국제수지
3. 환율과 외환시장

1 국제무역

1.1 비교우위의 원리

오늘날 세계경제의 개방화가 진전되면서 국가 간의 무역규모 역시 계속하여 크게 늘어나고 있다. 우리나라의 경우에도 수출과 수입을 합한 금액을 명목 국민총소득(GNI)으로 나눈 수출입의존도가 경제협력개발기구(OECD) 평균에 비해 두 배나 높다. 이는 미국이나 일본 등과 비교하여 매우 높은 편이다. 우리나라의 수출입의존도가 이처럼 높은 것은 국내시장이 충분히 크지 않아 대외지향적 경제성장 전략을 채택했기 때문이다. 그 결과 우리나라의 생산품이 해외에서 인정받아 많이 팔리는 동시에 외국상품의 수입도 늘어나게 되었다.

> **수출입의존도**
> 한 나라의 국민경제가 어느 정도 무역에 의존하고 있는가를 나타내는 지표

이러한 국가 간의 무역이 발생하는 것은 개인이 필요한 물건을 모두 스스로 만들어 사용할 수 없듯이 국가 간에도 전문화와 분업에 의해 생산을 늘려 교환함으로써 서로 이익을 누릴 수 있기 때문이다. 오늘날 거의 모든 국가는 문을 열고 외국과 거래하고 있다. 현실적으로 우리나라와 같이 부존자원이 부족한 나라는 자원을 외국에서 사들여 와야 하는데 이에 필요한 외화를 벌기 위해서도 외국과 무역하지 않을 수 없다.

무역은 단순히 부존자원의 유무 또는 부존자원의 양적 차이 때문만이 아니라 자급자족할 수 있는 필수자원을 어느 정도 갖추고 있는 나라라 하더라도 외국과의 거래에서 이득을 볼 수 있다. 한 예로 국내 경제에서 A라는 사람이 상대적으로 다른 사람보다 잘 만드는 것을 만들어서 자신이 필요한 물건을 갖고 있는 B와 교환하는 것이 서로에게 도움이 되는 것과 같은 원리이다. 국가 간에도 개인의 경우와 똑같은 원리가 적용된다.

> **비교우위**
> 기회비용이 낮은 생산자가 비교우위를 지니고 있다. 분업은 비교우위에 의하여 이루어지는데 국제적으로도 자유무역을 추진하면 비교우위가 작용하여 국제분업이 이루어진다.

여기서 절대우위와 비교우위의 차이를 알 필요가 있다. 예를 들어 노동만이 유일한 생산요소라고 할 경우 호주가 밀가루를 생산하는 데 한국보다 적은 양의 노동이 들어간다면, 다시 말해 한 해 동안 호주 농부 한 사람이 한국 농부 한 사람보다 더 많은 밀가루를 생산한다면 호주가 밀가루 생산에 있어 절대우위가 있다고 한다. 거꾸로 한국이 TV생산에서 호주보다 적은 양의 노동을 사용한다면 한국이 TV생산에서 절대우위를 갖는다고 할 수 있다.

두 제품 모두 한 나라가 절대우위를 갖고 있는 경우에도 국가 간에 무역이 발생할 경우에도 각국이 상대적으로 유리한 상품의 생산에 전문화하여 교역을 하면 두 나라는 서로 이득을 볼 수 있다.

예를 들어 영국과 포르투갈에서 옷감과 포도주를 생산하는데 드는 시간이 표 14.1과 같다면 포르투갈은 포도주 및 옷감 생산에서 모두 영국에 비해 절대우위를 가지고 있다. 만일 영국과 포르투갈에서 포도주와 옷감의 가격이 상품에 투하된 노동시간에 비례한다고 한다면, 두 상품의 가격비는 각 나라에서 상품을 생산하는 데 필요한 노동시간의 비율과 일치할 것이다.

표 14.1 영국과 포르투갈의 생산비

	재화 단위당 필요노동시간	
	1야드 옷감	1갤런 포도주
영 국	100	120
포르투갈	90	80

위의 표에서처럼 포르투갈에서는 옷감 1야드를 생산하는데 90시간, 포도주 1갤런을 생산하는데 80시간이 필요하다면, 포도주가 옷감에 비해 88퍼센트만의 노동을 필요로 하며, 따라서 포도주의 가격은 옷감 가격의 88퍼센트가 된다는 뜻이다. 반면 영국에서는 포도주가 옷감에 비해 120퍼센트의 노동을 필요로 하고, 그 만큼 비싼 가격이 된다. 따라서 포르투갈은 옷감을 생산하기 위해 포도주의 112퍼센트만큼 노동을 사용하여 이 나라에서 옷감의 가격은 포도주 가격의 112퍼센트가 된다. 영국은 옷감을 생산하는데 포도주의 83퍼센트만큼 노동을 사용하며, 따라서 옷감의 가격은 포도주 가격의 83퍼센트가 된다. 따라서 영국은 옷감을 생산하는데 절대적으로 더 많은 노동을 사용하지만 상대적으로 더 적은 노동을 사용한다. 따라서 영국은 옷감의 생산에 상대우위를 갖고 있다고 말할 수 있다.

포르투갈이 지금껏 비교우위를 갖고 있는 상품인 포도주만을 생산해 왔고, 또한 옷감을 필요로 한다고 가정해 보자. 이 경우 포르투갈 사람들이 옷감을 얻는 방법은 두 가지이다. 하나는 포도주 생산으로부터 노동을 이동시켜 옷감을 생산하는 것이고, 다른 하나는 영국과의 무역을 통해 옷감과 포도주를 교환하는 것이다. 이때 만일 무역이 이루어진다면 그것은 영국에서의 가격비로 이루어질 것이라고 가정하면, 포르투갈에서는 옷감 1야드를 생산하는데 90시간의 노동이 필요하고 포도주 1갤런을 생산하는데 80시간이 필요하므로, 옷감 1야드를 생산하기 위해 1.12갤런의 포도주 생산을 중지해야만 한다. 그런데 만일 영국에서의 가격비로 무역을 한다면 그들은 옷감 1야드에 대해 오직 0.83갤런의 포도주만을 포기하면 된다. 한편 영국에서는 포도주 1갤런 생산에 대해 1.2야드의 옷감을 포기해야 하지만 포르투갈과 무역을 하면 포도주 1갤런 당 0.88야드의 옷감만을 포기하면 된다. 따라서 두 국가가 두 상품을 모두 생산하는 것보다 서로 무역을 하는 편이 더 이익이다.

선진국과 후진국의 교역은 대체로 절대우위에 근거한 무역이라고 볼 수 있다. 그러나 오늘날 전세계 무역량에서 선・후진국 간 무역이 차지하는 비중은 그리 크지 않다. 선진국과 선진국, 그리고 개도국과 개도국 사이의 교역이 전세계 무역에서 높은 비중을 차지하고 있는 것은 이러한 비교우위 원리가 현실에 많이 적용되고 있다는 것을 보여준다.

생활속경제 »

제주도의 밀감과 캘리포니아의 오렌지

1970년대 제주도에 밀감농사가 시작될 때 그 경제성에 대해 경제학자들은 극히 회의적이었다. 밀감나무밭 전체를 비닐하우스로 만들어 비싼 석유 써가며 난방까지 하는 상황이었다. 그 비용으로 다른 비교우위가 있는 품목 생산에 쓰고 미국 캘리포니아 주의 맛 좋은 오렌지를 값싸게 수입해 먹는 것이 국민경제로 보나 소비자로 보나 훨씬 좋은 일이라고 절대다수의 경제학자들이 생각하였다.

오늘날 제주도 밀감농사는 당초에 절대다수의 경제학자들이 생각했던 것과는 달리 수익성 있는 농사로 뿌리내렸다. 제주도 기후에 맞게 품종 개량이 되어 값싸게 생산해 내는데다가 외국산 오렌지와 다른 독특한 맛이 있어 수입오렌지와 경쟁할 수 있게 되었다. 수입과일이 운송도중에 썩지 않도록 맹독성 농약을 많이 쓴다는 사실이 밝혀져 상대적으로 안전한 신토불이의 과일로도 부각되었다. 처음에는 미운 오리새끼로 천대받던 제주도 밀감이 제주지역 경제의 중요한 소득창출원으로 올라선 것이다.

제주 밀감농사는 처음 시작할 시점에서 보면 기회비용이 터무니없이 높아 가망 없는 비교열위산업이었던 것이 사실이다. 그러나 품종개량이라는 기술혁신 덕분에 이제 비교우위산업으로 탈바꿈했다.

반면에 제주 바나나농사는 필리핀 바나나농사와 비교하여 비용과 품질 면에서 도저히 경쟁이 안 되어 완전히 사라져 버리다시피 되었다.

1.2 리카도의 비교우위론과 한계

국가 간 교역의 이론적 배경은 비교우위론이다. 두 나라가 교역을 할 때 서로 상대국에 비해서 경쟁우위에 있는 상품에 집중함으로써 총효용을 높인다는 개념이다. 리카도는 저서 《정치경제학 및 조세 원리》(1817년)에서, '영국-포르투갈 간의 옷감-포도주 교역 사례'를 들어 절대적 생산성의 우열에 관계없이 비교우위에 따른 전문화와 교역을 통해 두 국가 모두 이득을 얻을 수 있음을 설명했다.

그러나 리카도의 비교우위론은 몇 가지 불가능한 조건을 전제로 한다. 첫째, 모든 국가에서는 자원이 고갈되지 않고, 규모의 경제가 작동하지 않으며, 한계수확체감의 법칙도 작동하지 않는다. 그런 나라는 없다. 둘째, 노동은 국내 경제에서 언제나 완벽하게 이동이 가능하다. 포도주를 생산하는 농민이 언제든 옷감을 만드는 직공이 될 수 있으며, 여기에 대한 비용은 따로 발생하지 않는다. 이런 나라도 없다. 셋째, 노동과 자본이 비교우위에 있는 나라로 유출되지 않는다. 실제로 포르투갈의 의류노동자들은 농촌으로 돌아가지 않고 영국이나 미국으로 이민을 갔다.

선진국은 개발도상국에 자유무역의 확대는 비교우위에 기반한 국제 분업을 촉진시킴으로써 세계경제 성장 및 고용창출에 기여한다는 논리로 자유무역을 강요하는데, 이것을 두고 어떤 경제학자는, 이제 겨우 여섯 살인 어린아이가 보다 더 생산적인 인간이 될 수 있도록 경쟁에 노출시켜 아이가 경쟁에 더 많이 그리고 더 빨리 노출될수록 미래에 아이의 발전에는 더 많은 도움이 될 것이고, 아이는 힘든 일을 감당할 수 있는 정신력을 갖추게 될 것이라고 주장하는 것이나 다름없다고 해석했다.

하지만 비교우위에 기반한 자유무역의 논리의 가장 위험한 점은 자유무역의 확대는 비교우위에 기반한 국제 분업을 촉진시킴으로써 세계경제 성장 및 고용창출에 기여한다는 논리가 교역국 각각에서 발생하는 계급별·계층별 손익의 차별을 숨기고 있다는 점이다. A국과 B국이 각각 자동차와 농산물 부문에서 비교우위를 가진다고 하자. 이 두 나라가 교역을 하면 A국과 B국이 모두 다 이익이라는 게 요지이다. 하지만 이건 사실이 아니다. A국의 자동차산업 부문 종사자와 B국 자동차산업 부문 종사자는 실직 당하게 된다. 물론 A국과 B국의 총생산가치는 교역을 하지 않을 때보다 늘어나겠지만, 그렇다고 해서 이런 사실이 실직한 사람들에게 위로가 되지는 않는다. 게다가 자본은 이미 국적을 초월해서 국경을 자유롭게 돌아다니고 있으니 A국과 B국의 문제가 아니라, A국에서 희생되는 농산물산업 종사자와 이익을 보는 자동차산업 종사자 사이의 문제이고 또한 B국에서 희생되는 자동차산업 종사자와 이익을 보는 농산물산업 종사자 사이의 문제이다. 시장의 공정성 문제가 제기되는 곳도 바로 이 지점이다.

비교우위에 기반한 자유무역의 논리에서는 비교열위 산업 종사자들에게 국가적인 차원에서 애국심을 발휘하여 대승적으로 실직을 받아들이라고 압박한다. 그리고 이런 억울한 일을 당하는 사람들을 구제하겠다는 게 무역구제이다.

1.3 산업내무역의 이론

만약 어떤 두 나라가 서로 닮아 있다면 비슷한 상품들에 대해 비교우위를 가질 테고, 따라서 이 두 나라 사이에 무역이 일어날 가능성은 별로 크지 않다고 생각할 수 있다. 상식적으로 생각해보면 국제무역은 여건에 큰 차이가 나기 때문에 서로 다른 상품에 대해 비교우위를 갖는 나라들 사이에서 이루어질 가능성이 크다. 예를 들어 독일과 프랑스 사이보다는 독일과 인도사이에서 더 많은 교역이 이루어질 것이라고 생각할 수 있다.

그러나 현실에서 이루어지는 교역의 상황은 이 같은 생각과 매우 큰 차이를 보이고 있다. 무역통계를 보면 선진국 상호간의 무역이 전 세계 무역 중 압도적인 비중을 차지하고 있다. 즉 선진국이 개발도상국 보다는 오히려 여건이 비슷한 다른 선진국을 교역 상대로서 더욱 선호하고 있다는 것이다. 또 한 가지 특징은 이들이 똑같은 품목을 수출하고 동시에 수입도 하는 사례가 상당히 많다는 점이다. 예를 들어 일본이 미국이나 독일에 자동차를 수출하는 동시에 이들로부터 자동차를 수입하는 등의 일이 흔하게 벌어지고 있다.

크루그만은 독점경쟁시장의 이론에서 나오는 상품차별화(product differentiation)라는 개념을 통해 이 현상의 설명을 시도했다. 오늘날의 상품 생산, 특히 공산품의 생산에서는 상품 차별화가 광범하게 이루어지고 있다. 예를 들어 같은 승용차라 해도, 어떤 회사의 차는 쾌적한 승차감에 중심을 둔 반면 다른 회사의 차는 주행능력에 중점을 두는 등 회사마다 조금씩 다른 승용차를 만들어 내고 있다.

우리나라가 유럽에 수출하는 차는 주로 대중들이 비교적 싼 값에 살 수 있는 중소형 차들이다. 반면에 BMW나 벤츠 같은 고급 차종, 혹은 포르셰나 페라리 같은 스포츠카를 원할 때는 이들 나라로부터 수입해 오게 된다. 한 나라가 수출하는 품목과 수입하는 품목이 서로 같은 현상의 배후에는 이와 같은 상품 차별화가 존재한다.

여기에서 한 가지 의문점은 즉 원한다면 한 나라가 모든 차종을 국내에서 생산할 수 있는데도 왜 어떤 차종은 수입에 의존하고 있는가라는 의문이다. 현대의 공업생산에서 규모의 경제가 광범하게 존재한다는 사실이 이 의문을 푸는데 중요한 단서가 된다. 즉 규모의 경제 때문에 소수의 차종을 대량으로 생산하는 체제가 비용의 측면에서 유리하기 때문에 그와 같은 현상이 나타난다.

이와 같이 같은 상품을 서로 사고파는 형식으로 이루어지는 교역을 산업내무역이라고 부른다. 이런 형태의 무역은 주로 비슷한 여건을 갖는 나라들 사이에서 일어날 가능성이 크다. 우리나라와 자동차를 사고팔 수 있는 나라는 그 자신이 상당히 발전된 자동차 산업을 갖고 있어야 한다. 마찬가지로 프랑스와 화장품을 사고팔 수 있는 나라는 상당한 품질의 화장품을 갖추고 있어야 한다. 선진국 사이에서 서로 사고파는 상품의 예는 수없이 많다. 오늘날의 국제무역 중 이와 같은 성격의 교역이 차지하는 비중이 매우 높은 것으로 분석되고 있다.

다자간 무역협상
일반적으로 여러 나라들 간에 행하여지는 GATT의 무역협상(예 : 우루과이 라운드)을 말하나 현재는 WTO체제하의 도하개발 아젠다를 말한다.

1.4 자유무역 대 보호무역

무역을 통해 얻을 수 있는 이득이 크다면 왜 선진국에서조차 완전한 자유무역이 이루어지지 않고 있을까? 세계 각국에 자유무역을 확대할 것을 주장하는 미국도 대통령 직속기관인 무역대표부(USTR)를 통해 자국의 이익에 맞추어 관세를 부과하는 방법으로 무역에 개입하고 있다. 비교우위에 따른 전문화를 통해 거래당사국 모두에게 이익을 가져다주는 완전한 자유무역은 이상에 불과하다.

비관세 무역장벽
관세 이외의 실질적인 수입제한 방법을 말하며 크게 수량규제와 가격규제로 나뉜다.

세계 각국이 보호무역을 취하는 것은 무엇보다 자국산업을 보호하기 위해서이다. 즉 비교우위가 없는 자국산업이 외국산업에 경쟁력을 갖출 때까지 일정기간 보호하려는 목적을 갖고 있다. 우리나라의 경우 특히 쌀 농업에서 보호주의가 강력히 주장되고 있다. 우리의 주식인 쌀을 생산하는 농업이 비교우위가 없다고 해서 쌀을 모두 외국으로부터 수입한다면 식량안보 차원에서 문제가 될 수 있으므로 국내 쌀농사를 전면적으로 포기할 수 없다는 논리이다.

> **관세**
> 외국으로부터 수입되는 물건에 부과되는 세금

보호무역을 위한 정책수단에는 여러 가지가 있다. 보호무역 정책은 기본적으로 수입품의 가격을 올리거나 수입량을 줄이려는 데 목적을 둔다. 이 가운데 가장 중요한 수단이라고 할 수 있는 것이 관세이다. 관세는 해외로부터 수입하는 재화에 대해 일정비율의 세금을 부과하는 것으로서 역사적으로 일찍이 사용되어 온 보호무역 정책수단이다. 그러나 1948년 이후 GATT체제 아래의 다자간 무역협상 과정에서 전세계적으로 대폭적인 관세인하가 이루어지면서 무역정책에서 관세의 중요성이 점차 쇠퇴하여 왔다. 관세의 중요성이 점차 약해지면서 최근에는 비관세 무역장벽이 많이 활용되고 있다. 그 주요 수단으로는 수량할당(쿼터), 수출자율규제와 같은 수량규제와 수출보조금을 비롯한 가격규제가 있다. 이외에 행정절차 등으로 무역을 규제할 수도 있는데, 자동차의 배기가스 방출량이나 안전성과 관련하여 까다로운 기준을 설정하고 이 기준을 충족하는 경우에만 수입을 허가하는 것 등이다.

이미지로본한국경제 ››

우리나라 FTA 추진 현황

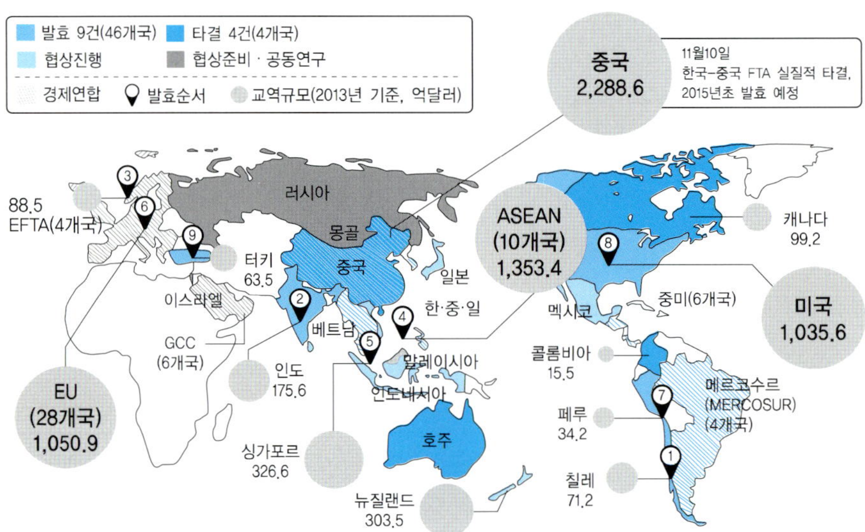

자료 산업통상자원부, 한국무역협회

2 국제수지

2.1 국제수지표

개방경제인 나라는 해외 여러 나라와 다양한 경제적 거래를 한다. 이때 한 국가가 일정기간 동안 수행한 해외부문과의 경제적 거래를 화폐단위로 표시한 것이 국제수지이다. 여기서 경제적 거래는 외국과의 상품거래, 서비스거래, 자본거래 및 국제 간 증여 등을 모두 포함한다. 국제수지표는 한 나라가 외국과 거래한 것을 기록한 장부라고 할 수 있다. 즉 한 나라의 거주자가 일정기간 동안 세계의 거주자와 행한 모든 경제거래를 체계적으로 분류한 표이다.

>> **국제수지표**
> 한 나라가 외국과 거래한 실물 및 자금의 수취와 지급내역을 기록한 표를 말한다. 국제수지는 실물거래 결과를 나타내는 경상수지와 돈 거래를 기록하는 자본수지로 이루어진다.

국제수지표에 의하면 모든 국제거래는 경상계정, 자본계정, 준비자산 증감으로 분류된다. 국제수지표는 복식부기의 원리에 의해 외국으로부터 수입을 가져오는 거래를 대변, 외국에 대한 지급이 발생하는 거래를 차변에 기재하고, 동시에 이들 거래에 수반하여 일어나는 반대급부의 이동을 각각의 반대편에 기록한다.

표 14.2 국제수지표

계정	거래유형	예
경상계정	재화거래	재화의 수출과 수입
	서비스거래	선박과 항공기 운임, 관광수입, 통신·보험요금
	소득거래	임금, 투자소득
	경상이전거래	해외교포 송금, 기부금, 정부간 무상원조
자본계정	투자거래	직접투자, 증권투자(주식, 채권)
	기타 자본거래	해외 이주비, 특허권 등의 자산거래
	준비자산 증감	통화당국이 보유하는 외환, 금, SDR의 증감

경상계정은 상품 및 서비스수지, 소득수지, 경상이전수지로 구성된다. 상품수지에는 재화의 수출입이 기록된다. 우리나라에서 외국으로의 재화수출이 증가하면 상품수지는 양이 되고, 반대로 재화의 수입이 증가하면 상품수지는 음

이 된다. 서비스수지에는 서비스의 수출입이 기록된다. 여기에 포함되는 서비스는 운수, 여행, 통신, 보험, 사업서비스, 정부서비스 및 특허권 사용료 등이다. 한편 소득수지는 투자수익수지와 외국으로부터의 임금소득수취와 같은 수취를 포함한다. 즉 외국과 자본, 노동 등 생산요소를 거래해서 벌어들인 돈과 지급한 돈을 기록한다. 배당, 이자, 급료 및 임금이 여기에 해당된다. 경상이전수지는 국제적으로 이루어진 일방적인 부의 이전을 표기한다. 다시 말해 거주자와 비거주자 사이에 아무런 대가 없이 주고받은 거래의 수지 차이이다. 즉 해외송금, 자선단체의 기부금과 구호물자, 정부 간의 무상 원조 등의 수입과 지급의 차이를 말한다. 예를 들어 국내거주자가 외국에 있는 유학생에게 생활비를 송금하면 경상이전수지는 음이 된다.

표 14.3 우리나라의 국제수지표

항목명	2011	2012	2013	2014
경상수지	186.60	508.40	811.50	892.20
상품수지	290.90	494.10	827.80	926.90
서비스수지	−122.80	−52.10	−65.00	−81.60
본원소득수지	65.60	121.20	90.60	102.00
이전소득수지	−47.20	−54.70	−41.90	−55.00
자본수지	−1.10	−0.40	−0.30	−0.10
금융계정	−243.20	−515.80	−801.00	−903.80
직접투자	−199.30	−211.40	−155.90	−206.60
증권투자	131.40	67.50	−93.40	−336.10
파생금융상품	−10.30	26.30	44.10	37.00
기타투자	−25.40	−266.40	−432.80	−219.40
준비자산	−139.50	−131.80	−163.00	−178.90
오차및누락	57.70	7.90	−10.20	11.70

(단위 : 억 달러)

자료 한국은행경제통계시스템

한편 자본계정는 투자수지와 기타 자본수지로 세분된다. 이 중 투자수지는 투자된 자본의 성격에 따라 직접투자, 포트폴리오투자, 기타 투자로 구분된다. 예를 들어 외국인이 국내에 현지법인을 설립하고 공장을 건설하여 영업활동을 한다면 이에 수반된 거래는 직접투자 항목에 기입되고, 외국계 증권 투자 펀드가 국내주식시장에서 주식을 매입하게 되면 포트폴리오 투자로 분류된다. 그 외 대출 및 차입처럼 앞의 두 가지 거래에 포함되지 않는 금융거래는 모두 기타 투자로 분류된다. 그리고 기타 자본수지에는 해외 이주비 같은 자본이전을 포함한다.

마지막으로 준비자산 증감은 일종의 완충계정으로 통화당국이 보유한 대외준비자산의 증감을 기록하게 된다. 대외준비자산에는 화폐용 금, 특별인출권, IMF 리저브포지션, 외화자산 등이 기록된다. 그런데 복식부기의 원리에 의하면 국제수지표의 차변과 대변의 총계가 일치해야 하므로 대외 준비자산의 증감은 경상수지·자본수지의 합계액과 크기가 같고 방향은 반대가 된다.

IMF리저브포지션
IMF가맹국들이 국제수지 적자 등으로 유동성이 필요한 경우 IMF로부터 제공받을 수 있는 일정액의 신용

2.2 경상수지 변동의 영향

한 나라의 경상수지는 그 나라 경제의 건강상태를 잘 나타내준다. 경상수지의 변동이 경제 운영에서 갖는 의미를 살펴보자. 경상수지 흑자는 수출을 통한 해외수요 증가가 국내경제 성장에 도움이 되므로 긍정적인 면이 있다. 또 경상수지가 흑자이면 수출이 수입보다 많아 외화가 국내에 들어오게 되므로 가계의 경우처럼 항상 좋은 것이라고 생각하기 쉽다. 우리나라와 같이 수출입의 비중이 높은 나라의 경우에는 국민소득의 증가와 고용의 안정을 위하여 다소간의 경상수지 흑자가 필요하다고 말하기도 한다.

그렇지만 나라경제에서 경상수지 흑자 규모가 많으면 많을수록 항상 좋은 것은 아니다. 경기가 좋은 상황에서 경상수지의 흑자가 계속되면 수입보다 수출이 많은 결과이므로 총수요가 늘어나고 국민소득이 증가하게 된다. 또한 외화자산이 늘어나거나 외채상환이 가능해진다. 그러나 해외투자나 외채상환 등에 사용하고 남은 외화는 결국 국내에서 사용되는 원화로 바꾸어질 수밖에 없기 때문에 시중에 돈이 많이 풀리게 되어 부작용을 초래하기도 한다. 일반적으로 경상수지 흑자가 지속되면 통화량증가와 경기과열을 가져와 인플레이션이 유발된다.

이 밖에도 국제간의 거래는 상대적인 것이어서 우리나라에 경상수지 흑자가 지속되면 적자가 발생하는 교역상대국으로부터 많은 불만을 사게 되어 결국은 무역마찰을 초래할 가능성이 커지게 된다. 따라서 단기적으로 국제수지 흑자

가 좋을 수 있지만 장기적으로는 대체로 균형을 유지하는 것이 바람직하다고 볼 수 있다.

한편 경상수지가 적자인 경우는 우리나라가 해외에 물건을 팔아서 벌어들이는 소득보다 외국 물건을 구입하기 위해 쓰는 소득이 많은 것일 말한다. 즉 우리나라 경제주체가 국내에서 만든 물건보다 외국기업이 만든 물건을 더 사용하는 것이므로 결국 국내의 생산 활동이 위축되고 경기는 나빠지게 된다. 그렇게 되면 당연히 실업자가 늘어나게 되고 국민들의 생활수준도 낮아질 수 있다.

3 환율과 외환시장

3.1 환율의 정의

오늘날은 한 나라가 문을 닫고 자급자족하며 살 수 없는 개방경제시대이다. 그러나 우리나라가 외국으로부터 원유나 공산품을 수입할 때 우리나라 화폐로 직접 결제할 수 없는데, 원화의 국제화가 안 되었기 때문이다. 우리가 외국으로부터 재화나 서비스를 수입하고 그 대가를 지불하려면 상대국의 수출업자가 받아들일 수 있는 화폐로 환전해야 한다. 현재 세계적으로 자유롭게 결제용으로 사용되는 국제통화는 달러, 유로, 파운드, 엔, 캐나다달러, 호주달러 정도로 몇 안 된다. 아직 우리나라 원화는 외국에서 잘 받아들여지지 않고 있으며, 우리나라 은행에서 환전할 수 있는 통화는 약 30여개 내외이다.

> **매매기준율**
> 외국환중개회사를 통해 거래된 미 달러화의 현물환 거래량과 거래환율을 가중평균하여 산출하는 시장평균환율

개방경제에서는 일반적으로 경제적 거래에 국내화폐와 외국화폐 간의 교환이 수반된다. 이렇게 국내화폐와 외국화폐가 교환되는 시장을 외환시장이라고 한다. 여기서 교환되는 두 나라 화폐 교환비율을 환율이라고 한다. 즉, 환율이란 자국화폐단위로 표시한 외국화폐 1단위의 가격을 말한다. 똑같은 품질의 물건 값이 세계 어느 나라에서나 같다는 가정 하에 다음과 같이 단순한 예를 들어 보자. 햄버거 한 개 가격이 미국에서는 2달러이고 우리나라에서는 2,000원이라고 하자. 이 경우 우리나라 돈과 달러화 사이의 환율은 달러당 1,000원이다. 물론 여러 가지 이유로 실제로 이렇게 정확하게 맞아 떨어지지는 않는다.

여기서 환율은 1,000원/달러(1달러당 1,000원)로 표시한 것은 국제금융거래에 있어 기축통화인 미국달러화를 기준으로 나타낸 것으로 외국통화 1단위와 교환할 수 있는 자국통화의 단위수를 표시하였다는 점에서 자국통화표시법이라고 한다.

우리나라 환율은 이 자국통화표시법을 사용하는데 달러당 원화금액이 커지는 경우 원화환율이 상승하고 원화가치는 하락하였다고 한다. 따라서 자국통화표시법에 의한 환율은 그 나라 돈의 대외가치와 반비례하다. 예를 들어 환율이 달러당 1,100원에서 1,150원으로 변동한 경우 원화환율은 상승하고 반대로 원화의 가치는 달러화에 대하여 하락한 셈이다. 환율은 0.001달러/원으로 표시할 수도 있는데 이것을 외국통화표시법이라고 한다.

실생활에서 사용되는 환율의 종류에 대해 살펴보자. 보통 은행에 가면 객장에 환율고시 전광판이 있는데 먼저 매매기준율이 눈에 보인다. 매매기준율은 말 그대로 여러 가지 외화매매의 기준이 되는 환율로서 외환시장의 평균 환율을 의미한다. 구체적으로는 외국환중개회사를 통해 거래된 미 달러화의 현물환 거래환율을 거래량으로 가중평균하여 산출한다. 이 매매기준율에 은행들은 거래대상 외환에 따라 약간의 스프레드를 가감하여 전신환 매도·매입률, 여행자수표 매도·매입률, 현찰 매도·매입률 등을 고시한다. 스프레드는 현찰환율, 여행자수표환율, 전신환환율 순으로 큰 것이 일반적이다.

우리가 해외여행을 하려고 우리 화폐를 외화로 바꿀 때 현찰과 여행자수표(T/C) 가운데 어느 하나를 선택할 수 있는데 현찰매도율보다 여행자수표 매도율이 낮기 때문에 여행자수표를 이용하는 것이 유리하다. 여행자수표는 분실한 경우에도 일정 절차를 거쳐 재발급 받을 수 있으므로 안전성면에서도 장점을 갖고 있다. 한편 환율하락이 예상될 경우에는 현금보다 신용카드를 사용하는 것이 유리하다. 실제 사용한 날짜와 결제 날짜가 차이가 있으므로 더 나은 환율로 결제할 수 있기 때문이다. 해외 송금할 경우와 해외에서 신용카드를 사용하였을 경우에 적용되는 환율은 전신매매율이다.

3.2 환율의 결정

한마디로 환율은 외환의 가격이다. 환율에 영향을 미치는 주요 변수로는 국내 소득수준과 국내물가, 통화량 및 이자율이 있다. 또한 외국의 소득수준과 해외 물가 및 외국의 통화량과 이자율이 환율에 영향을 준다. 먼저 이 변수들이 일정하다고 가정하고 외환시장의 균형환율이 결정되는 과정을 알아보자.

환율은 공산품이나 서비스와 같은 상품의 가격이 시장에서 정해지듯이, 외환이 거래되는 시장에서 외환의 수요와 공급에 의해 결정된다. 여기서 외환이란 외국의 화폐나 외국화폐를 청구할 수 있는 외화표시 예금, 수표 등으로서 외환시장에서 거래 대상이 되는 것을 말한다. 외환시장에는 주로 은행과 같은 금융기관들이 참가하고 있다. 금융기관은 국내기업이 외국기업으로부터 물건을 사고자 할 때 국내 소비자가 해외여행이나 자녀의 유학자금을 송금하고자 할 때 또는 국내투자가들이 외국주식이나 외국채권을 사고자 할 때 외환시장에서 달러를 산다. 금융기관은 우리나라 기업이 수출대금으로 받은 달러나 외국투자가들이 우리나라 주식이나 채권에 투자하기 위해 바꿔간 달러를 외환시장에서 팔기도 한다.

이와 같이 달러를 사고자 하는 금융기관의 외환 수요와 달러를 팔고자하는 금융기관의 외환 공급이 균형을 이루는 수준에서 그때그때의 시장환율이 결정되는 것이다. 물론 금융기관은 고객을 대신해서 거래할 뿐만 아니라 주식을 사고 팔 듯 외환 자체의 매매차익을 목적으로 거래할 수도 있다.

이를 보다 구체적으로 살펴보자. 그림 14-1에서 보듯 외환(미국의 달러화)의 수요곡선은 우하향하고, 공급곡선은 우상향하는 것으로 그려져 있다. 외환의 수요·공급곡선은 일반적인 상품의 수요·공급 곡선과 유사한 형태이다. 그러나 외환의 수요·공급 곡선은 일반적인 상품의 수요·공급 곡선과는 조금 다른 과정을 거쳐 도출된다.

먼저 외환의 수요가 결정되는 과정을 살펴보자. 예를 들어 환율이 1달러당 1,100원이면 100달러에 파는 미국 휴대폰을 수입하는 데 11만원을 지불해야 한다. 그런데 환율이 1달러당 1,200원이 되면 똑같은 물건을 수입하는 데 12만원을 지불해야 한다. 이와 같이 환율이 오르면 수입하는 상품의 원화표시 가격이 상승하므로 국내에서 그 상품을 적게 수입하게 된다. 수입의 감소는 외국화폐에 대한 수요를 감소시킨다. 따라서 환율인상에 의한 수입 감소의 결과 외환 수요곡선은 우하향하는 형태를 갖는다.

환율의 변동 그 자체는 외국 금융자산에 대한 수요에 아무런 영향도 주지 않는다. 왜냐하면 달러의 원화가격이 오르면 수입의 경우와 같이 미국 회사의 회사채나 주식의 원화가격과 함께 그 회사채로부터 나오는 이자수입이나 주식배당 등의 원화표시 액수도 비례하여 증가하기 때문이다. 예를 들어 미국 회사의 100달러짜리 주식이나 회사채를 11만원을 주고 구입했다고 하자. 회사채의 이자율이 10%라면 연 10달러의 이자수입을 받는데, 그것은 원화로 11,000원이 된다. 만일 환율이 올라서 1달러=1,200원이 되면 똑같은 회사채나 주식을 구입하는 데 12만원이 든다. 그러나 10달러의 이자수입도 이제는 11,000원이 아니라 12,000이 되기 때문에 환율 변동으로 인한 이익도 손실도 없게 된다. 한편 환율의 변동이 외국의 부동산이나 골동품 등의 실물자산에 대한 수요에 미치는 영향 또한 상품을 수입하는 경우와 다를 바 없다.

참고로 이것은 환율의 상승을 예상하는 경우와는 다르다. 만일 달러가 앞으로 한 달 후에 700원에서 1,000원으로 오를 것이 예상된다면 한국인은 지금 그 미국의 회사채를 7만원 주고 매입할 것이다. 한 달 후에는 그것이 10만원이 되므로 그는 3만원의 자본이득을 볼 수 있기 때문이다.

그림 14-1 환율의 결정

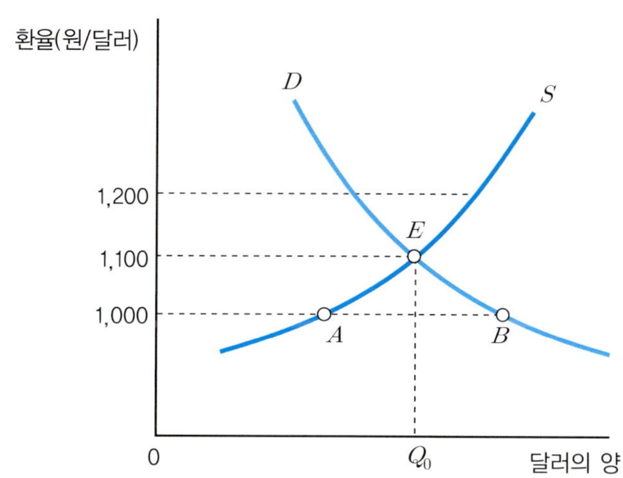

다음으로 외환의 공급곡선이 결정되는 과정을 살펴보자. **그림 14-1**에서 볼 수 있듯이 외환의 공급곡선은 우상향한다. 예를 들어 환율이 1달러당 1,000원이고 우리나라 휴대폰 한 대 가격이 10만원이라고 하자. 이 때 미국인이 우리나라 휴대폰을 구입할 때 지불하는 가격은 100달러이다. 우리나라 수출업자는 휴대폰을 판매하여 10만원의 소득을 얻는다. 이때 환율이 1달러당 1,250원으로 올랐다고 하자. 우리나라 수출업자는 휴대폰의 달러표시 가격에 상관없이 10만원의 소득만 얻으면 된다. 따라서 그는 휴대폰 가격을 80달러로 내리더라도 손해를 입지 않는다. 우리나라 휴대폰 가격이 80달러로 내리면 미국 소비자의 우리나라 휴대폰에 대한 수요가 늘어나게 된다. 따라서 환율이 올라가면 수출이 늘어난다. 결국 환율의 상승은 외환의 공급을 늘리며, 그 결과 외환 공급곡선이 우상향하게 된다.

그러나 여기서 주의해야 할 점은 휴대폰 수출로 말미암은 수출업자의 원화수입은 변하지 않더라도 수출업자가 얻은 달러량은 감소할 수도 있다는 사실이다. 환율이 상승해 우리나라 상품가격이 하락하더라도 외국인의 우리나라 상품에 대한 수요탄력성이 1보다 작다면, 환율상승에 따른 수출증가로 벌어들이는 외환의 절대량이 줄어들기 때문이다. 위의 예에서, 우리나라는 환율이 1달러당 1,000원일 때 100달러의 가격으로 12개의 휴대폰을 수출했다고 하자. 환율이 1달러당 1,250원으로 올라서 휴대폰 가격을 80달러로 낮춘 결과 미국 소비자가 15대의 휴대폰을 구입했다고 하면, 국내의 공급된 달러의 양은 전과 다름이 없다. 따라서 환율이 상승함에 따라 외환 공급액, 즉 수출업자가 얻은 달러량이 증가하려면 환율상승률 이상으로 수출이 증가해야 한다. 즉, 미국 소비자가 휴대폰을 15대보다 많이 구입해야 한다. 이것은 결국 외환의 공급곡선이 우상향하기 위해서는 외국인의 국내상품에 대한 수요의 탄력성이 1보다 커야 한다는 것을 의미한다. 이처럼 환율상승이 경상수지를 개선시키기 위해 만족해야 하는 조건을 마샬-러너 조건이라고 한다.

균형환율
국제수지가 균형을 이루는 환율

이처럼 우리나라의 환율제도는 외환시장에서의 수요와 공급에 따라 결정되는 변동환율제도를 채택하고 있다. 환율제도는 나라마다 그 결정방식이 다른데 크게 고정환율제도와 변동환율제도로 나누어진다. 고정환율제도는 정부 또는 중앙은행이 외환시장에 개입하여 환율을 일정한 수준으로 유지시키는 제도이다. 우리나라 환율제도는 정부수립 이후 고정환율제도로 출발하여 경제여건

변화에 따라 계속 변천해 오다가 1997년 외환위기를 계기로 변동 폭에 제한이 없는 자유변동환율제도로 변경하였다.

3.3 환율변동의 원인과 영향

변동환율제도
정부가 환율결정에 개입하지 않고 외환시장에서 수요와 공급에 따라 환율이 자유롭게 결정되는 제도

환율이 오르내리는 이유는 상품시장에서의 균형가격 결정 원리와 동일하다. 즉 환율은 외환시장에서 외환의 수요와 공급에 따라 결정되므로 해당 화폐에 대한 수요가 커지면 그 화폐의 가격이 오르고 그 수요가 작아지면 가격은 떨어진다. 공급 면에서는 그 반대이다. 따라서 화폐의 수요와 공급에 영향을 주는 요인들이 바로 환율변동 요인이라고 할 수 있다.

외환시장에서 외환의 수요와 공급에 영향을 주는 요인은 다양하다. 각국의 경제활동 수준, 즉 경기의 좋고 나쁨이 외환수요에 영향을 준다. 국내 경기가 좋아지면 수입이 증가되고 따라서 수입결제에 필요한 외환수요가 증가한다. 반면 외국의 경기가 좋아지면 수출이 증가하므로 외환의 공급이 증가하게 된다.

수출과 수입의 차이인 경상수지가 흑자이면 자국통화가 강세로 되어 환율이 하락하고, 적자이면 그 반대로 상승한다. 즉 우리나라의 경상수지가 흑자인 경우 벌어들인 달러가 사용한 달러보다 많게 되어 외환시장에 달러의 공급을 늘리므로 달러 가치가 떨어지고 원화 가치는 올라간다. 예를 들어 환율은 1,200원/달러(1달러당 1,200원)에서 1,100원/달러(1달러당 1,100원)으로 내려가게 된다.

자본자유화가 본격화되기 이전에는 수출입 등 실물거래와 관련된 달러의 수요와 공급이 외환시장 거래의 대부분이어서 환율 결정에 있어 경상수지가 가장 중요한 요소였다. 그러나 최근에는 자본거래가 더 큰 비중을 차지함에 따라 각국의 주식이나 국공채 등을 사고팔기 위한 외화의 수요와 공급이 많아서 자본이동이 경상수지 변동보다 환율에 영향을 더 크게 미치고 있다. 따라서 균형환율을 이야기할 때는 경상수지뿐만 아니라 자본수지를 포함한 종합적인 입장에서 국제수지를 생각해야 한다.

이러한 자본이동을 설명하는 중요한 요인 가운데 하나는 국내외의 실질금리(명목금리에서 기대물가상승률을 차감한 금리) 차이이다. 자본이 아무런 규제 없이 자유롭게 움직일 수 있다면 당연히 금리가 낮은 나라에서 높은 나라로 이

동하게 된다. 따라서 국내의 실질금리가 외국의 실질금리보다 더 높으면 국제 자본이 들어와 국내 통화의 가치가 올라가고 자국통화표시법에 의한 환율은 내려가게 된다. 그러나 우리나라는 아직 채권시장이 규모가 작아 외국의 투자자금이 주로 주식시장을 통해 들어오고 나감으로써 실질금리 차가 환율에 미치는 영향이 작아 이론과 다르게 움직이기도 한다.

예를 들어 국내금리를 올려 내외간의 실질금리 차(差)가 더 커진다 하더라도 원화가 반드시 강세로 되지는 않는다. 인상된 금리가 지속될 것으로 예상되는 경우에는 기업의 이자부담 증가로 생산비용이 상승하여 결국 수익성이 떨어지게 되고 미래 수익에 민감한 주식시장에서 이것이 반영되어 주가가 하락하게 된다. 그러면 외국인들은 우리나라 주식을 매도해 국제통화로 교환하여 자본을 빼내갈 것이므로 원화가 도리어 약세를 보일 수 있다. 우리나라 상장주식에 대한 외국인 보유비중이 40%대를 넘고 심지어 우량기업 주식의 경우 외국인이 60% 이상을 보유하고 있는 점은 이러한 가능성을 더욱 높게 한다.

또한 환율변동은 장기적으로 국가 간의 물가상승률 차이를 반영한다고 할 수 있다. 물가상승은 경제성장률이나 경제정책과도 연관되어 있으므로 환율의 움직임은 참으로 다양한 요인으로 움직인다고 볼 수 있다. 실제 외환시장에 참가

생활속경제 ››

내일의 환율을 예측할 수 있나?

외환시장과 국제금융시장은 전 세계를 실시간으로 연결시켜 놓고 있다. 따라서 내일의 환율을 정확하게 예측할 수만 있다면 전 세계 외환시장을 상대로 매일 외환을 사고팔아 억만장자가 될 수 있다. 이런 일확천금을 꿈꾸며 수많은 환율예측모형이 나와 있다. 그 중에 어떤 예측모형이 제일 우수할까? 도대체 미래의 환율을 정확히 예측할 수 있는가? 이에 대한 경제학의 대답은 간단하다. "미래의 환율은 결코 정확히 예측할 수 없다. 따라서 그 수많은 예측모형에 신경 쓸 필요가 없다."

내일의 환율은 오늘보다 오를 수도 있고 내릴 수도 있다. 오르고 내리는 정도도 클 수 있고 작을 수도 있다. 온갖 경우를 감안할 때 내일 환율의 평균은 오늘 환율과 같다. 그러나 내일의 실제 환율이 어떻게 될지는 아무도 알 수 없다. 내일의 환율은 술 취한 사람의 비틀걸음과 같다고 하여 불규칙보행가설(random walk hypothesis)이라 한다. 어떤 정교한 모형도 이 불규칙보행가설보다 항상 예측력이 나은 모형이 없다.

불규칙보행가설이 들어맞는 다른 가격변수가 있다. 주식가격이 그것이다. 일확천금을 노리며 무수히 많은 사람들이 드나드는 시장이 외환시장과 주식시장이다. 경제학은 이 두 시장의 가격예측에는 별 도움이 안 된다. 그러나 사이비이론가들에게 현혹되지 않도록 단호한 판정을 해 준다는 점에서 선의의 투자가들에게 엄청난 도움을 주고 있다.

하여 외환을 사고파는 사람들은 경제성장률, 물가상승률, 경상수지, 실질금리 차이 등과 같은 경제의 기초여건뿐만 아니라 지정학적 위험 또는 컨트리 리스크라고 하는 위험도를 고려하고 또 이러한 모든 변수들의 장래 움직임까지 고려한다. 이 밖에 투기적인 거래와 함께 외환시장 참여자의 심리적인 요인이나 루머 등도 환율의 움직임에 영향을 미친다. 이러한 다양한 이유로 단기적인 환율 움직임을 예측하는 것은 쉽지 않다.

환율은 수출과 수입기업을 비롯한 경제주체들의 외국과 거래에 큰 영향을 미치기 때문에 많은 사람들은 환율변동에 큰 관심을 가진다. 이제 환율 변동이 국가경제에 어떤 영향을 미치는지 살펴보자.

먼저, 일반적으로 환율이 오르면 경상수지가 개선된다. 환율이 오르면 수출하는 자국 기업 제품의 가격경쟁력이 높아지게 된다. 예를 들어 달러당 1,100원이면 채산성이 맞는 상품을 제조 수출하는 기업 입장에서 달러당 1,200원이 되면 순이익이 전보다 더 많아지게 된다. 수출하는 상품의 단가를 낮추어도 물량 증가 효과는 더 크므로 수출액(수출물량×수출단가)이 증가하게 된다. 반면에 수입액은 감소하게 된다. 달러표시 수입단가가 동일하더라도 환율이 오르면 원화로 환산한 수입품 가격이 오르게 되어 국내 수요자 입장에서는 수입품을 덜 사용하기 때문이다. 결국 수출에서 수입을 뺀 경상수지는 개선된다.

또한 환율이 오르면 원화로 환산한 수입 원자재 및 부품의 값이 올라 국내 물가수준이 높아지게 되고, 반대로 환율이 하락하면 국내물가수준이 내려간다. 특히 우리나라는 수입의존도가 높아 환율변동이 국내 물가에 미치는 영향이 큰 것으로 알려져 있다. 한편 환율의 상승은 외채상환부담의 증가를 초래하기도 한다.

경제주체 개개인의 경우도 환율의 움직임에 영향을 많이 받게 된다. 예를 들어 원화환율이 오르면 수출업체의 채산성이 좋아지므로 수출기업과 관련된 업체의 근로자는 환율상승의 수혜자가 될 수 있다. 반면에 수입업자는 일반적으로 환율이 오른 만큼 고스란히 국내 공급가격에 반영하기 어려워(국내 경기가 좋지 않거나 수입품에 대한 국내 대체상품이 많을 경우 더욱 그렇다) 자신의 이익에서 원가인상 요인을 상당부분 흡수할 수밖에 없어 결국 수입상품을 소비하는 소비자와 함께 환율상승의 피해자가 될 수 있다. 원화 환율상승은 또한 해외여행을 하거나 해외거주 가족에게 송금하는데도 이전보다 더 많은 원화가 소요되어 불리하게 된다.

여기서 우리는 환율정책의 중요성에 대해 생각해 볼 필요가 있다. 1997년 외환위기 이후 우리나라의 환율제도는 자유변동환율제도로 바뀌었지만 일부에서는 여전히 정부와 중앙은행이 항상 외환시장에 개입하고 있는 것으로 보는 시각도 있다. 사실 지구상에 거의 모든 정부가 외환시장을 방임하고 있지는 않다. 세계 제1, 2위의 경제대국인 미국과 중국을 비롯한 많은 나라가 외환시장에 개입하고 있는 것으로 알려져 있다. 일반적으로 정부나 중앙은행은 환율을 안정화시키기 위해 또는 균형환율로 되돌리기 위하여 외환시장에 개입한다. 우리나라의 경우 환율의 급변동을 초래하는 외부충격이 발생하는 경우에 한해 정부나 중앙은행이 외환시장에 참가하고 있다. 이것을 스무딩 오퍼레이션(smoothing operation)이라고 한다. 환율의 급격한 변동으로 수출입 업체나 일반 국민이 큰 피해를 입거나 경제의 불확실성이 확대되는 것을 방지하기 위하여 실시하는 외환정책의 한 수단이다.

오퍼레이션
변동환율제하에서의 환율은 원칙적으로 시장의 수급에 의해 정해지지만 그런 가운데 중앙은행이 환율의 과도한 변동성을 막기 위해 시장에 개입하는 것

경상수지가 지속적으로 적자 또는 흑자의 불균형을 보이는 경우와 같이 시장에서 형성되는 환율이 한 나라 경제의 대외균형을 이루는 환율과 상당히 차이가 나는 경우가 있을 수 있다. 예를 들어 경상수지가 만성적인 적자를 보이는 경우 정부와 중앙은행은 환율을 약세로 유도함으로써 대외균형의 달성을 도모할 수 있다. 또 내수부족으로 인해 경제가 침체되어 있는 경우 정책당국이 수출 진작을 통해 경기를 부양하기 위하여 외환시장 개입을 통해 환율의 상승을 유도하는 경우도 있다. 그러나 현실에서는 환율의 상승이 경상수지를 개선시키는 효과가 크지 않거나 상당한 시간이 소요되고 수입비용 상승 등을 통해 내수를 위축시키는 부작용이 나타날 수도 있다.

또한 우리나라와 같이 물가목표를 중앙은행이 사전에 공표하고 이를 달성하기 위해 단기금리를 조절하는 물가안정목표제를 도입한 경우에는 정책간의 상충 등으로 환율에 대한 목표나 범위를 가지는 것이 어렵다. 따라서 환율정책을 적극적으로 펴는 것이 어렵다는 것이 일반적인 견해이다. 즉 환율안정을 위해 정책 금리를 자주 변경하게 되면 금리의 변동성 확대로 금융시장이 더욱 불안정해지는 문제가 발생하여 득보다 실이 더 클 수도 있다는 것이다.

3.4 외환보유액의 역할

1997년 외환위기를 겪은 후 외환보유액 수준은 모든 국민의 관심사항 중 하나가 되었다. 그렇지만 외환보유액과 관련해 오해하고 있거나 잘못 알려진 부분도 많다. 우선 외환보유액은 정부나 한국은행이 경상수지 흑자 등으로 늘어난 시중의 외환을 매입함으로써 늘어난다. 이렇게 축적된 외환보유액은 각종 요인에 의한 외환시장의 충격에 안전판 역할을 수행한다.

외환보유액
한 나라가 일정 시점에서 보유하고 있는 대외 외환채권의 총액. 국제수지의 일시적인 역조를 보전하기 위한 준비 역할을 한다.

예를 들어 경제의 기초여건이 양호한데도 불구하고 불완전한 정보 때문에 외환시장에서 환율이 과도하게 움직이는 경우가 있다. 아시아 인접국가의 경제가 좋지 않아 주식자금 등 외국자본이 일거에 빠져나가는 경우 그 국가의 통화가치가 폭락하여 수입대금과 대외부채의 지급, 국민의 해외여행 등 여러 가지 면에서 걷잡을 수 없는 혼란에 빠질 수 있다. 이러한 사태는 인접국가인 우리나라에 전염될 가능성이 있다. 외환시장에서 외국인투자가는 나중에 투자결정에 따른 책임소재를 회피하기 위해 다른 투자가와 같이 행동하는 군집행동을 보이기 쉽다. 이러한 외환시장의 패닉 현상이 있는 경우 외환보유액이 충분하다면 시장에 외환을 매각하여 외환시장의 안정성을 유지할 수 있다. 따라서 외환보유액이 넉넉하다는 사실은 국가신인도를 높여주는 역할을 한다. 우리나라의 외환보유액은 2015년 6월 말 현재 3,747.5억 달러로 세계 6위이다.

그러면 외환보유에 따른 기회비용, 즉 다른 말로 어느 정도의 외환을 보유하여야 적당하다고 할 수 있을까? 그동안 많은 학자나 중앙은행, 정부의 실무자들이 다양한 방법으로 적정 외환보유액의 수준을 추정하였지만 정답을 찾기는 쉽지 않다. 국제통화기금(IMF)조차도 외환보유액의 적정 수준을 결정하는 데는 각국의 특수한 사정을 고려해야 한다고 강조하고 있을 뿐이다.

적정 외환보유액은 일반적으로 무역규모, 단기외채 규모, 만기가 얼마 남지 않은 장기외채 규모와 함께 위기발생시 유출 가능한 외화규모(예를 들어 외국인 주식투자 규모)등을 감안하여 산출하고 있다. 그러나 동일한 경제적 여건이라 하더라도 그 나라의 지정학적 위험 등에 따라 크게 다를 수 있기 때문에 모두가 동의하는 적정 외환보유액 수준은 찾기 어렵다고 하겠다.

표 14.4 우리나라 외환보유액 추이(단위 : 억 달러)

	2011년말	2012년말	2013년말	2014년말	2015. 5월말(b)	2015. 6월말(b)	전월비 증감 (b–a)
외환보유액	3,064.0	3,269.7	3,464.6	3,635.9	3,715.1	3,747.5	32.4
유가증권[1)]	2,779.4	2,998.6	3,210.6	3,416.7	3,355.1	3,391.6	36.5
예치금	202.9	170.4	145.9	119.3	266.0	258.2	−7.8
SDR	34.5	35.3	34.9	32.8	31.5	35.2	3.8
IMF포지션[2)]	25.5	27.8	25.3	19.2	14.6	14.5	−0.1
금	21.7	37.6	47.9	47.9	47.9	47.9	0.0

주 : 1) 국채, 정부기관채, 회사채, 자산유동화증권(mBS, ABS) 등
2) IMF 회원국이 출자금 납입 등으로 보유하게 되는 IMF에 대한 교환성통화 인출권리

출처 한국은행

한 가지 더 고려해야 할 것은 중앙은행인 한국은행이 그 본래의 목적인 안전성과 유동성을 최대한 확보하면서 외환보유액의 운용수익도 극대화하고 있다는 사실이다. 중앙은행은 외환을 지하금고에 단순히 보관하고 있는 것이 아니라 국제금융시장에서 운용하고 있다. 현재 우리나라의 외환보유액 운용수익률은 국제금리나 주요국 국채수익률 등에 비해 상당히 양호한 수준으로 알려져 있다. 물론 외환시장 개입 과정에서 정부와 한국은행은 외국환평형기금채권과 통화안정증권을 발행하는데 이들 채권들에 지급되는 이자는 일종의 기회비용이라고 볼 수 있다. 외환보유액 유지에 따른 비용과 편익은 막연히 생각하는 것과 상당히 다르다. 특히 높은 외환보유액이 국가신용도의 유지에 도움이 되는 경우에 그 편익을 숫자로 정확히 나타내는 것은 거의 불가능에 가깝다고 할 수 있다.

연 습 문 제

01 우리나라는 주로 어떤 상품을 외국에 수출하고 수입하고 있을까? 우리나라가 금액 면에서 가장 많이 수출하고 수입하는 상품 3개씩 열거해 보고 그 금액이 얼마인지 조사해 보시오.

02 보호무역을 통해 자국 산업을 보호해야 할 이유들은 무엇이 있는지 설명해 보시오. 또한 쌀시장을 개방한다고 할 때 우리나라 농가(쌀 생산자), 식품제조회사, 쌀 소비자 등 이해관계자들 간의 득실을 평가해 보시오.

03 비교우위의 결정요인에는 어떤 것들이 있는지 간략하게 설명해 보시오.

04 선진국들 또는 중진국들 사이에 산업내무역이 발달한 이유를 설명해 보시오.

05 국제수지의 흑자와 적자라는 것은 각각 무엇을 의미하는지 설명해 보시오.

06 미국에서 아이폰 한 대 가격이 800달러 일 때 우리나라에서는 80만원에 팔렸다고 한다. 다음 해에 아이폰의 달러 가격(미국내 가격)이 불변인 상태에서 우리나라에서는 88만원에 팔렸다면 환율은 어떻게 변한 것인가? 이 경우 원화의 가치는 평가절상 되었는가 아니면 평가절하 되었는가 설명해 보시오.

07 환율에 영향을 미치는 요인, 즉 수입품에 대한 수요 증감, 국내이자율의 상승과 하락, 국내 물가의 상승과 하락, 국내의 정치 상황, 해외 경기 둔화나 회복 등이 외환의 수요와 공급곡선에 어떤 변화를 가져오는지 설명해 보시오.

참 고 문 헌

기성래 · 한금석 · 이강복, 『경제학개론』, 미래교육기획, 2011.

김경환 · 김종석 옮김, 『맨큐의 경제학』 6판, 교보문고, 2009.

김대식 · 노영기 · 안국신, 『현대경제학원론』 제6판, 박영사, 2007.

안국신, 『경제학 길잡이』, 율곡출판사, 2009.

안기정 · 전영수, 『오랜 생각과 새로운 메스』, 맛있는책, 2011.

이준구 · 이창용, 『경제학원론』 제4판, 법문사, 2010.

전철환, 『경제학원론』, 지식산업사, 1993.

조 순 · 정운찬 · 전성인 · 김영식, 『경제학원론』 9판, 율곡출판사, 2011.

최정표, 『생활경제학』, 도서출판 해남, 2009.

한국은행, 『일반인을 위한 알기 쉬운 경제이야기』, 2013.

한국은행, 『알기 쉬운 경제지표 해설』, 2006. 등

찾 아 보 기

저자 소개

이강복
- 조선대학교 대학원 경제학박사
- 조선대학교 경제학과 초빙객원교수
- 조선대학교 동아시아경제연구소 연구교수
- 현) 광주광역시 생활임금위원회 위원
  순천대, 조선대, 광주교육대 강의

한금석
- 세종대학교 대학원 경제학박사
- 광주여자대학교 교수
- 현) 순천대학교 강의

경제학의 이해

발 행 일 • 2015년 9월 4일

저 자 • 이강복 · 한금석
발 행 자 • 최 봉 조
발 행 처 • 진샘미디어
주 소 • 서울시 은평구 연서로 5길 28 부호아파트 102동 상가5호
전 화 • 02)353-4421 / FAX 02)353-4431
홈페이지 • www.jinsaem.co.kr

신고번호 • 제311-2005-000025호
I S B N • 979-11-85504-46-9 93320

정가 20,000원